다문화와 교사교육

이신동 · 김진호 · 이상희
이경숙 · 차재경 · 이 영 공저

학지사

머리말

현재 우리는 다문화 시대에 살고 있다. 우리나라는 다른 선진국들에 비해 상당히 늦게 다문화 환경으로 진입했다. 미국과 같은 나라는 처음부터 다민족으로 국가가 성립되었지만, 우리는 여러 가지 이유 때문에 이제야 다문화 환경을 수용하게 된 경우라 할 수 있다. 다문화 국가가 되면 그동안 고민하지 않았던 여러 가지 문제가 발생하게 되는데, 그중 가장 큰 고민거리가 교육이다. 즉, 다문화 국가가 되면 다른 문화적 배경을 가진 다양한 사람이 서로 얽혀 살게 되기 때문에 이질적인 문화적 배경을 적절하게 통합하는 문제가 가장 힘든 난제(難題)이다. 특히 교육적 문제가 가장 해결하기 어려운 과제로, 이중 언어의 습득, 문화가 다른 학교생활에 적응, 타 문화에서 나타나는 지적 가치의 혼란 등이 그것이다.

다문화 사회의 교육적 문제를 해결하는 중요한 열쇠 중 하나는 다문화 아동을 가르치는 교사교육에서 찾을 수 있다. 우리나라 정규 학교 교사들은 아직 다문화에 대한 인식이 부족하거나 다문화 아동들을 가르치는 교수기술과 방법에 서툴다. 왜냐하면 다문화 학생들을 가르치는 방법을 배운 경험이 부족하고, 실제로 이런 아동들을 가르쳐 본 경험이 짧기 때문이다. 특히 우리나라 교사양성과정을 들여다보면, 교육대학과 사범대학들은 이제 막 다문화 교육을 위한 교과목들을 개설하고 이런 교과들을 가르치기 시작했다. 따라서 다문화 가정의 아동들을 가르치기에 적합한 교사교육은 아직 대단히 미진하고, 다문화 교육에 필요한 교사들의 역량은 절대적으로 부족한 실정이다. 이런 문제들을 적절히 해결하고, 유아 · 초등 교사들에게 다문화에 대한 인식과 이해를 높이며, 학생들을 가르치는 데 필요한 교사의 다문화 교육역량을 제고(提高)하는 일이 시급히 요청되고 있다.

이 책은 한국연구재단이 인문사회분야 중점연구소로 지정한 순천향대학교 특수아동교육연구소(SECI)에서 수행하는 연구의 일환으로 집필되었다. 우리 연구소는 '소외계층과 다문화 가정의 장애 · 영재학생들을 위한 한국형 헤드 스타트 프로그램 개발 및 적용'이라는 연구주제로 지난 2년간 연구를 수행해 왔다. 소외계층 및 다문화 가정의 아동이 장애위험군 아동이 되지 않도록 적절한 프로그램을 개발 및 중재하여 이들에게 전문적인 도움을 주려는 것과, 이런 가정에 태어난 우수한 영재아이들이 있다면 조기에 발굴하여 그들이 가지고 있는 잠재력을 계발하는 데 집중하려는 것이다. 국내에서 이런 소외계층 및 다문화 가정의 아이들을 돕는 일은 멀리 아프리카나 동남아 국가에 가서 돕는 봉사활동과 버금가는 일이며 유니세프나 UN과 같은 단체들이 하는 국제적인 지원과도 같은 의미를 갖는다고 할 수 있다.

이 책은 총 9장으로 구성되었다. 그 구성을 살펴보면, 제1장 다문화 사회와 다문화 교육, 제2장 다문화 아동의 이해, 제3장 다문화 교사교육, 제4장 국내 다문화 교사교육, 제5장 국외 다문화 교사교육, 제6장 다문화 교수 · 학습방법 및 수업모형, 제7장 유아 다문화교육 프로그램, 제8장 초등 다문화교육 프로그램, 제9장 국외 다문화교육 프로그램이다. 특히 이 책은 다문화교육에 대한 이해뿐만 아니라 다문화 교수 · 학습 방법 및 수업모형과 국내외 다문화교육 프로그램 사례를 망라하여 다루고 있다. 국외의 다문화교육 프로그램으로는 미국, 캐나다, 호주, 영국, 독일, 일본, 중국 등, 동서양의 사례를 수집하여 정리하였다. 따라서 이 책이 교육대학이나 사범대학 교사양성 과정의 교재로 사용되면 좋을 것으로 보인다. 이 책이 부족한 부분이 많이 있지만 아직 다문화교육을 위한 교사교육에 적절한 교재가 없는 실정이기에 부족하나마 교사교육 현장에 다소의 도움이 되기를 기대해 본다.

이 책이 나오기까지 여러모로 도움을 주신 학지사의 김진환 사장님과 편집을 맡아 주신 직원들에게 심심한 감사를 드리며, 원고 집필과 교정을 위해 긴 시간 동안 여러 자료와 씨름을 하며 애를 쓰신 우리 연구소(SECI)의 이경숙 박사, 차재경 박사, 이영 박사에게 모든 공을 돌리고 감사를 드리고 싶다.

학성산이 보이는 SECI 연구실에서

저자 일동

차례

제2부
다문화 교사교육의 이론과 실제

제1부

다문화교육의 이해

다문화 사회와 다문화교육

현대의 모든 국가는 다문화 사회라고 불릴 정도로 경제, 교육, 정치, 안전 등 여러 가지 이유로 인해 인종, 문화, 언어가 다른 국가로의 인구 이동이 발생하고 있으며 이로 인해 각 국가의 사회, 문화 구조에 변화를 가져오고 있다. 유엔 인구보고서는 2013년을 기준으로 전 세계에 걸쳐 자신이 태어난 국가에서 살고 있지 않는 사람의 수는 약 2억 3,200만 명 정도로 세계인구의 약 3.2%에 해당한다고 보고하였다(연합뉴스, 2013. 9. 12). 특히, OECD 국가에 속하는 많은 유럽 국가는 학업과 노동, 결혼, 정치적 망명 등의 이유로 제3세계 국가로부터 이주하는 이민자 및 불법 이주 노동자와 정치적 난민의 유입이 증가하고 있다. 이로 인해 OECD 국가 내에서 사회 구성원의 인종적, 언어적, 문화적, 종교적 다양성이 급격히 진행되어 다문화주의와 다문화교육에 대한 관심이 사회 발전과 유지에 중요한 이슈가 되고 있다(Ramirez, Bromley, & Garnett, 2009). 또한 사회에 존재하는 다양성에 대한 인식과 존중의 필요성으로 인해 민주주의, 세계 시민의식, 소수 집단의 권리와 역량이 함께 강조되고 있다(Cha, Dawson, & Ham, 2010). 우리 사회도 최근 20년간 인종적으로, 문화적으로 다양한 배경을 가진 사람들이 직업, 결혼, 학업 등의 이유로 국내로 이주해 옴으로써 다문화 사회를 형성하고 있다. 본 장에서는 다문화 사회를 이해하고 발전적인 사회를 형성하기 위해 다문화주의의 개념과 유형, 다문화교육에 대한 대표적 이론을 알아보고자 한다. 그리고 우리나라의 다문화 사회의 형성과정과 현황, 증가하는 다문화가정 아동의 주요 교육 정책과 교육현황에 대해 살펴보고자 한다. 이는 다문화 사회 속에서 교사가 알아야 할 지식과 교사가 갖추어야 할 역량의 기초를 제공할 것이다.

1. 다문화 사회의 이해

1) 다문화 사회

(1) 다문화의 의미

'다문화(multiculture)'는 기존의 단일 문화와는 대비되는 개념으로 단일 인종이나 문화를 추구하고 강조하는 단일 민족국가의 관점에서 벗어나 다양한 여러 인종과 문화가 공존하는 상태를 말한다. 즉, 다문화란 단순히 피부색이 다른 사람들이 함께 있는 것만을 의미하는 것이 아닌 성, 경제, 종교, 가치, 문화 등 다양한 측면에서 상이한 문화를 가진 집단이 사회에 공존하는 상태를 포괄하는 용어이다. 다문화 사회는 언어, 종교, 관습, 가치관, 국적, 인종, 민족 등 다양한 문화적 배경을 지닌 이민자 등이 사회 구성원으로 참여하여 이루어진 사회를 말한다(법무부, 2008). 다문화주의자인 타일러(Taylor, 1992)는 사회의 문화적 주류집단이 소수집단의 문화를 존중하고 그 지위를 동등하게 인정해 주는 정치적 관점에서 다문화주의를 정의하고 있는데 이는 소수집단의 문화를 침해하지 않는 한도에서 인정하는 데 그치지 않고 이들의 문화가 존속하도록 적극적으로 조치를 취하는 것을 의미한다(최은경, 2014). 일반적으로 외국인 거주자가 전체 인구에서 5%이상을 넘을 때 다문화 사회라고 간주한다. 다문화 사회로 일컬어지기 위해서는 외국인이 주류 문화에 동화되거나 흡수되지 않고 고유의 문화적 정체성을 유지하면서 거주해야 한다. 미국이나 캐나다는 상당수의 집단이 고유의 문화적 정체성을 고수하면서 주류 문화 속에서 함께 살고 있기 때문에 다문화 사회라고 할 수 있지만, 러시아나 중국의 경우는 여러 소수 민족이 각각 다른 지역에서 독립적으로 거주하고 있기 때문에 다문화 사회라고 보기 어렵다는 견해도 있다. 또한, 일부 사회학자들은 다문화 사회라는 말 자체가 이미 어떤 특정한 문화가 주류를 형성하는 단일

문화 사회라는 것을 전제하고 있기 때문에 다문화 사회라는 용어 사용에 부정적인 입장을 보이기도 한다. 이는 다문화와 단일 문화로 구분하는 것 자체가 특별성을 부여하여 차별을 초래하는 것으로 보기 때문이다.

(2) 세계화와 다문화 사회형성

전 세계 이주자의 수는 해마다 급속하게 증가하고 있다. 유럽의 경우 독일 통일 후와 구소련의 해체를 기점으로 그리고 그 후 시리안 내전 등으로 유럽 국가 전반에 걸친 인구 이동으로 인해 사회 인구 구조의 변화가 이루어졌다. 유럽은 낮은 출산율과 노동 인구의 감소로 인해 저개발국가로부터 노동이민자를 수용하는 정책을 취하여 왔다(OECD, 2016). 하지만 최근에는 아프리카와 주변 국가에서 국경을 넘어 몰려드는 불법 이주노동자와 난민의 대거 유입으로 인해 이민자 가족에 대한 교육적 지원이 EU, UNESCO, OECD 국제기구들의 중요 의제로 등장하게 되었다(이재분, 김혜원, 변종임, 채재은, 2009).

2010년에 집계된 미국 인구 센서스에서는 약 3억 800만 명에 달하는 전체 인구 중 백인계는 64%(1억 9,700만 명)를 차지하며, 히스패닉계는 16%, 아프리카계 미국인은 12.6%, 동양계는 4.8%, 북미인디언계는 0.9%이다. 하지만 백인계 인구는 2024년 이후에는 계속적으로 감소되어 2060년경에는 지금보다 10%정도 낮아질 것으로 추정되고 있으며 히스패닉계는 2060년경에는 현재 인구의 2배 이상으로 늘어날 것으로 예상하고 있다(US Census Bureau, 2010). 유럽도 이와 비슷한 인구변화 추세를 보이고 있다. 2010년을 기준으로 유럽연합 27개국의 인구는 약 4억 9,900만 명으로 세계 전체 인구의 약 7.2%를 차지하고 있으나 2050년경에는 약 5.6% 수준으로 낮아질 것으로 예상된다. EU 전체의 이민 비율은 3.7%로 인구 증가율이 3.5%인 것을 감안할 때 이민에 의한 인구 증가임을 알 수 있다. 이 중 독일로의 이민율이 14.1%, 오스트리아로는 14.2%, 영국과 벨기에로는 각각 6.1%이다(Wikipedia, 2016). EU국가의 인구 증가는 자국민의 출산율이 정체되어 있기 때문에 출산율보다는 다른 나라로 부터의 이민자 유입으로 인한 것임을 알 수 있다. 따라서 세계 OECD 국가에서 주류 백인 인구의 비중은 점차 낮아지고 있지만 이민자의 비중은 점점 더 증가하고 있다. 이러한 인구구성의 변화로 인해 대다수의 유럽 국가에서는 다인종화, 다문화화로의 변화가 가속되고 있다(장인실 외, 2014).

이처럼 인종적, 문화적, 종교적, 성적 다양성이 각 나라마다 증가함에 따라 다문화 사회는 특정한 나라만의 현상이 아닌 모든 각국에서 나타나는 세계화(Globalization) 현상이 되고 있다. 세계화란 국제사회가 경제를 중심으로 상호 의존성이 증가함에 따라 하나로 연결되는 과정을 의미하는 경제적 관계로 받아들였지만 최근에는 문화적 측면에서의 세계화에 대한 논의가 활발하다. 세계화 현상으로 인해 전 세계는 지역적 경계를 초월하여 자본, 인력, 문화 등 모든 영역에서 상호 의존 관계를 형성하며, 전 세계가 네트워크로 연결되면서 시 · 공간을 초월하여 다양한 경험을 함께 하며, 다국적 기업 활동의 증가로 인해 세계 경제활동의 증가 속도가 빨라지고 있다. 하지만 세계화는 특정 국가나 특정 집단의 이윤 극대화, 시장의 독점적 지배, 효율성만의 강조, 자유 경쟁의 심화를 유발한다는 비판을 받고 있다(Rodrick, 1997). 세계 신경제주의적 관점인 세계화에 반대되는 세계주의(Globalism)는 다양성, 인류 공존, 상호 의존성을 강조하는 개념으로 문화적 다양성을 강조한다. 즉, 세계화가 될수록 사회는 다원화되며 공존으로서의 다양성은 심화되기 때문에 기존의 국가중심 또는 민족주의 중심에서 절대적 국가의 개념을 뛰어 넘으면서 개인의 천부적 인권이나 권익 보호, 평등, 정의, 정체성을 강조하는 세계주의를 필요로 하게 된다(차윤경, 2008). 따라서 세계화로 인해 각 국가 간에 나타나는 사회 다원화는 다양한 인종, 민족, 문화, 가치, 언어, 종교에 대해 차별하지 않고 편견 없이 대하며, 관용하며, 누구에게나 공평한 교육기회를 제공하여 잠재능력을 실현할 수 있는 교육환경을 만드는 것이 국가적인 과제가 되고 있다. 그럼으로 세계화된 사회 속에서 서로 다른 인종, 문화, 언어, 종교를 가진 구성원들 간의 상호 이해와 수용, 인정 및 배려는 사회 통합과 평화적 공존을 위한 필수 전제조건이 되고 있다(Banks, 2008).

(3) 반인종주의와 다문화

생존과 안정된 미래에 대한 개인적 필요로 인해 그리고 값싼 노동력에 대한 국가적 필요로 인해 국가 간의 인간 노동력과 자본의 이동은 세계적인 현상이다. 하지만 이러한 국가 경계를 넘나드는 이동은 불법 이민, 배타적 인종주의나 극단적 민족주의, 정치적 · 경제적 차별 등의 문제 또한 야기하고 있다(차윤경, 2008). 사회 속에 다양한 인종과 문화가 공존하게 되었지만 소수 인종이나 민족은 이주한 국가 내에서 경제적으로 취약층에 속하게 되고, 이들의 자녀는 언어 미숙, 학교 부적응, 장기 결석, 상급 학교로의 낮은 입학률과 졸업률 등의 문제를 가지게 되며, 이러한 현상은 장기적으로 지속되고 있다(조영달, 윤희원, 박상철, 2006). 또한 소수 인종이나 소수민족이 사회에서 낮은 계층으로 고착화되는 현상이 나타나서 국가는 사회 안정을 위해 다문화에 대한 바른 이해 정립과 정책 수행을 통해 이러한 문제를 해결할 필요가 있다. 다문화는 인종적 차이에 대한 차별과 편견에 반대하여 반인종주의 특성을 가진다. 다문화주의는 사회에 존재하는 다양성은 사회 발전에 긍정적인 효과를 가져오며, 이질적인 다른 인종이나 문화에 대해 가지는 상호 대립적이거나 양립 불가능한 관점이나 태도에 대해 비판적 태도를 가진다. 다양성을 인정하면서도 사회의 통합을 유지하기 위해서는 인종의 구별 없이 모든 인간의 평등, 인권, 사회 정의, 세계 시민의식 등 인간성에 대한 존중과 인정을 강조하는 보편적 가치 관점에서 인간과 사회를 이해할 필요가 있다(이경희, 2011).

2) 다문화주의

이 절에서는 다문화 사회의 바탕이 되는 다문화주의에 대한 여러 정의와 관점, 그리고 다문화주의를 실행하기 위한 모형들에 대해 살펴보고자 한다.

(1) 다문화주의에 대한 기본 이해

다문화주의(multiculturalism)란 인종 이외에 이민, 난민, 외국인 노동자, 소수민족 등 다양한 계층, 집단, 성별에 따라 다르게 형성된 문화를 인정함으로써 한 국가 내에서 다양한 문화, 다양한 민족이 공존할 수 있게 하는 정책이나 제도를 말하며(구견서, 2003; 양옥승, 2010; Chu, 1997), 이는 다민족 사회가 이루어야 할 이념적 가치로 규정할 수 있다. 다문화주의는 다문화의 보장, 주류사회와 비주류사회 간의 상호이해 촉진, 소수민족 집단 간의 교류, 사회평등의 보장, 구조적 불평등과 차별 극복, 사회 통합 등 다문화 사회를 위한 이념적 가치를 추구한다(구견서, 2003).

다문화주의를 어떻게 이해할 것인지에 대한 관점은 학자에 따라 다양하게 분류되어진다. 다문화주의로 인해 생기는 갈등의 원인을 문화적 차이로 보는지 아니면 불평등한 권력 관계로 보는지에 따라 자유주의적 다문화주의와 비판적 다문화주의로 구분한다(함승환, 차윤경, 구하라, 2014). 자유주의적 다문화주의는 소수집단의 참여와 기회의 평등을 강조하고, 공적 영역에서의 차별과 배제를 적극적으로 금지하는 입장을 취하는데, 이는 문화적 다원성을 지지하며 관용을 강조한다(Kymlicka, 1995). 자유주의적 다문화주의는 한 사회가 소수집단의 문화를 수용하는 방식에 따라 '보호적' 다문화주의와 '다언어적' 다문화주의로 구분되어진다(Goodin, Rein, & Moran, 2006). 보호적 다문화주의 관점에서는 소수집단에 속한 구성원의 자율성을 보호하고 증진하기 위해 그 집단의 문화를 지키기 위한 노력이 필요하다고 보는 반면에, 다언어적 다문화주의에서는 한 사회에 다양한 문화가 공존할 때 사회 전체적으로 중요하기 때문에 소수집단의 문화 요소를 포용하며 그 사회의 구성원이 취할 수 있는 언어의 범위를 확대할 수 있는 가능성에 초점을 맞추고 있다(차윤경, 2014). 즉, 다언어적 다문화주의는 한 사회에 공존하는 다양한 형태의 문화가 사회 전체적 차원에서 제공할 수 있는 역할과 가능성에 대해 설명하고 있다. 하지만 자유주의적 다문화주의는 소수 집단의 문화가 다수 집단의 문화 정체성이나 문화 차이를 규정하지만 계층적 불평등, 사회·경제적 형평성에 대한 비판과 같은 계층적, 경제적 갈등 내용을 포함하지는 않는다(원숙연, 2008).

반면에 비판적 다문화주의는 다문화주의의 갈등의 원인을 다수 집단과 소수 집단 간의 불평등한 권력관계에 있다고 규정하며 그 관계가 사회 전반의 제도 및 관행에 구조화되어 있는 체계에 주목한다(김은중, 2005; 원숙연, 2008). 비판적 다문화주의는 단일 문화의 민족국가적 관점으로는 지속되는 인종 차별 문제를 해결할 수 없음을 비판하고, 권력의 불균등한 배분과 인종주의 등을 핵심 의제로 간주하여 소수 집단의 사회적 인정과 권리를 강조하여 다수 집단과의 협상과 정치적 참여를 통해 사회 전반의 체제를 다문화적으로 재구조화할 것을 주장한다(Hartmann & Gerteis, 2005). 즉, 비판적 다문화주의 입장에서 문화는 사회적 신념이나 관습을 가능하게 하고 정당화하는 지식과 권력의 체계로 이해되어진다. 비판적 다문화주의는 진정한 다문화주의는 이러한 체계에 내재되어 있는 다양하고 복잡한 위계구조를 밝히고 문제화하는 것으로부터 시작된다고 보고 있다. 비판적 다문화주의는 학생 개인의 문화적 자긍심이나 정체성 향상만으로는 다문화사회가 가지는 문제를 해결하는 데 한계점을 가지기 때문에 사회적으로 구조화된 다양한 형태의 억압과 차별을 줄이기 위해서는 사회구조 변화를 수반해야 한다고 주장한다(나장함, 2010). 이에 비판적 다문화주의는 사회의 소수를 형성하는 소수 민족, 성, 성적 소수자, 종교 등의 문화적 차이에 대해 민감하면서도 그 차이가 차별이 되지 않도록 주의하면서 사회구조 변혁을 목표로 행동한다.

(2) 이주민 사회통합 모형

이주민들이 주류 사회 속에서 함께 통합되어지는 대표적인 다문화주의 정책모형으로는 동화주의, 문화 다원주의, 다문화주의, 상호문화주의가 있다. 이들 모형은 각국에서 강조하는 다문화 정책에 따라 이주민의 정착을 돕는 데 표방정책으로 사용되어왔다. 이들 모형에 대해서는 어느 하나가 절대적으로 옳다고 보기보다는 그 사회의 상황에 따라 다문화 사회가 이루어야 할 이념적 가치가 적절한지 이해할 필요가 있으며, 사회의 필요를 반영하는 모형이 어떤 것인지를 고려하는 입장에서 다문화 모형을 살펴볼 필요가 있다(장윤수, 김영필, 2012).

① 동화주의(assimilationism)

동화주의 모형은 다수의 문화들이 함께 있을 때 소수 문화 혹은 비주류 문화들이 주류 문화에 흡수 혹은 동화되는 것을 말하며, '용광로(melting pot)' 이론으로 설명되기도 한다. 이 모형은 미국에서 1960년대까지 초기 이민 정책에서 주로 사용하였으며, 근대 민족주의적 성향을 기본으로 하였다. 미국에 이주해 오는 다양한 인종과 그들의 다양한 문화가 미국의 주류 인 백인, 앵글로-색슨, 청교도(White Anglo-Saxon Protestant: WASP) 문화에 용해되어 미국인으로 동화되는 것을 말한다(서종남, 2009). 미국 사회의 동화주의는 다양한 문화의 존재는 바람직하지 않기 때문에 하나의 주류 문화를 모든 사회 구성원이 공유하는 것을 추구한다(황혜원, 2012). 동화주의 모형은 소수 문화가 정체성을 상실하고 다문화에 흡수되어 궁극적으로 단일문화주의를 취하게 되어 다문화주의와는 반대되는 개념이다. 동화주의는 소수 문화에 대한 태도와 권리 허용 정도에 따라 세 가지 유형으로 나뉜다.

㉠ 차별-배제형 동화주의

소수 문화를 차별하고 무조건 다수 문화로 흡수·동화시키려는 모형으로 다수 문화가 소수 문화의 정체성을 무시하고 그 문화 안으로 흡수하는 형태이다. 즉, 소수 집단의 문화는 다수 집단의 문화 속에 융해되어 다수 집단의 문화만이 존재하게 되는 문화 제국주의의 형태로 나타나게 된다. 경제적인 영역에서만 외국인을 받아들이고, 정치, 사회, 복지, 문화 등에서 외국인의 정착을 차단하는 경우로 독일이나 일본이 이민자들에게 시민권이나 영주권은 제한하면서도 주류사회의 문화에 동화하도록 강요하여 이 유형에 속한다(장진숙, 2010).

ⓛ 포섭-배제형 동화주의

동화주의의 일반적인 형태로 나타나는 이 모형은 특정한 이주민에 대해서는 자국국민에 준하는 공식적인 권리를 인정하는 반면에 그 외의 이주민에게는 일시적인 체류 자격만 부여하고 사회통합 대상에서 제외하는 형태로 나타난다. 현재 한국 사회의 다문화주의 정책은 한국 남성과 결혼한 외국인 여성과 그 자녀들에게만 자국민이 될 수 있는 권리를 부여하고 외국인 노동자에게는 체류 자격만 허용하고 있으므로 포섭-배제형 동화주의에 해당한다.

ⓒ 포용형 동화주의

이 입장은 외국에서 이주해 온 사람들은 우선 그들이 거주국 문화에 익숙해지도록 지원받는 것을 필요로 하기 때문에 동화주의 모형을 무조건 배척할 필요는 없다고 주장한다. 이주민들은 아직 집단적으로 자신들의 권리나 인권을 거주국에 적극적으로 주장할 단계가 아니므로 거주국 문화에 동화되도록 지원하는 것이 우선이 된다. 이 모형은 소수자들에 대한 포용을 전제로 한 동화를 주장한다. 이민자들의 초기 정착을 위해서 동화주의 정책이 일부분 사용되어져야 하며 이는 차별-배제형 혹은 포섭-배제형 동화주의가 아닌 포용형 동화주의를 토대로 하여야 한다. 한국 사회가 포섭-배제형 동화주의에서 벗어나서 포용형 동화주의로 한 단계 더 나아가기 위해서는 소수자가 한국사회에 익숙해지도록 포용하는 정책을 우선시하여 실질적으로 타인들과 어울리며 인간다운 삶을 살 수 있도록 지원해야 할 것이다.

② 문화 다원주의(cultural pluralism)

미국에서 20세기 중반까지 주를 이루었던 동화주의 정책이 다문화주의에서 추구하는 이념과 맞지 않는 방향으로 흘러가고 있다고 비판이 점차 거세지면서, 캐나다에서는 다민족이 어울려 살아가기 위한 초기 이민 정책 방안으로 '모자이크(mosaic)' 형태에 비유되는 문화 다원주의 정책을 실행하였다. 문화 다원주의는 다문화주의와 동일하게 문화의 다양성, 다원성을 인정하는 점에서 공통적이지만 주류사회, 주류 문화를 강조하며 소수 문화에 대해 소극적으로 인정하는 유형이다(장진숙, 2010). 주류 문화와 비주류 문화, 비주류 문화와 비주류 문화 간의 상호인정을 전제하며 서로 간섭하지 않고 각각 정체성을 유지하면서 함께 병존을 추구한다. 또한 문화의 다원성 및 다양성을 인정하긴 하지만 주류 문화가 형성하는 지배 사회를 인정하고 문화적 다원성을 수용한다. 즉, 문화 다원주의는 다민족, 다문화의 고유한 특성을 그대로 인정하는 것이 아닌 서로 모아서 하나의 모자이크를 완성함으로써 이상적인 다문화 사회가 형성된다고 보지만, 그 밑바탕은 서구 문화 또는 주류문화를 근간으로 한다는 데서 비판을 받는다.

③ 다문화주의(multiculturalism)

차별-배제형의 동화주의 모형은 서로 다른 문화와 민족이 어울려 조화롭게 살아갈 수 있는 정책과 전혀 다르기 때문에 비판을 받았다. 문화 다원주의는 주류 문화를 전제하며 모든 문화가 평등하지 않게 받아들여지지만, 다문화주의 모형은 다문화주의가 추구하는 이념을 가장 잘 반영하고 있다. 다문화주의 모형은 상이한 여러 집단의 문화가 상호공존하면서 각각의 색깔과 향기를 지니고 조화로운 통합을 이루어 내는 모형으로 각각의 재료가 하나의 볼(bowl)에 담겨서 하나의 음식이 되는 '샐러드 볼(salad bowl)'에 비유된다. 미국에서 용광로에 비유된 동화주의 정책의 비판 후에 이민자들이 자신의 문화와 언어를 유지하면서 미국 사회의 일원으로 정착하는 것을 지지하는 정책이 다문화주의이다(서종남, 2009). 다문화주의는 주류 문화와 비주류 문화의 구성원 모두가 동등한 자격을 갖고 있다는 것을 전제로 한다. 즉, 문화의 다양성을 인정하면서도 주류가 존재한다는 것을 전제로 하는 문화 다원주의와는 달리 다문화주의적 관점에서는 주류의 존재를 인정하지 않고 다양한 문화가 평등하게 인정되어야 한다고 전제한다. 이 모형은 20세기 후반 전 세계가 세계화 시대로 진입하면서 제기된 다문화교육 이론의 근간이 되며 국가나 민족의 경계를 허물고 이민자들이 주류 문화에 동화되는 것이 아니라 각자의 정체성을 확립할 수 있도록 방향을 제시한다.

④ 상호문화주의(interculturalism)

다문화주의가 차이와 다양성에 대한 존중과 관용을 강조하는 반면, 상호문화주의는 다른 문화, 인종, 가치, 성등 자신과 다른 집단과의 공생과 상호작용을 강조한다. '상호(inter)'라는 접두사는 개인, 집단, 정체성 간의 상호작용을 고려한다는 것을 의미한다(장한업, 2014). 즉, 소수 집단이 가지고 있는 문화의 정체성을 인정하지만 하나의 주류 문화를 형성하여 다른 문화를 받아들이며 간섭하지 않는 타자시하는 소극적 인정이 아닌 각각의 문화 간의 상호작용과 접촉을 중시한다. 상호문화주의는 문화에 대한 이해보다는 문화 간의 만남과 문화적 다양성에 대한 행동적 차원에 비중을 두며 구체적인 실천을 강조한다(김정숙, 2012; 이동성, 주재홍, 김영천, 2013; 장한업, 2009). 상호문화주의는 단순히 다른 문화를 배우는 것이 아닌 그 문화 구성원과의 만남을 배우는데 있다. 다른 문화권에 속한 사람과 만나서 의사소통하고 의견을 교환하기 위해서는 다른 문화권사람이 자신에 대해서 자유롭게 말할 수 있도록 허용하지 않고서는 문화 간 존중이 형성될 수 없기 때문에 다른 문화와의 상호 접촉은 타인의 요구, 복합성, 모순 등을 존중해 주고, 타인 그 자체를 인정하고 함께 공감하는 것을 상호문화교육 내용으로 삼고 있다(장한업, 2014). 기존의 다문화주의가 상호 인정은 하지만 오히려 불간섭하며 접촉하지 않음으로써 타자로서 존재하며 서로 벽을 쌓아 그 결과 또 다른 차별을 가져온다는 단점을 상호주의는 해결하고 있다. 다문화주의가 평등, 정의, 민주주의, 시민성을 강조하는 데 반해 상호문화주의는 이질성, 표상, 편견, 고정관념, 정체성 문제를 강조한다(장한업, 2009). 이주한 사람은 낯선 장소에서 자신의 정체성을 발견하게 되며, 이미 살고 있었던 사람도 낯선 사람의 존재로 인해 자신의 정체성을 확인하게 된다. 상호문화주의는 개인이나 집단이 자신의 고유성을 발견한 후, 나, 우리, 그들과 어떻게 관계를 맺으며 공존의 길을 걸어갈지를 교육을 통해 모색한다(원진숙 외, 2010).

영국 및 EU에 속한 국가인 독일이나 프랑스는 상호문화주의를 표방하고 있다. 하지만 상호문화주의 또한 서로 동등한 입장에서 상대방의 권위를 존중하고 정체성을 인정하는 상호이해를 기초로 하지만 현실적으로 많은 제약이 있다. 이민자들에 반대하는 여론을 의식한 정치권이 다른 문화나 이주민에 대한 적대적 정책을 취하면서 상호문화주의가 앞으로 어떤 방향으로 변화되어질지 예측하기는 쉽지 않다(김정숙, 2012).

2. 다문화교육의 이해

1) 다문화교육

다문화교육은 다양성을 인정하고 평등을 추구하는 교육으로 인종, 언어, 문화, 종교, 성 등의 차이가 존중되어지며 차이가 결점이 아닌 장점으로 그리고 경쟁력으로 인정되어질 수 있도록 지원한다. 그래서 다문화교육은 차이를 동등하게 인정하는 교육이다(Ghosh & Galczynski, 2016). 다문화교육은 다양한 가치와 문화를 지닌 소수 집단을 학교 및 사회 환경에서 함께 통합하여 이들 소수 집단 학생이 안전하게 교육받으며 자신의 역량을 발휘할 수 있도록 교사, 학생, 학교, 사회환경의 변화를 추구한다. 다문화교육에서 교사는 중요한 역할을 하며 실제 학교에서의 변화를 주도하게 된다. 학생이 가진 문화, 언어, 가치의 차이를 인정하지 않는 교사는 학생을 주류문화에 편입하여 동화하는 교육을 실시하지만 주류문화와의 차이가 학생의 자율성, 자존감, 효율성을 감소시킨다고 인식하는 교사는 학생이 가진 다른 문화의 특성을 반영한 교육내용이나 교수 방법을 사용하여 학생이 수업에서 소외되지 않도록 한다(모경환, 2009). 다문화 교사교육은 '차이'가 사회적, 정치적으로 형성된 개념이라는 것을 교사가 인식하고, 교사가 속한 사회의 주류 중류층 집단과 다른 계층이나 집단에 속한 학생에 대해 '타인'으로 인식하는 태도로부터 변화되는 것을 목적으로 한다. 다양성은 개인의 차이가 아닌 사회 속에서 계층 간의 차이 및 순위로 받아들여지는 개념이기 때문에 다문화 교사교육은 교사 자신과 사회가 가진 사회적, 정치적 편견을 발견하고 편견을 없애는 인식적 전환을 추구한다. 다문화교육의 목적과 대상자에 대한 교사의 태도, 지식, 행동에 따라 다문화교육의 결과는 달라지게 된다(장인실, 전경자, 2013; Benett, 2007).

다문화교육을 수행하는 과정에서 발생하는 주요 논쟁은 세 가지 측면에서 이루어진다(박윤경, 2008). 첫째, 단일 문화 중심의 동화주의와 문화다원주의 간의 논쟁이다. 전통적으로 사회 권력을 지배한 주류 집단중심의 관점과 다양한 집단을 동일하게 인정하고 접근하는 관점 간의 충돌이 있다. 둘째, 다문화교육 대상의 범위를 특수교육처럼 소수의 집단으로 보는 관점과 모두를 위한 교육으로 보는 관점 간의 논쟁이다. 대상이 누구인지에 따라 교육내용은 변하기 때문에 다문화교육의 대상 선정은 주요 논쟁이 되어 왔다. 셋째는 다문화교육의 교수 전략과 관련한 논쟁으로 결핍과 차이에 대한 논쟁이다. 학교에서 배우는 교육과정이 주류 집단의 관점뿐 아니라 다양한 집단의 역사, 경험, 관점이 함께 고려되고 포함되는지 여부이다. 이런 입장 차이는 소수 민족 학생의 낮은 학교 성취 원인을 소수 민족 학생이 가진 결핍된 환경으로 인해 정규 교육이나 학교 교육과정에서 적응하여 좋은 성취를 얻기에는 능력이 부족하며 결핍되었다고 보는 입장과 소수 민족 학생이 가진 특성과 학교에서 배우는 교과 내용 및 교수 방법 등 교육과정이 일치하지 않고 다르기 때문에 소수 민족 학생에게 불공정한 교육환경으로 인해 높은 성취를 가지지 못한다는 입장 간의 논쟁으로 표면화된다. Ogbu(1992)는 아프리카계 미국인의 낮은 성적이 결핍된 환경으로 인한 것이 아닌 아프리카계 미국인의 정체성과 상이한 교육 내용과 교수 방법으로 인한다고 주장하고 있다. 즉, 이들이 부족한 능력을 가지고 있다고 보기보다는 차이점을 반영하지 않은 잘못된 교수 방법과 아프리카계 미국인 문화를 배제하거나 왜곡된 교육 내용에 원인을 둔다. 다문화교육은 인종, 민족, 문화 등에서 다양한 학생들이 개인적으로 또는 집단적으로 학업 능력을 갖추고 있다고 전제한다(주재홍, 김영천, 2014).

(1) 정의

Banks(2006)는 다문화교육을 "다양한 인종적, 민족적, 사회 계급 집단 출신의 학생들이 교육적 평등을 경험할 수 있도록 학교, 대학 등 교육기관을 변혁하는 것(p. 2)"이라고 정의하였다. 다문화교육은 다양한 민족, 인종, 계층, 성별, 지역 등 차이로 인해 가지게 되는 다양한 집단의 문화를 이해하며, 문화적 가치를 존중하고 문화적 차이에 의해 발생하는 편견이나 갈등의 문제를 적극적으로 대처하는 능력을 함양하는 교육이다(은지용, 2007). 다문화교육은 주류문화 속에 사회적 약자나 소수자의 문화에 대한 편견과 고정관념을 타파하며 주류 사회나 문화에 완전히 동화되는 과정에서 겪게 되는 정체성 혼란, 소외 등과 같은 고통과 차별이 고착되도록 하는 사회구조를 개선하여 다양한 가치와 문화가 상존하는 사회를 지향한다(Banks, 2008).

유럽에서는 다문화 학생을 포함한 모든 학생을 대상으로 다민족, 다문화, 다양한 가치가 공존하는 국제 사회 속에서 살아가는 데 필요한 기본 가치와 태도를 가르치는 교육을 시민교육이라고 부른다. 이 시민교육은 시민주의적 보편주의 및 국제주의로서의 세계 시민의식을 내용으로 하는데, 이는 자민족 중심주의 또는 내부지향적 애국심과는 대비가 된다(노찬옥, 2004; 배영주, 2013). 이는 초기에 국제이해교육이라는 용어로 사용되었는데 기존의 단일 문화국가 안에서 자신을 바라보던 단일 시각에서 세계 속에서 자신을 바라볼 수 있는 시각의 전환을 가져오며 세계 다른나라 사람들과 더불어 살아가며 협동하는 시민으로서의 자질과 태도 육성을 목표로 한다. 그리고 학생들이 국가와 세계 속에서 자신에게 요구되어지는 다양한 역할과 모습에 대해 복수적 정체성을 형성하여 자신을 알아가고 새로운 삶의 방식을 이해할 수 있도록 돕는다(이동성, 주재홍, 김영천, 2013)

다문화교육은 또한 반편견교육이다. 주류 문화, 인종, 종교, 성 등에 있어 한쪽으로 치우치거나 편애나 편견과 같은 사고 경향에 대해 학생들이 비판적 사고를 할 수 있으며, 다양한 사람들과 어울려 상호작용을 할 수 있으며, 편견에 대해 적극적으로 대응할 수 있도록 가르치는 교육이다(신순식, 김태선, 신은정, 2010).

(2) 목표

다문화교육은 다양한 문화가 공존하는 공동체의 구성원에게 요구되는 능력과 태도를 가진 다문화적 시민성 함양을 목표로 한다(Banks, 2008; Kymlicka, 1995). 다문화적 시민성 함양을 인지적, 정의적, 행동적 측면으로 구분하면 다음과 같다(Banks, 2006; Gutman, 2004; Sleeter & Grant, 2003).

첫째, 인지적 측면에서는 타문화의 의미, 특성, 가치를 반성적으로 이해하는 능력을 함양하며 이를 위해 타문화를 사회적, 역사적 맥락과 연관시켜 이해하려는 노력이 요구된다. 또한 자문화와 타문화의 특징을 비교하여 공통점과 차이점을 파악함으로써 문화를 폭넓게 아는 인지 역량이 목표가 된다.

둘째, 정의적 측면에서 타문화의 가치와 정체성을 수용하고 존중하는 태도가 목표이다. 지식에 머물지 않고 다른 문화나 가치에 대해 차별적이지 않고 존중하는 태도를 육성한다.

셋째, 행동적 측면에서 타문화를 존중하는 인식을 행동으로 실천하는 역량을 목표로 한다. 즉, 다른 문화들에 대해 소통할 수 있으며, 문화 간 갈등 상황에 합리적으로 대처하고 실천할 수 있는 역량을 육성한다.

즉, 다문화교육은 교육평등, 소수 학생과 그들 부모에게 권한 부여, 사회에서의 문화적 다원주의 형성, 교실 · 학교 · 지역공동체에서의 다양한 문화, 민족, 집단에 대한

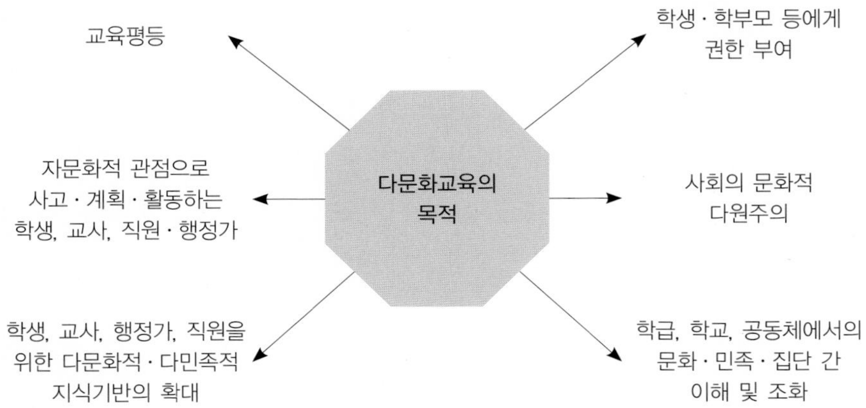

[그림 1-1] 다문화교육의 목적

출처: 안병환(2009), p. 159.

이해와 조화, 다양한 문화적, 민족적 집단에 대한 지식 확대, 다문화적 관점에서의 사고하고 계획하며 연구하는 학생, 학부모, 교사, 관리자의 역량 계발을 포함한다.

하지만 다문화교육에 대해 가지는 오개념도 있다. 다문화교육이 소수 민족만을 위한 교육이라든가, 반서구적 특성을 가지며, 국가를 분열시킨다는 것이 대표적인 오개념이다(Banks, 2008). 다문화교육은 특정 인종이나 민족을 위한 교육이 아닌 모든 학생을 대상으로 하며 민족적, 문화적 다양성이 증대하는 세계 속에서 살아가는 데 필요한 지식, 기술, 태도를 함양하는 총체적인 교육개혁운동이다(Banks & Banks, 2004). 그리고 서구의 민권운동과 반성적 시민운동에 기원을 두고 있기 때문에 서구적이면서도 분열된 국가를 통합하기 위해 사회의 다양한 구성원 간의 공유와 참여를 강조하기 때문에 국가 통합을 목적으로 한다(Banks, 2008).

표 1-1 대표적인 다문화학자의 다문화교육 목표

핵심내용 학자	정체성	문화다양성	차별과 편견 감소	존중	인권 및 평등	공존
Gay(1994)	• 개인적 발달	• 문화적 소양의 발전	• 태도와 가치의 명료화	• 다문화적 사회역량	• 교육적 평등 • 기초능력향상 • 권한부여	

Bennett (2007)	• 문화의식 함양	• 다양한 역사적 관점	• 편견 및 차별과의 투쟁	• 문화 의식 함양 • 간문화적 역량개발		• 지구 상황과 세계적 역학 관계 인식 • 사회적 행동 기술 향상
Banks (2008)	• 정체성	• 다양성	• 편견과 차별		• 인권	• 전 세계 구성원간의 상호의존성
Sleeter & Grant(2009)		• 문화적 다원주의		• 다양한 사람들에 대한 존중	• 학교에서 기회균등 • 집단 간 힘의 균등을 위한 지원	
Tiedt & Tiedt(2010)	• 자긍심 지원	• 다양성 존중		• 서로에 대한 존중	• 동등한 기회 제공	• 조화롭게 살기

출처: 주재홍, 김영천(2014), p. 110.

2) 다문화교육과정 모형

(1) Banks의 다문화교육과정

워싱턴 주립대학교의 Banks는 다문화교육이론의 대표적인 학자이다. Banks의 다문화 이론은 다문화교육과정의 변혁 정도와 참여 학생의 활동 내용에 따라 다문화교육과정을 '기여적 접근' '부가적 접근' '변혁적 접근' '사회적 행동 접근'의 네 단계로 분류하고 있다(Banks, 2008).

첫째, 기여적 접근으로 타문화집단이 인류 사회에 기여한 바가 무엇인가에 주목한다. 미국에서는 아프리카계 미국인이 미국 역사에 기여한 점, 아프리카계 미국인 위인 등을 교육과정에 포함하여 아프리카계 미국 집단에 대한 긍정적 이해와 편견 해소를 추구한다. 교육과정에서 소수 민족의 문화, 역사, 음식, 공휴일, 기념일과 같은 정보에 국한하여 배우게 되며 주로 초등학교 단계에서 많이 사용한다. 예로, 세계 음식의 날, 민속 축제, 다양한 집단의 영웅에 관한 내용을 교육과정에 일부 포함하는 경우이다. 하지만 이 접근은 인종차별, 빈곤, 억압과 같은 사회적 이슈는 다루지 않으며 다문화, 소수 집단에 대한 피상적인 지식만을 제공한다(나장함, 2010; Jenks, Lee, & Kanpol, 2001).

둘째, 부가적 접근은 교육과정의 기본 구조, 목적, 특징은 변경하지 않고 문화 관련 내용, 개념, 주제를 통합하여 이벤트적인 기여적 접근보다는 체계화된 교육과정으로 배우는 단계이다. 기존 교육과정의 구조, 목적, 특성을 유지하면서도 다문화 개념, 주제, 관점을 교육과정에 추가하여 가르치기 때문에 교사가 교육과정 재구성을 위해 많은 시간을 투자하거나 훈련을 받지 않아도 된다. 기여적 접근과 부가적 접근 방법은 소수 민족의 인물, 사건, 문학 등에 대해 배울 때 소수 민족 집단보다는 주류 집단의 규범, 가치, 문화를 반영하기 때문에 주류 사회의 관점을 벗어나지 못하며, 민족에 대한 정보, 이론에 대해 좀 더 민주적인 태도를 가지게 하지만 이들 학생의 요구를 부응할 수 있는 교육과정의 변화를 유도하지는 못한다는 한계점을 가지고 있다.

셋째, 변혁적 접근은 비판적 다문화주의에 속하는데, 교육과정의 규준, 기본 전제, 패러다임에 대한 변화를 시도하기 때문에 기여적 접근이나 부가적 접근과는 차이가 있다. 변혁적 접근은 교육과정을 적극적으로 변화시켜 학생들이 지배 집단과 피지배 집단의 관점에서 사건이나 인물을 비판적으로 사고하며 결론을 도출하는 과정을 배우도록 한다. 변혁적 접근을 통해 학생들이 타집단뿐 아니라 자신이 속한 집단의 가치와 가정을 비판적으로 사고하고 분석하여 표면적 현상 이면에 감추어진 권력관계와

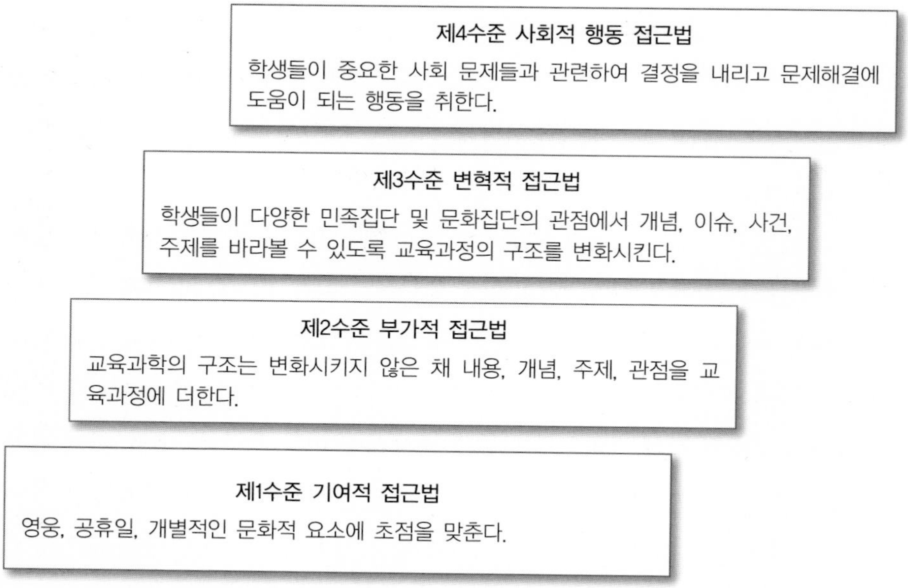

[그림 1-2] Banks의 다문화교육과정 개혁에 대한 네 가지 접근법

출처: Banks(2008), p. 70.

자신의 인식을 비판적으로 자각하는 데 중점을 둔다(나장함, 2010).

넷째, 사회적 행동 접근은 비판적 다문화주의에 가장 부합하는 유형으로 학생들이 학습한 내용에 대해 의사 결정을 하며 개인적, 사회적, 시민적 행동으로 실천할 수 있도록 교육과정을 변혁하는 과정이다. 학생들이 사회적 불평등과 차별을 해결할 수 있는 실천방안 마련을 위한 의사결정능력, 자율권, 정치적 효능감 신장을 교육과정을 통해 제공한다(Banks, 1988).

Banks는 다문화교육과정에서 고려해야 할 내용으로 '내용통합' '지식구성과정' '편견감소' '공평한 교수 방법' '학교문화와 사회구조 창조권한 부여'를 들고 있다(Banks, 2008). 첫째, 내용통합은 교사가 자신의 교과나 학문영역에서 주요 개념, 원리, 일반화 및 이론을 설명하기 위해 다양한 집단과 문화로부터 예시를 사용하는 정도를 말한다. 둘째, 지식구성과정은 교사가 학문영역 안에 내재된 문화적 가정, 준거, 관점 및 편견이 지식을 구성해 나가는 데 미치는 영향에 대해 학생들이 이해하고 결정할 수 있도록 돕는 정도를 말한다. 셋째, 편견감소 정도이다. 교육과정을 통해 학생들이 자기 문화적 시각에서 탈피하며, 다른 문화에 대해 자신이 가진 편견을 인식하고 감소시키는 정도이다. 넷째, 공평한 교수 방법으로 다양한 문화적, 민족적 집단 내에 다양한 학습양식에 일치하는 교수법을 사용하는 정도를 말한다. 모든 학생은 자신의 잠재력을 최대한 발휘할 수 있도록 학교에서 교육적 지원을 공평하게 받을 권리가 있기 때문에 선호하는 학습 양식을 파악하여 교육방법을 제공받아야 한다. 다섯째, 학교 문화와 사회구조 창조 권한부여로 학교 문화와 체계를 재구조화하여 다문화 학생들이 교육적 평등과 권한을 가질 수 있도록 경험하는 정도를 말한다.

(2) Bennett의 다문화교육과정

Bennett(2007)의 다문화교육과정은 평등교육, 교육과정 개혁, 다문화적 능력, 사회정의를 향한 교육으로 구성되어 있다. Bennett은 다문화교육이란 평등 교육을 추구하는 철학적인 개념으로 교육과정 개혁을 통하여 학생들과 교사들이 다문화적 능력을 획득하고 사회정의를 실천할 수 있는 교육실천 운동으로 정의하고 있다. 그녀의 다문화교육과정 세부구성을 살펴보면 다음과 같다.

평등교육은 경제적 소외계층, 소수 민족, 학교 부적응학생에게 공평하고 동등한 교육기회 제공을 목적으로 한다. 결과보다는 정규교육과정 안에서 각자가 최선을 다할 수 있는 학교 환경, 교수 · 학습 문화를 제공하여 학생의 성취도 향상을 강조하며(장인실, 차경희, 2012), 학생에 대한 교사의 기대, 학습집단 편성과 지도 전략, 학생훈육 정책, 교실 분위기 등에 나타나는 잠재적 교육과정의 변화를 시도한다(Bennett, 2007).

교육과정 개혁은 전통적인 교육과정의 변혁을 의미한다. 전통적 관점에서 등한시되고 왜곡된 특정 지식 영역이나 관점을 재조명하고 탐구를 통해 새로운 관점과 지식을 창출하거나 수용을 강조한다. 즉, 사회의 주류 문화를 형성하는 단일 민족 중심의 관점에서 다민족적이고 전 지구적 관점을 교육과정에 포함한다. 과거의 지배 문명국뿐 아니라 현재의 다양한 민족 집단과 국가의 역사에 대해 탐구하여 문화적인 차이에 대한 이해를 내용으로 한다. 하위 영역으로 역사적 탐구, 교재와 수업자료의 편견 제거하기, 교육과정 이론이 있다. 교육과정 개혁은 소수 민족를 포함한 비소수 민족에 속하는 모든 학생을 대상으로 다문화교육을 실시하는 데 관심을 둔다.

다문화적 역량은 다문화 사회에서 요구하는 개인적 역량이나 발달 내용을 의미하

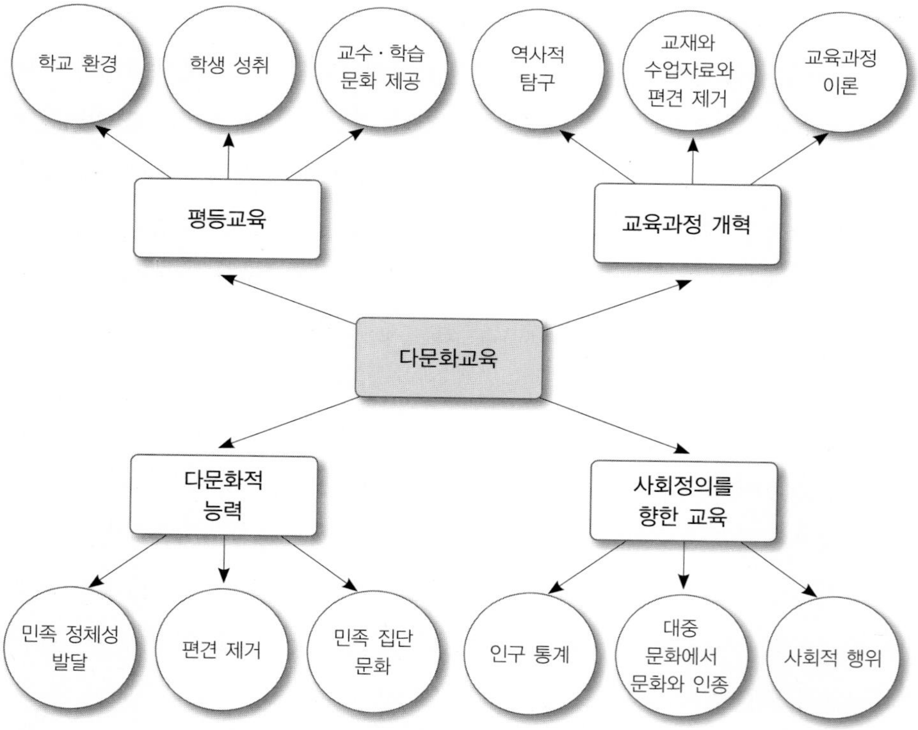

[그림 1-3] Bennett의 다문화교육의 개념도

출처: Bennett, C.(2001), p. 175.

며 국가 내에 그리고 국가 간에 존재하는 문화적 다양성을 이해하고 조율하는 방법을 학습한다. 언어, 신호, 몸짓과 같은 의사소통방법을 해석하고, 가정 문화나 다른 문화 유형의 관습을 이해하는 능력을 내용으로 한다. 하위 영역으로 민족 정체성 발달, 편견 제거하기, 민족 집단 문화가 있다.

사회정의는 인종차별, 성차별, 계급 차별과 같은 사회적 불평등에 대한 지식과 인식을 높이며 차별과 관련하여 사회적 제도 및 기관의 개혁에 적극적인 참여를 강조한다. 하위 요인으로는 인구 통계, 대중문화에서 문화와 인종, 사회적 행위가 있다.

다문화교육은 차이를 강조하지만 분리 교육을 실시하는 것이 아니라 모두가 가진 차이를 인정하고 통합하는 교육을 주장한다. Bennett은 다문화교육의 핵심가치를 네 가지로 말하고 있다(Bennett, 2007). 첫째는 문화적 다양성의 수용과 인정, 둘째는 인간의 존엄성과 보편적 인권에 대한 존중, 셋째는 세계 공동체에 대한 책임, 넷째는 지구상에 존재하는 모든 사람들에 대한 존중이다. 이 네 가지 핵심가치는 다문화교육의 강력한 윤리적 기반을 제공하고는 있지만 현실화되지는 않고 있다.

(3) Sleeter와 Grant의 다문화교육

Sleeter와 Grant는 다문화교육은 교육 목표와 사회 목표가 차이가 있기 때문에 목표가 무엇이냐에 따라 수업에서 강조하는 내용이 다르게 된다고 주장한다(Sleeter & Grant, 2003). 이들이 주장하는 다문화교육의 일반화된 다섯 가지 기법으로는 문화적으로 다른 내용 가르치기, 인간관계, 단일집단연구, 다문화교육, 다문화와 사회재건을 위한 교육이 있다(Sleeter & Grant, 1987). 문화적으로 다른 내용 가르치기는 전통적으로 비주류에 속하여 동화대상이 되어 온 비주류 학생들에게 현존 교육구조 내에서 적응하기 위해 필요한 기능 요소를 전수한다. 인간관계에서는 문화 각성, 편견과 고정관념이 감소하며 자아 정체감과 자부심을 학생들이 가질 수 있도록 한다. 단일집단연구에서는 민족성, 사회계층, 성, 장애로 인해 주류에 속하지 못한 학생들을 대상으로 이들 집단의 문화와 이들 집단이 사회에 기여한 역사를 살펴보고 차별로 인한 갈등, 이에 대해 가지는 자신이 속한 집단의 관점 등을 내용으로 한다. 다문화교육은 전체 모든 학생을 대상으로 교육과정을 개혁하여 모든 학생이 다문화교육의 수혜를 더 많이 받는 것을 목표로 한다. 마지막으로 다문화와 사회재건을 위한 교육은 국가 내에 형성된 사회·경제적 계층화를 이해하고 사회구조 개혁의 참여를 내용으로 한다.

(4) Nieto의 다문화교육

Nieto는 다문화교육의 특성을 반인종차별교육, 기본 교육, 모든 학생을 대상으로 하는 교육, 전반적인 교육, 사회적 정의 교육, 과정으로서의 교육, 비판적 교육인 일곱 가지로 설명하고 있다(Nieto, 2000). 그녀는 다문화교육은 일부 집단이나 타집단에 대한 불공정 편애주의를 비판하며 학교에서 다양한 인종 학생이 외곽에서 중심으로 들어올 수 있도록 이들이 이주한 나라, 민족, 인종에 대한 역사, 지리, 문학 등에 대해 이해하고 교수하며 필요한 이중 언어 습득교육을 제공한다고 주장하였다. 다문화교육은 소수 인종만을 위한 교육이 아닌 모든 학생을 대상으로 하기 때문에 학교의 전반적인 교육과 통합되어 제공되어야 하며 민주적 책임과 권리, 정의 등을 강조하면서 사회 변화를 위해서 다양한 관점을 비판적 시각에서 보며 자신과 사회의 정체성에 대해 비판적 사고과정을 경험하도록 한다(전희옥, 2012).

(5) Gorski의 다문화교육

Gorski는 여러 다문화교육이론이 연구되고, 체계화됨에도 불구하고 학교현장의 다문화교육이 이론과는 별개로 진행되고 있는 점을 비판하였다(Gorski, 2009). Gorski는 다문화교육을 본래대로 구현하기 위해서는 이론적으로 정의 내린 바 그대로 학교현장에서 실천해야 한다고 주장한다. 그는 Banks, Nieto, Sleeter 등 여러 주요 학자들의 이론을 바탕으로 다문화교육의 특성을 다음과 같이 다섯 가지로 정리하였다(나장함, 2011). 첫째는 다문화교육을 사회정의 실천을 위한 정치 운동으로 간주하며, 둘째는 사회정의는 기관적 · 제도적 차원의 문제임으로 학교개혁을 통해서 달성 가능하며, 셋째는 포괄적인 학교개혁은 권력과 특권 시스템에 대한 비판적인 분석을 수반하며, 넷째는 이 분석의 목적은 교육 불평등을 제거하는 것이며, 다섯째는 다문화교육은 모든 학생을 대상으로 한다. Gorski는 다문화교육과정안에 포함하여 가르쳐야 할 내용으로 타자에 대한 이해, 문화적 감수성과 관용, 다문화적 역량, 사회 · 정치적 맥락, 저항과 반헤게모니 실천을 제시하고 있다(Gorski, 2009).

3) 다문화수용과정

교사를 포함한 대개의 사람들은 다문화교육을 통해 자신이 속한 문화와 다른 문화를 접할 때에 가지는 태도나 입장에 변화가 생긴다. 사람들은 다문화교육을 통해 자신의 문화를 잃게 될 것이라는 위협을 느끼기도 하며, 그래서 다문화교육에 대해 적대감을 가지기도 한다. 처음에는 다문화에 대해 반감, 저항, 부정을 하다가 시간이 흐르면서 차이에 대해 인정하고 존중하게 된다. Boutte(1999)는 다양한 문화, 가치에 대해 개인이 어떻게 반응하며 그 역량이 성장하는지를 다음과 같이 요약하였다.

표 1-2 **Boutte의 다문화적 성장 단계**

	단계1	단계2	단계3
자기인식 수준	나의 관점이 옳다 (유일하다).	나의 관점은 많은 관점들 중의 하나이다.	나의 관점은 점점 변화되고 있다.
차이에 대한 정서적 반응	두려움/거절/부정/ 우리는 모두 동일해.	관심 인식 개방	이해/존중 기쁨/열중 능동적 탐색
문화적 상호작용 양식	고립 회피 적대	통합 상호작용 수용	변형 내면화 보상
교수에 대한 접근	자민족중심 교육과정	다른 문화에 대한 학습	다른 문화로부터 학습
관리에 대한 접근	단문화적 독재적, 지시적	승낙 관용	협동적, 가치부여 다양성/잠재성의 극대화
위험한 상태 → 개인적 정보 → 계속적인 과정			

다문화교육에서는 다른 문화를 공평하게 존중하기 위해서는 자기 문화와 타문화에 대한 자기반성이 필요하다. Bennett의 간문화적 감수성 발달 이론은 사람들이 타문화에 대해 반응하고 수용하는 단계를 6단계로 구분하여 설명하였다(Bennett & Bennett, 2004). 다문화교육은 자신의 문화 인식을 성찰하고 비판적으로 사고할 수 있도록 돕기 때문에 교사나 학생이 다문화교육을 통해 어느 단계로 성장하였는지 살펴 볼 필요가 있다.

표 1-3 Bennett의 간문화적 감수성 발달

자민족 중심단계	① 문화차이 부정: 외국인이나 이민자와 같은 집단을 특성이 없는 타자 집단으로 이해하여, 문화차이를 느끼지 않으며, 자신이 주류집단으로 우월하게 태어났다고 인식한다. ② 문화차이 방어: 문화 간의 차이를 인식하나 타집단의 문화를 자신의 문화처럼 개별성을 가진 문화로 인식하지 않으며 자신의 문화를 우월하게 인식한다. ③ 문화차이 경시: 문화 차이를 회피하기 위해 자신이 가진 우월성으로 타문화에 특권 행사를 하지만 그런 사실을 인정하려 하지 않는다.
↓ 민족 상대주의 단계	④ 문화차이 수용: 문화차이를 수용하지만 동의나 선호하지는 않으며, 타인의 중요성을 인식한다. ⑤ 문화차이 적응: 자신의 틀을 바꾸어 타문화의 맥락에서 사고하고 행동할 수 있는 간문화적 능력을 가진다. ⑥ 문화차이 통합: 어느 한 문화에 문화적 정체성을 가지기 보다는 둘 이상의 문화를 넘나드는 능력을 가지는 상대주의적 단계이다.

출처: Bennett & Bennett(2004).

3. 한국 사회의 다문화 현황

우리나라에서 국제결혼가정 또는 한국 국적 취득 가정이 계속적으로 증가하면서 이들 다문화가정의 아동 수 또한 계속적으로 증가하고 있다. 2006년 「재한 외국인 처우기본법」이 제정되어 재한 외국인이 그 법적 지위에 따라 적정하게 대우받을 수 있도록 보장함으로써 이들이 한국 사회에 적응하고 한국과 재한 외국인 간의 상호 문화와 역사를 이해하고 존중하는 사회환경을 조성할 수 있는 단초가 되며 국가 발전과 사회통합에 이바지할 것으로 기대하고 있다(법무부, 2006). 2008년에는 우리 사회가 다문화사회로 급속히 변화함에도 불구하고 단일민족 의식이 강하여 다문화가정에 대한 차별과 편견이 지속적으로 야기되어 이들이 가진 주류사회 진입의 어려움, 언어문제, 문화적 차이로 인한 사회 부적응과 가족 구성원 간의 갈등, 자녀 교육의 어려운 문제를 지원하고자 「다문화가족지원법」을 제정하였다(김희정, 2007). 2010년부터 2012년까지 다문화가족지원사업의 기본 방향을 계획하는 제1차 다문화가족정책 기본 계획을 수립하여 운영하였으며, 2013년에는 제2차 다문화가족정책 기본 계획(2013~2017년)을 수립하여 추진 중이다. 현재 우리나라 국적법하에서는 부모 중 최소한 한 명이 한국 국적을 가진 국제결혼가정에서 태어난 자녀만이 한국 국적을 가지며 의무 교육을 받을 권리를 포함하여 한국인으로서의 모든 권리를 가지게 된다. 본 절에서는 국내 인구의 변화와 변화요인, 국내 이주민 현황과 다문화교육기관 관련 현황에 대해 살펴봄으로써, 국내의 다문화 사회 형성 과정에 대해 알아보고자 한다.

1) 국내 인구 분포의 변화

국내에 체류하고 있는 외국인은 2016년 9월 현재 2,001,828명으로 전체 인구(51,664,244명)의 약 3.87%이다(통계청, 2016). 2020년에는 5%를 넘을 것으로 추정하고 있다(행정자치부, 2016). 2000년대에 들어서 매년 급증하고 있는 이주민의 증가는 단지 이주민만의 문제가 아닌 사회 전반에 걸친 사회적 변화와 개혁을 요구하고 있다. 즉, 다민족·다문화 사회로서의 변환은 단순히 인종이 다양화된다는 것 이상의 다차원적인 변환을 요구한다. 국적 취득의 경우 한국인의 배우자 자격으로 국적을 취득하는 결혼이민자가 대부분이지만, 일부 이주노동자의 경우에도 국적 취득을 할 수 있는 길이 열리게 되면서, 앞으로 국내 다문화 사회는 좀 더 다양한 배경을 가진 이주민들의 문화와 공존하게 될 것으로 예상되고 있다(김영란, 2013).

1990년대 산업연수인력이란 명칭으로 외국인 근로자가 국내 고용되면서 정주하는 외국 근로자의 수가 증가하게 되었고 농어촌을 중심으로 한 결혼 이주여성의 유입이 확대되면서 한국 사회는 다민족으로 구성된 다문화 사회로 바뀌게 되었다(김미나, 2009). 그 바탕에는 저출산이나 고령화로 인한 국내 인구 분포에서 변화가 생겼으며, 이주민과 다문화가족의 계속적인 증가가 있다. 이러한 요인들에 대해 살펴보면 다음과 같다.

(1) 저출산

2015년 한국의 출산율은 1.24명으로(통계청, 2016) 세계에서 네 번째에 해당되는 저출산국가이다. 2000년대 초반 농촌을 중심으로 국제결혼이 증가하면서 출산율이 조금 높아지긴 했지만, 전체 출산율은 계속적으로 낮아지고 있다. 농촌 중심으로 국제결혼이 증가하게 된 이유는 결혼 정년기의 남녀 성비의 불균형이 농촌 지역에서 더욱 크며, 도시로의 인구 편중이 심화되고 있기 때문이다. 저출산은 불안정한 경제와 취업의 어려움으로 인해 결혼 적령기가 계속적으로 늦춰지고 있으며, 이와 관련한 여러 복합적인 요인과 함께 높은 자녀 양육비의 부담등으로 인해 출산을 늦추거나 포기하는 부부가 많아지고 있기 때문이다(이종복 외, 2013). 현재와 같은 추세로 저출산율이 지속적으로 낮아진다면, 전체 인구수에서 이민자가 차지하는 비율은 계속적으로 증가하게 되어, 현재 3.5%에서 2050년에는 9.2%로 늘어날 것으로 추정된다.

(2) 고령화

저출산율과 함께 고령화의 문제는 국내 인구뿐 아니라 세계 인구 변화의 주요인이 되고 있다. 국내 생산가능 인구는 2016년에 3,650만 명을 정점으로 감소하며, 생산가능 인구의 평균 연령도 2005년 38세에서 2020년 42세, 2030년 45세로 증가할 것으로 전망된다. 또한, 2050년 한국 사회의 65세 이상 노령 인구가 차지하는 비율이 전체 인구의 38% 수준이 되면서 50세 이상 취업자가 노동 인구의 절반을 넘어서는 초고령 사회가 될 것으로 예상된다. 우리나라 사회의 고령화 특징은 고령화 진행 속도가 급속히 빠른 것으로 고령화 사회(고령인구 비율 7%)에서 초고령 사회(고령인구 비율 20%)로 진입하는 데 걸리는 기간이 프랑스의 경우 154년, 미국은 90년, 일본은 35년이 걸리지만 우리나라는 불과 26년 만에 도달한다는 것이다. 국내 노령화 인구는 2000년도에는 전체 인구의 7.2%에 불과하였으나, 2018년에는 14%로 증가하여 본격적인 고령화 사회로 진입할 것으로 예상되어, 2026년에는 인구의 20% 이상이 노인에 해당되는 초고령 사회로 접어들 것으로 전망하고 있다(이종복 외, 2013). 국내 인구수 또한 점차로 줄어들어 2050년경에는 천만 명 이상의 인구가 부족할 것으로 예상되어 매년 20만 명의 인구가 외부에서 유입되어야만 한국 사회의 인구수가 5천만 명을 유지할 수 있을 것으로 보고 있다.

(3) 이주민의 증가

국내 체류 외국인의 증가 추세를 보면, 2006년 약 54만 명에서 2010년 114만 명으로 급증하였으며, 2016년 9월에는 약 200만 명(2,001,828명)으로 연평균 14.6% 정도가 증가하는 것으로 나타났다(통계청, 2016). 이는 지난 10년 동안 단기 · 장기 체류를 포함한 국내 이주민의 수가 약 3배 이상 증가되었음을 보여 준다. 2015년 약 174만 명의 국내 체류 외국인은 국적 미취득자 1,376,162명(79%), 국적 취득자 158,064명(9.1%),

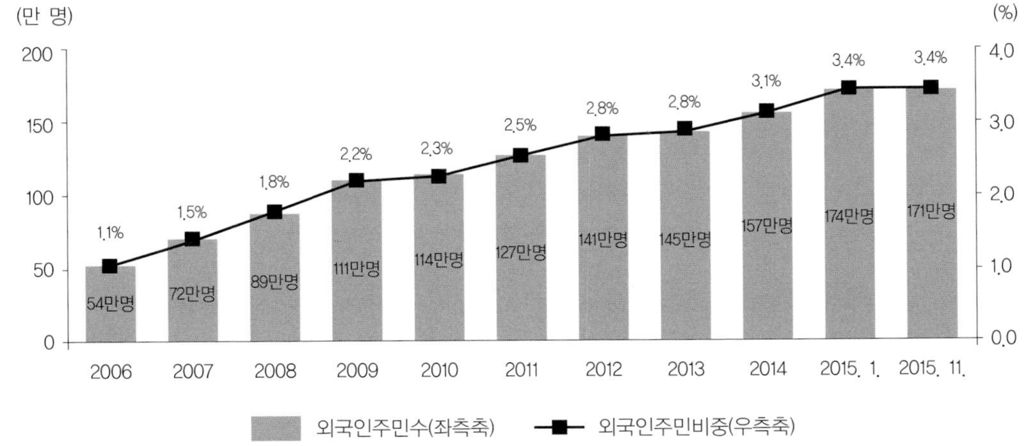

[그림 1-4] 국내 외국인 주민수 증감 추이

출처: 행정자치부(2016).

결혼 이민자 및 국적 취득자의 미성년 자녀 207,693명(11.9%)으로 구성된다. 국적 미취득자는 외국인 근로자 608,116명(34.9%), 결혼 이민자 147,382명(8.5%), 유학생 84,329명(4.8%), 외국국적 동포 286,414명(16.4%) 등에 해당되며 국적 취득자 중 혼인 귀화자는 92,316명(5.3%)에 해당된다. 결혼 이민자수는 2009년 56,205명과 비교해 볼 때 3배 가까이 증가하였다. 국제결혼 비율은 2005년 13.5%로 최대치를 기록하였으며, 현재는 평균 10%의 비율을 나타내고 있다. 이러한 추세로 계속 결혼 이민이 증가된다면 국제 결혼가정은 2050년에 80만 명 이상이 될 것으로 추정된다. 특히 농촌의 국제 결혼증가 추이를 고려해 볼 때 농림수산식품부(2009. 4. 10.)는 2020년에는 19세 미만의 농가 인구의 49%가 다문화자녀로 구성될 것이라고 전망하였다.

또한 약 174만 명의 국내 체류 외국인 중 장기 체류자는 138만 명에 달하며 그중 등록된 장기체류자는 109만 명에 해당되며, 단기체류자는 39만 명에 해당된다. 등록된 장기체류자 수는 2008년 85만 명에서 해마다 조금씩 증가 추세를 보이고 있다. 난민의 수 또한 증가하여 1994년 이후 2016년 8월 말까지 난민신청자는 20,088명이며 이들 중 1,570명이 난민자격으로 국내에서 거주하고 있다. 난민신청 사유 순을 보면 정치적 사유, 종교, 특정구성원, 인종, 국적 등이다. 2013년 7월「난민법」이 제정 · 시행된 이후로 난민신청자가 크게 증가하고 있으며 난민자의 수는 급격히 증가할 것으로 예상된다(법무부, 2016).

2) 국내 다문화 사회의 이주민 실태

국내 다문화 사회는 2000년대 중반 이후를 기점으로 다양한 배경의 이주민들이 급속도로 증가함에 따라, 기존의 한국 사회가 가지고 있던 단일 문화와 민족 동질성을 기본으로 하는 사회적 관념 틀 자체에 조금씩 변화를 주고 있다. 국내 거주 외국인의 체류 유형은 외국인 노동자와 결혼 이민자만이 중심이었던 초기 이주민 양상에서 북한이탈주민, 유학생, 난민 등 다양화된 유형 형태로 조금씩 변화하고 있으며, 이주민의 출신국가 또한 중국에서 동남아시아(베트남, 필리핀, 일본 등)로 이동하고 있으며, 이주민의 국적 취득 비율도 계속적으로 늘어나고 있는 추세이다. 그러나 이러한 변화에도 불구하고 국내 다문화 사회는 아직 초기 단계에 있다. 다문화 사회는 세 단계로 구분할 수 있는데, 첫 번째 단계는 이주민이 전체 인구 구성에서 차지하는 가시적 비중이 점차로 증가하는 다문화 사회로의 진입 단계이며, 두 번째 단계는 이주민 가족을 형성하면서 출신국별로 이주민 공동체가 형성되고 집단적 거주지가 출현하는 형태로의 전환 단계로 발전되며, 세 번째 단계는 다문화가족 내에서 성장한 2세대가 사회에 진출하고 이주민 공동체가 재생산되기 시작하는 다문화 사회로의 정착 단계이다(장미혜, 김혜영, 정승화, 김효정, 2008). 이와 같은 분류기준에서 볼 때, 한국은 아직 다문화가정의 비중이 점차로 증가하는 다문화 사회로의 진입 단계에 있다고 할 수 있다.

다문화가정이란 한국인과 외국인이 결혼하는 결혼이민자와 외국인 노동자, 유학생, 북한이탈주민이 포함된 이주민 가정을 포함하며 다양한 문화가 공존하는 가족을 의미한다. 「다문화가족지원법」(2008년 9월 22일 시행)에 따르면 다문화가정이란 다음 각 목의 어느 하나에 해당하는 가족을 일컫는 것으로, ①「재한외국인 처우 기본법」 제2조 제3호의 결혼이민자(대한민국 국민과 혼인한 적이 있거나 혼인관계에 있는 재한외국인)와 국적법 제2조에 따라 출생 시부터 대한민국 국적을 취득한 자로 이루어진 가족, ②「국적법」 제4조에 따라 귀화 허가를 받은 자와 같은 법 제2조에 따라 출생 시부터 대한민국 국적을 취득한 자로 이루어진 가족이다. 즉, 「다문화가족지원법」에서 제시한 기준에 의하면 다문화가정은 현재 국내에서 살고 있는 국제결혼 가정을 일반적으로 일컫는 용어로 한 가족 내에 다양한 문화가 공존하고 있다는 의미가 담겨 있으며 한국인 배우자와 결혼한 결혼이민자 가정과 귀화한 국적 취득자 가정을 말한다.

2015년에 실행한 전국 다문화가족 실태조사 연구(여성가족부, 2015)에 의하면, 국내 다문화가족은 305,446가구로, 결혼이민자 가정이 82.8%, 일반 귀화자 가정이 17.2%에 해당되는 것으로 보고하였다. 전체 다문화가정의 29%가 경기도에, 24%가 수도권 지역에 거주하며 그 뒤로 인천, 경남, 충남 경북, 전남 순으로 대부분 전체 다문화가족의 4~5% 정도를 차지하는 것으로 나타나, 농촌을 중심으로 초기 결혼 이민자들의 거주지가 형성된 것과는 달리 점차로 수도권 중심으로 거주 지역이 바뀌어 가고 있다. 결혼이민자 혹은 귀화자의 출신국적별 순서는 조선족(32.1%), 중국(26.5%), 베트남(19.2%), 필리핀(5.7%), 일본(4.3%), 캄보디아(2.1%), 미국(1.1%) 등으로 나타났다. 가장 많은 비중을 차지하는 나라는 중국이며, 그다음으로 많은 수를 차지하는 국가는 베트남인데, 다른 국가들과 비교해 결혼이민자 수의 증가폭이 큰 것으로 나타나고 있다.

2015년 1월 기준 외국인 주민 현황(행정자치부, 2015)을 살펴보면 국적을 미취득한 결혼이민자는 147,382명에 해당되며, 국적을 취득한 혼인귀화자는 92,316명에 해당된다. 이처럼, 결혼이민자의 국적 취득율이 전반적으로 낮은 것은 국적 취득을 위해 거쳐야 하는 행정절차가 복잡하고 조건도 까다로워서 외국인 배우자나 부부가 직접 자료를 준비하거나 그 과정을 진행하는 것이 어렵고, 국적 취득을 위한 비용 또한 경제적으로 부담이 되기 때문일 수도 있다. 또한 일부 한국인 남편들이 국적 취득 후 발생하는 문제들에 대한 우려로 외국인 아내의 국적 취득을 적극적으로 돕지 않는 경우도 있다(변수정, 조성호, 이상림, 서희정, 정준호, 이윤석, 2014).

결혼이주민이나 국적 취득자의 경우 여러 기관에서 도움을 받을 수 있지만, 난민이나 이주 노동자는 의료보험, 교육을 비롯하여 기본적인 생활 혜택을 받을 수 있는 상황을 가지지 못하는 실정이다. 대부분의 선진국은 합법적인 체류허가를 가진 등록 외국인뿐 아니라 비합법적 체류자에게도 일부 복지 혜택을 받을 수 있는 기회를 제공한다. 우리나라도 결혼 이민자나 국적 취득자 이외의 체류 외국인에게도 인간으로서 존엄성을 보호받을 수 있는 제도를 마련하고자 적극적인 노력을 할 필요가 있다.

3) 다문화가정 학생의 실태

(1) 다문화가정 학생 수

2015년 결혼이민자 및 국적 취득자의 미성년 자녀는 총 외국인 주민 수(1,741,919명)

의 11.9%(207,693명)이다(행정자치부, 2015). 하지만 이 숫자는 다문화가정(결혼이민자와 국적 취득자 가정)으로 한정되어 있기 때문에, 2013년 한국에 거주하고 있는 미등록 아동 수는 1만 명 이상인 것으로 추정되어 이보다 훨씬 더 많은 외국인 가정의 자녀가 한국에 살고 있는 것으로 추정된다(문화일보, 2016). 다문화가정의 수가 증가하면서 다문화가정 자녀들 또한 지난 10여 년 동안 빠른 속도로 증가하고 있으며 중도입국자녀나 북한이탈 청소년 또한 계속적으로 증가하고 있다. 교육기관에 재적하고 있는 전체 학생(초등학교~고등학교 대상) 중 다문화학생의 비율은 1.4%(82,536명)로 전년도 대비하여 0.3% 증가하였고, 2012년 46,954명에 비해 2배 정도로 급속히 증가하였고, 전년도 대비 20% 넘게 증가하였다(한국교육개발원, 2016). 다문화학생 중에서 초등학생 비율이 72.9%, 중학생이 16.7%, 고등학생이 9.9%, 대안학교를 포함한 다른 유형의 학교에 재학 중인 학생이 0.5%로 나타났다.

표 1-4 연도별 교육기관에 등록된 다문화가정 학생 수

연도	초	중	고	대안학교 등 기타	계
2012	33,740	9,627	3,409	178	46,954
2013	39,360	11,280	4,858	282	55,780
2014	48,225	12,506	6,734	341	67,806
2015	60,162	13,827	8,146	401	82,536
2016	73,972	15,080	9,816	318	99,186

출처: 한국교육개발원(2016).

다문화학생은 전년도 대비 초등학생 비율이 계속적으로 급속도로 증가하고 있는데, 이는 다문화가정 자녀 중 만 6세 이하 유아가 차지하는 비중이 크기 때문이다. 2012년 여성가족부에서 실행한 '전국다문화가족 실태조사'에 따르면 20만 명이 넘는 다문화가정 자녀 중 만 6세 이하의 취학 전 유아가 차지하는 비율은 60%(121,301명)로 가장 많은 비중을 차지하며, 만 7~12세의 아동은 29%(49,929명) 정도로 나타났다. 그러나 취학 전 다문화가정 유아를 대상으로 한 어린이집 혹은 유치원 재학률 및 재학 현황 조사는 지속적으로 보고되고 있지 않기 때문에 적절한 교육서비스를 받고 있는지에 관한 여부를 파악하기 힘든 상황이다. 따라서 증가하고 있는 취학 전 다문화가정 유아들에 대한 인구변화 및 교육 현황에 대한 조사가 체계적으로 이루어질 필요가 있다.

2016년 현재 99,186명의 다문화가정 아동 부모의 출신 국적은 베트남(23,968명)과 중국(21,130명)이 가장 많았으며, 그다음으로 일본(12,907명), 필리핀(12,540명) 출신의 부모가 많은 것으로 나타났다. 기타에 해당되는 부모들은 태국, 몽골, 대만, 인도네시아 등 동남아시아 국가를 포함하여, 러시아, 미국, 유럽, 아프리카, 오세아니아 등의 나라 출신들이다.

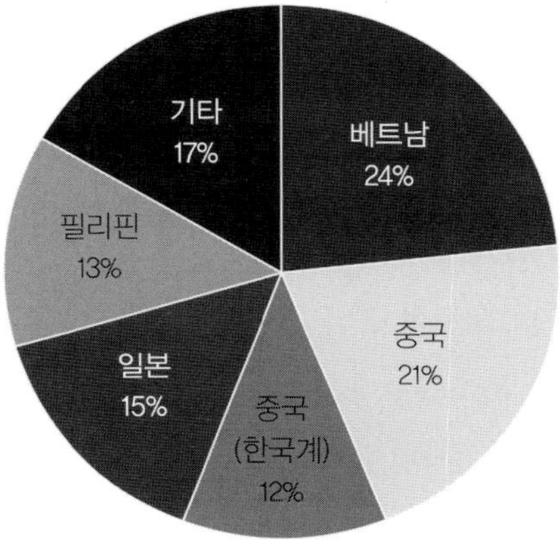

[그림 1-5] 2016년 부모 출신국별 다문화가정 학생 수
출처: 교육부(2016).

2012~2015년 동안 부모 출신국 중에서 가장 많은 변화를 보인 나라는 5배 이상의 증가를 보인 베트남 출신 부모이며, 그다음으로 중국과 필리핀 출신 부모들이었다. 이는 2000년 중반 이후 베트남 여성과 결혼한 다문화가정에서 태어난 자녀들이 초등학교에 들어가기 시작하면서 부터 베트남 출신 부모의 다문화가정 학생 수가 급증하였으며 베트남, 중국, 필리핀 출신 부모의 다문화가정 학생 수는 계속적으로 증가될 것으로 예상된다. 이들 다문화가정 학생들이 초등학교에 입학하여 잘 적응할 수 있도록 학생과 부모 모두를 위한 학교 적응 프로그램, 교사를 위한 연수를 비롯한 여러 방안들이 마련되고 실행되어야 한다.

표 1-5 **연도별 부모 출신국별 다문화가정 학생 수**

연도	베트남	중국	중국(한국계)	일본	필리핀	기타	계
2012	3,408	7,709	8,173	12,933	7,553	7,178	46,954
2013	6,326	10,824	8,468	13,117	8,639	8,406	55,780
2014	11,218	13,992	9,341	13,225	9,696	10,334	67,806
2015	17,247	17,182	10,773	13,153	11,103	13,078	82,536
2016	23,968	21,130	12,293	12,907	12,540	16,348	99,186

출처: 교육부(2016).

(2) 다문화가정 학생의 유형별 교육기관 재적 현황

2016년에 집계된 다문화가정 아동의 교육기관 등록 현황을 살펴보면, 초등학교 73,972명, 중학교 15,080명, 고등학교 9,1816명, 대안학교를 포함한 다른 학교에 재학 중인 학생은 318명의 순으로 나타났다(교육부, 2016). 이러한 결과는 전년도 대비하여 10~25%까지 증가하였다. 다문화가정 학생을 국내 출생, 중도입국, 외국인가정으로 분류하면, 국내 출생이 79,134명(79.7%)으로 가장 많은 비중을 차지하였으며, 외국인 가정 자녀가 12,634명(12.7%), 중도입국 자녀가 7,418명(6.3%) 순으로 나타났다.

표 1-6 **다문화가정 자녀 교육기관 등록 현황**

구분	초	중	고	각종학교	계
국내출생	59,970	11,475	7,589	100	79,134
중도입국	4,577	1,624	1.075	142	7,418
외국인가정	9,425	1,981	1,152	76	12,634
합계	73,972	15,080	9,816	318	99,186

출처: 교육부(2016).

다문화가정 학생의 학업중단사유로 학교생활 및 문화가 달라서(18.3%), 학교공부가 어려워서(18.0%), 편입학 및 유학준비(15.3%), 돈을 벌어야 해서(14.4%), 그냥 다니기 싫어서(11.1%), 학교 다닐 형편이 안 돼서(8.4%) 순이었다(여성가족부, 2016). 즉, 대부분의 다문화 학생들은 언어보다는 학교생활에서의 편견과 선입견으로 인한 심리적, 사회적 어려움과 빈곤한 가정 형편 때문에 학업을 중단한 것으로 나타났다. 다문화가정 학생의 교육 이수율을 높이기 위해서는 사회적 편견 해소 및 경제적 지원 정책

등 공평한 교육기회 제공을 위한 관심과 노력이 함께 마련이 되어야 한다.

(3) 중도입국 자녀

중도입국 자녀는 2016년 현재 7,418명으로 2012년에 비해 73% 이상 증가하였으며, 전년도 대비 18% 정도 늘어났다. 중도입국 학생은 사춘기인 중학교 시기 이후에 입국하는 경향이 높아서 언어 및 학업 적응에 국내 출신 다문화가정 아동보다 더 어려움을 겪는다. 중도입국 자녀가 초기에 학교에 적응하지 못하는 경우 자퇴를 하거나 학업을 계속적으로 이어 가지 못하게 된다. 특히, 어머니가 한국인 배우자와 재혼하여 입양의 형식에 따라 입국하는 중도입국 자녀의 경우에는 한 가족 안에 여러 문화와 언어가 존재함으로 가정 안에서도 적응하는 데 어려움을 가지고 있다(양계민, 조혜영, 2012). 중도입국 청소년의 경우 이처럼 자신의 의사보다는 부모의 권유 등에 의한 비자발적 이주인 경우가 많기 때문에 한국어 및 학교생활에 관한 사전정보 없이 입국하여 정체성에 혼란을 갖게 된다. 또한 자신의 나이보다 어린 학생들과 수업을 해야 하는 경우가 많기 때문에 학교생활에 적응하는 데 어려움을 가지며, 한국어로 이해하는 데 어려움이 있기 때문에 학업 수행능력이 떨어지게 되며, 교우관계에 있어서 일반 한국친구들보다는 같은 다문화가정 청소년이나 학교에서 겉도는 한국 친구들을 사귀는 경향이 높다(설동훈, 최윤경, 김은영, 조혜주, 2010). 중도입국한 청소년은 새로운 환경 변화로 인한 심리적 부담감과 낮은 학업 수행능력, 집단 따돌림 등 환경적인 요인으로 인해 학업중단을 하게 될 확률이 높다(류영철, 2016).

표 1-7 연도별 중도입국 다문화 학생 현황

연도	초	중	고	각종 학교	계
2012	2,669	985	547	87	4,288
2013	3,006	1,143	565	208	4,922
2014	3,262	1,386	750	204	5,602
2015	3,965	1,389	723	184	6,261
2016	4,577	1,624	1,075	142	7,418

출처: 교육부(2016).

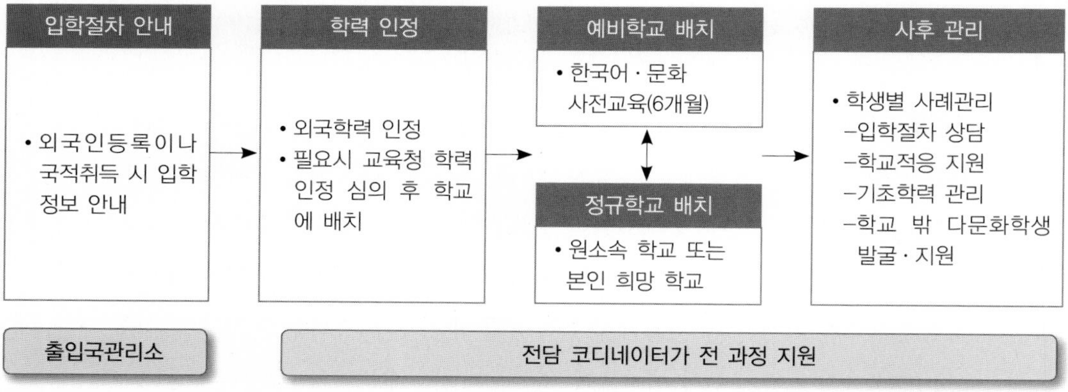

[그림 1–6] 중도입국학생의 입학 지원 절차

취학연령 시기에 중도입국한 다문화가정 자녀들은 아무런 준비 없이 한국에 오게 되는 경우가 많기 때문에 일반학교에 입학한 후 학년이 올라갈수록 교육과정 내용이 어려워지고, 한국어와 한국문화를 이해하지 못하면서 수업을 따라가는 데에 대한 어려움이 더욱 가중된다. 중도입국 자녀를 위한 한국어 지도사 방문 프로그램이나 다문화가족지원센터의 수업이 있지만 학생의 한국어 능력 평가 후 맞춤형 교육과정 지도와 같이 체계화된 프로그램 지원이 제한적으로 제공되고 있으며, 중도입국학생을 위한 예비학교 프로그램을 받는 학생의 비율도 낮다. 따라서 중도입국 학생은 학업에 대한 흥미도 사라지고 학교에서 적응하기 힘들어서 학업을 중단하기 쉽다. 현재 우리나라는 초등학교 위주의 다문화교육정책을 운영하고 있어, 중도입국 자녀의 연령과 발달 수준을 고려하여 한국어, 한국문화, 한국역사를 가르쳐 줄 수 있는 전문교육기관이 필요하며, 이들을 위한 진학과 취업을 지원하는 방안이 제시될 필요가 있다.

(4) 외국인 근로자의 자녀

미등록 외국인 근로자의 자녀를 위한 교육에 관하여 「초중등 교육법시행령」(제19조 및 제 75조)에서는 국내 거주 사실만으로 입학이 가능하도록 되어 있다. 「헌법」 제6조 2항과 UN 아동권리협약에서는 미등록 외국인 근로자의 자녀도 국내 아동과 동일한 권리를 가진다고 명시하고 있다. 그러나 학교현장에서는 불법 이주 근로자의 자녀인 미등록 외국인 자녀의 경우 입학이 거부되는 경우가 있어 미등록된 외국인 근로자 자녀는 교육의 사각지대에 놓이게 된다. 법무부(2016) 통계에 따르면 취학 연령대(10~19세) 외국인 근로자 자녀는 총 44,253명으로 이 중 외국인 학교에 재학 중인 학생은 9,205명(20.8%), 정규학교에 재학 중인 학생은 5,124명(11.6%)이며, 나머지 29,924명의 학생(67.6%)은 학교수업을 받지 않는 것으로 나타났다. 불법체류 중인 외국인 노동자의 자녀 또한 학교수업을 받기 어려운 환경에 있기 때문에 실제로 학교에 다니고 있지 않는 외국인 근로자 자녀의 수는 이보다 훨씬 많을 것으로 추정된다.

법상으로 교육적 보호를 받지 못하는 외국인 자녀는 중도입국 청소년의 경우와 비슷하게 한국어 미숙으로 인해 학업에 어려움을 겪게 되고 어눌한 한국어 및 외모 등으로 인해 차별과 따돌림을 경험하게 된다(설동훈 외, 2010). 특히, 미등록 외국인의 자녀의 경우 신분상의 불안으로 인해 입학을 기피하거나 불안정한 학교생활을 하게 된다. 교육부(2016) 통계자료에 따르면 외국인가정의 자녀수는 총 12,634명으로 제시되어 있는데, 대부분은 전문직을 포함한 국내 거주 외국인 부부의 자녀에 해당되며 동남아시아 위주의 외국인 노동자 부부의 자녀들은 많은 수가 포함되어 있지 않다. 외국인가정의 자녀인 경우, 부모가 전문직으로 한국에 근무하는 경우에는 부모의 교육적 지원으로 외국인학교나 사립학교 등 우수한 교육을 지원받지만 비전문직 외국인 노동자의 자녀인 경우에는 부모의 불안정한 직업으로 인해 지속적인 교육적 지원을 받기 어려운 상황에 놓이는 경우가 많기 때문이다(최윤철, 2009).

4. 국내 다문화교육 지원 기관

한국사회의 일반 학령 인구는 매년 20만 명씩 줄어들고 있지만 국제결혼가정과 이주근로자의 증가로 다문화가정 아동 수는 매년 6천 명씩 증가하고 있다(교육과학기술부, 2012). 다문화가정 아동의 교육을 성공적으로 지원하기 위해서는 교육적 지원뿐 아니라 의료, 법, 건강 등이 함께 지원될 필요가 있다. 이로 인해 여러 중앙행정부처는 다문화가정 아동의 한국 내에서의 적응, 교육, 건강 등에 대해 상호 협력하고 있다. 부처별 다문화가정 아동 교육 지원 사업을 정리하면 다음 〈표 1-8〉과 같다.

표 1-8 부처별 다문화가정 아동 지원사업

중앙 부처	다문화가정 아동 교육지원 사업	다문화가정 아동 교육 프로그램
교육부	• 교과학습부진 지원 • 학습능력 향상을 위한 환경조성	• 한국어교육지원, 한국문화체험, 국제이해교육, 교육지원, 생활지원 및 상담, 교과학습지원
문화체육관광부	• 다문화에 대한 인식 제고 • 문화적 다양성의 이해 • 이주민 언어 · 문화적 적응	• 한국어 교육, 한국어교재개발, 사회문화교육
보건복지부	• 다문화가정의 복지증진	• 생활지원, 다문화 · 탈북학생 멘토링
여성가족부	• 이주여성 자녀의 사회문화적 적응	

출처: 중앙다문화교육센터(2015), p. 8.

특히, 여성가족부는 다문화가족을 지원하기 위해서 제1차 다문화가족정책 기본계획(2010~2012년), 제2차 다문화가족정책 기본계획(2013~2017년)을 수립하여 시행하고 있다. 제1차 다문화가족정책 기본 계획 중 아동에 대한 교육정책으로 다문화가족 자녀의 글로벌 인재 육성을 위한 맞춤형 교육지원 강화, 다문화가족 유아등의 언어발달 지원사업 확대, 다문화가족 학부모의 자녀교육 역량 강화, 학교부적응 자녀 지원을 위한 인프라 확충이 있다. 또한 다문화에 대한 사회적 이해 제고로 다문화이해 증진을 위한 사회교육 활성화, 다문화이해 증진을 위한 학교교육강화 등이 계획되어 있다. 글로벌 인재 육성을 위해 현재 수 · 과학, 언어, 리더십, 예체능 4개의 영역에서 글로벌 브릿지 사업이 17개 교육기관에서 운영 중이며 학교에서는 창의재량활동시간에 국제이해교육 또는 시민교육 등을 수업 내용으로 다루고 있다.

표 1-9 2016년 권역별, 영역별 글로벌 브릿지 교육기관

영역	권역별			
	수도권	충청, 강원권	호남, 제주권	영남권
수 · 과학	서울교육대학교	한국교원대학교 춘천교육대학교	전북대학교 순천대학교 제주대학교	대구대학교 울산대학교
글로벌리더십		선문대학교	광주교육대학교	
언어	한양대학교(안산) 경인교육대학교			가야대학교 영남대학교
예체능	용인대학교	배제대학교		부산대학교

출처:한국연구재단 글로벌브릿지(2016).

제2차 다문화가족정책 기본 계획 중 다문화아동에 대한 교육정책으로는 다문화가족 아동의 언어발달 평가 및 이중 언어교육의 단계적 확대, 생애주기별 양육정보를 제공하는 찾아가는 부모교육서비스를 통한 다문화가족 자녀의 건강한 발달 지원, 한국어교육과정(Korean as a Second Language: KSL), 한국어 능력 향상을 위한 인터넷 기반 한국어 교육 프로그램 공유 등을 계획하고 있다. 또한 어린이집이나 유치원생을 대상으로 하는 방과후나 특별활동시간을 활용한 학교생활 초기적응지원 프로그램 제공, 중도입국학생을 대상으로 하는 예비 학교의 전국적 운영, 초등학생 이하의 자녀 경우 알림장 읽어 주기, 숙제지도와 같은 '자녀생활서비스' 확대, 이주배경 청소년을 대상으로 하는 진학 및 취업을 지원하는 '레인보우 학교' 운영 등을 계획하고 있다. 또한 제2차 다문화가족정책 기본계획에서는 다문화학생의 한국어 교육 및 기초학력 향상을

표 1-10 제1차, 제2차 다문화가족정책 기본계획

<table>
<tr><th>구분</th><th colspan="2">제1차 다문화가족정책 기본계획(2010~2012)</th><th>제2차 다문화가족정책 기본계획(2013~2017)</th></tr>
<tr><td>법</td><td colspan="3">「다문화가족지원법」</td></tr>
<tr><td>목적</td><td colspan="2">'열린 다문화사회로 성숙한 세계 국가 구현'을 위한 다문화가족의 삶의 질 향상 및 안정적 정착지원과 다문화가족 자녀에 대한 지원 강화 및 글로벌 인재 육성, 삶의 질 향상, 사회경제적 자립, 사회통합에 기여</td><td>'활기찬 다문화가족 함께 하는 사회'를 구현하기 위해 사회발전 동력으로서의 다문화가족 역량강화 및 다양성이 존중되는 다문화사회 구현</td></tr>
<tr><td rowspan="9">기본 계획 추진 과제</td><td colspan="2">1. 다문화에 대한 사회적 이해 제고</td><td>1. 다양한 문화가 있는 다문화가족 구현</td></tr>
<tr><td colspan="2">2. 국제결혼 중개 관리 및 입국 전 검증시스템 강화</td><td>2. 다문화가족 자녀의 성장과 발달 지원</td></tr>
<tr><td rowspan="4">3. 자녀의 건강한 성장환경 조성</td><td>글로벌인재 육성을 위한 맞춤형 교육지원 강화</td><td rowspan="4">3. 안정적인 가족생활 기반 구축</td></tr>
<tr><td>유아의 언어발달 지원사업 확대</td></tr>
<tr><td>일반학부모와 결연지원으로 역량 강화</td></tr>
<tr><td>학교부적응자녀 지원을 위한 인프라 확충</td></tr>
<tr><td colspan="2">4. 결혼이민자 안정적 정착/자립역량강화</td><td>4. 결혼이민자의 사회경제적 진출 확대</td></tr>
<tr><td colspan="2" rowspan="2">5. 다문화가족지원 정책추진체계 정비</td><td>5. 다문화가족에 대한 사회적 수용성 제고</td></tr>
<tr><td>6. 다문화가족정책 추진체계 정비</td></tr>
</table>

출처: 주정(2014), p. 27.

강화하며 진학 및 진학지도 지원 강화, 출입국관리사무소와 교육청이 협력하여 입학 절차 및 예비학교, 정규학교 조기 진입을 유도하여 공교육으로서의 접근성 제고를 모색하는 방안을 포함하고 있다.

다문화가정 아동을 위한 교육 정책은 주로 한국어 교육과 학업 능력 향상에 초점 맞춘 교육 지원을 계획하고 있다. 최근의 다문화교육정책은 학령기 아동에서 유아기 자녀로 연령대를 점차로 넓혀서 취학 전 유아에 대한 교육 지원 정책으로 확대하여 다문화가정 자녀의 연령과 발달 정도를 고려한 맞춤형 교육을 제공하는 교육정책으로 방향이 변화되고 있다. 다문화가정 아동 교육기관은 여성가족부의 지원을 받는 다문화가족지원센터와 교육부의 지원을 받는 다문화 예비학교, 한국어(KSL)연구학교, 중점학교, 다문화 유치원이 있으며, 대안학교가 있다.

1) 여성가족부의 다문화가족지원센터

여성가족지원부에서 관리하고 있는 다문화가족지원센터는 결혼이민 여성과 그 자녀들이 양육과 교육관련 서비스를 받을 수 있도록 지원하고 있다. 또한 학령기 다문화가정 아동의 경우 학교생활에 적응할 수 있도록 언어와 학습 능력 향상에 초점을 맞추어 한국어교육과 이중 언어 학습 프로그램을 지원하고, 지속적으로 학습 지원을 받을 수 있는 방과후 프로그램을 제공한다. 2016년 현재 전국에서 217개 다문화가족지원센터가 운영되고 있으며(여성가족부, 2016) 다문화가정 아동을 위해 언어 발달지원과 방문교육사업을 실시하고 있다. 한국어 향상을 위해 센터를 방문한 다문화가정 아동, 결혼이주여성, 중도입국 자녀를 대상으로 한국어 교육을 제공하고 있다. 방문교육은 경제적, 지리적 어려움으로 지역에 있는 다문화가족지원센터에 참여하기 어려운 다문화 아동에게 한국어 지도사나 아동 양육 지도사가 주 2회 2시간씩 가정이나 아동이 있는 교육기관(어린이집, 유치원 등)을 방문하여 언어교육을 실시한다. 만 3세에서 12세 이하 아동을 대상으로 한국어 교육 및 학교 적응을 위한 맞춤형 서비스를 80회까지 제공하며 필요하면 추가 연장이 가능하다. 언어발달이 지체된 아동의 경우 언어 발달 평가후에 전문 치료사의 지원 서비스를 받을 수 있다. 아동 대상의 언어교육이외에도 부모를 대상으로 한국어 교육, 다문화 자녀교육 등을 실시하고 있다.

또한 토요일에 이중 언어교육을 실시하고 있는데, 2012년 교육부 자료에 의하면

102개 다문화가족지원센터에 121명의 이중 언어강사가 배치되어 이중 언어교육을 실시하고 있다. 특정 언어권의 원어민 교사로 이루어지는 모어중심교육으로 중국어, 베트남어, 일어, 영어 등 다양한 언어교육을 제공하고 있으며, 다문화가정 자녀를 대상으로 지원하는 다양한 이중 언어 지원 프로그램들은 외국어 교육의 형태를 띠고 있는 경우가 많다. 이러한 프로그램들은 다문화가정 내에서 자녀의 이중 언어 능력을 배양하도록 도와주는 장점이 있을 뿐 아니라 다문화가정의 결혼이주여성들이 느끼는 의사소통의 제약으로 인해 생기는 자녀와의 관계문제를 해소하는 역할을 한다(박현선, 이채원, 김민정, 2014). 이중 언어 프로그램은 아동이 한국어와 모국어를 자연스럽게 사용할 수 있는 교육 환경을 제공할 뿐 아니라 다문화가정 부모와 아동간의 직접적인 상호작용을 증대시킨다. 또한 이중 언어교육은 외국 출신 어머니가 모국어로 자녀를 양육할 수 있도록 힘을 실어 주어 자녀의 이중 언어 발달뿐만 아니라 어머니 나라의 언어와 문화에 대한 인식을 높이며 다문화 자녀의 정체성 형성에도 긍정적 영향을 미친다.

2) 교육부의 다문화교육기관

교육부가 발표한 '다문화학생 교육지원 계획(2016)'은 유치원 단계부터 다문화 학생의 특성을 고려한 '선제적 맞춤형 교육'과 문화적 다양성을 수용하는 '다문화 이해교육 확대' '범부처 협업 및 지역 내 연계'를 강화한 정책을 내세우고 있다. 다문화가정 아동을 위한 선제적 맞춤형 교육과 관련된 교육지원은 급증하는 취학 전 유아의 비율을 고려하여 유치원단계부터 다문화 유아의 특성을 고려한 교육을 제공하고 맞춤형 한국어 교육을 통해 다문화가정 아동의 한국어 능력 향상 및 학업 성취를 증대하는 데 있다. 이와 관련된 세부 내용을 살펴보면, 첫째, 다문화 아동에게 취학 전 동등한 출발점을 보장하기 위해 유치원 단계부터 언어 및 기초학습 등을 지원하는 다문화 유치원 60개를 선정하여 시범운영하는 것이다. 둘째, 한국어 집중 교육이 필요한 중도입국학생 및 외국인 학생에게 한국어와 한국문화 적응 프로그램을 제공하는 예비학교를 80개교에서 110개교로 확대 운영하며, 교육사각지대에 놓인 학생지원을 위해 찾아가는 예비학교를 시범운영한다. 그리고 다문화학생이 학습에서 어려워하는 교과의 주요 개념과 어휘를 설명하는 보조 교재를 개발하여 기초 학습을 지원한다. 셋째, 다문화가정 학생의 기초학력 제고를 위해 개별학습을 지원하는 대학생 멘토링(4,000명 규모) 사업을 확대 실시하며, 이중 언어, 수 · 과학, 리더십, 예 · 체능 등 4개 영역에서 우수한 다문화 학생을 발굴하여 전문 교육을 실시하는 글로벌 브릿지 사업을 운영하는 대학도 기존 10개 대학에서 17개 대학으로 확대 · 운영하며, 일반고 재학 다문화 학생의 재능과 적성에 따라 진로를 탐색할 수 있도록 진로 및 진학 교육을 실시한다.

표 1-11 교육부 다문화학생 교육지원 계획(2016)

정책	세부내용
맞춤형 교육으로 공교육 진입과 적응을 지원	• 다문화 유치원을 확대 운영(5개 시도 30개원 ⇒ 12개 시도 60개원) • 중도입국학생 및 외국인학생 등에게 한국어와 한국문화 교육 프로그램 제공과 공교육 진입과 적응을 지원하는 '예비학교' 확대 운영 • 대학생 멘토링 지원 및 교과학습 보조교재를 개발하여 보급 • 역량 개발과 진로탐색을 할 수 있도록 특별 프로그램과 진로, 진학 교육 실시
다문화 수용성 제고를 위한 다문화 이해교육 확대	• 모든 학생의 다문화 수용도와 이해도를 높이기 위한 다문화 중점학교 확대 운영 • 다문화 학생에 대한 이해도를 제고하고, 다문화 학생 지도와 관련한 교육 역량을 강화하기 위한 유, 초, 중, 고등 교원 연수 • 다문화교육에 대한 모든 정보를 한 눈에 확인할 수 있는 '다문화교육 콘텐츠 포털' 운영
범부처 협업과 지역 내 연계 강화	• 범부처 간의 협업으로 다문화교육 지원 • 지역 다문화교육지원센터를 5개 시도에서 7개 시도로 확대하며 지역 안에서 여러 기관 간의 연계 강화

(1) 다문화 유치원

다문화가정 자녀의 연령별 분포 순을 보면 6세 미만이 가장 많고 그다음이 초등학교 취학연령, 중학생, 고등학생 순이다. 전체 다문화가정 아동의 56.8%가 미취학 연령이다. 연령이 낮을수록 언어 격차를 좁힐 수 있는 가소성이 크기 때문에 유아기 때부터 전문적으로 다문화가정 아동에게 조기 개입하여 지원할 필요가 있다. 다문화 유치원은 언어습득향상 프로그램을 조기에 제공하여 다문화 감수성을 증진하고 자신의 정체성을 확립하여 초등학교에 입학하여 발생하는 학력 격차를 최소화하는 다문화가정 아동의 필요를 충족하는 맞춤형 프로그램이다. 2015년 서울, 경기, 충남, 전남, 경남 지역에 각각 6개씩 총 30개의 다문화 유치원이 시범 운영되었고, 2016년에는 13개

시도의 73곳에서 확대 운영되고 있다. 다문화 유치원은 다문화 유아와 일반 유아가 함께 배우는 통합교육을 실시하되, 누리과정과 연계한 언어교육 강화와 다문화 이해교육을 프로그램 세부 내용으로 제공하며, 학생 개인별 필요에 따라 부분적으로 개별지도를 지원한다(중앙다문화교육센터, 2016).

(2) 다문화 예비학교

다문화 예비학교는 다문화 학생, 중도입국 학생, 외국인 학생이 한국어 미숙과 정체성 혼란 등으로 인해 학교에 부적응하거나 중도 탈락하는 것을 방지하고 공교육에 잘 적응할 수 있도록 지원하는 사전 교육 프로그램으로 한국어와 한국 문화적응 프로그램을 제공하고 있다(김천기, 노상우, 박휴용, 이정애, 임은미, 2013). 예비학교는 일반학교에 설치되어 특별학급 형태로 운영되는 직영유형과 대안학교에 위탁하여 한국어, 한국문화와 함께 대안 교과를 가지고 공부하는 위탁유형과 학력 인정기관은 아니지만 중도입국 학생을 위한 교육시설로 지정된 기관에서 방과후, 주말, 방학에 교육을 운영하는 센터형이 있다(중앙다문화교육센터, 2014). 예비학교는 무학년제로 운영되는데 본인의 희망에 따라 초등학교는 최대 6개월, 중·고등학교는 최대 2학기 교육을 받을 수 있으며 직영 예비학교의 경우 최대 4학기까지 교육을 받을 수 있다. 일정수준의 한국어사용능력이 되어 일반학생과의 수학이 가능하다고 판단되어지면 원적학급으로 학생은 복귀하게 된다. 현재 110개의 예비학교가 전국에서 운영 중이며 초등학교급과 중등학교급으로 분리되어 운영되고 있다(여성가족부, 2016). 예비학교는 다문화아동의 언어 능력과 학교 적응을 향상하여 정상적으로 학교 교육을 수행하며 일반 학생과 통합교육이 조기에 이루어질 수 있도록 지원하며, 교과 수업을 통해 학업에 대한 자신감과 성취 의욕을 향상시킨다. 전담교사, 한국어 강사, 이중 언어강사가 교육을 담당하고 있다.

(3) 한국어 교육과정(KSL) 연구학교

연구학교는 일반 학교 안에 있는 다문화 학생이나 중도입국학생을 대상으로 수준별로 한국어 교육을 실시한다. 한국어 실력이 부족한 다문화 학생의 경우 방과후나 방문교육을 통해 보충교육을 제공한다. 교육 내용은 일상생활에서 사용하는 회화중심의 생활 한국어와 학습에서 알아야 할 학습 한국어로 구성된 한국어 교재를 사용한다.

학교생활과 학습에 필요한 실제적 언어를 학생들이 습득하여 지식과 학업 성취가 증진되며 한국어에 대한 자신감과 한국 사회 일원으로서의 정체성을 가질 수 있도록 돕는다.

(4) 다문화 중점학교

다문화학생이 증가함에 따라 한국어 교육 및 한국 학교에서의 적응 지원과 함께 학교환경이 다문화 친화적일 필요가 있다. 다문화 친화적 학교환경이 되기 위해서는 다문화 학생뿐 아니라 일반 학생을 대상으로 하는 다문화교육이 제공되어야 한다. 다문화 중점학교는 모든 학생을 대상으로 문화 간 이해 및 소통, 문화 다양성, 반편견 ·반차별, 세계시민의식을 요소로 하는 다문화교육을 실시한다. 다문화교육 프로그램을 통해 학생들은 다름의 가치에 대한 이해를 넓히며, 다르지만 함께 어울릴 수 있는 인간 존중을 배우게 된다. 2014년을 기준으로 중점학교는 전국에 210곳이 있으며, 이 중 초등학교가 162곳(77%), 중학교가 38곳(23%), 고등학교가 10곳(4.76%)이 있다.

(5) 이중 언어 학급 또는 다중 언어 학급

우리나라는 국제결혼이민이 급증하던 시기인 2000년대 중반에는 국내 다문화가정 어머니들은 자신이 겪은 의사소통의 어려움과 다문화가정에 대한 사회적 편견으로 인해 그들의 자녀들이 주류 사회에서 배척받지 않고 동화될 수 있도록 모국어가 아닌 한국어만을 배우기를 원하였다. 그러나 유아기는 언어습득 절정기(critical period)에 해당되며, 이 시기에 두 가지 이상의 언어를 배운 아동은 다른 아동들보다 언어능력뿐 아니라 창의력, 인지력이 더 발달된다고 밝힌 연구들이 많아지고 다문화에 대한 사회적 수용이 높아지면서 이중 언어 사용의 중요성이 인식되고 있다. 유아기의 모국어 사용 정도, 언어 사용 환경, 자녀와 부모와의 의사소통 및 상호작용은 유아의 언어발달에 영향을 미친다(이승숙, 곽승주, 2013; 이은경, 오성숙, 2012; 황상심, 2010)

국내 다문화가정 아동을 대상으로 하는 이중 언어교육은 한국어와 부 또는 모의 나라 언어를 사용할 수 있는 능력 향상에 초점을 둔다. 학교에서는 이중 언어 학급, 방과후 이중 언어교육, 토요 이중 언어교육을 개설하여 중국어, 일어, 러시아, 몽골어 등 이중 언어 수업을 제공하고 있다. 이를 위해 교육부는 이중 언어강사를 양성하여 일반학교에 배치하고 있는데 다문화가정 학부모가 이중 언어강사로 활동할 수 있도록 전문 강사로 육성하고 있다(강종훈, 2014; 최은혁, 2014). 하지만, 이중 언어강사의 실제 교육활동 내용은 이중 언어교육보다는 문화교육에 치중된 경우가 많으며(박현선, 이채원, 김민정, 2014), 일부 언어교육의 경우 다문화가정의 학생을 대상으로 부모의 모국어가 아닌 영어나 일어 등 외국어 교육의 형태로 이루어지는 경우가 많다(황갑진, 2011). 교육부의 이중 언어교육은 학령기 학생들을 주 대상으로 하며 학교 안에서 프로그램이 이루어지고 있다는 점에서 학생의 접근성이 높고, 그 지역사회의 특성을 반영하기 쉽다는 장점이 있다. 반면에, 학교에 다니고 있지 않은 다문화가정 아동이나 가정에 대해서는 지원을 하지 못한다는 한계점이 있다.

(6) 다문화 대안학교

다문화 대안학교는 다문화가정 아동이 언어 및 문화 차이로 학교에 부적응하고 학습 결손을 보이는 문제를 해결하며 예비학교처럼 일반 학교로의 진입을 돕는 중간 연결 역할을 한다. 예비학교가 일반 학교 속에 들어가 있는 것에 반해 다문화 대안학교는 독립된 교육기관이다. 다문화 대안학교는 세 가지 유형이 있다. 연결형은 1년 정도 대안학교를 다닌 후 원적학교로 복귀하는 유형으로 예비학교와 유사하지만 대안학교가 독립된 학교 기관이란 점에서 차이가 있다. 인천 한누리 학교는 우리나라 최초의 초, 중, 고 통합 기숙형 다문화 공립학교인 대안학교이다. 특성화형은 다문화 학생의 실제적인 필요에 맞추어 한국어와 직업교육을 중심으로 한다. 서울 다솜학교, 한국 폴

표 1-12 **다문화 대안학교 유형**

유형	한국학교 연결형	직업교육 특성화형	한국생활적응형
설립주체	지역교육청	정부기관, 유관부서	민간/종교단체
특징	위탁교육	직업학교	인가형
교육목표	한국어 습득 및 학교적응	한국어교육과 직업교육	한국사회 적응과 종교교육
교육기간	1년(원적교 복귀 후 1년 연장가능)	졸업시까지	졸업시까지
대상학생	초등학생	고등학교 청소년	초중고 종합형
해당학교	인천한누리학교	서울 다솜학교, 한국 폴리텍 다솜학교	새날학교, 부산아시아공동체학교, 지구촌학교, 한겨레 고등학교

출처: 김영순 외(2014), p. 171.

리텍 다솜학교가 대표적이다. 적응형은 한국사회의 적응을 돕는 사설기관이 설립한 학력인정 학교이다. 연결형과 특성화형은 교육청이나 교육부가 연계되어 있지만 적응형은 사설기관이 운영한다. 대안학교는 학생들이 계속 다닐 수도 있지만 원적학교로 다시 돌아갈 수도 있어 예비학교의 기능을 한다. 학생이 원하면 졸업할 때까지 대안학교를 다닐 수 있으며 학력은 인정을 받는다. 대표 학교로는 새날학교, 아시아공동체학교, 지구촌학교 등이 있는데 종교기관에서 운영하는 경우가 많다.

(7) 세계시민교육

세계화에 따라 환경, 인권, 전쟁, 빈곤 등 전 지구적 문제가 증가함에 따라 개별 국가들 간의 상호 의존과 공동 대응이 요구되어지고 있다. 세계화 과정에 능동적으로 적응하고 참여할 수 있는 경쟁력을 확보하며 국가 간의 이해관계를 넘어 인류의 보편적 가치를 지향하는 의식과 태도를 갖춘 학생 육성이 학교교육에서 필요하게 되면서 모든 학생을 대상으로 세계시민교육을 실시하고 있다. 서울시 교육청의 경우 세계시민교육을 위한 교과서를 제작하여 교육과정에 사용하도록 하고 있다. 학생 학습 동아리활동을 통해 세계시민교육을 학습하도록 하며 개발도상국에서의 공정무역, 적정기술, 생태환경 등을 체험하거나 해외에서 봉사활동을 함으로써 학생이 인류 보편의 평화, 인권, 다양성의 가치를 내면화하며 책임 있는 태도를 함양할 수 있도록 지원하고 있다(서울시교육청, 2015). 교사들의 세계시민의식 함양과 지도역량 강화를 위해 교원연수 및 교사학습 동아리활동지원을 교육청이 계획하고 있다. 학교별로는 자율적으로 세계시민교육을 시행하도록 격려하며 세계 시민교육 특별지원학교를 선정하여 지원하고 있다. 이외에도 학교가 우수 세계 시민교육 전문기관과의 협약을 맺거나, 학부모 및 지역 사회를 대상으로 세계시민교육을 실시하여 사회의 모든 구성원이 국제시민의식을 함양할 수 있도록 하고 있다(강순원, 2010).

3) 다문화교육 정책의 문제점과 개선 방향

지금까지 우리나라의 다문화교육 정책과 현황에 대해 살펴보았다. 우리나라 다문화교육 정책이 가진 문제점과 그 개선점을 정리하면 다음과 같다.

첫째, 우리나라는 동화주의 입장의 다문화교육정책을 취하고 있다. 우리나라 다문화교육 정책의 2/3 이상이 한국어 학습 관련 지원이다. 이는 우리나라 다문화교육이 여전히 동화주의 관점에서 다문화가정 자녀를 우리 사회에 적응시키려는 데 초점을 맞추고 있다는 것을 보여 준다. 정부 부처에서 추진하고 있는 다문화교육정책 사업 및 프로그램은 전반적으로 보수적인 접근에 집중되어 있으며 비판적인 다문화교육 접근은 거의 반영되고 있지 않다(최진영, 조현희, 이선민, 2014). 따라서 향후 다문화교육 프로그램은 보수적인 접근에서 벗어나 다문화가정 유아 및 아동의 발달적 특성과 개별적 욕구를 고려한 맞춤형 프로그램으로 전환되어야 하며, 이를 위해서는 기존의 프로그램에 대한 전반적인 평가 및 개선이 필요하다.

둘째, 다문화 수용적인 학교 및 사회 환경의 미비이다. 다문화가정 자녀가 한국 문화와 학교교육에 적응하는 것이 다문화교육의 주된 초점을 두고 있기 때문에 다문화가정 아동이 학교에서 차별받지 않고 상호이해 및 수용될 수 있는 환경을 조성하는 지원은 부족한 상황이다. 즉, 다문화 학생들이 가지고 있는 문화적 특성을 고려한 교육과정과 교수 활동을 제공하여 학생들의 문화를 존중하여 학생들의 자존감 향상을 높이고 학업 성취도를 극대화할 수 있도록 돕는 지침과 지원을 제공하는 방향이 강화될 필요가 있다. 다른 나라의 요리, 의복, 축제 등 일회적인 주제에 따른 일회적 외국 문화를 경험하는 행사 위주의 다문화교육이 아닌 다문화 수용 태도를 증진할 수 있는 프로그램 운영을 통해 다양한 문화를 존중하는 수업과 학교 환경이 마련되어야 한다.

셋째, 다문화가족과 자녀들을 위한 진로 및 직업 교육에 관한 교육적 지원이 부족한 상황이다. 2010년 이후 다문화가정 자녀들을 위한 교육 정책은 점차로 그들의 연령과 발달적 특성을 고려하여 다양한 지원들이 계획되어지고 실행되어지고 있지만, 앞으로 한국 사회에 필요한 구성원으로 이들이 성장하는 데 요구되는 능력과 자질을 갖추기 위해서는 체계적인 진로 교육 및 직업 교육 정책이 실행되어야 한다.

넷째, 한국 사회의 특수한 상황을 반영한 이론의 부재이다. 미국이나 유럽상황에 맞게 개발된 다문화주의 이론을 그대로 수용하여 소수 민족, 소수 인종과 같은 개념으로 한국 다문화에 적용하고 설명하기 때문에 다문화가정 형성과정이 다른 한국 상황에 적절한 이론적 제시나 방법을 제안하지 못하고 있다(오성배, 2010). 다문화가정 형성의 차이에 따른 우리나라에 맞는 이론적 모형을 제시함으로써 다문화에 대해 모든 학생이 수용하고 다양성을 존중할 수 있는 교육방향이 제시될 필요가 있다.

다섯째, 한국의 다문화교육정책은 중앙정부의 각 부처와 지방자치단체에서 개별적으로 시행하고 있기 때문에, 정책의 일관성이 부족하고 중복 정책이 많으며, 중앙정부와 지방자치단체 간 또는 부처 간의 협력이 제대로 이루어지지 않아 다문화정책 운영에서 효율성이 떨어진다(주정, 2014). 또한 많은 정책이 다문화주의의 관점에서 장기적인 목표와 계획 속에서 추진되는 것이 아니라 각 부처별로 단기적인 사업으로 추진되는 실정이기 때문에 지속적인 평가와 환류과정을 가지기도 어려운 실정이다. 일관되면서도 효율적인 다문화교육정책을 시행하기 위해서는 정부 부처 간의 협력과 소통이 활발하게 이루어져야 하며 정책 대상의 필요와 요구 및 여건과 상황을 고려한 정책이 개발되어야 한다. 그리고 정책의 진행과 결과들이 추후 정책을 개발하는 데 충분히 반영될 수 있도록 피드백과 평가의 과정을 가져야 한다.

참고문헌

강순원(2010). 다문화사회 세계시민교육의 평생교육적 전망. **평생교육학연구**, 16(2), 69-91.

강종훈(2014). 초등학교 이중 언어강사의 다문화교육 경험 탐색 및 시사점: 서울시를 중심으로. **교원교육**, 30(3), 1-19.

교육과학기술부(2012). 다문화학생 교육 선진화 방안 보도자료.

교육부(2016). 교육기본통계. http://www.moe.go.kr

구견서(2003). 범세계화와 문화 변동: 다문화주의의 이론적 체계. **현상과 인식**, 27(3), 29-53.

김미나(2009). 다문화사회의 진행 단계와 정책의 관점: 주요국과 한국의 다문화정책 비교 연 구. **행정논총**, 47(4), 193-223.

김영란(2013). 다문화사회 한국의 사회통합과 다문화주의 정책. **한국사회**, 14(1), 3-30.

김영순, 박선미, 오영훈, 이미정(2014). **다문화교육연구의 경향과 쟁점**. 서울: 한국학술정보.

김은중(2005). 세계화, 정체성, 다문화주의. **라틴아메리카연구**, 18(1), 137-179.

김정숙(2009). 프랑스의 상호문화주의에 대한 소고. **한국언어문화학**, 9(2), 75-92.

김정숙(2012). 프랑스의 '상호문화주의'에 대한 소고. **한국언어문화학**, 9(2), 75-92.

김천기, 노상우, 박휴용, 이정애, 임은미(2013). **다문화교육의 이해와 실천**. 서울: 교육과학사.

김희정(2007). 한국의 관주도형 다문화주의: 다문화주의 이론과 한국적 적용. 오경석, 김희정, 이선옥, 박홍순, 정진헌, 정혜실, 강희복. **한국에서의 다문화주의: 현실과 쟁점**. 58-79. 서울: 한울 아카데미

나장함(2010). 다문화주의 패러다임에 대한 종합 분석: 패러다임과 Banks 접근법과의 관계성

을 중심으로. 아시아교육연구, 11(3), 21-41.
나장함(2011). 다문화 교사교육과정 연구에 대한 분석. 교육과정연구, 29(2), 173-197.
노찬옥(2004). 다원주의 시대의 세계시민 교육. 사회과 교육, 43(4), 207-224.
농림축산식품부(2009. 4. 10.). 농촌 다문화 후계세대 육성 방안에 관한 연구.
류영철(2016). 중도입국 학생을 위한 다문화교육의 효율적 방안. 다문화와 평화, 10(1), 72-102.
모경환(2009). 다문화 교사교육의 현황과 과제. 한국교원교육연구, 26(4), 245-270.
문화일보(2016. 6. 23.). 이주민2세 '법, 교육 사각지대' 미등록 아동1만명. http://www.munhwa.com/news/view.html?no=2016062301031221080001
박윤경(2008). 다문화교육의 원리와 쟁점들: 교육적 함의. 청주교육대학교 교수논문집, 13, 103-119.
박현선, 이채원, 김민정(2014). 학령전기 다문화가정 아동을 위한 이중 언어지원 프로그램의 효과성: 사업 유형별 비교를 중심으로. 한국아동복지학, 48, 261-288.
배영주(2013). 세계시민의 역할 과제를 중심으로 한 세계시민교육의 재구상. 교육과학연구, 44(2). 145-167.
법무부(2006). 재한외국인 처우 기본법 제정안. http://www.moleg.go.kr/lawinfo/lawNotice;jsessionid=jDydJ9zzVeO2jRXnC9f2ob75gbU5g3l9j77m49fepzkm1PwFgixHABnG10ywK4ao.moleg_a2_servlet_engine2?ogLmPpSeq=5140&mappingLbicId=2000000122316&announceType=TYPE5&pageIndex=&rowIdx=17839
법무부(2008). 다문화 사회통합프로그램 이수제.
법무부(2016). 출입국 · 외국인정책 통계월보. http://www.immigration.go.kr/doc_html/attach/imm/f2016//20160927265637_4_1.hwp.files/Sections1.html
변수정, 조성호, 이상림, 서희정, 정준호, 이윤석(2014). 동아시아 국가의 다문화가족 현황 및 정책 비교연구. 서울: 한국보건사회연구원.
서울시교육청(2015). 2015 세계시민 · 다문화교육 기본 계획 보도자료.
서종남(2009). 지역사회 통합을 위한 다문화교육의 역할과 과제. 교육문화연구, 15(2), 75-104.
설동훈, 최윤경, 김은영, 조혜주(2010). 다문화가족 자녀 양육지원 방안: 영유아 · 초등학생 · 중도입국자녀를 중심으로. 서울: 육아정책연구소.
신순식, 김태선, 신은정(2010). 다문화교육의 이론과 실제. 경기: 공동체
안병환(2009). 다문화교육의 현황과 다문화교육 접근방향 탐색. 한국교육논단, 8(2), 155-177.
양계민, 조혜영(2012). 중도입국청소년의 심리, 사회적응에 관한 탐색적 연구. 청소년학연구, 19(11), 195-224.
양옥승(2010). 유아 다문화교육: 다문화주의의 의미와 적용. 유아교육연구, 30(4), 305-318.
여성가족부(2015). 2015년 전국다문화가족 실태조사결과 보도자료.

여성가족부(2016). 다문화 예비학교 운영 가이드라인. http://www.nime.or.kr/search/mmsSchool2/view/7692?page=1&keyword1=예비학교archDetail=false&orderby=dt&pm=by20&condition1=And&condition2=And&viewtype=card&search=on

연합뉴스(2013. 9. 12.). 전 세계 이민자 2억3천200만명. http://www. yonhapnews.co.kr/international/2013/09/12/0608000000AKR20130912092500009.HTML

오성배(2010). 다문화교육정책의 과제와 방향 탐색. **교육사상연구, 24**(2), 149-170.

원숙연(2008). 다문화주의시대 소수자 정책의 차별적 포섭과 배제: 외국인 대상 정책을 중심으로 한 탐색적 접근. **한국행정학보, 42**(3), 29-49.

원진숙, 김정원, 이인재, 남호엽, 박상철, 김광수, 류재만(2010). **글로벌 시대의 다문화교육**. 서울: 사회평론.

은지용(2007). 청소년 다문화 학습 프로그램 모형 개발 연구. **청소년학 연구, 14**(3), 217-241.

이경희(2011). 한국 다문화교육 정책에 대한 비판적 고찰. **교육사회학 연구, 21**(1), 111-131.

이동성, 주재홍, 김영천(2013). 문화다양성 교육의 개념적 특질 및 이론적 배경 고찰. **다문화교육 연구, 6**(1), 51-72.

이승숙, 곽승주(2013). 다문화가정 유아의 이중 언어 경험 탐색: 어머니 모국어 발달 지원을 중심으로. **유아교육학논집, 14**(4), 349-378.

이은경, 오성숙(2012). 어머니의 언어사용 환경에 따른 다문화가정 유아의 언어양상. **열린육아 교육연구, 17**(4), 177-205.

이재분, 김혜원, 변종임, 채재은(2009). **다문화가족 역량계발을 위한 통합적 교육지원방안 모색**. 서울: 한국교육개발원.

이종복, 이성순, 김재열, 김현희, 정명희, 홍은미, 이형진, 조윤희(2013). **다문화사회의 이해와 복지**. 경기: 양서원.

장미혜, 김혜영, 정승화, 김효정(2008). **다민족 · 다문화사회로의 이행을 위한 정책 패러다임 구축**. 서울: 한국여성정책 연구원.

장윤수, 김영필(2012). **한국 다문화사회와 교육**. 경기: 양서원.

장인실, 김경근, 모경환, 민병곤, 박성혁, 박철희, 성상환, 오은순, 이윤정, 정문성, 차경희, 차윤경, 최일선, 함승환, 허창수, 황매향(2014). **다문화교육의 이해와 실천**. 서울: 학지사.

장인실, 전경자(2013). 초등교사의 다문화교육 인식과 실행에 관한 사례 연구. **다문화교육 연구, 6**(1), 73-103.

장인실, 차경희(2012). 한국 다문화교육의 연구동향 분석: Bennett 이론에 근거하여. **한국교육학 연구, 18**(1), 283-302.

장진숙(2010). 다문화주의와 국민국가 통합정책 비교고찰-캐나다와 일본사례를 중심으로. 공법학연구, 11(3), 97-128.

장한업(2009). 프랑스의 상호문화교육과 미국 다문화교육 비교 연구. 프랑스어문연구, 32, 105-121.

장한업(2014). 이제는 상호문화교육이다: 다문화사회의 교육적 제안. 경기: 교육과학사.

전희옥(2012). 미국교사교육기관 다문화교육교육과정 사례 분석. 사회과교육연구, 9(4), 121-142.

조영달, 윤희원, 박상철(2006). 다문화 가정의 교육 지원을 위한 자료 개발 연구. 서울: 교육인적자원부.

주재홍, 김영천(2014). 효과적인 다문화교육 실천을 위한 학교 교유과정 개발. 교육과정연구, 32(4), 103-136.

주정(2014). 다문화가족서비스 전달체계의 전망과 과제-다문화가족지원센터를 중심으로. 사회복지경영연구, 1(2), 23-47.

중앙다문화교육센터(2014). 다문화교육 중점학교 워크숍 및 성과보고회 자료집. 서울: 국가평생교육진흥원.

중앙다문화교육센터(2015). 2015년도 교육부 지정 다문화 예비학교 신규사업단 워크숍. 서울: 국가평생교육진흥원.

중앙다문화교육센터(2016). 2016년 다문화 유치원 사업 안내. http://www.nime.or.kr/search/mms/view/1800

차윤경(2008). 세계화 시대의 대안적 교육모델로서의 다문화교육. 다문화교육연구, 1(1), 1-23.

차윤경(2014). 다문화사회에서의 평등과 정의를 위한 교육. 아시아어린이박물관 컨퍼런스. http://gcm.ggcf.kr/wp-content/uploads/sites/4/2014/07/%EC%9E%90%EB%A3%8C%EC%A7%91_%EC%9B%B9_140707.pdf.

최윤철(2009). 다문화 가족 자녀들의 교육을 받을 권리; 다문화 가족 관련 법률을 중심으로. 공법연구, 38(1-2), 147-173.

최은경(2014). 글로벌미디어와 문화경계. 서울: 커뮤니케이션북스.

최은혁(2014). 다문화, 다언어교육으로서의 일본어 교육-한국의 초등학교 4학년의「일본어 · 문화」수업의 실천을 중심으로. 일어일문학연구, 91(1), 561-581.

최진영, 조현희, 이선민(2014). 다문화교육 접근법에 따른 다문화교육 정책 및 실행 분석. 초등교육연구, 27(4), 295-322.

통계청(2016). 2015년 출생 통계(확정). http://kostat.go.kr/portal/korea/kor_nw/2/2/1/indexboard?bmode=read&aSeq=355736&pageNo=&rowNum=10&amSeq=&sTarget=&sTxt=

한국교육개발원(2016). 교육통계분석자료집, 유 · 초 · 중등 교육통계편. 서울: 한국교육개발원.

한국연구재단(2016). 글로벌 브릿지. http://www.nrf.re.kr/nrf_tot_cms/board/biz/biz.jsp?show_no=170&check_no=169&c_relation=biz&c_relation2=0&c_no=255&c_now_검색tab=0

함승환, 차윤경, 구하라(2014). 다문화사회 친화적 교육과정 정책의 효과: 민족 · 언어적 소수자 학생의 수학 흥미 및 성취도를 중심으로. **다문화교육연구**, 7(4), 123-142.

행정자치부(2015). 2015년도 지방자치단체 외국인 현황. http://www.moi.go.kr/frt/bbs/type001/commonSelectBoardArticle.do?bbsId=BBSMSTR_000000000014&nttId=46327

행정자치부(2016). 주민등록인구 대비 외국인주민 수.

황갑진(2011). 학교 다문화교육 정책과 프로그램의 현황과 문제점. **사회과교육연구**, 18(4), 151-167.

황상심(2010). 다문화가정 유아의 초기 표현어휘 발달과 성차. **언어치료연구**, 19, 193-209.

황혜원(2012). 다문화주의 관련 쟁점에 대한 예비교사의 인식조사. **다문화교육연구**, 5(2), 27-52.

Banks, J. A.(1988). Approaches to multicultural curriculum reform. *Multicultural Leader, 1*(2), 1-3.

Banks, J. A., & Banks, C. A. (2004). *Handbook of research on multicultural education*. San Fracisco, CA.: Jossey-Bass.

Banks, J. A.(2006). *Cultural diversity and education: Foundation, curriculum, and teaching*. Boston: Pearson Education, Inc.

Banks, J. A.(2008). *An introduction to multicultural education, 4/E*. 모경환, 최충옥, 김명정, 임정수 공역(2008). **다문화교육 입문**. 서울: 아카데미프레스.

Bennett, C. (2001). Genres of research in multicultural education. *Review of education research, 71*(2), 171-217.

Bennett, C.(2007). *Comprehensive multicultural education: Theory and practice*. 김옥순 외 공역(2009). **다문화교육 이론과 실제**. 서울: 학지사.

Bennett, J. M., & Bennett, M. J.(2004). Developing intercultural sensitivity: An integrative approach to global and domestic diversity. In D. Landis, J. M. Bennett, & M. J. Bennett(eds). *Handbook of intercultural training*. (pp.147-165). Thousand Oaks, CA: Sage.

Boutte, G.(1999). *Multicultural education: Rasing consciousness*. Atlanta, GA: Wadsworth Publishing Company.

Cha, Y. K., Dawson, W. P., & Ham, S. H.(2010). *Global civil society and the cross national adoption of multicultural education politics.* Paper presented at the 14th World Congress of the World Council of Comparative Education Societies, Istanbul, Turkey.

Chu, M.(1997). Multiculturalism. In C. A. Grant, & G. Landson-Bilings(ed). *Dictionary of Muiticultural Education*(pp.182-183) Phoenix. Arizona: Oryx Press.

Ghosh, R., & Galczynski, M.(2016). *Redefining multicultural education: Inclusion and the right to be different.* Toronto, Ontario: Canadian Scholars' Press Inc.

Goodin, R. E., Rein, M., & Moran, M.(2006). The public and its policies. *The Oxford handbook of public policy, 6*, 1-53.

Gorski, P.(2009). What we're teaching teachers: An analysis of multicultural teacher education coursework syllabi. *Teaching and Teacher Education, 25*, 309-318.

Gutman, A.(2004). Unity and diversity in democratic multicultural education: Creative and destructive tensions. In Banks, J. A.(ed.), *Diversity and citizenship education: Global perspectives.* San Francisco: Jossey-Bass.

Hartmann, D., & Gerteis, J.(2005). Dealing with diversity: Mapping multiculturalism in sociological terms. *Sociological Theory, 23*(2), 218-240.

Jenks, C., Lee, J. O., & Kanpol, B.(2001). Approaches to multicultural education in preservice teacher education: Philosophical frameworks and models for teaching. *Urban Review, 33*(2), 87-105.

Kymlicka, W.(1995). *Multicultural citizenship: A liberal theory of minority rights.* 장동진, 황민혁, 송경호, 변영환 공역(2010). **다문화주의 시민권.** 서울: 동명사

Nieto, S.(2000). Placing equity front and center: Some thoughts on transforming teacher education for a new century. *Journal of Teacher Education, 51*(3), 180-187.

OECD(2016). International migration outlook 2016. Retrieved Oct. 31, 2016 from http://www.oecd-ilibrary.org/docserver/download/740d5d91-en.pdf?expires=1477879638&id=id&accname=guest&checksum=F99B09B6BC056A9BFD0C698333F 37E64

Ogbu, J. U.(1992). Understanding cultural diversity and learning. *Educational Researcher, 21*, 5-14.

Ramirez, F. O., Bromley, P., & Garnett, S.(2009). The valorization of humanity and diversity. *Multicultural Education Review, 1*(1), 29-54.

Rodrick, D.(1997). Has globalization gone too far? *California Management Review, 39*(3), 29-53.

Sleeter, C. E., & Grant, C. A.(1987). An analysis of multicultural education in the United

States. *Harvard Educational Review, 57*, 421-444.

Sleeter, C. E., & Grant, C. A.(2003). *Making choices for multicultural education: Five approaches to race, class, and gender.* New York: John Wiley & Sons, Inc.

Taylor, C.(1992). *Multiculturalism and the politics of recognition*. Princeton, NY: Princeton University Press.

US Census Bureau(2010). 2010 Demographic profile data. Retrieved Sept. 27, 2016 from http://factfinder.census.gov/faces/tableservices/jsf/pages/productview.xhtml?pid=DEC_10_DP_DPDP1&src=pt

Wikipedia(2016. 9. 17. modified). Demographics of the European Union. Retrieved Sept. 27, 2016 from https://en.wikipedia.org/wiki/Demographics_of_the_European_Union

다문화 아동의 이해

다문화가정의 증가와 함께 다문화가정 아동 수가 매년 증가하면서 그에 대한 관심이 지속적으로 높아지고 있다. 주목할 점은 우리나라 전체 학생 수는 점점 감소하고 있음에도 불구하고 다문화가정 아동 수는 증가하고 있다는 점이다. 이에 따라 학교 현장에서 다문화가정 아동을 지도하는 교사들은 언어능력 및 사회성 등 어떻게 하면 이런 아동들에게 효과적으로 지도할 수 있을지에 대한 고민은 이제 간과할 수 없는 또 다른 고민거리가 되었다.

이처럼 다문화가정 아동은 새로운 교육 소외 계층으로 떠오르면서, 상당수가 기초 학습 능력 및 언어능력 부족으로 학교생활에 있어 어려움을 호소하는 경우가 있어 다문화가정의 아동에 대한 폭넓은 지원이 부족할 경우, 향후 더 많은 갈등과 문제가 발생할 가능성이 높아지기 때문에 다문화가정 아동에 대한 교육적 지원에 대한 요구가 지속적으로 제기되고 있다. 이에 중앙부처 및 지방자치 단체는 다문화가정 및 아동에 대해 다양한 정책 및 지원방안을 마련하여 실행하고 있다.

이 장에서는 교사가 다문화가정 아동들을 지도하는 데 있어 그들에 대한 충분한 이해가 선행되어야 하는 관점에서 다문화가정 아동의 이해를 돕기 위한 전반적인 내용을 살펴본다. 즉, 다문화가정 아동의 이해를 돕기 위해 아동발달 원리와 관련 이론, 다문화가정 아동의 특성을 살펴보고 다문화 아동과 가정, 다문화 특수아동에 대한 내용에 대해 살펴보고자 한다.

1. 다문화 아동의 발달

이 장에서는 먼저 일반적인 발달이론에 대한 이해를 정립하고 난 이후 다문화가정 아동의 발달 특성을 살펴보고자, 일반적인 발달원리와 대표적인 발달이론 몇 가지를 살펴보기로 한다.

1) 아동발달 원리

발달에 관한 다양한 이론을 접하기 전, 보편적으로 다문화가정 아동들에게 적용되는 발달 원리 몇 가지를 살펴보면 다음과 같다.

(1) 발달원리

발달 변화는 단계적으로 이루어진다. 순서적이고 순차적으로 이루어지며 단순한 것에서 복잡한 형태로 이루어진다. 이전에 성취된 행동은 다음에 성취될 때 보다 진보된 형태의 행동에 기초가 된다(Hooper & Umansky, 2009). 아동의 발달적 변화는 상당히 규칙적이며 예측 가능하다. 예를 들면, 대부분의 영아는 앉을 수 있게 된 다음 설 수 있고, 옹알이를 한 다음 말을 할 수 있다. 또한 구체적인 사고가 가능한 후 추상적인 사고가 가능하게 된다.

(2) 개인차

발달의 속도는 아동에 따라 매우 다양하며 한 아동 내에서도 각 분야의 발달 속도가 다를 수 있다(Hooper & Umansky, 2009). 따라서 교사가 이러한 차이를 인정하느냐와 어떻게 반응하느냐가 다문화가정 아동의 학교생활을 성공적으로 적응하는 데 있어 중요한 요소가 될 수 있다(Heward, 2012).

(3) 결정적 시기

발달은 인간의 전 생애에 걸쳐 일어나지만 발달 영역에 따라 최적의 발달이 이루어질 수 있는 민감기가 존재한다. 이 시기에 발달의 불균형은 이후 발달에 부정적인 영향을 미칠 수 있다는 점에서 발달의 초기단계는 일생 중 가장 중요한 시기이다.

(4) 발달영역의 상호 연관성

인간의 발달영역은 서로 유기적으로 연결되어 있어서 각 영역의 발달 또는 지연은 다른 영역의 발달을 촉진, 지연시키는 영향을 미치게 된다.

2) 아동발달이론

(1) Freud의 정신분석 이론

Freud는 리비도가 신체의 한 부분에서 다른 부분으로 옮겨 가면서 구강기, 항문기, 남근기, 잠복기, 생식기로 발달해 간다고 보았다. 특히, 각 시기별 발달 과업의 성취 과정은 이후 성격 형성에 영향을 미친다고 보았다(이신동 외, 2016).

먼저 구강기(0~1세)는 입을 통해 쾌감을 느끼는 시기로, 손가락을 입에 넣고 빨며 즐거워하는 아동의 모습을 볼 수 있다. 이 시기의 주요한 발달 과업은 수유를 떼는 것으로, 준비가 되지 않은 상태에서의 수유 떼기는 이후 과식 등으로 나타날 수 있다. 따라서 이 시기 부모는 다문화가정 아동의 기본적인 생리적 욕구를 충족해 주어야 하며, 이는 개별 다문화가정 아동의 패턴에 기초해야 한다.

항문기(1~3세)는 항문(배설물을 보유하거나 배설하는 과정)을 통해 쾌감을 느끼는 시기로, 대소변 훈련을 시작하는 아동의 모습을 상상해 볼 수 있다. 이 시기의 발달 과업은 배변 훈련을 하는 것으로, 강압적인 배변훈련은 이후 결백증과 같은 성격 형성에 영향을 미칠 수 있다. 따라서 이 시기 부모는 배변에 대한 혐오감을 갖지 않도록 하며, 배변에 관심을 갖고 배변 도구에 친숙해지며 서서히 배변훈련을 진행하도록 해야 한다.

남근기(3~5세)는 생식기 자극을 통해 쾌감을 느끼는 시기로, 이 시기의 아동은 오이디푸스 콤플렉스와 엘렉트라 콤플렉스를 보인다. 이러한 콤플렉스는 동일시라는 방어기제를 사용하게 됨으로써 동성의 부모로부터 성 역할을 학습하게 된다. 또한 이

시기는 올바른 성정체성을 형성해야 한다.

잠복기(5~11세)는 리비도가 신체의 한 부분을 통해 겉으로 표현되지 않고 잠복해 있는 시기로, 초등학교 입학에 따라서 학교생활에 적응하며, 또래와 관계를 형성해 가는 아동의 모습을 보인다.

끝으로 생식기(11세 이상)는 생식기를 통해 쾌감을 느끼는 시기로 남근기와 달리 부모가 아니라 이성의 친구에게 관심을 갖는다.

(2) Chomsky의 생득주의 이론

생득주의 이론가인 Chomsky에 따르면 아동은 언어습득기제(Language Acquisition Device: LAD)를 가지고 태어난다고 본다. 이러한 언어습득기제로 인해 전 세계에 있는 아동은 누구나 모국어를 자연스럽게 습득하게 된다. 이처럼 생득주의 이론에 따르면 다문화가정 아동도 자연스럽게 모국어를 습득하게 된다. 즉, 다문화가정의 아동은 타고난 능력의 발달로 인해 모국어를 듣고, 말하며, 쓰고 읽을 수 있고, 다문화가정 아동이 외부적인 자극을 통한 훈련 없이도 모국어를 말할 수 있게 된다(이신동 외, 2016).

(3) Piaget의 인지 발달이론

Piaget는 인지 발달은 위계가 있는 특정 발달 단계에 따라 이루어진다고 보았다. 또한 모든 아동들은 각각 발달 속도는 다르나 동일한 발달 단계를 거쳐 발달해 나아간다고 보았다. Piaget는 인간의 인지발달을 다음과 같이 네 단계, 즉 감각운동기, 전조작기, 구체적 조작기, 형식적 조작기로 나누어 설명하고 있다(문혁준 외, 2014; 이숙재, 김경란, 이방실, 강보라, 2016).

① 감각 운동기(출생~2세)

감각으로 세상을 탐색하고, 여러 방법으로 몸을 움직여 세상에서 중요한 발견들을 한다. 인과 개념과 물체 항상성 개념들을 이 시기에 습득한다.

② 전조작기(2~7세)

감각 운동기의 연장인 이 단계에서도 세상에 대한 정보를 얻기 위한 기본 수단은 감각이다. 언어발달과 함께 상징적으로 사고하는 능력이 발달하기 시작하고, 주위의 사람과 물체를 인식하나 자아 중심적인 사고를 한다. 전조작기의 아동은 논리보다는 지각과 직관으로 세상을 판단하고, 보존 개념을 이해할 수 없다. 보존 개념이란 형태는 변해도 같은 양이 남아 있음을 안다. 이 시기에 아동은 논리적인 사고를 하지 못하고 단지 모양에만 기초하여 물체를 설명한다.

③ 구체적 조작기(7~11세)

이 단계에 아동들은 구체적인 물체로 논리와 추리를 통해 사고를 한다. 아동은 더하기, 빼기와 같은 기본적인 계산을 이해하고, 1에서 1을 더하여 2가 되고, 2에서 1을 빼면 다시 1이 된다는 전환 개념을 습득한다. 또한 형태는 변해도 똑같은 양이 남아 있다는 보존 개념과 관계와 과정을 습득한다.

④ 형식적 조작기(11세 이상)

이 단계에서 아동은 더 이상 구체적인 물체에 의존하지 않고 추상적인 용어들로 사고하는 것이 가능하다. 즉, 성인과 같은 사고 체계를 형성하기 시작하고, 이 발달 단계에서 아동은 예측하기 시작한다. 아동은 가설을 세우고 타당성을 찾기 위해 연역적으로 추리하는 것이 가능하다.

이와 같이 다문화가정 아동의 발달에 있어서 각 시기별 발달 과업의 완성은 성격 형성에 영향을 미치게 된다. 따라서 다문화가정 아동의 발달 양상을 살펴보며, 각 단계에 적합한 자극이 제공되어야 한다(이신동 외, 2016).

3) 다문화 아동의 발달특성

다문화가정 아동의 발달을 이해하기 위해서는 다문화가정 아동의 전반적인 발달 특성을 살펴보아야 한다. 즉, 다문화가정 아동은 서로 다른 언어를 사용하는 가정환경 안에서 성장하여 특히, 언어발달에 있어 어려움을 겪게 되는 경우가 많은데 이러한 언어발달은 사회 · 정서 및 인지 발달에도 영향을 미치기 때문에, 다문화가정 아동의 발달을 이해하기 위해서는 종합적인 관점에서의 이해가 필요하다. 본 장에서는 언어, 사회 · 정서, 인지 발달 특성 중심으로 살펴보고자 한다.

(1) 언어발달 특성

다문화가정 아동의 언어발달은 학교생활에 있어 직접적인 영향을 미치며, 기초학습능력 및 또래관계 등 전반적인 학교생활 적응에 있어서도 매우 중요한 요소로 작용하기 때문에 다문화가정 아동을 지도하는 교사나 부모는 특히나 더 관심을 가지고 살펴보아야 하는 발달영역이라 할 수 있다.

먼저 다문화가정 아동의 언어발달 특성을 살펴보면, 일반교육 및 특수교육분야에서의 연구가 활발히 이루어지고 있는데, 다문화가정 아동만을 대상으로 한 연구(오소정, 김영태, 김영란, 2009; 윤준채, 2014; 정은희, 2004; 황상심, 정옥란, 2008)와 비다문화가정 아동을 비교집단으로 하여 언어발달수준을 비교한 연구(류현주, 김향희, 김화수, 신지철, 2008; 박상희, 2009; 안성우, 신영주, 2008; 양성오, 황보명, 2009; 이소연, 민병곤, 안현기, 2010; 이수정, 신지철, 김향희, 김화수, 2008)로 구분되어 설명할 수 있다. 그중 대표적으로 몇몇의 연구를 살펴보면, 다문화가정 아동의 개인별 특성을 살펴본 연구결과에서는 다문화가정 아동의 쓰기에 대한 태도는 저학년에서 긍정적이다가 고학년으로 갈수록 부정적으로 변한다고 하였고(윤준채, 2014), 비슷한 맥락으로 일부 연구에서도 다문화가정 아동들의 언어발달은 연령이 증가할수록 비다문화가정 아동과의 차이가 더욱 심해지는 경향이 있다고 보고 하기도 하였다(김화수, 이은경, 2010; 정순연, 2008; 최윤경 외, 2011; 황상심, 2009; 현정환, 2010).

그리고 상반되는 연구결과로 다문화가정 아동들의 연령이 증가함에 따라 언어발달 차이를 좁혀 정상적인 언어발달 특성을 보인다는 연구도 있었고(박주희, 남지숙, 2010; 이민경, 김경근, 2009; 정은희, 2004; 조수진, 윤희원, 진대연, 2008; 조혜영, 서덕희, 권순희, 2008), 다문화가정 아동과 비다문화가정 아동 간의 언어발달을 비교한 연구에서 초등학교 저학년 다문화가정 아동의 읽기 능력은 비다문화가정 아동과 비교했을 때, 평균 이상의 발달을 보이는 것으로 나타났으며, 쓰기 능력은 낮게 나타났으나 우려할 정도는 아니라고 한 연구도 있었다(이효인, 2012).

한편, 다문화가정 아동들이 또래아동에 비해 수용언어, 표현언어 및 어휘력에서 유의하게 낮은 수준을 보였으며(박상희, 2006), 특히 다문화가정 아동들 중 약 23%가 '약간의 언어발달지체', 약 10%의 아동이 '언어발달장애'에 해당하는 언어발달문제를 보인다는 연구결과도 있었다(박소현, 정명심, 2012; 황상심, 정옥란, 2008). 즉, 일부 연구에서는 다문화가정 아동의 많은 수가 언어발달 지연이나 언어발달에 문제가 있다고 보고하였다.

이처럼 다문화가정 아동의 언어발달의 차이에 대해서는 상반된 연구결과가 나타나고 있는 실정이다(권회연, 이미숙, 전병운, 2010; 박소현, 정명심, 2012; 이신동 외, 2016). 따라서 이러한 연구결과가 나타난 원인이 여러 가지가 있을 수 있겠지만 그중 하나는 다문화가정 아동의 언어발달 검사 도구의 문제를 들 수 있다. 다문화가정 아동의 언어 발달 특성을 평가하기 위해서 규준참조검사와 준거참조검사 등을 사용하여 다양한 진단 및 평가가 이루어지고 있지만, 다문화가정 아동의 문화반응적 특성을 보다 잘 반영하여 평가할 수 있는 도구의 개발은 여전히 부족한 상황이다(정은희, 김태강, 박윤, 2012). 따라서 다문화가정 아동에 대한 진단 및 평가에 대한 교사 및 전문가들의 이해를 돕기 위한 교육 및 연수가 지속적으로 제공되어야 하고, 더불어 문화반응적 특성을 잘 반영한 다양한 평가도구들이 개발되어야 할 것이다.

요약하면, 다문화가정 아동의 언어발달은 개별적 특성에 초점을 두고 접근해야 한다. 즉, 보편적으로 비 다문화가정 유아들의 언어발달 양상은 개개인마다 다르고, 실제 다문화가정 아동들의 언어발달 능력이 일반아동보다 다소 늦다 하더라도, 가정환경 내에서 부모가 주는 자극의 문제로 보는 경우도 있기 때문에 다문화가정 유아의 언어발달은 환경적 차원으로 접근하여 언어발달 능력을 단편적으로 보기보다는 다양한 관점으로 이해하고 접근해야 할 것이다(김영희, 2015).

(2) 사회 · 정서 발달 특성

다문화가정 아동의 사회성 발달은 앞에서 언급한 언어발달 영역처럼 다양한 연구결과를 나타내었다. 그 예로 황매향, 하혜숙, 강지현, 여태철(2014)의 연구에서 다문화가정 아동을 지도하는 초등학교 5~6학년 아동의 담임교사들의 심층 인터뷰 결과에서도 나타났듯이, 교사들은 사회성이 높다고 평가받는 아동과 낮다고 평가받는 아동에 대해서 모두 언급하였다. 그중 교사들은 사회성이 높다고 평가받는 아동에 대해서는 '여러 상황 속에서 자신의 살 길을 잘 찾고 모둠 활동이나 단체 활동 시 앞장서서 친구들을 이끌고 협력하고 있다.'고 보고하였다. 또한 많은 다문화가정 아동 연구들이 다문화가정의 환경적 어려움으로 인하여 비 다문화가정 아동에 비해 정서적으로 우울 및 불안 정도와 공격성 및 위축행동 특성 등 심리적 부적응 문제가 높은 수준으로 나타나고, 한국 사람임에도 불구하고 외모가 다르다는 이유로 차별받고 따돌림을 받는 등 사회적 편견을 경험하고 있다고 보고하였다(고홍월, 황매향, 2012; 김승경, 2013; 김영신, 신철균, 김현진, 2012; 박경자, 김송이, 2007; 전경숙, 정기선, 이지혜, 2007; 전혜정, 민성혜, 최혜영, 이민영, 2009; 최윤경 외, 2011). 그 반면에 다문화가정 아동과 비 다문화가정 아동 간에 사회성 발달에서 통계적으로 유의한 차이를 발견하지 못한 연구결과도 보고되었다(김순규, 2011; 이윤호, 2009).

한편, 김근영, 곽금주, 배소영(2009) 연구에서는 최근 미국 내 몇몇 학자들을 중심으로 다문화가정 아동과 관련하여 긍정적인 부분에 대한 연구가 증가하고 있다는 점을 들면서, 우리나라 다문화가정 아동에 대한 연구는 지나치게 부정적인 측면에만 초점을 두고 있다고 비판하였다. 이에, 한정애(2009)의 연구결과에서 볼 수 있듯이, 다문화가정 아동은 학기 초에는 어려움을 겪지만 점차 학교라는 사회에 잘 적응해 나간다는 것을 알 수 있다. 국내에서도 이제는 다문화가정 아동에 대한 관점을 어떤 문제를 보이는지에 대한 부정적인 관점에서 강점이라는 측면에서 접근해야 할 필요성이 제기되고 있으며 그와 관련된 연구도 늘어나고 있는 추세이다(강지현, 여태철, 김재철, 김지현, 임진영, 2013; 황매향 외, 2014).

이러한 내용들을 종합해서 살펴보면, 다문화가정 아동의 사회 · 정서 발달은 개별적인 특성에 맞게 이해되어야 하고 긍정적인 면에 초점을 두어야 한다. 또한 다문화가정 아동의 사회 · 정서발달에 영향을 미치는 부모, 교사, 또래 등 주변인들 모두 다문화가정 아동이 학교생활에 적응하며 긍정적인 자아개념을 형성할 수 있도록 도와주어야 할 것이다. 특히, 다문화가정 아동은 다문화가정이라는 환경적 요인뿐만 아니라 경제적 요인 등 여러 가지 어려움에 처할 수 있기 때문에, 강지현 등(2013)의 연구결과에서 다문화가정 아동의 경우 사회경제적 수준을 통제하면 사회성 부족으로 인한 문제의 측면에서는 일반아동과 차이를 보이지 않았다고 드러났듯이, 국가차원에서도 지속적으로 다문화가정 아동들의 가정 구성원들을 정서적인 면에서 지지해 주고 다문화가정 아동의 심리적 안정 및 학교생활 적응 향상을 위한 여러 가지 지원방안들이 마련되도록 힘써야 할 것이다.

(3) 인지발달 특성

다문화가정 아동의 인지발달 특성을 살펴보면, 다문화가정 아동은 비 다문화가정 아동에 비해 언어발달이 늦고, 학습능력도 떨어지는 것으로 나타났다(박주희, 남지숙,

2010; 최윤경 외, 2011). 특히, 다문화가정 아동의 경우, 한국어가 미숙한 외국인 어머니와 함께 생활함에 따라 언어발달이 지체되고 이로 인해 의사소통에 있어 제한을 받게 되는데, 이러한 언어 발달의 지연이 비 다문화가정 아동에 비해 지식 습득에 있어 낮은 인지적 발달특성을 보여, 취학 후 학습부진으로 이어지며 이러한 결과가 우울 및 공격적 행동 등 사회성에도 영향을 끼칠 수 있다는 결과가 보고되기도 하였다(구효진, 박경란, 최진선, 2009; 현정환, 2010). 즉, 외국인 어머니의 경우 자녀교육에 관심을 갖고 지도해도 일정 부분 한계가 있기 때문에 자녀가 학업수행을 하는 데 어려움을 나타낸다고 할 수 있다.

이처럼 다문화가정 아동의 인지발달에 있어 특히, 독해와 어휘력, 쓰기 능력의 부족은 학령기 학습에 심각한 영향을 미칠 수가 있고 지속적인 실패로 인해 학습무기력으로 이어질 수 있기 때문에, 교사는 학령기 초기에 기초학습능력이 저하되지 않도록 더욱더 주의해야 할 것이다.

2. 다문화 아동과 가정

다문화가정에 대한 연구는 다문화가정의 특성을 비롯한 문제점과 갈등, 자녀양육 및 학교생활 적응실태 등의 요소를 중심으로 다양하게 연구 및 조사되어 왔다. 이에 본 장에서는 다문화가정의 특성과 다문화가정 부모를 위한 교육지원 프로그램 중심으로 살펴보고자 한다.

1) 다문화가정의 특성

2015년 전국다문화가족실태조사에 따르면, 우리나라 다문화가정 평균 가구원 수는 3.16명이며 3인 가구가 29.1%로 가장 높은 비중을 차지했으며, 소득은 월평균 200~300만원 미만이 30.4%로 가장 많았다. 100~200만원 미만은 23.8%, 300~400만원 미만은 20.5% 순으로 나타났다. 또한 한 부모가구는 4.8%로 2012년 대비 1.4% 증가한 것을 알 수 있다. 이처럼 다문화가정은 저소득층이거나 사회경제적 측면에서 비 다문화가정보다 취약한 대상인 경우가 많다는 것을 알 수 있다(김미숙 외, 2011; 윤은영,

2015).

앞에서도 언급하였듯이, 우리나라 다문화가정의 주요 특성은 경제적인 어려움을 들을 수 있다. 특히, 다문화가정 어머니의 경우 경제적인 어려움을 극복하고자 결혼한 경우가 많고 남편과의 나이 차이가 많이 나며 한국사회에 적응하기 위한 준비시간이 전혀 없이 결혼이민으로 정착하게 된 경우가 대부분이다(김민경, 김경은, 2009; 이명숙, 2011). 따라서 결혼 초기 언어장벽에 부딪치게 되고, 한국 문화를 이해하고 적응하는 데 많은 어려움을 겪게 된다. 이러한 어려움은 자녀출산을 하면서 더욱더 심해지는데, 한국어능력 부족으로 영아기 자녀와의 애착 형성의 어려움, 언어적 상호작용 경험 기회 부족, 양육 정보에 대한 의사소통 기회 부족 등으로까지 이어져 전반적으로 자녀의 교육적 지원을 제공하기에 힘든 상황에 처하게 된다(서은경, 2013; 이신동 외, 2016; 조영달, 2006).

이와 같이 다문화가정 어머니의 언어능력과 어머니와 자녀 간 언어적 상호작용은 다문화가정 아동의 언어발달에 매우 직접적으로 관련되며(최윤경 외, 2011), 다문화가정 아동의 연령별 언어발달 속도는 비 다문화가정 아동들과 유사하나, 발달의 정도는 느리며 발달격차가 커지는 것을 알 수 있다(김화수, 이은경, 2010; 장명림, 권미경, 김혜진, 공요은, 2013). 이러한 연구결과는 다문화가정 유아의 언어능력은 이후 적응에 결정적인 변인으로 작용하므로 다문화가정 유아의 언어발달 지원에 있어 조기중재는 매우 중요한 요소임을 알 수 있다.

결혼이민여성들이 겪는 어려움과 개인적 특성에 관한 연구들을 추가적으로 살펴보면, 농촌에 거주하는 결혼이민여성들은 특히 시부모와의 관계에 어려움과 노인 부양에 대한 어려움을 많이 느끼고 있으며 가부장적인 가족관계와 유교 중심의 문화적인 차이에 어려움을 겪는 것으로 나타났다(원인숙, 2012). 또한, 가족 내에서도 한국인 부모나 친척들의 지배적인 태도로 인해 가족관계에도 갈등을 겪으며 안정적인 결혼생활 유지에 어려움을 겪는 것으로 나타났다(서정희, 2009).

하지만 취약한 가정환경에도 불구하고 다문화가정 부모의 지지가 높은 경우, 다문화가정 아동의 학교적응이 뛰어나고 정서적으로 안정감을 찾는다는 연구결과도 있다(양심영, 박수경, 김미숙, 2013). 이처럼 다문화가정 부모의 경제수준이 낮고 인적지원이 부족하더라고 다문화가정 부모와 자녀의 긍정적인 관계는 다문화가정 자녀에게 중요한 자원이 될 수 있다는 것을 알 수 있다(권민석, 신재한, 2009; 김현옥, 김경호, 2011; 이재영, 공태명, 2010; 조유리, 강현아, 2011).

2) 다문화가정 부모교육 프로그램

대부분의 다문화가정 부모들은 다문화가족지원센터가 지원하는 부모 방문교육, 한국어 방문교육처럼 방문교육 프로그램을 선호하는 것으로 나타났다(서문희, 양미선, 조혜주, 정은미, 2011). 또한 다문화가정 부모와 관련한 연구들도 꾸준히 높아지고 있는데 다문화가정 지원에 대한 민간차원의 멘토링, 프로그램 효과 연구 등이 활발히 진행되고 있다. 그중 민성혜, 김경은, 김리진(2011)은 유아기 자녀를 둔 다문화가정 부모자녀 관계 증진을 위한 부모교육프로그램을 개발하고 그 효과성을 검증하는 연구를 실시하였다. 그 결과 다문화가정이 가지고 있는 부모자녀관계에 근거하여 그들의 요구에 따른 맞춤형 부모교육 프로그램을 개발하였으며, 실제 프로그램 실시 후 결혼이주여성의 양육스트레스가 감소하였고, 양육효능감은 증가한 것으로 나타났다.

또한 조미영과 배지희(2011)는 영유아기 자녀를 둔 다문화가정 어머니들을 대상으로 구조화된 프로그램이 아닌 자녀 양육 지원을 위한 멘토링을 실시하였다. 그 결과, 민성혜 등(2011)의 연구결과와 유사하게 멘토링 과정을 통해 부족한 양육지식을 얻고, 어머니 역할에 관한 자신감을 갖게 되었다.

한편, 다문화가정 부모교육 프로그램의 대부분은 다문화가정 어머니, 즉 결혼이주여성을 위한 부모역할 능력 향상을 위해 개발 및 적용되고 있다(이신동 외, 2016). 따라서 향후 다문화가정 부모교육 프로그램은 다문화가정 아버지를 포함한 가족구성원 모두를 포함한 보다 폭넓은 부모교육 프로그램을 개발하고 적용해야 할 것이다.

이 장에서는 다문화가정 아버지와 어머니를 대상으로 한 부모교육 프로그램 중심으로 살펴보고자 한다.

(1) 다문화가정 아버지를 위한 소집단 부모교육 프로그램

비 다문화가정 아버지보다 다문화가정 아버지는 외국인 아내와 함께 한국생활을 하는 데 있어 아버지 역할을 비롯하여 양육스트레스 등 많은 어려움을 겪게 된다. 이에 다문화가정 아버지를 위한 부모교육이 절실히 필요함에도 불구하고, 여전히 대부분의 다문화가정 부모교육은 어머니를 대상으로 실시 한 경우가 많다. 이러한 필요성을 인식하고 방혜경(2014)은 베트남 이민자가정 아버지들을 대상으로 이들이 겪는 어려움은 무엇이고, 소집단 부모교육을 통해 부모역할에 대해 안내하고 전반적인 자녀

양육방법 등 아버지로서의 역할에 대한 내용을 교육하였다. 총 20회기 중 15회기는 아버지를 대상으로 실시하였고, 3회기(16~18회기)는 다문화가정 어머니들을 대상으로 실시하였으며, 2회기(19~20회기)는 부부를 대상으로 실시하였다. 구체적인 부모교육 내용 및 방법에 대한 내용을 살펴보면 다음 〈표 2-1〉과 같다.

표 2-1 다문화가정 아버지를 위한 소집단 부모교육의 내용 및 방법

회기	주제	부모교육 내용	교육 방법
1회기	부모교육 오리엔테이션	• 참여자들 간의 친교 나누기 • 개인별 특성을 반영한 부모교육 주제 정하기	• 질의 • 면담 • 토의 • 과제
2회기	자기인식과 자존감 높이기	• 살아온 성장과정을 돌아보며 자기 자신 이해하기 • 자신의 긍정적인 자아 인식하기 • 자신은 소중한 사람이라는 사실을 스스로에게 말하기	• 발표 • 강의 • 토의 • 코칭
3회기	소중한 우리 가족	• 아내의 만남을 돌아보며 고마움 느끼기 • 아내와 자녀에 대한 자랑거리 표현하기 • 아내의 한국어 시험 준비 도와주기	• 토의 • 발표 • 과제
4회기	아내, 자녀와의 친밀한 관계 개선	• 아내와 친밀한 관계 맺는 방법 논의하기 • 자녀와의 관계를 점검해 보고 친밀한 관계 맺는 방법 토론하기 • 베트남 기본생활 용어 익히기	• 토의 • 시범 • 과제
5회기	다문화 가정에서 아버지의 역할	• 다문화가정의 현주소 알기 • 베트남 가정의 문제점 이해하기 • 다문화가정에서 아버지의 중요성 이해하기 • 가정에서 아버지의 양육에 관한 활동 찾아보기	• 동영상 시청 • 강의 • 토의
6회기	베트남의 문화이해	• 베트남 문화에 관해 이해햐기 • 베트남 출산풍습 살펴보기 • 아내와 다른 문화로 인한 어려운 경험 나누기 • 아내의 문화에 대해 가족과 이야기 나누기	• 강의 • 토의
7회기	영아기 아버지의 양육참여	• 영아의 발달 단계에 대한 지식 이해하기 • 아버지가 참여할 수 있는 올바른 양육방법 이해하기 • 아버지의 양육경험 나누기 • 영아기의 아버지들이 원하는 개별면담 주제 정하기 • 가정에서 양육참여 해 보기	• 강의 • 토의 • 면담 • 과제

8회기	영아기 자녀와 상호작용	• 다문화가정에서 자녀와 언어적 상호작용의 중요성 이해하기 • 영아와 상호작용하는 방법과 놀이를 통해 소통 방법 익히기	• 강의 • 실연 • 과제
9회기	유아기 자녀의 언어교육	• 유아기의 성장발달에 따른 특징 이해하기 • 다문화가정 언어의 중요성과 민감기 이해하기 • 자녀발달에 맞는 그림책 알아보기(추천도서 목록 제시) • 도서관 연계하여 이용방법 경험하기 • 도서관에서 책 대출, 반납하기	• 동영상 시청 • 토의 • 면담 • 견학 • 과제
10회기	아빠가 읽어 주는 그림책	• 연령에 맞는 그림책 선택하기(자녀의 연령에 맞는 동화책을 골라서 동화구연 연습) • 베트남 전래동화 내용 이해하기 • 그림책 읽어 주며 상호작용하기 • 그림책 읽은 후에 연계활동 하기 • 부녀회와 연계하여 집에서 안 읽는 동화책 돌려 보기 • 퇴근 후나 잠자기 전 책 읽어 주기	• 시연 • 역할극 • 토의 • 과제
11회기	아빠와 함께하는 놀이	• 자녀와의 놀이경험의 중요성 이해하기 • 베트남 놀이 알아보기 • 다양한 놀이 방법 익히기 • 자녀와 함께 놀이 활동하기 • 부녀회와 연계하여 장난감 돌려 쓰기	• 강의 • 실연 • 과제
12회기	자녀와의 올바른 훈육법	• 올바른 칭찬과 격려하기 • 감정코칭 방법 익히기 • 역할극 • 아내, 자녀에게 칭찬의 말 사용하기	• 강의 • 동영상 시청 • 실연 • 과제
13회기	올바른 식생활 습관	• 베트남의 식습관 이해하기 • 올바른 식습관 지도와 영양관리 이해하기 • 자녀의 식습관에 대한 경험 나누기	• 강의 • 토의 • 과제
14회기	유아의 지능에 대한 이해	• 다중지능에 대한 이해하기 • IQ과 다중지능과의 관계 이해하기 • 부모와 자녀가 바라는 직업에 대한 생각 나누기 • 자녀의 잘하는 점 찾아 격려하기	• 강의 • 동영상 시청 • 토의 • 과제
15회기	자녀의 문제행동 지도법	• 자녀의 문제 행동 사례 나누기 • 문제행동에 대한 지도법 이해하기 • 역할극 • 자녀의 문제행동에 대하여 대처해 보기	• 토의 • 강의 • 시연 • 과제

16회기 (어머니 참여)	자녀 바르게 키우기	• 자녀교육의 필요성 이해하기 • 자녀를 양육할 때 힘든 점 이야기 나누기 • 어머니들이 원하는 부모교육 주제 정하기	• 강의 • 문답 • 토의 • 과제
17회기 (어머니 참여)	자녀교육 정보 이해	• 영아발달에 맞는 지식과 정보제공, 질병과 예방접종, 안전에 대해 이해하기 • 이유식 만들기 • 한국의 문화 이해하기(음식, 예절, 생활문화)	• 문답 • 토의 • 실습
18회기 (어머니 참여)	자녀와 대화하기	• 유아발달에 맞는 지식과 정보제공, 초등학교 준비와 자녀의 장점 자랑하기 • 올바른 대화법과 칭찬하는 방법 익히기 • 지역사회와 연계하여 집에서 안 입는 옷 물려주기 • 집에서 안 쓰는 물건 가지고 와서 돌려 쓰기	• 토의 • 모델링 • 실연 • 과제
19회기 (부부 참여)	부부의 친밀감 확인하기	• 부모교육 모임을 통하여 다문화가정에서 아버지의 양육에 대한 인식의 변화 이야기 나누기 • 남편이 아내에게 고마움을 표현한 동영상을 아내에게 보여 주기 • 앞으로 자녀교육에 관한 계획 이야기 나누기	• 토의 • 동영상 상영 • 과제 • 개별적인 부모교육
20회기 (부부 참여)	행복한 우리 가족	• 부모교육에서 부족한 부분 나누기 • 가족에게 바라는 점 나누기 • 서로 변화된 점 발견하여 칭찬하기	• 토의 • 개별적인 부모교육

(2) 다문화가정 어머니를 위한 부모역할 프로그램

부모가 제공하는 환경의 질은 아동의 사회 · 정서적 발달의 중심이 되기 때문에 매우 중요하다. 또한, 어머니의 역할 만족감은 자녀의 양육행동에 영향을 미쳐 궁극적으로 자녀 행동이나 발달에 영향을 주는 중요한 요인이 된다. 즉, 부모역할에 대한 만족감이 떨어지면 부모역할에 회의를 느끼게 되고 자녀에게 지지적인 역할을 하지 못하게 된다.

다문화가정 부모를 위한 부모역할 프로그램의 한 예로 한경님(2013)의 연구가 있는데, 유아기 자녀를 둔 다문화가정 어머니의 양육태도, 양육효능감, 역할만족감을 향상시키는데 초점을 두고 개발한 부모역할 프로그램이다. 구체적인 부모역할 프로그램 내용은 다음 〈표 2-2〉와 같다.

표 2-2 **유아기 자녀를 둔 다문화가정 어머니의 부모역할 프로그램**

부모역할 구성요소		프로그램 명	세부목표 및 프로그램 내용	
양육 효능감	어머니의 자아강화	자아인식	목표	프로그램의 이해와 다문화가정의 특성을 이해하며 자신의 가치를 발견하고 존중할 수 있도록 돕는다.
			내용	프로그램에 대한 오리엔테이션 나를 소개하기 가족 강점 찾기
		자신감	목표	부모역할을 점검하고 자신감을 갖도록 돕는다.
			내용	부모역할에 관한 문화적 차이 발견하기 한국의 부모 되기
		양육 스트레스 해소	목표	자녀에 대한 올바른 이해와 자녀양육에 대한 목표를 세워 본다.
			내용	부모로서의 나
역할 만족감	부모자녀 상호작용	자녀와 대화하기	목표	자녀와 효과적으로 의사소통 할 수 있는 능력을 기른다.
			내용	통하는 우리, 사랑과 격려하기, 듣기 말하기
		자녀와 함께 하는 놀이	목표	엄마와 함께 하는 놀이를 배운다.
			내용	아이들은 놀면서 배워요.
	양육정보 습득	연령별 발달이해	목표	생명의 소중함과 태아기, 신생아기, 영유아기의 발달적 특성을 알고 효과적인 부모의 역할을 수행할 수 있도록 한다.
			내용	임신과 출산, 영유아기 발달, 간식 만들기
		발달 촉진하기	목표	언어, 인지, 사회, 정서, 신체 발달을 위한 활동을 배워 실생활에 적용해 볼 수 있도록 한다.
			내용	언어 · 인지, 사회 · 정서, 신체 발달을 위한 활동
양육 행동	양육행동	생활습관 기르기	목표	식사, 인사 및 언어, 공공장소에서의 예절에 대해 익히고 손 씻기, 이 닦기, 약속 지키기 등을 실천하도록 하며 우리 가족 규칙을 만들어 본다.
			내용	예절, 청결, 질서 지키기 우리 가족 규칙 만들기
		바람직한 환경 마련하기	목표	여러 가지 미술활동과 음악활동, 동작활동을 해 본다.
			내용	장난감 만들기, 음악활동
	양육지도	자녀행동 이해 수용, 수정하기	목표	자녀의 관심 끌기, 힘 행사하기, 앙갚음하기, 무능함 보이기 등 상황에 적절한 행동방법을 익힌다.
			내용	가정에서의 문제행동 지도

출처: 한경님(2013), pp. 1-31.

(3) 다문화가정 어머니를 위한 부모역량강화 프로그램

다문화가정 어머니의 부모역량강화 프로그램은 자녀양육을 위해 필요한 실제적 기술의 훈련뿐만 아니라 문화적응 측면 또한 함께 고려해야 한다. 이은경(2013)은 부모역량 증진에 초점을 둔 국내·외 프로그램들을 종합하여 다문화가정 어머니로서 부모역할을 수행할 수 있는 부모역량강화 프로그램을 개발하였다. 그 결과, 부모역량강화 프로그램에 참여한 다문화가정 어머니들은 자신의 부모 역할에 대한 만족감 및 양육태도 증진뿐만 아니라 자신이 갖고 있는 다문화적 역량을 자녀의 양육에 반영하고 실천하고 싶어 하는 긍정적이고 적극적인 변화를 보였다고 보고하였다. 구체적인 부모역량강화 프로그램의 내용을 살펴보면 다음 〈표 2-3〉과 같다.

표 2-3 다문화가정 어머니를 위한 부모역량강화 프로그램

내용요소	주제	활동내용
부모로서의 자기관리 능력	내 인생의 가치 찾기	• 긍정적 자기인식 갖기 • 시대변화에 따른 부모역량의 내용 이해하기 • 자녀양육에 대한 목표설정 수행하기
	아는 만큼 보이는 우리 가족	• 가족관계에서 자존감을 확인하기 • 한국의 가족관계, 결혼문화 이해하기 • 언어적 소통능력의 중요성 이해하기 • 자녀와의 상호관계 증진 기술 익히기
	좋은 부모의 역할이란 무엇인가?	• 부모역할 수행의 중요성 이해하기 • 자녀와의 의사소통의 중요성 이해하기 • 자녀양육 스트레스 유형 이해와 대처능력 갖기
자녀와의 의사소통 능력	자녀의 발달특성 이해하기	• 자녀의 발달특성 이해하기 • 부모의 바람직한 양육태도 이해하기 • 적극적 부모역할을 위한 자녀 통제방법 익히기 • 자녀발달의 결정적 시기 이해하기
	성격에 따른 자녀 교육이란?	• 생애발달에서 성격형성의 중요성 이해하기 • 부모로서 자신의 성격 진단해 보기 • 자녀의 성격에 따른 교육적 과제 이해하기
	놀이를 통한 상호작용 실제	• 자녀와의 놀이경험 활동의 중요성 이해하기 • 놀이를 통한 자녀와의 소통방법 익히기

자녀의 교육문제 해결 능력	창의적인 우리 아이 만들기	• 자녀교육에서 창의성의 중요성 이해하기 • 생활에서 실천할 수 있는 창의적 경험 공감해 보기 • 실제 창의적 부모역할 수행해 보기
	학교문화의 이해와 적응	• 자녀의 학교문화에 대해 이해하기 • 다문화가정 자녀의 학교적응 사례를 통해 적응능력 익히기
생태문화적 공감과 소통능력	음악적 소통에 대한 이해	• 음악적 소통의 중요성 이해하기 • 음악적 표현활동을 통한 다양한 정서 표출해 보기 • 자녀와의 다양한 음악적 소통방법 익히기 • 문학과 음악의 연계활동으로 공감능력 익히기
	지역사회 소통을 위한 적극적 이해	• 이웃과의 주도적 친교방법 익히기 • 지역사회 소통의 중요성 이해하기 • 다문화 활동을 통한 문화의 다양성 이해하기
	글로벌 사회의 소통과 공감	• 다문화사회의 의미를 이해하고 적응능력 기르기 • 미래 자녀양육을 위한 소통과 공감의 부모역할 이해하기 • 자녀 교육에서 소통과 공감의 성공적 적용사례 나누기
	문화적응 경험 사례 나누기	• 다문화가정 어머니로서 갖는 정체성 이해하기 • 한국사회에 성공적으로 적응한 다문화가정 어머니의 실제 경험사례를 통해 부모로서의 역량과 사회 적응능력 기르기

출처: 이은경(2013).

3. 다문화 특수아동

앞에서도 언급하였듯이, 다문화가정 아동은 발달과정에 있어 환경적 요인 및 사회문화적 요인으로 인해 비 다문화가정 아동보다 더 많은 어려움을 겪게 되기 때문에 장애아동이 될 위험성이 높다. 또한 주류 문화나 인종이 아니라는 이유만으로 영재성을 가지고 있음에도 적게 선발되는 경우가 많아 잠재력을 발현시킬 수 있는 기회를 놓치는 경우가 많다. 이러한 맥락에서 본 장에서는, 교사들이 알아야 할 다문화 특수아동, 즉 다문화 장애아동과 영재아동에 대한 내용을 추가하여 개괄적으로 살펴보고자 한다.

1) 다문화 장애아동의 이해

다문화가정 아동은 일반가정에 비해 환경적으로 경제적 빈곤과 같은 열악한 환경 안에 있기 때문에 교육적으로 여러 가지 부정적인 영향을 미친다(안우환, 2007). 즉, 다문화가정은 경제적으로 어려움을 겪는 경우가 많기 때문에 맞벌이 가정, 한 부모 가정, 조손 가정처럼 실제적으로 아동은 주 양육자와 함께 하는 시간이 줄어들어 교육 환경이 일반가정보다 잘 마련되어 있지 못하는 경우가 많다. 다시 말해, 어려서부터 부모에게 적절한 양육을 받지 못하거나 혼자 있는 시간이 많아 학업적인 면과 사회·정서적인 면에서 어려움을 겪어 자연스럽게 학교생활에 부정적인 영향을 미칠 가능성이 높다. 이로 인하여 학습장애, 지적장애, ADHD, 정서 및 행동장애 등 장애아동이 될 확률이 그렇지 않은 아동들에 비해 훨씬 높아지게 된다(김동일, 고혜정, 박유정, 박나리, 2013; 김자경, 2013; 김진호, 차재경, 2015).

(1) 장애아동

장애아동을 가르치는 교사는 가장 적절한 교육을 제공하기 위해서 장애아동이 어떠한 특성을 가지고 있는지, 그러한 특성을 바탕으로 진정한 특수교육은 무엇을 의미하는지 우선적으로 알고 있어야 한다. 한 학급의 구성원을 살펴보면, 학업성취능력, 성격과 정서가 다른 매우 다양한 아동들로 구성되어 있다. 이러한 다름은 개별아동마다의 내면성과 다양성으로 나타나며, 이는 아동 개인마다 독특하고 개별적인 특성을 가진 존재라고 보는 시각을 필요로 한다. 특수교육 대상인 장애아동 역시 이러한 인간의 다양성에 대한 차원에서 이해를 시작해야 한다(조윤경, 김수진, 2014).

① 장애아동의 정의

장애아동을 바르게 이해하기 위해서는 먼저 장애에 대한 정의를 살펴볼 필요가 있다. 우리나라에서 보편적으로 사용하는 '장애'라는 용어는 영어로 'disability'가 사용되고 있다. 그러므로 장애인을 'a person with a disability'로 표현한다. 이렇게 장애인을 지칭할 때 장애를 나타내는 단어보다 사람을 나타내는 단어를 먼저 쓰는 것은, 사람이 장애보다 더 중요하다는 인도적인 관점에서 비롯되었다고 볼 수 있다. 이전에는 '장애인'을 'handicapped person'이나 'disabled person'이라는 용어로 표현하였는데,

이것은 사람보다 장애를 더 강조하기 때문에 지금은 공식적인 용어로는 사용하지 않고 있다.

따라서 장애아동이 속해 있는 학급을 담당하는 통합학급 교사는 비장애아동에게 '장애'라는 개념에 대해 설명할 경우에는 장애를 가진 친구도 우리와 같이 소중한 사람임을 인식해 주고, 겉모습이 다르다고 누가 더 낫고 누가 더 못한 사람이라고 생각하지 않도록 올바른 '장애' 개념에 대한 장애이해 교육을 실시해야 한다. 즉, 교사의 생각과 행동을 보면 그 반 아동들의 행동을 알 수가 있듯이 특히 장애아동이 속해 있는 반을 지도하는 통합학급 교사는 항상 어떤 생각과 행동들로 반 아동들을 가르칠지에 대한 고민을 해야 한다.

한편, '장애(disability)'와 더불어 '특수(exceptional)'라는 용어도 같이 이해하는 것이 필요하다. [그림 2-1]에서 보는 바와 같이 '특수'라는 용어는 광의의 의미로 평균이나 정상으로부터 아래나 위로 떨어져 있는 것을 의미하는데 아동을 대상으로 설명한다면, 한 아동이 신체적으로, 지적으로, 또는 행동적으로 일반적인 정상의 범위로부터 위로나 아래로 이탈되어 있는 경우를 말한다. 지능의 예를 들면, 한 아동이 매우 낮은 지능을 보이거나 매우 높은 지능을 보일 때, 그 아동은 지능에서 특수한 아동으로 분류가 될 수가 있는 것이다(Heward, 2012).

이에 '특수아동(exceptional children)'이라는 용어는 장애아동(children with disabilities)과 영재아동(gifted or talented children)을 모두 포함하는 포괄적인 용어로

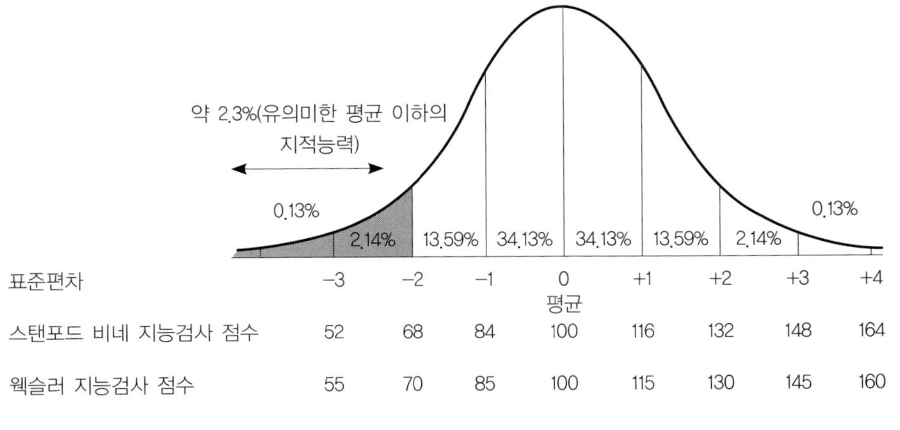

[그림 2-1] 정상분포곡선에서의 IQ 점수의 이론적 분포

출처: Heward, W. L. (2012).

사용되고 있다(영재아동에 대한 구체적인 설명은 제11장 참조). 이런 맥락에서 특수교육(exceptional education)은 장애아동에게 제공되는 교육과 영재아동에게 제공되는 교육을 모두 포함하는 교육 분야가 된다. 그러나 우리나라에서 특수교육이란 일반적으로 장애학생에게 제공되는 교육을 의미하는 것으로 사용되고 있다.

따라서 장애아동이라는 용어는 영재아동을 포함하지 않기 때문에 특수아동이라는 용어보다는 좁은 의미의 용어라고 할 수 있고 이런 장애아동은 대부분의 일반 아동과는 다르기 때문에 개별적 특성에 맞게 특별히 고안된 특수교육을 필요로 하는 아동을 의미한다(Heward, 2012; 이소현, 박은혜, 2011).

② 장애유형 및 특성

특수교육에 있어 새로운 법률인 「장애인 등에 대한 특수교육법」이 2007년에 통과하여 그에 따른 장애유형도 장애영역이 10개, 그 밖에 대통령령으로 정하는 장애가 1개, 총 11개 장애유형으로 세분화되어 있다. 즉, 시각장애, 청각장애, 지적장애, 지체장애, 정서·행동장애, 자폐범주성장애, 의사소통장애, 학습장애, 건강장애, 발달지체, 그 밖에 대통령령으로 정하는 장애를 특수교육대상자로 분류하고 있다. 제15조 특수교육대상자의 선정에서는 첫째, 교육장·교육감은 다음 각 호의 어느 하나에 해당하는 사람 중 특수교육을 필요로 하는 사람으로 진단·평가된 사람을 특수교육대상자로 선정한다. 구체적으로 법에 명시된 특수교육대상자에 대한 정의를 살펴보면 〈표 2-4〉와 같다.

한편, 장애유형별 특성은 각 유형별 특성이 다르고 장애 정도에 따라서도 교수방법에 있어 다르게 접근해야 한다. 따라서 통합학급 교사는 이러한 장애아동의 특성에 대한 이해가 반드시 선행되어야 한다. 왜냐하면 장애아동의 일반적인 특성으로 제시하는 다음의 특성들이 모든 장애아동에게 똑같이 적용되는 것은 아니기 때문이다. 장애아동 간에도 개인차가 크며, 특히 경도나 중등도 등, 장애 정도에 따라 장애아동이 보이는 특성은 여러 가지 면에서 많은 차이가 있을 수 있다.

표 2-4 「장애인 등에 대한 특수교육법」에서의 특수교육 대상자 선정기준

장애	특수교육대상자 선정기준
시각장애	시각에 의하여 학습수행이 곤란하여 특정의 광학기구 · 학습매체 등을 통하여 학습하거나 촉각이나 청각을 학습의 주요수단으로 사용하는 사람으로 맹과 저시력이 이에 속한다. 가. 맹은 시각계의 손상이 심하여 시각 기능을 전혀 이용하지 못하는 상태 나. 저시력은 보조공학기기의 지원 등을 받아야만 시각적 과제를 수행할 수 있는 상태
청각장애	교육적 성취에 불리한 청력 손실을 지닌 사람으로서 농과 난청이 이에 속한다. 가. 농은 청력 손실이 심하여 보청기를 착용해도 청각에 의한 의사소통이 불가능하거나 곤란한 상태 나. 난청은 잔존청력을 가지고 있으나 보청기를 착용해야 청각을 통한 의사소통이 가능한 상태
지적장애	지적 기능과 적응 행동상의 어려움이 함께 존재하여 교육적 성취에 어려움이 있는 사람
지체장애	기능 · 형태상 장애를 가지고 있거나 몸통의 지지 또는 팔다리의 움직임 등에 어려움을 겪는 신체적 조건이나 상태로 인해 교육적 성취에 어려움이 있는 사람
정서 · 행동 장애	지적 · 감각적 · 건강상의 이유로 설명될 수 없는 학습 무능력, 또래나 교사와의 대인관계 어려움, 일반적인 환경하에서 보이는 부적절한 행동이나 감정, 전반적인 불행감이나 우울, 또는 학교나 개인문제에 관련된 신체적인 통증이나 공포를 나타내는 경향이 장기간에 걸쳐 현저하게 나타나 교육적 성취에 불리한 상태에 있는 사람
의사소통 장애	다음 중 한 가지 이상의 영역에서 결함을 보임으로써 의사소통에 어려움을 초래하여 특별한 교육적 조치를 필요로 하는 사람 가. 수용언어나 표현언어 능력이 인지능력에 비하여 현저하게 떨어지는 사람 나. 조음능력에 현저한 결함을 보임으로써 의사소통 결함을 초래하는 사람 다. 말 유창성에 현저한 결함을 보임으로써 의사소통 결함을 초래하는 사람 라. 기능적 음성장애를 보임으로써 의사소통 결함을 초래하는 사람
학습장애	개인 내적 요인으로 인하여 듣기, 말하기, 주의집중, 지각, 기억, 문제해결 등의 학습기능이나 읽기, 쓰기, 수학 등 학업성취 영역에서 현저하게 어려움이 있는 사람
건강장애	심장장애 · 신장장애 · 간장애 등, 만성질환으로 인하여 3개월 이상의 장기입원 또는 통원치료 등, 계속적인 의료적 지원이 필요하여 학교생활 · 학업수행 등에 있어서 교육적 지원을 지속적으로 받아야 하는 사람
자폐성장애	구어 및 비구어 의사소통과 사회적 상호작용의 문제를 보이고, 관심 · 행동 · 활동의 제한적이고 반복적이며 상동적인 특성으로 인해 환경이나 일과의 변화에 저항을 보임으로써 교육적인 성취 및 일상생활 적응을 위하여 도움을 필요로 하는 사람
발달지체	신체, 인지, 의사소통, 사회, 정서, 또는 적응기술의 영역에서 또래에 비해 현저하게 발달이 지체됨으로써 특별한 교육적 조치가 필요한 영아 및 9세 미만의 아동
그 밖에 대통령으로 정하는 장애	주의결함/다동성장애 등으로 일상생활 및 사회생활을 하는 데 상당한 제한을 받아 일반학교에서는 적응이 곤란하여 특별한 교육적 조치가 필요한 사람

출처: 교육부(2016).

장애분류 및 명칭 부여(labeling)는 교육현장에서 장애아동 특성에 맞는 적절한 교육 및 관련 서비스 제공과 이들 서비스에 대한 의사소통을 위해서 장애 범주에 따라 구분하는 것이 효과적이다. 그러나 취학 전 특수교육대상자의 적격성을 판정하기 위한 장애유형별 장애 분류에 의한 명칭은 대부분 유아들에게 적절하지 않은 것으로 지적되고 있다. 즉, 발달이 빠르게 진행되고 변화가 많은 유아기에 아동이 일단 장애명으로 부여가 되고 나면 개인적인 특성이나 성격 등에 의해서 인식되기보다는 주어진 장애 명칭에 의해서 평가되는 부정적인 영향을 받기 때문이다. 장애 명칭부여로 인해 특수교육 서비스를 받는 길을 열어 주는 정당한 방법이기는 하지만 장애 명칭으로 인해 일반교육과정이나 사회로부터 분리되는 불이익을 아동이 당할 수도 있음이 심각하게 경고되고 있다(국립특수교육원, 2008). 이에 따라 상대적으로 장애 명칭으로 부여될 기회가 적은 발달지체를 취학 전에는 선호하고 있다. 그러나 발달지체로 특수교육을 받더라도 어느 정도 지체가 발달지체에 속할 것인지에 대한 기준 규명이 우선되어야 할 필요가 있다. 참고로, 발달지체의 진단 기준과 관련해서 현재 논의되고 있는 내용(이소현, 최진희, 조윤경, 부인앵, 이소영, 2007)은 〈표 2-5〉와 같다.

표 2-5 **발달지체의 진단 기준**

연령	기준
0~24개월 미만	• 하나 이상의 발달 영역에서 25% 또는 표준편차 2 이상의 지체 • 둘 이상의 발달 영역에서 20% 또는 표준편차 1.5 이상의 지체 • 전문가 팀의 전문적인 임상적 판단
24~35개월 미만 (지체 정도가 더 경한 대상 포함)	• 하나 이상의 발달 영역에서 20% 또는 표준편차 1.5 이상의 지체 • 둘 이상의 발달 영역에서 15% 또는 표준편차 1 이상의 지체 • 전문가 팀의 전문적인 임상적 판단

한편, 최근 특수교육분야에서는 장애아동으로 진단을 받지는 않았지만 앞으로 장애를 보일 가능성이 평균보다 높은 아동, 즉 장애위험(at-risk) 아동들에게도 특수교육에서 특별한 교육적 서비스를 제공하여야 한다는 관점이 중요하게 대두되고 있다(김진호, 차재경, 2015; 송미경, 최윤희, 2013; 이소현, 박은혜, 2011; Heward, 2012). 이런 장애 위험아동은 〈표 2-6〉에서 보는 바와 같이 생물학적인 요인뿐만 아니라 경제적 어려움과 사회적, 물리적 위험요인 등 환경적인 요인으로 인하여 특별한 예방적 교

육이나 조기 중재를 받지 않으면 발달지체 가능성이 매우 높은 경향을 보이는 아동을 의미한다.

표 2-6 **장애위험 요인의 예**

생물학적 위험요인	환경적인 위험요인	형성된 위험요인
• 난산이나 기계에 의존하는 출산 • 발달지체와 관련된 질병 및 외상 • 약물 노출 • 발달지체와 관련된 임산모의 만성적 질병 • 과거 또는 현재 신생아 중환자실에 입원 • 출생 시 저체중(1,000~2,500g) • 발달상의 진보를 방해하는 요소들	• 고등학교를 졸업하지 못한 10대 출산 • 학대 및 방치(본인이나 형제) • 법적 보호자의 부재 • 대리 또는 보호 양육 환경 • 필수적인 양육 기능을 일관성 있게 수행하지 못하는 부모 • 가정에서의 학대 및 폭력 • 이민 또는 무주택 가정 • 가족들의 독극물 등에 대한 노출	• 선천적/유전학적 장애 • 신경학적 비정상 • 비정상적인 발달장애 • 출생 시 1,000g 이하의 극도의 저체중 • 인지, 신체/운동 기능, 말과 언어, 심리사회적, 또는 자조기술에 있어서의 지체

출처: 이소현(2003)에서 재인용.

앞에서 보듯이 장애 영유아의 경우는 법이 정하는 장애범주에 속하거나, 장애인 것을 확실하게 단언할 수 없는 장애위험 아동에 속하거나 발달지체의 범주에 포함될 수 있다.

(2) 다문화 장애아동

① 다문화 장애아동의 정의

앞에서도 언급하였듯이 장애아동은 신체적으로, 지적으로, 또는 행동적으로 일반적인 정상의 범위로부터 아래에 속하는 아동으로 개별적 특성에 맞는 특수교육적 서비스를 필요로 하는 아동이라고 정의하였다. 이처럼 다문화 장애아동도 마찬가지로 다양한 언어적, 문화적 배경을 가지고 있는 특성과 더불어 일반 장애아동이 가지고 있는 특성을 가지고 있는 아동이라고 정의 내릴 수 있다. 다만, 문화적인 배경이 다른 다문화 아동이 잘못된 선별 및 진단절차로 인하여 과소 혹은 과대 비율로 장애아동으로 판별되지 않도록 주의를 기울여야 한다.

따라서 교사 및 전문가들은 다문화 아동은 일반아동보다 학습부진, 학습장애, 정서 및 행동장애, ADHD 등 장애 위험아동이 될 확률이 훨씬 높기 때문에 장애 위험아동을 조기에 잘 선별하고 적절한 교육적 중재를 제공해 주어야 한다.

② 다문화 장애아동의 특성

대다수의 다문화 아동은 가정 및 학교에서 다양한 언어적 · 문화적 배경을 가지고 있는 특성상 의사소통과 언어발달에 있어서의 지체를 우선적으로 직면하게 된다. 또한 언어를 토대로 형성되는 학업적 성취에 어려움을 가짐으로써 학습부진과 학습장애는 물론 정서 및 행동장애로까지 될 수 있기 때문에 다양한 특수교육적 서비스와 관련 지원이 요구되고 있다(강금화, 황보명, 2010; 박혜성, 박현숙, 2014; Cartledge, Gardner, & Ford, 2012). 이에 국내에서도 2000년대에 들어서 특수교육 분야에서도 다문화 아동이 공통적으로 나타내고 있는 언어 및 의사소통의 어려움과 문화 또는 사회 부적응 등에서 비롯된 가정 및 학교 문제, 사회 문제에 관심을 두고 여러 연구들이 이루어지고 있다(박민정, 이병인, 2010; 배소영, 김미배, 2010; 오성배, 2007).

다문화 장애아동의 언어발달 특성을 이해하고 발달수준을 고찰해 보는 것은 매우 중요하다(김혜영, 전은주, 2010). 또한 앞에서도 언급하였듯이 다문화 장애아동의 언어발달에 있어서의 지체는 곧바로 학령기 학습부진으로 이어지게 되는데, 특히 독해와 어휘력, 쓰기 능력의 부족은 곧바로 학령기 학습에 심각한 영향을 미칠 수 있다(권희연 외, 2010). 더 나아가 다문화 장애아동은 또래로부터의 소외와 아동 스스로에 대한 자신감의 저하로 정서 발달에도 영향을 미칠 수 있다.

③ 다문화 장애아동의 평가: 선별 및 진단

평가는 특수교육의 분류 및 배치, 그리고 교육 프로그램의 계획에 필수 과정으로 특히, 다문화 장애아동의 평가는 단순히 선별이나 특정 장애의 명칭을 부여하고 끝나는 것이 아니라 다문화 장애아동 교육의 각 단계에서 선별, 의뢰, 장애의 적격성, 교육 프로그램의 효과, 종결 등 다양한 의사결정과도 연계되어 있기 때문에 매우 중요한 과정이라고 할 수 있다. 그리고 이러한 의사결정을 위해서는 다문화 장애아동의 특성에 맞는 다양성을 존중한 다양한 평가도구와 절차가 활용되어야 한다(김동일, 이대식, 신종호, 2009).

문화적 차이는 발달지체로 오인받기 쉽다. 다른 문화 속에서 아동은 발달 과제를 다른 방식으로 다른 시기에 달성할 수 있도록 준비한다. 빈곤층 아동은 대부분의 중상층 학교가 학생들에게 갖는 기대치를 달성할 수 있는 준비가 되어 있지 않을 수도 있다. 그러나 이 아동들이 반드시 발달에 문제를 보일 위험이 있는 것은 아니다(Hallahan, Lioyd, Kauffman, Weiss, Martin, 2007). 그렇기 때문에 전문가 및 교육자들은 다양한 언어적, 문화적 배경을 가진 아동들의 능력을 평가하는 데 있어 매우 신중을 기해야 한다. 왜냐하면 언어의 차이와 학습에 있어 그 차이가 시사하는 바가 자칫하면 장애가 아닌 아동을 장애아동으로 오해할 수도 있기 때문이다.

표준화된 지능검사와 성취도 검사는 교육 서비스의 적격성 여부를 판단하는 가장 기초적인 도구로 사용된다. 그렇지만 표준화 검사의 효용성을 둘러싼 논란은 여전히 계속되고 있다. 특히, 다문화 장애아동에 대한 교육적 결정을 내리기 위해 표준화 검사를 사용할 때 더욱더 그러하다. 성취도 검사보다 지능검사가 더 많은 비판을 받는 이유는 지능검사가 문화적인 편견에 치우쳐 있기 때문이다. 문화 편파적인 지능검사로 다문화 장애아동은 특수교육 프로그램에 지나치게 많이 배치되어 참여하게 되었다. 따라서 다문화 장애아동은 문화 적응적인 평가도구를 활용하여 자신의 가능성을 최대한으로 이끌어 낼 수 있는 기회를 제한받지 않도록 평가받아야 한다(Cartledge et al., 2012).

④ 다문화 장애아동을 위한 교수접근

미국의 헤드스타트 프로그램(Head Start Program)은 저소득층 유·아동을 위한 교육지원의 일환으로 빈곤과의 전쟁을 선포하면서 1964년 「경제기회균등법」에 의해 만들어진 최초 공교육 지원 프로그램이다. 이 프로그램은 조기중재 분야의 정부 관련 최초 접근법으로 여겨지고 있으며, 1972년에 '모집인원의 최소 10%는 장애를 가진 유아이어야 한다.'라고 개정되면서 발달지체 유아의 통합기회를 부여하는 데 큰 역할을 하였다. 따라서 미국의 다문화 장애아동 또한 헤드스타트 프로그램에 지원받으면서 과학적으로 증명된 교수방법을 바탕으로 질 높은 교사로부터 교육을 받을 수 있게 되어 언어적, 사회·정서적인 발달 면에서 긍정적인 성과를 얻게 되었다.

일반교사뿐만 아니라 특수교사 역시 다문화 장애아동을 가르치기 위한 교수방법을 마련하여 매우 체계적으로 계획하여 실행하지 않고서는 교육 성과 면에서 긍정적인 결과를 기대하기가 어려울 수도 있다. 이에 통합교육 현장에서 일반교사 및 특수교사가 함께 협력하여 다문화 장애아동을 가르치기 위해서 그들이 가지고 있는 다양성을 바탕으로 개별적 특성에 맞게 개별화교육프로그램(IEP)을 운영할 수 있도록 노력해야 한다.

따라서 다문화 장애아동을 위해 교사들이 교육 프로그램을 적용할 때의 일반적인 교수절차를 다음과 같이 제시하고자 한다(Heward, 2012).

- 아동의 현재 수준을 정확하게 파악해야 한다.
- 가르쳐야 하는 기술은 명확해야 한다.
- 가르쳐야 할 기술은 보다 세부적인 단계로 나누어져야 한다(과제분석).
- 학습자가 수업에 적극적으로 참여할 수 있는 방법을 결정해야 한다.
- 교사는 명확한 촉구와 단서를 제공해야 한다.
- 아동은 교사로부터 피드백과 강화를 받아야 한다.
- 점진적으로 반응촉진자를 철회하라.
- 일반화와 유지를 촉진할 수 있는 전략을 사용해야만 한다.
- 아동의 수행수준은 객관적인 자료를 바탕으로 직접적이고 자주 평가되어야 한다.

2) 다문화 영재아동의 이해

(1) 영재아동

① 영재아동의 정의

미국 의회에 보고된 말랜드 보고서(Marland, 1971)에서는 영재를 일반 지적능력, 특별학문 적성, 창의적이고 생산적인 사고, 리더십, 시각 예술과 공연 예술, 정신운동능력에서 높은 성취를 보이거나 보일 가능성 있는 탁월한 잠재능력을 가진 자로 정의하고 있다. 여기에는 기존의 지능과 특정 학문영역에서 높은 점수를 받는 학생으로 보던 영재의 개념을 예술과 같은 다양한 영역을 포함하며, 창의성, 리더십, 정신운동능력 등, 비 인지적 능력을 포함하여 영재의 개념을 확장하고 있다(이신동 외, 2016). Renzulli는 세고리 모형을 통해 영재는 지능, 창의성, 과제 집착력이 보통의 학생보다 뛰어나면서 이 중 한 요소는 다른 학생들보다 특출난 자로 설명하고 있다(Renzulli, 1978). 세고리 모형은 지능 이외에도 창의성이나 자기 내재화된 동기로 인한 집중과 끈기, 몰입으로 표현되는 과제 집착력이 영재가 보이는 특성으로 설명하고 있다.

한편, 우리나라의 영재의 개념은 1998년에 만들어진 「영재교육진흥법」을 바탕으로 한다. 「영재교육진흥법」에서는 '영재'란 재능이 뛰어난 사람으로서 타고난 잠재력을 계발하기 위하여 특별한 교육이 필요한 사람을 말한다고 정의하고 있다. 정규학교 수업은 이들의 앞선 인지적 수준, 빠른 학습 속도, 자기주도성, 창의성 등에 따른 개별적 필요를 충족하지 못하기 때문에 이들만을 위해 구성되는 특별한 교육이 제공되어야 할 사람을 영재로 규정하고 있다.

② 영재아동의 교수접근

영재아동의 교수접근 방법은 크게 심화와 속진으로 구분된다. 속진은 영재들의 빠른 인지적 발달 속도에 맞추어 교육 내용을 제공한다. 속진은 특정 학문영역에서의 내용중심 속진과 조기입학이나 학년을 뛰어넘는 월반형태로 이루어진다. 내용중심 속진은 교육과정을 압축하여 제시함으로 학습 내용을 빠르게 학습하고 다음 단계로 나아가거나 특정 학문영역에서 1~2학년 월반하여 수업을 듣는다(Renzulli, 1978). AP(Advanced Placement)나 IB(International Baccalaureat)는 내용중심 속진의 한 형태이다. 조기 입학이나 월반은 전체적인 학습 속도를 빠르게 진행시키는 방법으로 아동의 인지적 속도 및 사회 정서적 발달을 함께 고려하여 결정한다. 하지만 속진이 영재학생의 발달 속도에 맞추는 장점은 있지만 내용적 변화가 없이 내용을 좀 더 일찍 배우는 것이기 때문에 영재 개인별 특성과 홍미에 따른 내용적 차별화 교육과정을 제공하지는 않는다(Schiever & Maker, 1991).

심화는 한 주제에 대해 자기주도적으로 내용을 깊이 연구하는 영재의 특성에 맞추어 깊이 있고 복잡한 교육내용을 제공하여 학생 스스로가 탐구할 수 있도록 교육과정을 제공한다(VanTassel-Baska, 2003). 심화 교육과정은 내용 심화, 과정 심화, 산출물 심화 3가지로 유형 지을 수 있다. 심화 교육과정에서 영재 교사는 학생이 홍미 있는 주제를 선정하고 깊이 탐구할 수 있도록 교육환경을 제공하며 안내자의 역할을 한다. 심화 교육과정은 학생의 수준, 속도, 홍미에 맞추며, 목표 설정, 학습 주제, 과정, 산출물 제작 등에서 학생이 주도성을 가지고 진행하도록 한다. 심화 교육과정에서는 영재학생은 각각의 수준과 홍미에 맞는 차별화 교육이 가능하다. 속진과 심화는 서로 대립되기보다는 상보적인 방법으로 영재학생의 특성과 요구를 만족시키며, 개인별 차별화 교육의 실현을 위해 사용되고 있다.

(2) 다문화 영재아동

① 다문화 영재아동의 정의

다문화 영재아동은 다문화가정의 자녀로 영재의 공통적인 특성을 지닌 학생을 말한다. 그래서 영재가 보이는 높은 인지적 능력, 창의성, 과제 집착력, 리더십, 특정영역에서의 높은 성취나 잠재능력을 가진다. 또한 다문화 영재는 2개 이상의 문화, 언어를 경험하여 다양성을 경험한 학생으로 문화나 언어 간에 빨리 적응하며 빠른 전환능력을 보이며, 두 문화 속에서 적절하게 행동할 줄 아는 능력을 보여(Felder, Taradash, Antoine, Ricci, Stemple, & Byamugisha, 2015), 다양성과 다변화 사회 속에서 리더십을 가진 유능한 인재로 성장할 잠재능력을 가진 아동이다.

다문화 영재의 특성은 개인중심이나 개인 활동보다는 다른 사람과의 조화 및 협력, 환경 맥락적 관점이나 역사 속에서의 전체 이해 및 재해석, 타인에 대한 정서적 민감성 및 개인보다는 가족이나 자신이 속한 집단을 중시한다. 하지만 이런 다문화 영재의 특성은 선입견, 고정관념, 편견으로 왜곡되어 교사나 학교관리자들에게 받아들여져서, 이들이 영재선발에는 부족하고 결핍된 것으로 인식되고 있다(이신동, 이경숙, 2015; Cartledge et al., 2012; Felder et al., 2015).

② 다문화 영재교육과정

다문화 영재는 타고난 높은 잠재능력이 있음에도 불구하고 어릴 적부터 경험과 기회가 제한되었기 때문에 영재성을 발현할 기회를 가지지 못하는 경우가 많다. 따라서 다문화 영재교육과정은 이런 다문화 영재의 특성과 필요를 충족하면서 일반 영재교육과정과 다문화교육과정의 구성요인을 함께 가지고 있다고 언급하고 있다(Ford, 2011). 다문화 영재교육과정은 일반 영재들을 지원하는 교육과정에 다문화, 가치, 다양성, 인권, 평화 등 다문화교육과정의 내용이 함께 어우러져서 다문화 영재의 특성도 반영된 교육과정이다. 다문화교육과정이 대상 면에서 일반 아동과 다문화가정 아동으로 할 때 교육과정 구성의 차이가 있다. 다문화 영재교육과정도 일반 영재를 대상으로 할 때와 다문화 영재를 대상으로 할 때 차이가 있다. 다문화 영재교육과정을 영재교육과정과 다문화교육과정의 교육과정에서의 목표와 목적에 대한 비교를 하면 〈표 2-7〉과 같다. 이 표를 통해 다문화 영재교육과정과 영재교육이나 다문화교육과의 차이점을 비교할 수 있다.

표 2-7 **영재교육과정, 다문화교육과정, 다문화 영재교육과정의 비교**

목표와 근거	영재교육과정	다문화교육과정	다문화 영재교육과정
필요	능력과 홍미를 기초한 아동개인의 필요를 충족함	인종과 문화에 기초한 아동 개인의 필요를 충족함	능력과 사회변인(수입, SES, 문화, 인종, 성)에 기초한 아동 개인의 필요를 충족함
형평성	영재는 자신의 인지적, 학문적 필요에 맞추어 차별받지 않고 형평하게 교육받을 권리가 있음	인종적, 문화적으로 다른 아동이 자신의 문화와 인종적 관점에서 가지는 필요에 맞추어 차별받지 않고 형평하게 교육받을 권리가 있음	다문화 영재는 자신의 문화, 인종, 성, 수입, SES와 상관없이 자신의 인지적, 학문적 필요에 맞추어 영재교육을 차별받지 않고 형평하게 교육받을 권리가 있음
수월성	영재아동은 도전적인 과제 제공 속에서 잠재능력을 발현할 수 있음 고도영재아동은 이들의 특성에 맞춘 교육과정과 교수 중재가 필수적임	인종적, 문화적으로 다양한 아동은 자신의 문화나 인종에 대한 낮은 기대 속에서 잠재능력을 발현할 수 없음 인종적, 문화적으로 다양한 아동은 이들의 특성에 맞춘 교육과정과 교수 중재가 필수적임	다문화 영재는 자신의 문화, 민족, 성, 수입, SES에 기반을 두고 교육적으로 낮은 기대 속에서는 잠재능력을 발현할 수 없음 다양한 인종, 문화, 성, 수입, 다양한 SES 수준의 고도영재는 이들의 특성을 반영한 교육과정과 교수중재가 필수적임
소집단	인지발달과 학업성취 수준에 따라 능력별 집단 구성이 효과적임 인지적, 사회적 동질 집단 구성일 때 영재 아동은 성취도 향상됨	협력 학습과 또래 학습이 사회 지지 및 관계 형성을 촉진함 지지적이고 긍정적이며 지원해 주는 학습환경일 때 인종적, 문화적으로 다양한 학생들은 학업수행이 향상됨	집단 활동은 아동의 학업 및 사회성을 발달시킴 학습 환경이 지지적이고 긍정적이며 지원적일 때 아동의 학업 및 사회정서 능력이 향상됨
미성취	미성취는 반드시 해결하여 학교에서나 실생활에서 잠재능력을 발현하도록 함	미성취는 반드시 해결하여야 하며 인종적, 문화적으로 다양한 학생들이 학교에서나 실생활에서 잠재능력을 발현하도록 함	미성취는 반드시 해결하여야 하며 문화, 인종, 성, 수입, SES와 상관없이 학교와 실생활에서 잠재능력을 발현하도록 함

정서적 지원 서비스	영재아동이 심리적, 사회적으로 적응하며 자기이해 및 능력 파악을 높일 수 있도록 지원하는 서비스가 학교에서 제공되어야 함	인종적, 문화적으로 다양한 아동이 심리적, 사회적으로 적응하며, 자기 이해 및 자신의 문화, 인종적 정체성 인지를 높일 수 있도록 지원하는 서비스가 학교에서 제공되어야 함	아동의 사회인구적 변인과 상관없이 아동을 심리적, 사회적으로 적응할 수 있도록 지원하는 서비스가 학교에서 제공되어야 함
교사 연수	교사는 영재를 교수하고, 적절하고 도전적인 교육을 제공할 수 있도록 연수를 받아야 함	교사는 인종적, 문화적으로 다양한 아동을 효과적으로 교수하고 문화적으로 적절하고 타당한 교육을 제공할 수 있도록 연수를 받아야 함	교사는 다문화 영재가 문화 적응력, 사회 활동성 및 책임감을 가진 시민이나 사회에 기여할 수 있는 책임감 있는 성인이 될 수 있도록 연수를 받아야 함
평생목표	영재교육은 아동이 사회에 긍정적이고 의미 있는 기여를 할 수 있으며 책임감 있는 성인으로 성장하도록 도움	다문화교육은 다문화 학생이 사회에 의미 있는 기여를 할 수 있고 책임감 있는 성인으로 성장하도록 도움	다문화 영재교육은 다문화 영재아동이 사회에 의미 있는 기여를 하고 문화적응력, 사회 활동성 및 책임감을 가진 시민이나 사회에 기여할 수 있는 성인으로 성장하도록 도움

출처: Ford, D. Y. (2011).

③ 다문화 영재아동 과소 선발

인종, 문화, 민족, 성, 사회 경제적 지위와 상관없이 영재성은 분포되어 발현된다고 보고 있다. 하지만 영재선발 현황을 살펴보면 특정 사회 경제적 계층, 인종 등, 사회의 주류 및 상부 계층에 속한 가정의 아동들이 과대 선발되고 소수 인종과 경제적 소외계층은 과소 선발되는 현상을 발견할 수 있다. 과소 선발이란 전체 학생 수에서 차지하는 비율 대비 영재선발에서 특정 계층, 성, 지역, 인종학생이 더 적게 선발되는 현상이 지속되는 현상을 의미한다. 〈표 2-8〉과 같이 2014년 전체 영재교육대상자는 117,949명으로 전체 학생 수의 1.86%이다. 2014년 영재교육을 받는 다문화 영재아동은 136명으로 전체 영재교육대상자의 0.11%에 불과했다. 전체 학생 수에서 다문화 학생이 1.86%임으로 최소한 영재교육대상자에서도 다문화가정 학생 수의 비율은 1.86%이어야 한다. 또한 다문화가정 학생이 증가하고 있지만, 다문화가정 학생 중 영재선발률은 다문화가정 학생 수의 증가에 비해 변동이 없다. 다문화 영재가 전체 학생 수에 대비하여 과소 선발되고 있다(한국교육개발원, 2015).

표 2-8 **전체 학생 수 및 영재교육 대상자 수 대비 다문화가정 학생 수와 다문화 영재 수**

연도	전체 학생 수	영재교육 대상자 수	다문화가정 학생 수	다문화 영재 수
2013	6,529,196	121,421(1.85%)	55,780(0.85%)	178(0.15%)
2014	6,333,617	117,949(1.86%)	67,806(1.07%)	136(0.11%)

출처: 한국교육개발원(2015).

모든 아동이 동일한 능력과 같은 재능을 가지고 태어나지 않았다. 하지만 자신의 잠재능력을 최대한으로 발현할 수 있도록 기회는 동일하게 가져야 한다. 특히 영재교육은 모든 아동에게 접근 기회가 형평하게 제공되어야 한다. 이런 취지에서 제3차 영재교육진흥종합계획에서 다문화가정 아동을 포함한 소외계층 학생 중 영재교육 수혜율을 2017년 10%까지 확대할 것을 계획하고 있다(교육부, 2013).

④ 문화반응적 영재선발 방법

다문화 영재를 선발하기 위해서는 부모나 가정환경의 영향을 최대한 배제하고 학생의 잠재 능력을 측정할 필요가 있다. 따라서 가정환경의 영향을 받는 전통적인 지필검사나 학업 성취도 검사 대신 다른 대안 검사가 필요하다. 크게 네 가지(비언어적 검사도구, 역동적 검사, 다면검사, 교사관찰추천) 방법으로 구분하여 살펴보면 다음과 같다.

첫째, 비언어적 검사도구이다. 불공평하지 않으면서도 다문화 영재아동의 잠재능력을 최대한 측정할 수 있는 방법들로 비언어적 지능검사들이 사용되고 있다. 많이 사용되는 검사로 레이븐 지능검사(RPM), Naglieri의 비언어적 검사(NNAT), Torrance의 창의적 사고 검사 도형편(TTCT-F), 인지능력검사(CogAT)의 유형 6이 있다.

둘째, 역동적 검사이다. 역동적 검사는 Vygotsky의 근접발달영역에서 학생에게 교육적 자극과 학습 기회가 제공하여 새로운 것을 인지할 수 있는 역량을 평가하여 선발하는 것으로, 과정을 통해 학생이 가진 잠재능력과 상위인지를 평가한다(Felder et al., 2015). 이는 현재 점수가 아닌 교육환경 제공 시 학생이 보여 주는 역량에 초점을 두고 평가하기 때문에 학생의 잠재역량을 볼 수 있다.

셋째, 다면검사방법이다. 다양한 검사 방법을 사용하여 학생의 강점을 파악할 수 있고, 학생을 종합적으로 판단하여 선발하는 다면 검사의 필요성이 제기되고 있다.

넷째, 교사관찰추천 방법이다. 다문화가정 아동을 포함하여 사회 · 경제적 소외계층 아동이 지필검사에 기반을 둔 영재 선발과정을 통해서 선발되는 비율이 낮기 때문에 교사관찰추천을 통해 영재교육을 받을 기회를 제공하고자 한다. 영국에서는 전통적인 방법으로 영재라고 여겨지지 않았던 학생들이나 학습 부진학생 중에 영재가 있음으로, 이들에게 영재교육의 기회를 제공할 방법으로 교사관찰 추천방법이 도입되었다(Dept. for Children, Schools and Families, 2008). 학생 연령과 영역에 따라 체크리스트(교사용, 학부모용, 자기추천용, 동료추천용 등), 시험 성적, 작품 평가, 토론, 지역사회 자원 활용 등을 통한 교사관찰추천방법이 있다. 교사관찰과 비공식적 평가를 통해 학생이 가진 잠재 가능성을 평가하여 영재교육의 기회를 제공하고 있다.

이처럼 영재선발에서 과소선발 문제를 해결하기 위해 대안적 선발 방법이나 도구가 개발되고 있지만 소외계층 학생의 구성이나 그 특성이 다양함으로 그 특성을 반영한 선발 도구는 여전히 부족한 실정이다. 또한 조기 선발을 지양하는 국가 정책으로 인해 우리나라에서는 유아나 아동대상의 영재성 도구가 개발되지 않았다. 다문화 영재아동을 위해서는 비언어적인 도구를 사용하지만 언어 이외에 문화적 특성을 함께 고려한 다문화 영재아동 도구는 부재한 실정이다. 따라서 다문화 영재아동 발굴을 위해서는 이들의 특성에 맞는 도구개발이 절실히 요청된다(김미숙 외, 2010).

⑤ 다문화 영재아동 위한 교수접근

이 장에서는 다문화 영재아동을 위한 교수접근 방법은 다문화 영재아동의 잠재능력 발현을 위해서 함께 수반되어야 할 사회 · 정서적 지원과 진로교육, 부모교육 중심으로 살펴보고자 한다.

㉠ 사회 · 정서적 지원과 진로교육

다문화 영재교육과정에서 다문화 영재의 인지적 필요와 함께 사회 · 정서적 필요를 지원해야 한다. 가정, 또래, 학교, 사회와의 상호작용 속에서 형성된 낮은 자존감, 낮은 동기, 낮은 사회성, 자아정체성 혼란 등은 미성취 및 학교 중단으로 이어질 수 있다. 이에 동일한 다문화 배경을 가진 환경 속에서 성공한 상급생이나 어른을 멘토로 선정하여 다문화 영재를 이해하고 가이드해 주는 프로그램은 효과성이 높은 것으로 보고되고 있다(Granthan, 2004; Manning, 2005). 또한 문화반응적 교육과정과 다문화 또래아동과의 집단활동을 통해 학생 간의 의사소통하는 법을 비롯하여, 심리적 부담을 주는 문제를 해결하고 자신의 정체성을 정립하며 가정, 학교 및 사회에 소속감을 가지도록 하는 것 또한 정서적 지지의 한 방법이 될 수 있다(Miller & Gentry, 2010; Olszewski-Kubilius, 2010).

ⓛ 부모교육

다문화 영재가 일반 영재와 차이를 가져오게 된 것은 부모의 인종적, 문화적, 사회 · 경제적 변인 차이에 근거한다. 다문화 영재는 부모 중 최소 한 명 이상이 주류 문화나 주류 언어가 아닌 다른 문화와 언어를 상용함으로 이것이 아이의 인지 발달에 영향을 미친다. 미국에서 아프리카계 미국인의 경우 영재교육을 추가로 교육을 받을 때 돈이 들며, 또래 아프리카계 미국인 학생 중에서는 영재교육을 받는 아동이 많지 않음으로 인해 또래 친구로부터 받는 압력도 심하다(Ford, 1996). 부모의 심리적 지지와 지원은 자녀에 대한 기대로 연결이 되어 학교에서 아동의 성공적 학업 성취를 위해서는 반드시 전제되어야 할 요소이다(Smilansky & Smilansky, 1967). 영재교육에 대한 바른 이해와 교육의 필요성을 알리는 부모교육이 함께 병행할 때 다문화 영재교육의 효과성이 높아진다.

참고문헌

강금화, 황보명(2010). 5세 다문화가정 아동과 일반가정 아동의 언어 읽기, 음운인식능력에 관한 연구. **언어치료연구**, 19(1), 143-158.

강지현, 여태철, 김재철, 김지현, 임진영(2013). 다문화가정 아동과 일반가정 아동의 사회성 비교: 역량과 문제행동을 중심으로 한 잠재평균분석. **교육문화연구**, 19(2), 31-62.

고홍월, 황매향(2012). 심리적 외상 경험 다문화가정 아동과 일반가정 아동이 인식하는 대인관계 특성 비교. **초등상담연구**, 11(2), 279-298.

교육부(2013). 제2차 영재교육진흥종합계획.

교육부(2016). 2016 특수교육 연차보고서.

국립특수교육원(2008). **장애 영유아 선별 및 진단 · 평가 지침서 개발 I**. 안산: 국립특수교육원.

구효진, 박경란, 최진선(2009). 농어촌 다문화가정 유아와 일반가정 유아의 언어 및 정서, 사회성 발달 연구, **특수교육학연구**, 44(3), 355-374.

권민석, 신재한(2009). 가족 내 사회적 자본이 학생의 창의적 성향에 미치는 영향. **아동교육**,

18(2), 49-64.
권회연, 이미숙, 전병운(2010). 다문화가정 아동의 언어발달에 관한 연구 문헌 분석. 지체중복건강장애연구, 53(4), 283-306.
김근영, 곽금주, 배소영(2009). 다문화가정 연구개관과 향후 방향성. 한국심리학회지: 일반 28(3), 571-597.
김동일, 고혜정, 박유정, 최나리(2013). 다양한 문화 · 언어적 배경을 지닌 장애위험 아동을 위한 교육적 지원 방향 및 교사 역할 탐색: 중재반응(Response to Intervention)체제를 중심으로. 특수교육재활과학연구, 52(1), 317-335.
김동일, 이대식, 신종호(2009). 학습장애아동의 이해와 교육. 서울: 학지사.
김미숙, 김유경, 김안나, 김효진, 성수미(2011). 다문화가족 아동의 사회적응실태 및 아동복지서비스 지원방안 연구. 한국보건사회연구원.
김미숙, 이미경, 강병직, 김영아, 김인순, 박지은, 서예원, 유경재, 이희현, 전경남(2010). 한국의 영재교육: 영재교육 현황과 국가표준 정립. CRM 2010-109. 서울: 한국교육개발원
김민경, 김경은(2009). 국제결혼가정 어머니의 사회적지지, 자아존중감 및 양육태도와 유아의 사회적 능력 간의 관계. 아동학회지, 30(5), 119-135.
김순규(2011). 다문화가정 자녀의 심리사회적 적응. 청소년학연구, 18(3), 247-272.
김승경(2013). 다문화청소년 종단조사 및 정책방안 연구 I : 다문화청소년의 학교생활 적응에 관한 연구. 한국청소년개발원.
김자경(2013). 지역아동센터 내 장애 위험아동 및 청소년의 인지학업, 적응행동 및 정서행동 특성. 지체 · 중복 · 건강장애연구, 56(1), 43-64.
김진호, 차재경(2015). 장애 위험아동에 대한 국내연구 고찰. 정서 · 행동장애연구, 31(3), 127-151.
김영신, 신철균, 김현진(2012). 다문화가정 학생의 학교적응에 관한 연구. 경기도 초등학생을 중심으로. 초등교육연구, 25(2), 161-185.
김영희(2015). 다문화가정 영유아 발달지원 경험에 관한 질적 사례연구. 동신대학교 대학원 박사학위논문.
김혜영, 전은주(2010). 중등 다문화 학습자의 국어과 교수-학습 양상 분석. 국어교육학연구, 38, 5-31.
김현옥, 김경호 (2011).아동방임에 영향을 미치는 가족요인에 대한 사회적 자본의 조절 효과 연구. 한국영유아보육학, 67, 219-243.
김화수, 이은경(2010). 취학전 다문화가정 아동의 언어발달 특성. 특수교육저널: 이론과 실천. 11(3). 209-226.

류현주, 김향희, 김화수, 신지철(2008). 다문화가정 아동의 조음능력 및 음운변동 특성. 음성과학, 15(3), 133-144.

문혁준, 김경은, 서소정, 성미영, 안선희, 임정하, 하지영, 황혜정(2014). 유아발달. 서울: 창지사.

민성혜, 김경은, 김리진(2011). 유아기 자녀를 둔 다문화가족 부모자녀관계 증진을 위한 부모교육프로그램 개발 및 효과성 연구. 아동학회지, 32(1). 31-49.

박경자, 김송이(2007). 농촌지역 국제결혼가정 유아의 사회 정서 발달. 한국아동학회지, 28(5), 91-108.

박민정, 이병인(2010). 다문화가정 유아의 교육기관 적응과정과 상호작용 행동유형에 관한 근거 이론적 접근. 특수교육학 연구, 45(1), 129-151.

박상희(2006). 다문화가정 아동의 언어능력. 제14회 한국언어치료학회 학술발표대회 논문집, 대구: 한국언어치료학회. 343-348.

박상희(2009). 다문화가정 아동의 조음산출에 관한 종단적 연구. 언어치료연구, 18(1), 89-97.

박소현, 정명심(2012). 다문화가정 아동의 언어치료에 대한 질적 연구. 언어청각장애연구, 17(1), 47-65.

박주희, 남지숙(2010). 다문화아동의 언어발달과 심리사회적 적응. 한국청소년연구, 21(2), 129-152.

박혜성, 박현숙(2014). 국내 특수교육학술지에 나타난 다문화 관련 연구의 동향. 특수교육저널: 이론과 실천, 15(3), 339-374.

방혜경(2014). 소집단 부모교육에 참여한 베트남 이민자가정 아버지들의 영유아기 자녀양육 어려움 및 변화과정. 성신여자대학교 대학원 박사학위논문.

배소영, 김미배(2010). 초등 저학년 다문화가정 아동의 읽기와 언어. 언어청각장애연구, 15(2), 146-156.

서문희, 양미선, 조혜주, 정은미(2011). 다문화가족 자녀 양육 및 지원 실태와 요구. 육아정책연구소.

서은경(2013). 다문화가정 부부갈등과 자녀 사회적응 관계: 사회적 지지와 자아탄력성. 단국대학교 대학원 박사학위논문.

서정희(2009). 집단미술치료가 국제결혼가정 자녀의 자아존중감과 사회성 향상에 미치는 효과. 배재대학교 행정심리대학원 석사학위논문.

송미경, 최윤희(2013). 특수아 상담. 서울: 시그마프레스.

안우환(2007). 교육소외 계층의 교육격차 극복을 위한 교육복지 정책의 발전방안 모색. 교육학논총, 28(1), 67-84.

안성우, 신영주(2008). 저소득층 일반아동과 다문화가정 아동의 음운인식능력 비교 연구. 언어치료연구, 17(4), 81-94.

양성오, 황보명(2009). 취학 전 다문화가정 아동과 일반가정 아동의 음운인식능력 비교연구. 언어치료연구, 18(1), 37-56.

양심영, 박수경, 김미숙(2013). 다문화가정 아동의 이중문화특성 및 사회적 자본이 심리적 적응에 미치는 영향. 한국콘텐츠학회논문지, 13(6), 270-282.

오성배(2007). 국제결혼가정의 교육환경과 문제. 교육비평, 22, 86-213.

오소정, 김영태, 김영란(2009). 서울 및 경기지역 다문화가정 아동의 언어특성과 관련변인에 대한 기초 연구. 특수교육, 8(1), 137-161.

원인숙(2012). 국제결혼가정 자녀의 이중 언어 프로그램이 자아존중감과 부모 자녀관계에 미치는 효과. 한국유아교육 · 보육행정 연구, 16(1), 24-35.

윤은영(2015). 다문화가정 아동의 부모—자녀관계가 문화적응에 미치는 영향: 영적안녕감과 자아탄력성의 매개효과를 중심으로. 숙명여자대학교 대학원 박사학위논문.

윤준채(2014). 다문화가정 아동의 쓰기 태도 발달 연구. 학습자중심교과교육연구, 14(3), 233-246.

이명숙(2011). 유아기 자녀를 둔 다문화가족 부모역량강화 프로그램 구안. 한국가족복지학, 15(3), 209-224.

이민경, 김경근(2009). 이주 근로자가정 청소년들의 전응전략, 한국교육사회학회, 19(2), 107-132.

이소연, 민병곤, 안현기(2010). 초등학교 1, 2학년 다문화가정 학생의 읽기 기초학력 검사 결과 및 문항 분석. 독서연구, 23, 257-286.

이소현(2003). 유아특수교육. 서울: 학지사.

이소현, 박은혜(2011). 특수아동교육. 서울: 학지사.

이소현, 최진희, 조윤경, 부인앵, 이소영(2007). 장애 영유아 진단 · 평가 기준 및 무상교육 지원 방안 개발. 교육인적자원부 정책연구 과제.

이수정, 신지철, 김향희, 김화수(2008). 다문화가정 아동의 표현어휘능력 연구: K-BNT-C를 중심으로. 언어치료연구, 17(3), 95-115.

이숙재, 김경란, 이방실, 강보라(2016). 영유아 발달과 교육. 서울: 창지사.

이신동, 김진호, 이상희, 이경숙, 이연우, 성영화, 차재경(2016). 다문화아동교육론. 경기: 양서원.

이신동, 이경숙(2015). 외국의 소외계층 학생을 위한 영재교육 프로그램 비교: 미국, 영국, 독일, 호주, 이스라엘 사례중심으로. 영재교육연구, 25(3), 439-463.

이윤호(2009). 다문화가정 아동의 학교적응을 높이는 애착, 자아존중감, 사회적 지지의 영향에 관한 연구: 일반가정 아동과의 비교를 중심으로. 고려대학교 대학원 석사학위논문.

이은경(2013). 다문화가정 어머니의 부모역량강화 프로그램 개발 및 적용. 중앙대학교 대학원 박사학위논문.

이재영, 공태명(2010). 가정, 학교, 지역사회 사회자본과 청소년 일탈행동. **사회과학연구**, 17(3), 61-82.

이효인(2012). 한국어교육: 다문화가정 아동의 언어능력 연구—초등학교 1, 2, 3학년을 중심으로. **새국어교육**, 92, 471-494.

장명림, 권미경, 김혜진, 공요은(2013). **취약가족의 자녀 양육 지원 방안—다문화가족을 중심으로**. 서울: 육아정책연구소.

전경숙, 정기선, 이지혜(2007). **다문화교육 정책 방안 연구**. 경기: 경기도교육청.

전혜정, 민성혜, 최혜영, 이민영(2009). **다문화가정 영유아 사회 정서발달 증진프로그램 개발**. 보건복지가족부.

정순연(2008). 다문화 가정 어머니의 한국어 능력과 유아 언어능력과의 관계. 한국교원대학교 대학원 석사학위 청구논문.

정은희(2004). 농촌지역 국제결혼 가정 아동의 언어발달과 언어환경. **언어치료연구**, 13(3), 33-52.

정은희, 김태강, 박윤(2012). 다문화가정 아동의 언어발달 특성과 진단 · 평가에 대한 문헌 고찰. **특수아동교육연구**, 14(3), 113-141.

조미영, 배지희(2011). 다문화가정 어머니들의 영유아기 자녀양육 지원을 위한 멘토링 과정 탐색. **유아교육연구**. 31(6). 427-453.

조수진, 윤희원, 진대연(2008). 다문화가정 자녀를 위한 '학습한국어' 교재 개발의 방향. **이중 언어학회**, 37, 235-264.

조유리, 강현아(2011).아동빈곤이 가정 내 사회적 자본과 문화적 자본을 통해 학교적응에 미치는 영향. **아동과 권리**, 15(3), 369-390.

조영달(2006). **다문화가정 교육지원을 위한 자료 개발 연구**. 서울: 교육인적자원부.

조윤경, 김수진(2014). **유아교사를 위한 특수아동의 이해**. 경기: 공동체.

조혜영, 서덕희, 권순희(2008). 다문화가정 자녀의 학업수행에 관한 문화기술적연구. **한국교육사회학회**, 18(2), 105-134.

최윤경, 양미선, 도남희, 박혜원, 이진숙, 정윤경, 이보람(2011). **다문화가족 영유아 발달 실태 및 맞춤형 지원 방안**. 서울: 육아정책연구소.

한경님(2013). 다문화가정 유아기 부모역할 프로그램 개발. **한국아동복지학**, 43, 1-31

한국교육개발원(2015). 2014년 영재교육통계연보.

한정애(2009). 다문화가정 초등학생의 학교적응과정 분석. 경성대학교 대학원 박사학위논문.

황매향, 하혜숙, 강지현, 여태철(2014). 다문화가정 아동의 사회성 발달. **초등상담연구**, 13(1), 71-96.

황상심(2009). 다문화가정아동의 5세 전 후 집단 간 언어발달특성 비교 연구. **특수교육저널: 이론**

과 실천, 10(3), 265-281.

황상심, 정옥란(2008). 농촌지역 다문화가정아동들의 언어특성관련 상관 연구. **언어치료연구**, 17(1), 81-102.

현정환(2010). 다문화가정 유아 보육의 지원 전략 수립을 위한 기초적 연구. **아동학회**, 31(1) 235-248.

Cartledge, G., Gardner, R., & Ford, D. Y. (2012). *Diverse learners with exceptionalities: Culturally responsive teaching in the inclusive classroom*. 김동일 역. **다문화특수교육: 다문화 사회의 장애 · 영재학생의 통합교육**. 서울: 학지사.

Department for Children, Schools and Families (2008). *Identifying gifted and talented learners-gettingstarted*. Nottinham: DCSFP Publication.

Felder, M. T., Taradash, G. D., Antoine, E., Ricci, M. C., Stemple, M., & Byamugisha, M. (2015). Diversity in gifted education. Waco, TX: PRUFROCK

Ford, D. Y. (1996). The underrepresentation of minority students in gifted education problems and promises in recruitment and retention. *The Journal of Special Education, 32*(1), 4-14.

Ford, D. Y. (2011). *Multiculutral gifted education*(2/E). Waco, TX: Prufrock Press. Frasier, M., Hunsaker, S., Lee, J., Mitchell, S., Cramond, B., Krisel, S. (1995). Core attributes of giftedness: A foundation for recognizing the gifted potential of economically disadvantaged students (RM95210). Storrs, CT: University of Connecticut, The National Research Center of the Gifted and Talented.

Granthan, T. C. (2004). Multicultural mentoring to increase black male representation in gifted programs. *Gifted Child Quarterly, 48*(3), 232-245.

Hallahan, D. P., Lioyd, J. W., Kauffman, J. M., Weiss, M. P., & Martin, E, A. (2007). *Welcome to the Companion Website for Learning Disabilities: Foundations, Characteristics, and Effective Teaching*. 박현숙, 신현기, 정대영, 정해진 공역(2007). **학습장애(제3판)**. 서울: 시그마프레스.

Heward, W. L. (2012). *Exceptional children: An introduction to special education*(10th ed.). 김진호, 박재국, 방명애, 안성우, 유은정, 윤치연, 이효신 공역(2013). **최신 특수교육(제10판)**. 서울: 시그마프레스.

Hooper, S. T., & Umansky, W. (2009). Young Children with Special Needs. 노진아, 김연하, 김정민 공역(2011). **영유아 특수교육**. 서울: 학지사.

Marland, S. P. J. (1971). *Education of the gifted and talented Vol I: Report to the confress of the United States by the U.S. Commissioner of Education*.

Manning, S. (2005). Young leaders: Growing through mentoring. *Gifted Child Today, 28*(1), 14-19.

Miller, R., & Gentry, M. (2010). Developing talents among high-potential students from low income families in an out of school enrichment program. *Journal of Advanced Academics, 21*(4), 594-627.

Olszewski-Kubilius, P. (2010). Working with academically gifted students in urban settings: issues and lessons learned. In J. L. VanTassel-Baska(Eds.), Patterns and profiles of promising learners from poverty(pp. 85-106). Waco, TX: PRUFROCK

Renzulli, J. S. (1978). What makes giftedness? Reexamining a definition. *Phi Delta Kappan, 60*, 180-184.

Schiever, S. W., & Maker, C. J. (1991). Enrichemnt and acceleration: An overview and new directions. In N. Colangelo & G. A. Davis(Eds.), *Handbook of gifted education*(pp. 99-110). Boston, MA: Allyn and Bacon.

Smilansky, M., & Smilansky, S. (1967). Intellectual advancement of culturally deisadvantaged children: An Israel approach for research and action. *International Review of Education, 13*(4), 410-431.

VanTassel-Baska, J. (2003). Content-based curriculum for high ability learners: An introduction. In J. VanTassel-Baska & C. A. Little(Eds.), *Content-based curriculum for high ability learners* (pp. 1-24). Waco, TX: Prufrock Press.

제2부

다문화 교사교육의 이론과 실제

제 3 장

다문화 교사교육

우리는 어린이집이나 유치원 등의 교육현장에서 쉽게 다문화가정의 유아를 만날 수 있는 다문화사회에 살고 있다. 한국사회는 2000년 이후 세계화, 산업화와 더불어 국제결혼이민자와 노동 이민자의 수가 증가하였고, 2006년 정부의 '다문화주의' 선언 이후 다문화사회에 돌입하고 있다(이상희, 이영, 2016). 이러한 다문화 사회의 교육을 담당하고 있는 교사의 생각이나 태도는 유아의 발달에 지대한 영향을 미치는 것으로 알려졌는데, 박성연(2001)은 교사의 태도가 유아의 다문화에 대한 태도 및 전인 발달에 영향을 미치는 중요한 요소로 작용한다고 하였다. 다문화교육의 성패는 교사에게 달려 있다고 언급할 정도로 다문화교육에서 교사의 역할은 중요하다. 본 장에서는 현장에서 교육을 실천하고 있는 교사와 관련하여 다문화 교사교육과 관련된 이론들을 살펴보고자 한다.

1. 다문화 교사교육의 개념

구체적인 다문화 교사교육의 이론적 접근을 하기에 앞서 다문화 교사교육에 대한 개념을 먼저 알아보고자 하며, 그동안 이루어진 선행연구들에 근거하여 다문화 교사교육과 관련된 이론들을 살펴보고자 한다.

1) 다문화 교사교육의 개념

다문화 교사교육(multicultural teacher education)의 개념에 대한 정의는 학자에 따라 다양하게 이루어질 수 있지만, 일반적으로 다문화 교사교육은 다문화교육을 담당하고 있는 교육자에 대한 다문화교육을 의미한다. 여러 학자의 다문화 교사교육의 개념 정의는 다음과 같다.

먼저, Guyton과 Wesche(2005)는 다문화 교사교육을 다문화의 목표에 헌신하며, 이를 실천할 수 있는 능력을 갖춘 교사를 육성하려는 노력이라고 정의한 바 있으며, 장원순(2009)은 교사가 학습자에게 한국사회의 문화현실을 바르게 인식하고 삶을 영위하는 데 필요한 다문화적 능력을 길러 줄 수 있는 다문화 교수능력을 갖도록 하는 것이라고 정의하였다. 또한 전희옥(2011)은 다문화 교사교육이 교사가 다문화 학생들을 지도하는 데 필요한 성품을 가지고, 다문화 학습자에 대한 지식을 가지며, 문화호응적인 수업을 계획하고 실행하는 교사를 의미한다고 하였다.

이러한 몇몇 학자들의 다문화 교사교육에 대한 정의에 근거하면, 다문화 교사교육은 현장에서 다문화교육을 실천하고 있는 교사가 아동에게 보다 효과적인 다문화교육을 위해 교사 스스로 다문화적 교수능력의 자격을 갖추는 노력을 하는 것이라고 볼 수 있다.

예비교사들 및 현장의 교사들은 다문화교육을 하는 데 있어서, 늘 다양성에 대한 충분한 지식을 갖추도록 해야 하며, 모든 학습자들이 교육적 요구를 표현할 수 있도록 하고, 수시로 교사 자신의 다문화에 대한 인식이나 태도, 신념 등을 점검하고 필요한 능력을 신장시키는 노력을 해야 하는데, 이를 위해서는 교사교육이 필요하다.

한편, 일부 학자들은 다문화교육을 하는 교사들이 고려해야 할 내용들을 제시하였다. 이와 관련하여 Banks(1994)는 다문화교육을 하는 교사들은, 첫째, 타문화에 대한 고정관념을 탈피해야 하며, 둘째, 타문화의 역사와 문화를 이해해야 하고, 셋째, 공평한 학업성취의 기회를 제공해야 한다고 하였다. 또한 Cochran-Smith(2003)는 교사가 다문화교육을 할 때 다양성의 확대와 보존, 사회정의, 학생지도를 위한 지식, 태도,

신념, 교사학습 등을 고려해야 한다고 하였으며, 한경진(2011)은 교사가 학생들의 동화와 학생들의 문화적 차이의 인정 및 수용, 그리고 사회 정의를 고려해야 한다고 하였다.

한편, Pang(2005)은 실제 교육현장에서 다문화수업을 하는 교사들의 신념과 실천에 따라 네 가지 유형의 교사로 구분하기도 하였다(차경수, 모경환, 2008). 첫째, 동화주의적(assimilationist) 교사는 교사가 주류사회의 동화를 강조하여 학생들이 출신 가정의 언어와 문화 대신 주류사회의 문화를 습득하도록 하며, 학교의 지식은 보편적인 진리이므로 학생들이 반드시 인식할 수 있도록 지식 전수를 도모하고, 기존의 체계에 순응하도록 한다. 둘째, 인간관계(human relation)를 강조하는 교사는 다양한 학생들이 편견을 극복하고, 서로 협력할 수 있는 기회를 많이 제공하여, 모든 학생들이 서로 존중하도록 하며, 이를 위해 다른 나라의 음식 같은 문화적 경험의 기회를 제공할 수 있는 프로그램을 계획한다. 셋째, 사회적 행동(social action)을 강조하는 교사는 기존사회에 대해 부정적인 인식을 가지고 있으며, 학교를 현상 유지의 도구로 인식한다. 학생들에게 비판적 사고를 유도하며, 사회 안에서 자신의 권리를 제대로 주장하지 못하는 노동자 계층이나 유색 인종의 불평등과 권리 등을 다루며 사회적 불평등에 도전하고자 한다. 넷째, 배려중심(caring-centered) 교사는 학생들이 상호 존중하고 배려하는 분위기를 조성하고, 정의와 자유에 기초한 다문화 사회건설을 목적으로 한다. Pang은 또한 네 가지 교사의 유형을 구분하여, 동화주의적 교사와 인간관계를 강조하는 교사를 현상유지 관점을 가진 교사로 보았으며, 사회적 행동을 강조하는 교사와 배려중심교사만을 진정한 다문화교육의 실천 교사로 보았다.

다문화 교사교육의 개념들에 대한 접근들을 통해, 다문화교육을 담당하고 있는 다문화 교사는 문화의 다양성을 이해하여 다른 문화에 대한 오해와 편견을 최대한 배제하여 아동에게 공평한 학업성취의 기회를 제공해야 한다. 또한, 교사 자신도 다문화사회의 다양한 교육을 위해 적응방법 등을 배우고, 학생을 객관적으로 바라볼 수 있는 신념과 태도변화를 갖출 수 있도록 해야 하며, 이를 위해서 교사뿐만 아니라 학교나 가정 및 지역사회도 서로 노력하여 상호 존중할 수 있는 풍토를 조성할 수 있도록 해야 한다.

2) 다문화 교사교육 프로그램들

최근 다문화 교사교육에 대한 관심과 연구들이 증가하면서 다문화 교사교육과 관련된 프로그램들도 많이 언급되고 있는데, 몇몇 학자들에 의해 소개되어진 다문화교사교육 프로그램들에 대해서 알아보고자 한다.

먼저, Clark 등(1996)은 다문화교육을 위한 교사교육 프로그램을 4단계로 제시하였는데, 이러한 프로그램은 교사교육의 전형으로 언급되어지기도 한다. Clark의 4단계 프로그램에서 1단계는 인종 · 문화 · 정체성의 발달 단계로, 예비교사나 교사가 자신의 인종적 문화적 정체성을 자각하고 자신의 사회화를 돌아보는 반성단계를 의미한다. 2단계는 문화적 지식습득 단계로, 다문화교육의 목표나, 이론, 관점에 대한 지식과 학습자의 인종, 민족 집단에 대한 지식을 습득하는 단계라고 볼 수 있다. 3단계는 다문화적 교수 · 학습 기능습득 단계로, 학습자의 문화적 배경에 적합한 교수 · 학습 전략을 세울 수 있는 기능을 습득하는 단계이며, 마지막 4단계는 다문화적 상황의 적응단계로 자신이 배운 내용을 학습자에게 적용하는 전략 선택의 단계이다(장인실, 차경희, 2012).

모경환(2009)은 다문화 교사교육의 단계를 5단계로 구분하였으며, 1단계를 교사 자신의 문화적 정체성 확립과 다문화적 인식을 향상하는 단계라고 하였으며, 2단계는 사회의 문화적 다양성과 학습자의 다양한 배경에 대한 지식을 습득하는 단계, 3단계는 다문화적 수업의 실행능력과 학습 자료를 개발하는 능력의 단계이며, 4단계는 소수집단의 학생 배려와 다문화적 문제 상황을 해결하는 능력의 단계로, 마지막 5단계는 다문화 학교와 학급환경에서의 현장실습 경험의 단계로 정의한 바 있다.

또한 장인실(2008)은 기존의 다문화 교사교육 프로그램의 단계를 보다 세분화하여 6단계를 제시하였으며 그 내용은 다음과 같다. 1단계는 인종, 민족, 문화, 성별에 대한 지식을 습득하는 단계이며, 2단계는 지구 상황과 세계적 역학관계를 인식하는 단계, 3단계는 자아와 민족 정체성을 확립하는 단계이다. 또한 4단계는 차별과 편견 없는 태도를 형성하는 단계이고, 5단계는 교육과정 개혁을 위한 다문화적 능력을 배양하는 단계이며, 6단계는 사회정의를 향한 행동기술을 습득하는 단계라고 하였다. 또한 이러한 다문화 교사교육의 단계에서, 1 · 2단계를 지식습득의 단계라고 하였으며, 3 · 4단계는 태도 발전의 단계로, 5 · 6단계는 실행 개입 단계로 구분하여 언급하였다.

2. 다문화 교사교육의 필요성

성공적인 다문화교육을 위해서 교사교육은 절대적으로 필요하며, 다문화교육을 실천하는 데 필요한 학습 자료나 물리적 환경 등의 여건이 열악한 우리나라의 경우에 교사의 역할은 더욱 강조되어질 수 있다.

다문화교육에 있어서 교사는 중요한 역할을 담당하고 있으며, 실제로 학습자들에게 많은 영향을 미치고 있다는 것은 이미 선행연구들을 통해 입증된 바 있다(Derman-Sparks, 1989; Seefeldt, 2005).

교사의 다문화에 대한 인식이나 태도, 신념 등은 유아에게 많은 영향을 주는 것으로 알려져 있는데 Turker 등(2002)은 교사의 적극적인 참여와 다문화 관련 인식이 흑인 아동들의 적극적인 학습 참여에 직접적인 영향을 미친다고 하였으며, 특히 부모의 소득이 낮고, 다문화 배경을 가진 유아들에게 더 큰 영향을 미친다고 하였다.

또한 교사의 태도와 관련하여, 교사가 다문화가정 유아에게 부정적인 태도를 보이면, 유아들도 다문화가정 유아에 대하여 편견이나 고정관념을 형성하는 것으로 나타났으며, 이는 다문화가정 유아들의 낮은 성취나 소외 등으로 이어졌다. 그러나 교사가 수용적 태도를 보이면 유아들은 다름을 이해하고 수용하는 방식에 긍정적인 영향을 받는 것으로 나타났다(Derman-Sparks, 1989; Seefeldt, 2005).

선행 연구결과들에 근거하여, 다문화교육을 하는 교사가 가진 인식, 태도, 신념 등은 유아에게 많은 영향을 미치므로, 현장에서 유아를 지도하는 교사에게 교사교육이 필요하다. 또한 효과적인 다문화교육을 위해 교사는 자신을 수시로 점검하고, 절절한 지도를 위해 다문화교육 실행에 필요한 다문화적 역량을 갖추는 노력을 해야만 한다. 교사가 다문화교육과정을 실행하는 데 있어 다문화교육에 대한 지식이 부족하거나, 다양한 민족 · 언어 · 문화 집단에 대해서 긍정적인 태도를 지니지 못하면 다문화교육의 실행이 어려우므로 교사에게 다문화교육은 필요하다. 적절한 다문화교육을 위해 예비교사들에게는 학습자들의 다양한 배경과 문화적 차이에 효과적으로 대처할 수 있도록 교육해야 하고, 현직 교사들은 학습자가 가지고 있는 다양한 배경과 문화적 차이를 인식하고 존중하며, 다양성으로 인해 교육과정에서 발생하는 문제에 적절하게 대처하여, 다양한 학생들과 함께 더불어 공존할 수 있도록 지도해야 한다.

또한 교사의 자질과 능력은 후천적 교육을 통해서 많은 부분의 변화가 가능하므로 교사교육이 필요하며, 이에 최근 시 · 도 교육청의 다문화교육 사업에도 교사교육 영역이 신설되고, 교사연수도 많이 이루어지고 있다.

한편, 김혜숙(2014)은 다문화 교사교육의 필요성을 다음과 같이 제시하였다. 첫째, 다문화교육의 핵심적 역할을 수행하는 교사는 다문화에 대한 지식과 태도를 습득해야 하기 때문에 다문화 교사교육이 필요하다. 이는 교사 스스로가 다문화교육에 대한 중요성과 필요성을 인식하고 다문화교육에 대한 준비의 필요성을 느끼면서, 다문화교육에 대한 관심을 갖고 이해를 했을 때 유아들에게 적절하고 효과적인 다문화교육을 제공할 수 있기 때문이다. 둘째, 교사는 자신의 다문화적 태도를 지속적으로 점검하고 개선해야 하므로 다문화 교사교육이 필요하다. 교사는 자신의 편견이나 고정관념에서 벗어나 조금 더 다양하고 개방적인 사고를 할 수 있도록 편견에 대해 비판적 사고를 갖도록 하고, 문화를 다양한 시각으로 보는 방법을 배워야 한다. 나아가 교사는 유아들의 편견과 고정관념을 파악하고 시정하도록 노력해야 하는데, 이는 지속적인 교사교육을 통해 함양될 수 있다. 셋째, 교사는 각 유아의 발달과 교실 상황에 적합한 교육방법을 모색해야 하는데, 최근 유아교육현장에서는 다문화가정 유아의 재원율이 점차 높아지고 있으며, 통합교육의 요구가 꾸준히 증가하므로 새로운 교육방법이 요구되는 것이 현실이다. 이러한 상황에서 교사는 교사교육을 통해 기존의 교육과정에 자연스럽게 통합할 수 있는 교육방법을 찾아볼 수 있으며 이를 적용해 보고 평가해 보는 과정이 요구된다. 넷째, 교사는 다문화교육과정의 구성과 실행에 있어서, 유아의 발달 단계를 고려하여 교육 내용 및 교수 학습 자료를 선정하고 교수 전략을 선택하며, 교실 문화 및 환경을 조성해야 한다. 그리고 교사교육은 유아 간의 관계 조정, 교사와 유아, 그리고 학부모와의 관계 형성 등과 관련된 역할을 수반해야 하고, 구체적인 교육을 제시하는 데 도움이 될 수 있으므로 교사교육이 필요하다.

3. 다문화 교사교육의 목표와 내용

1) 다문화 교사교육의 목표

다문화 교사교육의 목표는 학자에 따라 다양하게 언급될 수 있으나, 가장 많이 언급되는 교사교육의 목표들을 알아보고자 한다. 먼저, 나장함(2011)은 다문화 교사교육의 목표를 다문화적 지식, 다문화적 민감성, 다문화적 교수능력, 다문화적 교수 효능감, 다문화적 감각 등으로 제시하였다. 또한 장원순(2009)은 한국 다문화교사교육의 목표를 학습자가 다문화 교수능력을 갖추도록 하는 데 있다고 하였으며, 이러한 다문화적 교수능력에는 한국사회의 문화적 특성과 제 문제 이해, 다문화교육과정의 구성, 다문화 교수학습능력, 민주시민의 자질 육성 등으로 구분할 수 있다고 하였다. Gay(2000)는 다양성의 이해와 수용, 평등과 사회정의 실현을 교사교육의 목표라고 하였다. 모경환(2009)은 다문화 교사교육의 목표를 문화적으로 다양한 학생들을 가르칠 수 있도록 교사를 준비시키는 것이라고 하였으며, 이를 위해 교사 자신의 다문화적 태도를 고양시키고, 다문화적 학급을 가르칠 수 있는 역량을 강화시켜야 하며, 교사교육 프로그램에서 소수 학생들에 대한 교사의 기대수준을 높이고 이러한 학생들의 문화적 경험을 더 잘 이해할 수 있도록 해야 한다고 하였다. 또한 구정화, 박윤경, 설규주(2010)는 자신의 문화 공동체 및 국가 시민 문화 모두에 애착심을 가질 수 있는 시민의 권리와 필요를 인정하고 정당화할 수 있는 다문화적 시민성을 갖추는 것을 목표로 언급하였다.

한편, 성영화와 임명희(2010)는 예비 교사들의 다문화 교사교육의 목표를 교사 자신의 문화에 대한 이해를 바탕으로, 유아와 가족을 포함한 다양한 문화적 배경을 지닌 구성원에 대한 지식을 갖추고, 신뢰감과 자신감을 바탕으로 긍정적인 태도를 지니며, 그들과 효율적으로 상호작용할 수 있는 기술을 갖추도록 하는 데 있다고 하였다.

여러 학자들의 다문화 교사교육의 목표를 살펴본 결과, 다문화 교사교육의 목표는 교육의 현장에서 아동에게 다문화교육을 실시하는 교사 자신에 대한 명확한 이해를 전제로 하여 다문화교육환경에서 긍정적인 태도를 형성하고, 보다 아동을 잘 이해하여 효과적으로 지도하고자 하는 내용을 포함하고 있다.

2) 다문화 교사교육의 내용

다문화 교사교육의 내용은 학자에 따라 그 내용이 상이한데, 한석실(2007)은 다문화 교사교육의 내용으로 자기성찰과 문화적 민감성의 고양을 언급하면서, 교사가 편견에 대해 성찰능력을 가져야하고, 적절한 다문화 교수전략과 교수매체 등을 활용하는 것을 내용으로 언급하였다. 김천기, 노상우, 박휴용, 이정애, 임은미(2013)는 예비교사들이 배워야 할 다문화교육의 내용을 다음과 같이 일곱 가지로 언급하였다. 첫째, 교실에서 다문화적이고 다인종적인 관점을 수용하여 다양성을 존중하는 수업을 구성하는 능력을 언급하였다. 둘째, 다양한 사회와 문화에 대한 역사적 안목과 세계 국가 간의 갈등과 분쟁의 원인 등에 대해서 이해할 수 있는 사회정치적 철학과 인식이 필요하다. 셋째, 여러 나라의 문학작품들에 대해 남녀, 인종, 민족에 따른 차이 없이 고루 섭렵하고, 이를 언어 교과에 활용할 수 있는 능력이 있어야 한다. 넷째, 인간과 문화적 다양성에 대한 통찰을 통해 사회적, 인종적, 문화적, 종교적, 언어적 다양성들을 이해하고 평가할 수 있는 수업을 개발하는 것이 필요하다. 다섯째, 수학이나 과학 교과에 기여한 수많은 사람들에 대한 지식을 통해 다문화적인 접근으로 수행할 수 있는 능력이 있어야 한다. 여섯째, 인류학이나 사회학 과목에서 인간의 사회적 구조 등에 대해 간문화적인 이해를 구성할 수 있는 능력이 있어야 한다. 일곱째, 외국에 대한 학습 경험과 지식을 통해 언어에 대한 대조 언어학적 지식과 언어와 정체성, 언어와 사고, 언어와 문화의 관계 등에 대한 폭넓은 이해와 통찰력이 교사교육의 내용이 되어야 한다고 하였다.

또한 장원순(2009)은 다문화 교사교육의 내용으로 다문화적 교수능력을 언급하였으며, 이를 위해 한국사회의 문화를 이해하고, 다문화교육과정을 구성하고 실천할 수 있는 능력을 언급하였다.

성영화, 임명희(2010)는 교사 자신의 문화적 특성을 이해하고 이를 토대로 유아와 함께 다양한 이해를 하는 것을 교사교육의 내용으로 하였으며, 교사가 가진 편견을 인식하고 부모교육을 실시하는 것도 내용에 포함하였다.

Chisholm(1994)은 다문화교사를 양성하기 위한 교사교육내용을 다음과 같이 언급하였으며, 전체 교사교육의 내용 중 유아나 아동기와 관련된 내용만을 제시하고자 한다. 첫째, 다문화교육을 하는 교사들이 다문화교육의 철학이나 필요성에 대한 본질이나 목표 등을 분명하게 소개할 필요가 있다고 하였다. 둘째, 문화적 요인이 사고, 가치, 개인적 편견에 어떤 영향을 미치는지 회고할 수 있는 기회를 제공해야 하고, 셋째, 다양한 문화적 배경을 가진 사람과 함께하는 경험을 제공할 필요가 있다. 넷째, 다문화교육현장에서 성차, 인종, 가족, 언어 등의 이슈를 다루어야 하고, 다섯째, 아동의 가족이나 가치에 대한 문화적 점검을 통해, 아동의 학습에 미치는 영향을 이해해야 한다. 여섯째, 문화적, 언어 등에 따른 언어적, 비언어적 의사소통의 방법을 배울 필요가 있으며, 교수 자료에 제시되어 있는 나이, 성별, 인종, 언어 등 편견의 요소를 발견하는 능력이 필요하다고 하였다(김천기 외, 2013).

한편, 나장함(2011)은 다문화 교사교육의 교육과정 및 프로그램의 내용구성 체계 분석을 통해, 다양성에 대한 지식 · 이해, 다양성에 대한 인식 · 태도, 다문화적 역량 · 기술 그리고 교육방법의 네 가지 요소를 다문화 교사교육의 내용으로 언급하였다.

윤갑정과 김미정(2010)은 다문화 시대의 유아교사에게 요구되는 교사교육의 내용으로 다문화 개념 및 다문화교육의 가치에 대한 지식, 국내 다문화가정의 이주에 대한 역사적 지식, 다문화가정의 문화적 환경에 대한 지식 및 한국문화와 아동 인권에 대한 지식을 포함해야 한다고 하였다. 교사교육 프로그램은 다문화 아동에 대한 포용력과 수용적 태도, 인권에 대한 감수성, 새로운 문화를 배울 용기, 부모와 협력관계를 형성하는 태도를 기를 수 있는 기회를 제공해야 한다. 또한 유아에게 정서적 지원을 하고 부모와 협력할 수 있으며 다문화 교수 기술을 연마할 수 있는 기회가 교사들에게 제공되어야 한다고 하였다.

표 3-1 다문화 교사교육의 핵심요소 및 내용구성의 공통점

핵심요소	내용구성 공통점(유사한 용어 · 차원 중심)
다양성에 대한 지식 · 이해	다문화적 지식, 학습자의 다양한 배경 지식, 문화 다양성 이해, 문화이해
다양성에 대한 인식 · 태도	다문화적 · 문화적 정체성, 편견 인식/성찰, 차별 없는 태도, 다양성 존중
다문화적 역량 · 기술	다문화적 교수 · 문제해결 · 교수전략 · 매체 제작 · 교육과정 구성 능력
교육방법	현장 경험 · 반성적 · 문화적 · 자서전적 글쓰기

출처: 나장함(2011).

4. 다문화 교사교육을 위한 교사의 다문화 역량

다문화 교사교육을 위한 교사의 역량에서 '역량'은 보통 교사가 다문화교육현장에서 아동을 잘 지도하기 위해 요구되는 자질이나 능력을 의미하고, 다문화교육과 관련된 교사의 지식이나 태도 등이 포함될 수 있다. 교사의 다문화 역량과 관련하여, 먼저 다문화 역량의 개념을 알아보고, 다문화 역량의 구성요소와 다문화 역량의 측정에 대한 내용을 다루어 보고자 한다.

1) 다문화 역량의 개념

일반적으로 역량(competency)은 특정한 직무나 상황에서 우수한 수행을 할 수 있는 개인의 내적인 특성으로 정의할 수 있는데, 다문화 역량(multicultural competencies)은 다문화 사회에서 다른 문화에 대해 차별 없이 수용하는 열린 마음을 포함하는 개념으로, 학자에 따라 다양한 정의가 이루어지고 있다. 다문화 역량은 의학, 간호학, 교육학, 심리학 등의 분야와 경영학, 국제 관계 등의 많은 분야에서 중요한 개념으로 인식되고 있으며, 문화적 역량과, 문화적 민감성 등의 용어와 비슷하게 활용되기도 하며, 실제로 다문화 관련 연구들에서 함께 사용되고 있다.

일반적으로 다문화 역량은 문화적 역량의 개념 안에 포함되는 하위 역량이라고 할 수 있는데, 다문화 역량과 비슷하게 사용되어지는 용어 중 하나인 문화적 역량은 사회복지분야뿐만 아니라 다양한 분야에서 사용되는 용어로서, 사실 다문화의 개념은 문화적 역량(cultural competence)과 문화민감성의 개념으로 더욱 발전되었다. 문화적 역량은 상담분야에서 내담자가 가지고 있는 문화를 존중해 주고 고려하는 것을 전제로 하여, 내담자에게 적절한 서비스를 제공하기 위하여 지식이나 기술 등을 점검하는 능력으로 언급되기도 한다. 또한 문화적 역량은 개인 실천가나 서비스 조직이 서비스 이용자 개인이나 지역사회가 갖고 있는 문화적 신념, 행동과 요구 등 같은 맥락 안에서 효과적으로 기능할 수 있는 능력을 의미한다(Cross, Bazron, Dennis, & Isaacs, 1989; 조원탁 외, 2014). 이는 다문화 환경에서 살아가는 한 개인의 문화와 실제의 삶 사이에서 효과적인 서비스를 제공할 수 있는 능력이라고 할 수 있으며, 사회 안에서 소수집단이 '주류문화(dominant or mainstream culture)'와는 다른 차별성을 갖는 것에 대해 이해하고, 이러한 특성에 반응하는 능력을 의미하기도 한다(Betancourt, Green, Carillo, & Ananeh-Firempong, 2003).

Campinha-Bacote(1997)는 문화적 역량을 다양한 문화 · 민족 배경 출신의 개인이나 가족, 지역사회의 정황 안에서 효과적으로 협력하는 능력을 달성하기 위해 끊임없이 노력하는 과정으로 보았고, Cross 등(1989)은 서비스 전달체계나 기관, 전문가와 서로 합의하고, 서비스 전달체계나 기관, 전문가가 다문화 상황에서 효과적으로 서비스를 전달할 수 있게 하는 일관된 행동이나 태도, 정책이라고 정의하였다. Green(2003)은 문화적 역량의 내용이 어떤 문화의 구성원들 사이에서 적절하다고 인정한 행동, 기대치와 같은 방식으로 자신의 일을 할 수 있는 것으로 정의되어질 수 있다고 하였다.

한편, Sue(2006)는 전문가가 문화적 역량을 갖추기 위해서는 그들이 함께 일하고 있는 특정 집단에 대한 지식을 가져야 하고, 인간행동에 대한 자신의 편견에 대해 점검해야 하며, 각 집단에 맞고 문화적으로 적절한 개입전략을 사용할 수 있어야 한다고 하였다.

일반적으로 문화적 역량의 지식기반은 그 분야의 전문가들에 의해 축적되며, 각 문화가 가지고 있는 장점에 초점을 맞추어, 소수집단이 가지고 있는 문화에 대한 부정적 개념으로부터의 전환을 의미하기도 한다.

이에 반해 민성혜, 이민영, 최혜영, 전혜정(2009)은 문화적 역량을 세 가지로 정의하였는데, 첫째, 자기 자신의 문화적 세계관에 관한 인식이고, 둘째, 다양한 문화적 활동과 세계관에 관한 지식이며, 셋째, 문화 간 교류하는 기술(cross-culture skill)로 이루어진다고 하였는데, 이러한 문화적 역량의 정의는 문화적 차이의 인식과 수용, 자기인식, 문화적 차이의 역동성 이해, 개인 문화의 이해, 변화하는 문화적 욕구에 대한 기술 적용 능력으로 다차원적 특성을 가지고 있다는 것을 의미한다. 또한 이러한 정의는 문화적 역량을 문화적 다양성에 대한 인식을 가지고 적절히 의사소통하며, 실행으로 옮길 수 있는 개념으로 이해할 수 있다.

한편, 김천기 등(2013)은 문화 역량과 관련하여 문화적 역량이 높은 교사는 문화권에 따라 자녀 양육방식, 생활 양식, 의사소통 방식이 다를 수 있음을 인정하고 존중한다고 하였다. 교사가 다문화가정의 모든 문화적 특성과 가치를 잘 알 수는 없지만, 문화적 차이로 인해 발생할 수 있는 왜곡된 해석을 방지하고, 다문화가정 부모와 유아의 문화를 이해하려는 열린 태도를 가지고 있어야 하며, 다문화가정의 부모와 유아의 상황과 욕구를 이해하고 적절하게 반응할 수 있어야 한다고 하였다.

문화적 역량과 함께 다문화의 개념을 더욱 발전시킨 대표적인 용어 중 하나는 문화 민감성(cultural sensitivity)인데, 문화 민감성은 내담자가 상담을 받으면서 자신이 가지고 있는 문화가 존중받고 있다는 느낌을 받을 수 있도록 내담자의 문화와 관련된 지식과 기술 등을 인식하게 하는 것을 의미한다. 또한 한 개인이 서비스를 받는 동안 지식이 적용되는 방법을 반영해 주고, 집단 간 문화적 다양성과 유사성을 인지한 후, 문화적 다양성에 대해 옳고 그름의 가치를 부여하지 않는 것을 의미하기도 한다.

다문화 역량은 앞서 제시한 문화적 역량과 문화 민감성의 용어와 함께 많이 사용된다. 일반적으로 다문화 역량은 다문화 사회를 살고 있는 우리에게 필요한 역량으로, 다양한 문화에 대해 이해하려 노력하고 이를 통해 다문화 사회 안에서 발생할 수 있는 문제들을 해결할 수 있는 능력이라고 할 수 있으며, 다문화교육을 담당하고 있는 교사가 반드시 갖추어야 할 능력이다. 다문화 역량에 대한 개념의 이해를 위해서 학자들이 제안하는 다양한 정의를 살펴보고자 한다.

먼저, 박명희(2013)는 교사의 다문화 역량과 관련하여 실천적 능력을 강조하였으며, 다문화 사회에서 다문화구성원들을 이해하고 효율적으로 업무를 수행하며 함께 더불어 살아갈 수 있는 능력이라고 정의하였다. 또한 인종적, 민족적, 사회 계층적, 언어적 배경이 있는 다양한 학생들의 문화적 요구에 민감하고, 다문화 학생들뿐 아니라 모든 학생들의 성공적인 학습 경험을 증진시키는 기술능력이라고 하였다.

또한 다문화 역량은 교사들이 다문화적 쟁점에 대한 자신의 태도 및 신념을 지속적으로 탐구하는 상호작용의 과정이며, 특정 계층에 대한 이해를 토대로 교사의 교수내용 및 방법, 학생, 학부모와의 상호작용에 미치는 영향을 검토하는 과정이다(오유미, 2013; 이정례, 2015).

다문화 역량은 학생, 가족, 그리고 외모나 문화가 다른 교사들과 상호작용과 소통을 잘 할 수 있는 능력을 뜻하며, 민족적 정체성 발달, 민족 집단의 문화 및 편견을 감소시키는 것이 주요 특징이며, 이를 통해 다양한 문화적 배경을 지닌 사람들을 공감하고 이해하며, 그들과 서로 상호작용을 하기 위한 태도, 다문화 기술, 다문화 지식 등을 포함시키는 능력으로 정의할 수 있다(이정례, 2015).

한현후, 이병준(2011)은 다문화 역량을 문화적인 차이에 대해 이성적으로 이해하거나 공감하는 능력이라고 정의하였으며, 모경환(2009)은 다문화 교사교육을 위해 교사가 갖추어야 하는 역량과 관련하여, 다문화적 인식과 태도를 강조하였다. 또 사회의 문화적 다양성에 대한 지식과 다양한 학습자 특성에 대한 이해, 다문화교육 자료들을 개발하고 활용할 수 있는 능력과 다문화 수업을 실행할 수 있는 교수능력, 그리고 다문화교육에 대한 신념과 자신감, 다문화 학생들에 대한 관용과 배려, 다문화적 갈등 상황을 해결해 나갈 수 있는 위기관리 능력을 갖추어야 한다고 하였다.

장인실, 김경근, 모경환, 민병곤, 박성혁(2012)은 교사의 다문화 역량으로 교사의 인식과 태도, 다문화적 효능감, 교사의 지식을 언급하였는데, 교사의 인식과 태도는 교사가 다양한 문화와 인종, 민족 등에 대해 갖는 인식과 태도를 말하며, 교사는 아동에게 학습 모델이 될 수 있으므로 교사 스스로가 자신의 편견이나 고정관념을 점검하고 바로잡을 수 있어야 한다는 것이다. 다문화적 효능감은 교육의 주체자인 교사가 다문화교육환경에서 효과적으로 아동을 가르칠 수 있다는 자신감을 뜻하며, 교사가 다문화적 환경에서 학생들을 위해 바람직한 결과를 산출하는 기능과 능력을 소유하고 있다는 신념에 대한 것으로, 다문화교육을 하는 교사들에게 필요한 자질 중의 하나이다(최충옥, 모경환, 2007).

한편, Guyton과 Wesche(2005)는 다문화 교사에게 요구되는 역량으로 자신감을 언급하였는데, 이러한 자신감을 다문화적 효능감(multicultural efficacy)이라고 하기도 한다. 이러한 다문화적 효능감은 여러 문화나 인종에 대해 긍정적 태도를 형성하는 것으로, 다문화교육을 실천하는 교사에게 요구되는 능력이다. 이는 교사가 다문화교육현장에서 효과적으로 가르칠 수 있다는 자신감을 의미하며 다문화교육의 실천에 직접적으로 영향을 미치는 중요한 요인이어서, 교사가 다문화 효능감이 높으면 보다 자신감을 갖고 다문화교육 환경에 대처하여 학생들을 지도할 수 있을 것이다.

Dilworth(2004)도 다문화 교사교육을 하는 교사에게 다문화적 효능감이 중요하다고 하였는데, 교사가 학생들에게 자신감이 있을수록 다문화적 내용을 중요한 요소로 간주한다고 하였다. 그러나 다문화교육을 위한 교사의 역량으로 다문화적 효능감을 언급한 학자들이 많은데도 불구하고, 우리나라 학교 교사들의 수업 관련 효능감은 상대적으로 매우 낮게 나타나(최충옥, 모경환, 2007), 실제 교육현장에서 다문화교육의 효과성이 낮아질 가능성이 있는 것으로 나타났다.

이상의 학자들의 다문화 역량에 대한 설명을 종합해 보면, 다문화 역량은 자신이 속해 있는 문화에 대한 이해와 타문화에 대한 이해를 전제로 하여, 다문화에 대한 지식을 습득하고 다른 문화를 가진 집단을 긍정적으로 수용하는 태도이며, 다른 문화적 차이로 인해 발생될 수 있는 문제를 해결할 수 있는 의사소통의 능력을 갖추는 능력이라고 할 수 있다.

2) 다문화 역량의 구성요소

다문화 역량에 대한 이해를 위해 다문화 역량의 구성요소를 알아보고자 하며, 이러한 문화적 역량의 세분화된 범주는 다문화 역량의 행동과 범위를 이해하는 데 도움이 될 수 있다. 다문화 역량의 구성요소에 대한 학자들의 다양한 정의를 알아보고자 한다.

먼저, Lum(2005)은 교사에게 요구되는 문화적 역량을 세 가지 요소로 제시하였는데, 첫 번째 문화적 역량의 요소는 다른 사람들에 대한 장점을 학습하여 그들의 능력을 우리 생활로 통합할 수 있는가에 대한 것이며, 두 번째 역량은 개인과 지역사회에 대한 이해를 넓히는 수단이 어떠한가와 관련한 능력이며, 세 번째 역량은 조직 안의 문제를 확인할 수 있는 능력이라고 하였다.

Green(2003)은 총 다섯 가지 요소로 다문화 역량이 구성되었다고 하였다. 첫째, 개인이 가진 문화의 제한점을 인식하는 것, 둘째, 문화적 차이에 대해 개방성, 공감, 존중, 셋째, 이중-문화 상호작용을 학습기회로 보는 것, 넷째, 중재로 문화적 자원을 이용하는 능력과, 다섯째, 모든 문화의 완전성과 그 가치의 인정으로 보았다. 이는 한 개인이 어떤 문화의 구성원들 사이에서 적절하다고 인정한 행동이나 기대에 부응하는 방식으로 일을 할 수 있는 능력이라고 할 수 있다.

다문화 역량의 구성요소는 보통 다문화 인식과 다문화 지식, 다문화 스킬의 세 가지 구성요소로 언급되는 경우가 일반적이지만, 각각에 대한 설명은 학자에 따라 상이한 경우가 많다. 그러나 대부분의 연구자들은 다문화 역량의 세 가지 요소 중에서 다문화 인식을 가장 중요한 요소로 언급하는 경우가 많았다. 이러한 다문화 역량의 세 가지 구성요소들에 대한 학자들의 이론들에 대해서 알아보고자 한다.

먼저 조원탁 등(2014)은 Helms(2003)가 다문화 관련 문헌들을 검토하여 제시한 내용을 인용하여 현장 전문가에게 요구되는 문화적 역량을 다음과 같이 제시하였다. 다문화 역량의 첫 번째 요소인 다문화 인식은, 첫째, 자신의 문화에 대한 인식과 가치를 갖는가, 둘째, 차이에 대해서 가치 있게 생각하고 어떤 그룹도 다른 그룹보다 더 우수하지 않다는 믿음이 있는가, 셋째, 위험을 감수할 만한 의지가 있는가, 넷째, 개인의 문화적 지위로 인한 차별은 부당하다는 믿음을 가지고 있는가, 다섯째, 자신의 문화적 가치를 검토하고 변화하려는 의지를 가지고 있는가, 여섯째, 다른 세계관과 견해를 수용하는가, 일곱째, 유의한 관계가 이종 문화에도 가능하다는 믿음이 있는가, 여덟째, 자신의 행동이 타인에게 어떤 영향을 미칠지에 대한 인식을 가지고 있는가, 아홉째, 개인에 대한 추정이 자신의 그룹 멤버십만을 토대로 할 수 없다는 믿음을 가지고 있는가, 열번 째, 이종-문화 상호작용이 삶의 질을 향상시킨다는 믿음을 가지고 있는가에 대한 내용으로 구성되어 있다.

한편, Pope와 Reynolds(1997)는 다문화 인식에 대해서 자신과는 다른 문화를 가지고 있는 사람들에게 적절한 서비스를 제공할 수 있는 자기인식이나 태도, 가치 등을 가지고 있는가로 정의하기도 하였다.

다문화 역량의 두 번째 요소는 다문화 지식으로, 이는 첫째, 자신의 문화 정체성과 관련해 자신에 대한 지식을 가지고 있는가, 둘째, 다른 문화와 그것이 어떻게 자신의 문화그룹과 유사 혹은 상이한지에 대한 지식을 가지고 있는가이다. 셋째, 개인의 가치와 행동에 대해 어떻게 변화가 일어나는지에 대한 지식을 가지고 있는가, 넷째, 문화 차이가 커뮤니케이션에 영향을 미치는 방식에 대한 지식을 가지고 있는가이다. 다섯째, 성별, 계급, 인종, 민족성, 언어, 국적, 성적 취향, 연령, 종교, 장애, 능력이 어떻게 개인과 그들의 경험에 영향을 미치는지에 대한 지식을 가지고 있는가, 여섯째, 문화적으로 적절한 자원과 그 전달법에 대한 정보를 가지고 있는가이다. 한편, 다문화 지식과 관련하여 박명희(2013)는 다문화 지식을 다문화라는 특수한 상황에서 나타나는 인구 특수학적 특징이나 다문화 사회 도래에 대한 배경지식이라고 하였으며, Sue 등(1992)은 다문화 지식이 다양한 문화에 대해 배우고 이해함으로써 보다 폭넓은 문화에 대한 이해를 의미한다고 하였다.

다문화 역량의 세 번째 요소는 다문화 스킬이며, 그 내용은 첫째, 문화 차이와 이슈에 대한 확인과 공개적 토론의 능력을 가지고 있는가, 둘째, 이종-문화 간 차이를 효율적으로 커뮤니케이션하는 능력을 가지고 있는가이다. 셋째, 문화적으로 다른 개인들을 강조하고 실제로 연결시키는 능력을 가지고 있는가이며, 넷째, 새로운 상황에서 새로운 학습과 이전의 학습을 결합시키는 능력을 가지고 있는가이다. 다섯째, 문화적으로 다른 개인의 신뢰와 존중을 얻는 능력을 가지고 있는가이며, 여섯째, 자신의 다문화능력을 정확하게 평가하는 능력을 가지고 있는가이다. 일곱째, 개인 차이와 문화적 차이 그리고 보편적 유사성을 식별하는 능력을 가지고 있는가이며, 여덟째, 차별조치에 도전하는 능력을 가지고 있는가이다.

한편, Pope와 Reynolds(1997)는 교사가 갖추어야 할 다문화적 역량목록을 인식, 지식, 기술로 구분하여 그 내용을 제시하였다(김영순, 박선미, 정상우, 오영훈, 2014). 첫째, 교사가 갖춰야 할 다문화 역량 중 다문화 인식은 다문화적 신념과 가치관, 의지, 태도 등으로 표현된다. 둘째, 교사가 갖추어야 할 다문화 지식과 집단차이에 대한 지식을 포함하여 성, 계급, 인종, 민족, 언어, 국가, 성적 취향, 나이, 종교, 장애 여부, 능력 등이 개인의 경험에 미치는 영향, 그리고 개인행위와 가치가 어떻게 변화하는지에 대한 정보와 문화적 차이가 의사소통에 미친 영향에 대한 지식을 포함한다. 셋째, 다문화 기술은 크게 분석 기술, 의사소통 기술과 개입 능력으로 구성된다. 분석능력은 자신의 능력을 자신의 다문화적 기술, 수준, 성장 등을 정확하게 평가할 수 있는 능력과 개인차, 문화차이, 보편적 공통점을 구별할 수 있는 능력, 새로운 상황에서 자신의 기존 학습과 새로운 학습을 연결시키는 능력 등으로 구체화되며, 교사는 문화적으로 다른 사람에게 신뢰와 존경을 받을 수 있는 능력을 갖추어야 한다.

또한 이정례(2015)는 다문화 역량의 구성요소와 관련하여, 첫째, 다문화인식은 다른 문화적 배경 속에서 자신과 모든 학생을 위해 민첩하게 반응할 수 있는 학습 환경을 조성하는 교사의 인식을 반영한 역동적인 과정(조성아, 2014)이라고 하였다. 교사 자신의 신념과 가치관을 인식하고 문화집단 간의 차이를 인식하며, 다문화에 대한 이해, 타문화 수용 태도, 다양한 문화에 대한 자신의 편견을 인식하며, 자신의 가치관과 신념이 타문화의 사람들에게 어떤 영향을 미치는지 알아 가는 것이라고 하였다. 둘째, 다문화 지식은 다문화적 반응에 대한 참여, 해석 및 평가에 관한 지식으로, 다양한 인구, 사회역사적 · 사회정치적 실제, 문화적 역동성과 관련되며, 문화에 반응할 수 있는 교육 및 수업전략에 대한 교사의 지식이다(Spanierman et al., 2011).

한편, Banks(2008)는 다문화교육을 위해서 교사에게 필요한 지식을 네 가지로 언급하였는데, 첫째, 출신지역과 이주, 공유되는 문화, 가치, 상징, 민족 정체성과 민족적 동질감, 관점, 세계관, 판단의 준거, 민족 단체와 민족 자결, 인구통계학적 · 사회적 · 정치적 · 경제적 지위, 편견과 차별, 그리고 인종차별주의, 민족 내부의 다양성, 동화와 문화접변 등과 같은 지식(박명희, 2013)이 필요하다고 하였다. 둘째, 문화와 관련된 지식이 필요하며, 다양한 문화 집단의 행동양식과 규범, 비언어적인 의사소통, 세계관 등을 이해하는 능력을 갖추고 있어야 한다고 하였다. 셋째, 다문화교육의 패러다임에 대한 지식이 필요한데, 이는 문화적 차이의 패러다임 지식과 문화적 박탈의 패러다임 지식으로 나누어진다. 문화적 차이의 패러다임 지식은 소수민족의 문화가 여러 민족의 삶을 풍요롭게 할 수 있는 가치관, 언어, 행동양식 등이 포함되어 있는 지식으로, 학생이 소수 민족학생들의 문화를 존중하고 반영하는 방향으로 변화되며, 학생들의 문화적 특징에 적합한 교수전략의 사용을 강조하는 것과 관련된 지식이다. 문화적 박탈의 패러다임 지식은 저소득 계층 학생들과 소수민족학생들이 그들의 문화적 · 계층적 특징 때문에 낮은 성취도를 보인다는 지식으로, 다양한 집단에서 온 학생들의 문화적 장점에 중점을 두어 유치원의 문화를 변화시키기보다는 학생들을 직접 변화시키는 것이 시급하다는 것이다. 넷째, 다양한 문화 · 민족 · 언어 · 사회계층의 학생들 요구에 적절한 교수 지식이 필요하다.

다문화 역량의 셋째 구성요소인 다문화 기술은 다양한 문화를 가진 유아들에게 보다 효과적인 수업방법의 적용과 다양한 의사소통의 기법 등으로 사회에 잘 적응할 수 있도록 하는 과정을 의미한다(최현정, 2011). 이러한 다문화 기술에는 다양한 문화적 배경을 이해하는 방법, 다문화 학생들에 대한 긍정적인 인식방법, 다문화교육을 실천할 수 있는 실천적인 기술, 문화적 다양성을 이해하는 기술, 다양한 교수 · 학습방법을 적용할 수 있는 다문화 기술, 문화적 차이를 함께 공유할 수 있는 기회 제공 방법, 문화적 차이를 수용하고 이해하는 방법 등이 포함된다(이정례, 2015).

다문화 역량의 세 가지 요소와 관련하여, 오유미(2013)는 유치원 교사의 다문화 역량과 관련하여 각각을 정의하였다. 유치원 교사의 다문화지식은 다문화 및 다문화교육, 다문화가정의 이해, 다문화 사회와 의사소통의 이해, 다문화사회 아동인권의 이해와 관련된 지식이라고 하였다. 또한 유치원 교사와 관련한 다문화 기술은 부모교육 및 참여유도 기술, 다문화 사회 유아의 적응기술, 다문화 역량 강화 교수 · 학습방법, 다문화 역량 강화를 위한 수업의 실제, 다문화교육을 위한 가정과의 연계등과 관련된 기술을 의미한다고 하였다. 다문화태도는 다문화에 대한 수용적 태도와 교사의 역할, 다문화가정을 위한 상담 및 방법 등과 관련된 태도로 정의하였다.

또한, 윤갑정, 김미정(2010)은 다문화 역량의 구성요소와 관련하여, 교사와 전문가

집단에서 공통적으로 강조한 내용에 근거하여 하위요소를 다음과 같이 정의하였다. 먼저, 다문화 지식은 다문화의 개념 및 다문화교육의 가치에 대한 지식과 국내 다문화가정의 이주에 대한 역사적 지식, 국내 다문화가정의 문화적 환경에 대한 지식, 한국문화에 대한 지식, 아동 인권에 대한 지식으로 구성된다고 하였다. 다문화 역량의 태도와 관련해서는 포용력과 수용적 태도, 인권에 대한 감수성, 자기반성과 자기성찰, 새로운 문화에 대해 배울 용기, 부모와 협력 관계 형성하기로 구성된다고 하였으며, 기술과 관련해서는 유아에게 정서적으로 지원하기, 부모와의 의사소통 기술, 부모교육 및 부모참여 유도기술, 지역사회와 부모를 연결하는 허브 역할하기, 다문화교육을 위한 교수 기술로 구성된다고 하였다.

한편, 다문화 역량의 구성요소와 관련하여, 오유미(2015)는 유치원교사의 다문화 역량의 함양을 목적으로, 다문화 역량 강화 교육프로그램을 개발하였다. 총 12회기로 구성된 이 프로그램은 다문화 역량의 구성요소인 다문화지식과 다문화태도, 다문화기술의 요소를 반영하여 유치원 교사를 지도하는 프로그램으로, 1회에 90분을 교육시간으로 하였다.

표 3-2 유치원교사의 다문화 역량 강화 교육 프로그램의 내용

차시	교육내용	구성요소	하위내용
1	다문화 및 다문화교육의 이해	다문화지식	• 다문화 및 다문화교육의 개념 • 다문화교육의 필요성 및 중요성 • 국내외 다문화교육정책
2	다문화 사회와 의사소통의 이해	다문화지식	• 다문화 의사소통 개념 및 필요성 • 다문화 의사소통의 유형
3	다문화가정의 이해	다문화지식	• 다문화가정의 개념 및 범위 • 다문화가정의 실태와 자녀교육 • 다문화가족 지원정책
4	다문화가정의 상담 및 방법	다문화태도	• 다문화가정 상담 목표 및 필요성 • 다문화가정 상담 방법 • 다문화가정 자녀의 교육 및 상담
5	부모교육 및 참여 유도 기술의 함양	다문화기술	• 다문화가정 부모 및 부모교육 • 다문화가정 부모참여 유도 기술 • 부모참여 프로그램 실행방법

6	다문화교육을 위한 가정과의 연계	다문화기술	• 다문화가정과 유치원의 연계 • 부모 및 자녀의 상호작용 • 다문화가정과 지역사회의 연계
7	다문화사회 아동 인권의 이해	다문화지식	• 다문화사회 유아의 인권 • 문화의 다양성 및 정체성 • 다문화사회의 아동 발달
8	다문화사회 유아의 적응기술	다문화기술	• 다문화가정 유아의 수업 적응 및 기술 • 다문화가정 유아 놀이집단 적응 및 기술
9	다문화 역량 강화 교수 · 학습방법	다문화기술	• 다문화 역량 강화를 위한 접근방법 • 다문화 역량 강화를 위한 교수 · 학습방법 • 다문화 역량 강화 교수 · 학습방법의 실제
10	다문화 역량 강화를 위한 수업의 실제	다문화기술	• 다문화가정 유아기관 이해 및 방문 • 다문화 역량 강화 수업계획서 작성 • 실제 수업 실연사례
11	다문화교육과 수용적 태도	다문화태도	• 다문화에 대한 수용적 태도 • 다문화에 대한 개방성 및 공감능력 • 다문화 인식의 변화를 위한 방안
12	다문화교육과 교사의 역할	다문화태도	• 다문화사회에 필요한 교사의 지식 • 다문화사회에 적합한 교사의 자질 • 다문화사회가 요구하는 교사 역할

정성진(2012)은 유아교사를 대상으로 다문화교육 역량강화 집단상담 프로그램을 개발하였으며, 어린이집 교사를 대상으로 총 8회기의 프로그램을 개발하였다. 이 프로그램은 지식과 태도, 기술의 세 가지 분류에 근거하여, 문화를 알고, 다양성을 이해하며, 정체성 발달과 편견인식, 평등성 형성과 관계 맺기 등의 주제를 활용하여 실제 활동을 해 볼 수 있도록 구성되어 있다.

표 3-3 (유아교사를 위한) 다문화교육 역량강화를 위한 집단상담 프로그램의 회기구성 내용

분류		회기명	회기 목표	회기 내용
지식	1	프로그램 이해	프로그램 이해하기 참가자 간 친밀감 형성하기 다문화교육의 개념 이해 다문화교육에 대해 관심 갖기	프로그램 소개와 유아교사 간 자기소개로 라포를 형성하고, 현재의 다문화교사 유형을 점검함으로써 다문화교육에 대한 관심을 높이는 활동을 한다.

	2	문화알기	문화이해의 중요성 알기 나와 다른 나라 문화 알기 문화 간 공통점/차이점 알기	문화에 대해 아는 것의 중요성을 동화를 통해 생각해 보고, 다문화교육의 개념, 목적을 알고, 우리나라와 다른 나라 문화의 공통점/차이점을 찾아보는 활동을 한다.
	3	다양성 이해	다양성 이슈 알기 다양성의 존재 인식하기 다양한 이슈 이해하기	생활소품을 이용하여 다양성을 자연스럽게 이해한 후, 다양성의 가치가 사람마다 다르게 이해됨을 알고 다양한 유아를 인식하도록 활동한다.
태도	4	정체성 발달	교사 자아정체성 발달시키기 교사 사회정체성 발달시키기 긍정적 정체성 발달시키기	동화를 통해 정체성 이슈에 접근하여, 유아교사 자신의 자아정체성 및 사회정체성을 탐색하고 긍정적으로 사고하는 태도를 갖도록 활동한다.
	5	편견인식	교사의 고정관념 찾기 고정관념 속 편견 찾기 편견을 합리적인 생각으로 바꾸기	무의식적인 자신의 고정관념이 있음을 발견하고, 합리적인 생각으로 바꿀 필요가 있다는 태도를 갖도록 활동한다.
	6	평등성 형성	평등성의 가치 형성하기 평등하게 대하려는 마음 갖기 평등하게 인정하고 수용하기	평등성의 가치를 가져야 하는 이유를 생각해 보고, 평등성의 가치를 지키는 태도를 갖도록 활동한다.
기술	7	관계 맺기	관점을 바꾸어 생각하기 문화차이 대응능력 기르기 문제 상황 대처능력 기르기	유아교사의 다문화적 문제상황을 통해 문화로 인한 다양한 갈등상황을 문화이해로 어떻게 대처해 나갈지 대처기술을 배우는 활동을 한다.
	8	다문화 교육 방법	교실 속 다문화 찾기 다문화교육 방법 적용하기 다문화교육 계획하기	다문화 교실 이해를 통해 다문화교육 방법을 익히고, 다문화교육 계획안을 작성하여 다문화교육 실행방법에 대한 적용능력을 기르는 활동을 한다.

한편, Campinha-Bacote(1997)는 기존의 문화역량의 세 가지 구성요소인 문화인식, 문화지식, 문화기술에 문화대면이라는 한 가지 구성요소를 추가한 모델을 제시하였다. 조원탁 등(2014)은 이러한 역량 모델의 각 구성요소를 다음과 같이 제시하였다.

첫째, 문화 인식(cultural awareness)은 개인의 문화적 배경의 가치와 생활방식, 관습, 문제해결전략을 존중하는 인지 과정이다. 이 과정에 그들의 고유한 개인적 신념과 가치, 문화 태도를 면밀히 조사해야 하며, 현장 전문가는 혼재되어 있는 가치와 신념, 민족적 딜레마를 파악하는 많은 방법을 알아야 한다.

둘째, 문화 지식(cultural knowledge)은 다른 문화/민족 집단에 관한 구체적인 지식과 정보를 확립하는 과정으로 민족/문화집단의 건강 관행, 높은 위험 행동, 유전성 질환, 건강 상태, 이민의 원인, 건강추구 행동, 자가 치료 관행, 식습관, 임신, 출산 관행, 전문인의 지각, 직업, 생물학적 변인 등에 대해 고려해야 한다. 문화적으로 역량을 갖춘 전문가는 문화적으로 적절한 지식기반을 보장하는 정책을 알아야 하며, 상담과 치료에 대한 지식과 이해를 가지고 있어야 하며, 클라이언트에게 불합리하게 작용하는 제도적 장애물에 대해서도 알아야 한다.

셋째, 문화 기술(cultural skill)은 문화적으로 민감한 정책을 구체화하기 위해 개인의 가치관과 신념, 실천을 접근하는 방법을 학습하는 과정으로 이를 위해서는 다양한 문화에 적절한 연구방법에 능숙해야 한다. 민족적으로 다양한 아동과 가족의 현재 건강상태뿐 아니라 중재 프로그램의 유효성에 관한 데이터도 제공할 수 있어야 한다. 문화적으로 역량을 갖춘 전문가는 언어적, 비언어적 메시지를 적절하게 이해하고 반응할 수 있으며 클라이언트를 위한 제도적 개입방법과 원조방법을 알고 있어야 한다.

마지막으로 기존의 문화역량의 구성요소에서 추가한 문화적 대면(cultural encounter) 요소는 다양한 민족의 사람들과 직접 만나는 것이 문화적으로 적절한 사고방식을 확립하는 데 많은 도움이 된다는 것으로, 대면을 통한 다양한 경험들이 특별한 문화집단에 대한 기존의 지식을 확인하거나 수정하여 개인의 다문화 인식에 영향을 미칠 것이며, 문화적으로 적절한 정책을 개발하고 계획하는 데도 활용될 수 있다.

3) 다문화 역량의 측정

앞서 제시한 다문화 역량의 이론과 관련하여, 최근 다문화교육을 담당하고 있는 교사의 다문화 역량의 중요성에 대한 인식이 커지면서, 교사의 다문화 역량을 측정하는 연구들이 이루어져 그중 몇 가지를 소개해 보고자 한다.

이기용, 이건남(2013)은 초등학교 교사의 다문화 교수 역량을 측정할 수 있는 측정도구를 개발하였으며, 다문화 지식과 다문화 기술, 다문화 태도와 관련한 문항들을 제작하였다. 다문화 지식과 관련된 문항은 총 4문항이고, 다문화 기술과 관련된 문항은 총 11문항이며, 다문화 태도와 관련된 문항은 총 9문항으로, 총 24문항을 제작하였다.

표 3-4 **초등학교 교사의 다문화 교수 역량 척도의 하위영역 및 설문문항**

하위영역	설문문항	문항 수
다문화 지식	1.나는 학생들의 다양한 문화적 배경을 알고 있다. 2.나는 인종차별이 존재한다는 것을 안다. 3.나는 각각 다른 문화 학생들이 각각 다르게 행동한다고 생각한다. 4.나는 학급에서 각각 다른 언어에 대한 차이가 있다는 것을 안다.	4
다문화 기술	5. 학생들의 문화적 배경을 이해하는 방법을 알고 있다. 6. 초등 교육과정에서 다문화교육의 중요성이 강조되고 있다. 7. 특정 문화에 대한 지식이 학생의 성취 기대에 영향을 미친다. 8. 다양한 문화 집단의 학생들을 즉시에 발견하는 방법을 안다. 9. 나는 다문화교육을 위한 다양한 방법을 안다. 10. 효과적인 교사가 되기 위해서는 학급 안에 존재하는 문화적 다양성을 이해하는 기술을 가져야 한다. 11. 문화적 차이를 공유할 수 있는 기회를 제공하는 방법을 안다. 12. 다문화 학생을 대할 때, 나는 다양한 의사소통 방식을 알고 있다. 13. 문화적 배경이 다른 학생들로부터 많은 것을 배우는 방법을 안다. 14. 내가 가르치는 학생들의 문화적 차이를 이해하는 방법을 안다. 15. 나는 학생의 기대치에 영향을 미치는 학생의 문화 이해 방법을 안다.	11
다문화 태도	16. 나는 인종적 편견을 없애기 위해서 적극적으로 행동한다. 17. 학생들의 문화적 배경차이에 따라 다양한 교수방법을 활용한다. 18. 학생들 자신의 문화에 대해 자부심을 갖도록 안내한다. 19. 학급에서 서로 다른 문화의 학생들을 즉시 확인할 수 있다. 20. 나는 다문화가정 학생의 특성 및 발달을 이해한다. 21. 나는 다문화가정 학부모의 특성을 잘 이해한다. 22. 학생들이 인종적 문제에 잘 대응하도록 도움을 제공할 수 있다. 23. 나는 다문화가정 학생에 대한 언어의 다양성을 알고 있다. 24. 나는 문화적으로 다양한 집단을 잘 가르칠 수 있다.	9
계		24

또한 김혜숙(2014)은 총 18개의 문항으로 구성되어 있는 교사의 문화적 역량 검사를 제작하였으며, 각 문항에 '예'로 응답하는 경우에는 1점, '아니요'로 응답하는 경우에는 0점으로 환산하여 교사의 문화적 역량 정도를 알 수 있으며, 구체적인 채점기준은 〈표 3-6〉에 제시되어 있다.

표 3-5 **교사의 문화적 역량 검사**

문항 번호	나는 ~라고 생각한다.	예 (1점)	아니요 (0점)
1	다른 나라 사람이 우리나라에서 사는 것이 쉽지 않을 것이다.		
2	문화가 다르면 모든 생활경험의 차이가 있을 것이다.		
3	서로 다른 문화가 통합되기 어려운 것은 각 문화만의 편견이 있기 때문이다.		
4	어느 나라에서나 소수민족들은 자기들에 대한 지원이 불충분하고 자기들의 욕구와 맞지 않는다고 볼 것이다.		
5	문화적 배경이 그 사람의 생각과 행동에 큰 영향을 미친다.		
6	내가 문화적 편견을 가지고 있다면 그것은 내가 제공하는 교육에 영향을 미칠 것이다.		
7	우리나라에 사는 다른 나라 사람들도 한국인에게 편견과 선입견이 있다.		
8	우리는 다른 문화에 대한 그릇된 편견이나 고정관념에서 벗어나기 위하여 노력해야 한다.		
9	다른 나라와 민족, 인종에 대하여 관심이 있다.		
10	다른 나라의 문학, 미술, 음악 등에 관심이 있다.		
11	다른 나라의 음식을 먹어 보는 것을 좋아한다.		
12	다른 문화에 대하여 내가 잘못된 가설과 편견, 그리고 정보를 가지고 있음이 발견되면, 이를 버릴 수 있는 자세가 되어 있다.		
13	인간은 민족, 인종, 성 등에 관계없이 평등하다.		
14	다른 나라의 기념일이나 축제, 인물에 대하여 관심이 있다.		
15	다들 자기 나라에만 산다면 우리의 문제는 훨씬 적어질 것이다. (역채점)		
16	어느 한 문화권의 사람이 사회를 지배해서는 안 된다.		
17	모든 문화권의 사람들이 동등한 기회를 가져야 한다.		
18	세상에는 많은 종교가 있지만 참된 것은 오직 하나뿐이다. (역채점)		

출처: 김혜숙 외(2014).

표 3-6 **채점 기준**

점수 기준	교사의 문화적 민감성 판정
15점 이상	문화적 민감성이 매우 높음
8~14점	다른 문화에 대해서 조금만 더 관심을 기울이기
8점 미만	다른 문화에 대한 편견과 선입견이 심함

5. 다문화 교사교육을 위한 교사의 자질 및 역할

다문화교육을 실천하는 다문화교사는 어떠한 자질을 갖추어야 하고, 어떠한 역할을 해야 하는지 알아보고자 하며, 이 중 먼저 다문화 교사의 자질을 살펴보고자 한다.

1) 다문화 교사교육을 위한 교사의 자질

Chisholm(1994)은 다문화 교사교육을 위해 예비교사가 갖추어야 하는 자질에 대해 다음과 같이 언급하였다.

첫째, 예비교사는 회고적 실천가의 자질이 요구되며, 교사는 스스로 자신의 교수행위를 되돌아보고 평가하며 개선할 줄 알아야 하고, 교사 스스로 문화적 인식을 자각하여 자신의 기대, 신념, 행동에 대한 문화적 가정을 점검하는 능력이 있어야 한다.

둘째, 예비교사는 문화적 역량, 즉 교차 문화적 환경에서 편안하게 역할하고 다른 문화적 배경을 가진 사람들과 조화롭게 상호작용할 수 있는 능력을 갖추어야 한다. 새로운 것을 접했을 때 심리적으로나 정서적으로 지나친 스트레스를 받지 않고, 타인과 교감을 쉽게 형성하며, 타인의 감정을 금방 알아차리고 다양한 배경을 가진 사람들과 효과적으로 의사소통하며, 오해에 대해 적절하게 반응하는 능력을 가져야 한다(Glies, Coupland, Williams, & Leets, 1991).

셋째, 다문화 교사는 효과적인 교차문화적 소통자가 되어야 하는데 이를 위해 언어나 문화적 의미의 상호관계성에 대한 이해, 문화적 맥락과 개인적 경험이 의미를 매개한다는 사실 등을 이해해야 한다. 또 문화가 어떻게 의사소통을 이끌어 내는지, 어떻게 하면 보다 효과적인 교차문화적 소통을 할 수 있을지 등을 파악하는 능력이 필요하다.

넷째, 교사는 언어와 문화의 관계성에 대해서 이해해야 하는데, 언어를 배우는 것은 언어공동체의 구성원이 되는 것을 의미하며 언어가 집단 정체성과 소속감을 판단하는 준거가 되므로 다문화 학생들의 언어를 이해하고 배우고자 노력할 필요가 있다.

다섯째, 교사는 인지의 문화적 근거와 언어와의 관련성에 대해 이해해야 한다. 논리적 사고력과 담론의 유형은 문화적 맥락에서 나오므로 문화마다 다를 수 있고, 문화에 따라 토론, 논쟁, 설명, 설득 등을 활용하는 방식과 중시하는 대상도 달라질 수 있음을 인식하고 이해해야 한다.

Marshall(2002)은 다문화교육에서 교사에게 필요한 능력으로, 스스로 문화적 태도를 성찰하고 문화적으로 상이한 집단과 효과적으로 상호작용할 수 있는 간문화적 능력, 학생 · 학부모 · 지역사회 등에 대한 관심과 지식, 효과적인 교수 전략 탐색 능력, 학교행정에 대한 열정 등을 제시하였다. 또한 교사는 스스로 문화적 가치판단에 입각하여 행동해야 한다고 하였는데 이러한 자각이 부족할 경우, 특정 문화는 바람직하게 장려되고 다른 문화는 가치 없고 배제되어야 하는 것으로 판단하여 교수활동을 수행할 수 있기 때문이다.

한편, 다문화교사의 자질과 관련하여 Suleiman(2004)은 다문화교육을 위해서 예비교사들은 다음의 여덟 가지 사항들을 철저히 준비해야 한다고 주장하였다(김천기 외, 2013). 첫째, 예비교사는 주류 사회가 아닌 여러 소수 민족의 경험이나 역할에 대한 지식과 이해가 있어야 하고, 둘째, 다원주의 사회에 대한 이해와 다문화사회에 존재하는 차별 및 불평등 같은 여러 가지 갈등적 요소에 대한 이해가 있어야 한다. 셋째, 다문화교육을 위해 활용될 수 있는 교육학적 원리들을 통합한 교육원리의 개발이 필요하며, 넷째, 사회문화적 요인을 고려하여 어떻게 학생들을 가장 효과적이고 학문적, 사회적으로 발달시킬 것인가에 대한 학습 전략이 필요하다. 다섯째, 학생들의 수행에 영향을 주는 태도 · 가치 및 여러 동기들에 대한 이해가 있어야 한다. 또한 여섯째, 효과적인 학습 분위기의 조성을 위해 다문화를 고려한 민주적 교수법과 수업 전략 지식의 획득이 있어야 하며, 일곱째, 다양한 사회문화적 배경을 가진 학생들에게 도움이 되는 효율적인 학급 경영 및 중재기법의 학습이 있어야 하고, 여덟째, 다문화 학생들의 학업 성취를 극대화하기 위해 다문화에 적절한 자료의 활용을 해야 한다.

우리나라의 경우에 교사가 갖추어야 하는 자질과 관련하여, 경기도 다문화교육센터(2007)가 다문화교육을 위한 교사의 열 가지 교사 가이드라인을 제안하였다. 첫째, 교사는 다문화교육의 핵심적 역할을 수행하며 다문화교육을 담당할 수 있는 적절한 지식, 태도, 기능을 습득하고 있어야 하며, 둘째, 교사는 우리사회를 구성하고 있는 다양한 민족의 역사와 문화에 대한 기본적인 지식을 갖추고 있어야 한다. 셋째, 교사는 인종적 편견이나 고정관념의 문제점을 인식하고 이에 대해 반성적(reflective) 사고를 할 수 있어야 하며, 넷째, 교사는 학생들이 가지고 있는 인종적 편견과 민족적 고정관념을 파악하여 이를 변화시키도록 노력해야 한다. 다섯째, 교사는 수업시간에 사용하는 교과서 및 관련 학습 자료에 인종차별적 요소가 있는지 파악하고 이를 개선해 나가야 한다. 여섯째, 수업에서 다문화가정의 학생들에 의해 만들어진 여러 가지 자료(책, 영화, 비디오테이프 등)를 활용하고, 그들의 견해에 관심을 가져야 하며, 일곱째, 다문화 수업을 진행할 때는 학생들의 발달단계를 고려하여 개념, 내용, 활동 등을 적절히 적용해야 하며, 저학년에서는 보다 구체적 접근을, 고학년에서는 추상적인 개념이나 사례연구, 체험활동 등을 활용토록 한다. 여덟째, 교사의 기대는 학생들의 성취에 지대한 영향을 미치므로 다문화가정의 자녀들이 높은 학업성취를 이루도록 교사는 그들의 가능성을 인정하고, 격려해 주어야 한다. 아홉째, 인종 간 교류와 통합에 매우 유용한 협동학습방법을 사용하여 수업시간에 다양한 인종적, 민족적 배경의 학생들이 어울려 학습할 수 있도록 장을 마련해야 한다. 열번 째, 학급, 학교의 행사나 활동에 있어서 다문화가정의 학부모와 학생들이 반드시 참여하도록 하고, 초기에 능숙하지 않다는 이유로 배제시켜서는 안 된다.

2) 다문화 교사교육을 위한 교사의 역할

다문화 교사교육을 위한 교사의 역할과 관련하여, 박찬옥 등(2015)은 Kendall(1996)의 내용을 인용하여 현장에서 다문화교육을 실천하는 유아교사가 갖추어야 하는 역할에 대해 언급하였다. 첫째, 교사는 모든 사람들에 대한 관심과 존중을 보여 줌으로써 유아의 모델이 되어야 하며, 둘째, 교사는 유아들 각자 고유의 가치를 발달시킬 수 있는 경험을 제공해야 하며, 셋째, 교사는 유아가 질문을 끈기 있게 묻고 탐색하고 주도하는 능동적 학습자가 되도록 촉진·격려해야 한다. 넷째, 교사는 유아의 학습에 능동적으로 참여해야 하며, 다섯째, 교사는 자신의 가치와 태도를 의도적, 비의도적으로 유아에게 전수해야 하며, 이런 이유 때문에 교사는 자신의 태도와 가치를 늘 예리하게 인식해야 한다고 하였다.

또한, Melendez와 Beck(2007)은 다문화사회에서 유아교사에게 요구되는 내용을 다음과 같이 제시하였다(배화여자대학교 유아교육과, 2008). 첫째, 다른 문화를 올바르게 인식하기 위해 교사 자신이 가진 믿음, 가치, 습관 등 문화적 관점을 발견하고 자신과 유아의 다양성을 인식하고 편견, 신념에 관한 자신의 생각을 명확히 해야 한다. 둘째,

유아발달에 기초하여 모든 유아에게 평등한 기대를 가지고 잠재력을 최대한 발휘할 수 있도록 도우며, 유아가 사회의 다양성을 이해할 수 있도록 도와야 한다. 셋째, 유아가 관용, 존중, 관대함을 배울 수 있고 다른 사람을 이해하는 교실환경을 만들고 교실 내에 다른 집단에 대한 고정관념에 대해 살펴보고 목록을 작성한다. 넷째, 다양한 문화에 관심을 가지고 다른 문화에 대한 지식을 넓힌다. 다섯째, 자신과 다른 사람들에게 긍정적이고 개방적인 태도를 갖고 다문화교육을 발전시키기 위해 지속적으로 새로운 접근방법을 모색하며 유아들의 요구에 적절한 새로운 방법과 요소들을 시도한다. 여섯째, 유아의 전반적인 발달에 있어 가족의 영향을 인정하고 올바르게 인식하며 가족들과 협력자로서 존중하며 상호 교류한다.

김천기 등(2013)은 다문화교사의 역할에 대해 첫째, 교사는 먼저 다문화교육에 대한 전반적인 이해가 필요하다고 하였으며, 유아들 간의 문화적 차이를 이해하고 다양성, 편견, 신념에 대한 교사 자신의 생각이 확고해야 한다고 하였다. 또한 유아의 독특성과 관련된 문화의 다양성을 이해하고 유아들이 갖는 문화적 차이를 인정하고 존중하도록 해야 한다고 하였다. 둘째, 통합교육 적용자의 역할과 관련하여, 교사들은 유아의 연령과 발달에 적합한 다문화적 태도, 기술, 지식을 가지고 모든 교육과정안에 통합적으로 적용시켜야 한다. 또한 유아교육기관에서 실시하고 있는 생활주제와 다문화적 내용을 일과운영 속에서 자연스럽게 포함시켜 교육과정 안에 문화이해, 편견 감소, 평등성, 정체성 형성, 민족과 인종의 다양성, 공동체 사회를 위해 함께 노력하고 협력하는 것을 교육내용으로 통합하여 구성해야 한다. 셋째, 다양한 경험제공자의 역할은 유아들이 세계를 바라보는 시야를 넓히고 다른 세계에 긍정적인 태도를 형성할 수 있도록 다양한 경험을 제공하고 인적 물적 자원을 활용해야 한다는 것이다. 넷째, 다양한 환경 제공자의 역할은 여러 나라의 문화를 반영한 다양한 환경을 제공해야 하며 환경구성시 다문화성격이 나타나도록 실물이나 사진, 그림, 정보 자료, 생활소품, 예술품 등의 구체적인 자료를 제시하여 다양한 다문화에 대한 지식과 이해를 높일 수 있도록 해야 한다는 것이다. 다섯째, 적극적인 상호작용자로서의 역할은 교사들이 유아들과 언어적 사회적 상호작용을 통하여 사회적 지식, 기술, 태도가 긍정적으로 형성될 수 있도록 지도해야 한다는 것이다.

참고문헌

경기도다문화교육센터(2007). 다문화교육을 위한 가이드라인.

경기도다문화교육센터(2007). 학교 다문화교육을 위한 10대 교사 가이드라인. 제2차 다문화교육 포럼 자료집.

구정화, 박윤경, 설규주(2010). 다문화교육의 이해와 실천. 서울: 동문사.

권순희(2007). 다문화 가정 자녀의 상담 지도 사례. 국어교육학회, 29, 127-174.

김연희(2007). 한국사회의 다문화화와 사회복지분야의 문화적 역량. 사회복지연구, 35(0), 117-144.

김영순, 박선미, 정상우, 오영훈(2014). 다문화교육연구의 이론과 적용. 경기: 한국학술정보.

김천기, 노상우, 박휴용, 이정애, 임은미(2013). 다문화교육의 이해와 실천. 서울: 교육과학사.

김혜숙(2014). 유아다문화교육의 이론과 실제. 경기: 양서원.

나장함(2011). 다문화 교사교육과정 연구에 대한 분석. 교육과정연구. 29(2), 173-197.

모경환(2009). 다문화 교사교육의 현황과 과제. 한국교원교육연구, 26(4), 245-270.

모경환(2012). 다문화교육과 교사교육. 다문화교육의 이해와 실천. 서울: 학지사.

모경환, 황혜원(2007). 중등교사들의 다문화적 인식에 대한 연구. 시민교육연구, 39(3), 79-100.

민성혜, 이민영, 최혜영, 전혜정(2009). 다문화 가정 유아기 자녀의 정서지능에 영향을 미치는 경로모형 분석. 대한가정학회, 47(1), 55-63.

박남수(2007). 초등학교 교사들의 다문화교육에 대한 인식과 실천. 사회과교육연구, 14(1), 213-233.

박명희(2013). 예비교사의 다문화 역량 척도 개발. 경북대학교 교육대학원 박사학위논문.

박성연(2001). 그림책을 활용한 다문화교육 프로그램이 유아의 인종 및 타문화에 대한 태도에 미치는 효과. 성균관대학교 대학원 석사학위논문.

박찬옥, 지성애, 김미경, 이부미, 채영란, 김현경, 김순자(2015). 유아 다문화교육. 서울: 창지사.

배화여자대학교 유아교육과(2008). 교재교구를 활용한 다문화 교육의 실제. 서울: 다음세대.

성영화, 임명희(2010). 다문화시대 예비유아교사교육 프로그램 개발을 위한 기초연구. 한국보육학회지, 10(3), 27-48.

송륜진, 문종은, 주미경(2010). 다문화수학교사교육의 원리와 방법. 대한수학교육학회지 학교수학, 12(4), 639-665.

신순식, 김태선, 신은정(2010). 다문화교육의 이론과 실제. 경기: 공동체

안병환(2010). 다문화사회에서의 예비교사교육 방향 탐색. 직업교육연구, 29(3), 1-21.

엄수정, 원종례(2012). 다문화 교사교육 관련 연구 동향 분석 및 연구 방향 제시. 유아특수교육연

구, 12(4), 51-80.

오유미(2013). 유치원교사의 다문화 역량 강화를 위한 교육프로그램 개발 및 효과분석. 인천대학교 대학원 박사학위논문.

오유미(2015). 유치원교사의 다문화 역량 강화 교육프로그램 효과. 홀리스틱교육연구, 19(2), 83-103.

윤갑정, 김미정(2010). 다문화시대 유아교사에게 요구되는 문화적 역량의 구성요소에 관한 연구. 유아교육연구, 30(3), 169-194.

이기용, 이건남(2013). 초등학교 교사의 다문화 교수 역량 척도 개발. 실과교육연구, 19(3), 125-142.

이상희, 이영(2016). 다문화가정 아동의 사회성 연구에 대한 문헌고찰. 특수아동교육연구, 18(3), 25-54.

이재분(2008). 다문화 가정 자녀 교육실태 연구. 한국교육개발원.

이정례(2015). 유아교사의 다문화민감성과 다문화 역량 간의 관계. 경인교육대학교 석사학위논문.

이정선, 최영순, 김정우, 이경화, 임철연, 최만, 유현석(2010). 초등학교 다문화교육의 이해—이론과 실제—. 서울: 동문사.

장원순(2009). 한국사회에 적합한 다문화 교사교육과정에 관한 연구. 사회과교육연구, 48(1), 57-79.

장인실(2008). 다문화교육을 위한 교사교육 교육과정 모형 탐구. 초등교육연구, 21(2), 281-305.

장인실, 김경근, 모경환, 민병곤, 박성혁(2012). 다문화교육의 이해와 실천. 서울: 학지사.

장인실, 차경희(2012). 한국 다문화교육의 연구동향 분석: Bennett이론에 근거하여. 한국교육학연구, 18(1), 283-302.

전희옥(2011). 문화호응적인 다문화교사교육기관의 교육과정탐색. 사회과교육연구, 18(4), 121-135.

정성진(2012). 유아교사의 다문화교육 역량강화 집단상담 프로그램 개발 및 효과 검증. 전북대학교 대학원 박사학위논문.

정희윤(2014). 다문화교사교육 원격평생교육원내용분석. 서울교육대학교 교육전문대학원 석사학위논문.

조성아(2014). 중등교사의 다문화연수 교수경험이 다문화교육역량에 미친 영향. 아주대학교 대학원 석사학위논문.

조원탁, 박순희, 서선희, 안효자, 송기범, 이형하, 한신애(2014). 다문화사회의 이해와 실천. 경기: 양서원.

차경수, 모경환(2008). **사회과교육**. 서울: 동문사.

최충옥, 모경환(2007). 경기도 초 · 중등 교사들의 다문화적 효능감에 대한 조사 연구. **시민교육연구, 39**(4), 163-182.

최충옥, 모경환, 김연권, 박성혁, 오은순, 한용택, 임은미, 우희숙, 이수미, 임정수(2012). **다문화 교육의 이해**. 서울: 양서원.

최현정(2011). 유아교사를 위한 다문화교육 연수 프로그램 구성 및 적용 효과. **유아교육학논집. 15**(4), 201-226.

한경진(2011). 다문화교육을 위한 초등학교 교사교육 방향 탐색 연구. 대진대학교 대학원 박사학위논문.

한석실(2007). 다문화시대 유아교사교육의 방향 모색. **미래유아교육학회지. 14**(1).

한현후, 이병준(2011). 다문화 역량 측정도구 개발연구. **문화예술교육연구, 17**(1), 29-55.

Banks, J. A. (1994). Transforming the mainstream curriculum. *Educational Leadership, 51*(8), 4-8.(ERIC Documentation Reproduction Service No. EJ508257).

Banks, J. A. (2008). *An Introduction to Multicultural Education*. 모경환, 최충옥, 김명정, 임정수 공역(2008). **다문화교육의 입문**. 서울: 아카데미프레스.

Betancourt, J. R., Green, A. R., Carrillo, J. E., & Ananeh-Firempong, O. (2003). Defining Cultural Competence: A Practical Framework for Addressing Racial/Ethnic Disparities in Health and Health Care. *Public Health Reports, 118, 4*, 293-302.

Campinha-Bacote, J. (1997). Cultural competence: A critical factor in child health policy. *Journal of pediatric nursing, 12*(4), 260-262.

Chisholm, I. M. (1994). Preparing teachers for multicultural classrooms. *The Journal of Educational Issues of Language Minority Students, 14*, 43-68.

Clack, E. R. et al. (1996). Language and culture: Critical components of multicultural teacher education. *The Urban Review, 28*(2), 173-184.

Cochran-Smith, M. (2003). Learning and unlearning: the education of teacher educators. *Teaching and Teacher Education, 19*, January, 5-28.

Cross, T., Bazron, B. J., Dennis, K., & Isaacs, M. R. (1989). *Toward a culturally competent system of care: Vol 1. A monographon effective services for minority children who are severely emotionally disturbed*. Washington, DC: Georgetown University.

Derman-Sparks, L. (1989). *Anti-bias curriculum: Tool for empower young children*. Washington D. C.: National Association for the Education of Young Children.

Dilworth, P. (2004). Multicultural citizenship education: Case studies from social studies classrooms. *Theory and Research in Social Education, 32*(2), 153-186.

Elmore, R F., Peterson, P. L., & McCarthey, S. J. (1996). *Restructuring in the Classroom*. San Francisco: Jossey-Bass.

Gay, G. (2000). *Culturally responsive teaching: Theory, research and practice*. New York: Teachers College Press.

Gay, G. (2002). Culturally responsive teaching in special education for ethinically diverse student: Setting the stage. *Qualitative Studies in Education, 15*(6), 613-629.

Giles, H., Coupalnd, N. Williams, A., & Leets, L. (1991). Integrating theory in the study of minority languages. In R. L. Cooper & B. Spolsky(Eds.), *The influence of language on culture and thought: Essays in honor of Joshua A. Fishman's sixty-fifth birthday* (pp. 113-136). New York: Mouton de Gruyter.

Guyton, E. M., & Wesche, M. V. (2005). The Multicultural Efficacy Scale: Development, Item Selection, and Reliability. *Multicultural perspectives, 7*(4), 21-29.

Hackshaw. R. L. (2005). *Relation of multicultural interactions to healthcare providers' cultural sensitivity and cultural competence. University of Florida*, USA.

Helms, S. M. (2003). *The examination of cultural sensitivity and exhibition of cultural competence for faculty at liberal arts institutions within higher education. Unpublished doctoral dissertation, North Carolina State University*, USA.

Kendall, F. (1996). *Diversity in the classroom: A multicultural approach to the education of young children*. New York: Teachers College Press.

Lum, D. (2005). *Cultural competence, Practice stages, and Client system Australia*: Thomson brooks/cole.

Marshall, P. L. (2002). *Cultural Diversity in our Schools*. CA: Wadsworth.

Melendez. W. V., & Beck, V. (2007). *Teaching young children in multicultural classrooms: Issues, concepts, strategies* (2nd ed). New York: Delmar Publishers.

Pang, V. O. (2005). *Multicultural education: A caring-centered, reflective approach* (2nd, ed.). NY: McGraw Hill.

Pope, R. L., & Reynolds, A. L. (1997). Student affairs core competencies: Integrating multicultural awareness, knowledge and skill. *Journal of college student development, 38*, 266-277.

Seefeldt, C. (2005). *Social studies for the preschool primary child. Upper Saddle River*,

NJ:Pearson Merrill Prentice Hall.

Spanierman, L. B., Oh, E., Heppner, P. P., Neville, H. A., Mobley, M., Wright, C. V., Dillon, F. R., & Navarro, R. (2011). The multicultural teaching competency scale: development and initial validation. *Urban education*. 440-464.

Sue, D. W. (2006). *Multicultural social work practice*. Hoboken, NJ: Willey.

Sue, D. W., Arredondo, P., & McDavis, R. J.(1992). *Multicultrural counseling competencies & standards: A call to the profession*. Journal of Counseling & Development, 70(4), 477-486.

Suleiman, M. F. (2004). Multiculral education: A blueprint for educators, In G. S. Goodman & K. Carey (Eds.), *Critical multicultural conversations*, Cresskill, NJ:Hampton Press, Inc.

Tartwijk, J. V., Brok, P.D., Veldman, L., & Wubbels, T. (2009). Teachers practical knowledge about classroom management in multicultural classroom. *Teaching and Teacher Education, 25*, 453-460.

Velvie, C. G. (2003). *Cultural factors influencing the persistence of African-American community college student*. Michigan State University, USA.

국내 다문화 교사교육

1. 국내 교사 연수 프로그램

교사는 교육을 실행하는 주체로서 교육실천에 있어서 결정적인 역할을 한다. 다문화교육을 실행하는 초기 단계인 우리나라의 경우에는 아직까지 여러 가지 제반 여건이 미흡하여 교사의 역할이 더욱 강조될 수 있으며, 이러한 교사의 역할을 잘 수행하기 위해서 현장 교사들의 연수가 절대적으로 필요하다. 그러나 이재분(2008)의 연구에 의하면, 다문화 연수를 받은 적이 없는 교사가 94%인 것으로 나타났으며, 최중옥과 모경환(2007)의 연구에서도 대부분의 교사들은 직전 교육에서나 현직 연수에서 다문화교육과 관련된 강좌를 이수한 경험이 매우 적으며, 교사 스스로도 다문화가정 자녀를 지도할 준비가 부족하다고 느끼는 경우가 많은 것으로 나타났다. 그러나 최근 다문화교육에 있어 교사의 역할이 강조되면서, 시 · 도 교육청의 다문화교육 사업에도 교사교육 영역이 신설되었고, 교사 연수도 각 시도 교육청에서 많이 개설되고 있다(정희윤, 2014). 그러나 이러한 다문화 연수가 증가된 것도 최근의 일이며 아직은 시작단계라고 볼 수 있다(엄수정, 원종례, 2012).

이 장에서는 국내 다문화 교사 연수 프로그램과 관련하여 사범대학교와 초등학교 교사를 양성하는 교육대학교, 유아교육과 및 기타 기관에서 이루어지고 있는 연수 프로그램들을 알아고보자 하며, 먼저 다문화 교사교육 현황을 알아보고자 한다. 또한, 다문화와 관련된 자격증들도 소개하고자 한다.

1) 다문화 교사교육과정 현황

최근 다문화교육에 대한 사회적인 관심이 증대되면서, 정부와 지자체 등이 다문화 이해를 위한 각종 시책들을 제안하고 실행하고 있지만, 아직까지는 이에 대한 종합적인 연구가 부족하고 지역과 대상에 대한 개별적 특성이 고려되지 못하는 경우가 많은 것이 현실이다.

이에 2008년 5월 23일 법무부는 공모를 통해 총 20개의 대학을 다문화 사회통합 거점(Active Brain Tower: ABT)대학으로 선정하였다. ABT대학은 다문화에 대한 이해증진을 도모하고 이민자의 사회통합을 위해 다문화 전문 강사를 양성하고, 각종 이민자 지원 프로그램을 추진하며 다문화 사회통합에 대한 연구를 위한 '다문화 사회통합 연구소'와 이민정책 전문대학원 개설 등의 다양한 노력을 위해 선정되었다.

전국의 지역별로 대학을 선정하였는데, 서울에는 숙명여자대학교, 서울교육대학교 등 4개의 대학이 선정되었고, 경기도의 3개 대학, 부산의 2개 대학이 선정되었다. 또한, 인천, 대구, 경북, 경남, 광주, 전남, 전북, 대전, 충남, 충북, 강원에는 각각 1개의 대학이 선정되었다. 2008년부터 법무부의 ABT대학 선정 사업은 지금까지도 계속 이루어지고 있으며, 대학의 다문화 관련 강좌 개설과 교과과정 변화에 큰 기여를 하였다.

국내 다문화 교사 연수 프로그램과 관련하여 다문화 교사교육의 현황을 알아보기 위해, 사범대학교와 교육대학교, 유아교육과의 다문화교육 관련 강좌의 개설현황을 알아보았다.

(1) 사범대학교의 강좌 개설 및 현황과 교과과정

사범대학교의 다문화 강좌 개설 현황 및 교과과정을 알아보기 위해, 국립 사범대학교인 14개 대학과 사립 사범대학교인 28개 대학 등 전국의 42개 사범대학교를 대상으로 각 대학에 개설된 교과과정을 조사하였다. 그 결과 2016년 총 13개 대학에서 다문화 관련 강좌를 개설하고 있는 것으로 나타났으며, 전국 사범대학의 교과과정을 조사한 결과는 〈표 4-1〉에 제시된 바와 같다.

또한 사범대학교의 교과과정을 조사한 결과, 총 42개 대학 중에서 다문화 관련 강좌가 개설된 대학은 총 13개의 대학으로, 국립대학교는 강원대학교, 경상대학교 등 총 7개 대학이었으며, 사립대학교는 성신여자대학교, 신라대학교 등 총 6개 대학에서 다문화 관련 강좌가 개설되었다. 주로 전공 선택 과목으로 개설되는 경우가 많았으며, 국립대의 경우 전체 14대학 중에 7개 대학에서 다문화 강좌가 개설되는 것으로 나타나, 전체 국립대학교 중 절반의 대학에서 다문화 강좌가 개설된 것으로 나타났다. 사립대학교의 경우에는 전체 28개의 사립대학교 중에 6개 대학에서만 다문화 강좌가 개설된 것으로 나타났으며, 특히 이화여자대학교와 조선대학교에서는 다양한 학과에서 많은 강좌가 개설된 것으로 나타났다. 이러한 결과는 2009년에 총 12개 대학에서 강좌가 개설이 되었고, 2010년에는 13개교에서 2013년에는 12개교에서 다문화 강좌가 개설되었다고 한 정희윤(2014)의 연구와 비교했을 때 사범대의 다문화강좌 개설 수는 거의 변동이 없는 것으로 나타났다.

표 4-1 **전국 사범대학교의 다문화 강좌 개설 현황**

순번	대학명	개설학과	학기/강좌명	특징
1	강원대학교	영어교육과	2/영어로 읽는 다문화 담론	2학년/전공선택/3학점
		일반사회 교육과	1/다문화사회의 이해	3학년/전공선택/3학점
			2/다문화교육의 이론과 실제	3학년/전공선택/3학점
		문화인류학과 교양학부	1, 2/다문화사회의 이해	3학점
2	경상대학교	유아교육과	2/유아다문화교육	1학년/전공선택/3학점
3	공주대학교	윤리교육과	2/다문화사회와 시민윤리	2학년/전공선택/3학점
4	부산대학교	교육학과	1/다문화교육	2학년/전공선택/3학점
	부산대학교 대학원	교육학과	다문화 및 세계화시대와 교육과정	3학점/교육과정 및 교육방법전공
			다문화사회와 상담	3학점/교육심리및상담심리전공
			다문화교육	3학점/교육사회학 및 교육행정학전공
5	전남대학교	윤리교육과	1/다문화교육론	1학년/전공선택/3학점

6	제주대학교	영어교육	1/영미문화와 다문화교육의이해	4학년/전공선택/3학점
7	대구대학교	일반사회교육과	2/다문화사회에서시민윤리교육	2학년/전공선택/3학점
8	성신여자대학교	윤리교육과	1/다문화사회의 생명윤리	2학년/전공선택/3학점
9	신라대학교	국어교육과	1/다문화스토리텔링 교육	3학년/3학점
			2/다문화한국어교육론	1학년/3학점
		영어교육과	1/글로벌 다문화교육의실제	3학년/3학점
		역사교육과	세계사교육과 다문화이해	확인불가
10	이화여자 대학교	교육학과	2/다문화이해교육	3학년/전공선택/3학점
		초등교육과	1/다문화교육의 이론및실제	4학년/전공선택/3학점
		교양	글로벌시대의 다문화사회	3학점
		사회학전공	1/다문화사회와 소수자연구	3학년/3학점
		사회복지학전공	1/다문화사회복지론	2학년/3학점
		사회교육전공	2/다문화교육의 이해	2학년/3학점
		국어교육과	2/다문화시대의 한국어교육	4학년/3학점
		간호대학	2/다문화사회와 인간이해	1학년/1.5학점
11	조선대학교	국어교육과	1/다문화외국어교육	1학년/전공선택/3학점
			2/다문화사회와 학교교육	3학년/교직이론/2학점
		영어교육과	1, 2/다문화사회와 학교교육	
		수학교육과	1/다문화사회와 학교교육	
		특수교육과	2/다문화사회와 학교교육	
		물리교육과	1/다문화사회와 학교교육	
		화학교육과	2/다문화사회와 학교교육	
		음악교육과	1/다문화사회와 학교교육	
		교육학과	1/다문화사회와 학교교육	
			2/다문화교육의 이해	
		가정교육과	2/다문화사회와 학교교육	
12	한남대학교	교육학과	1/다문화아동의 심리진단 및 평가	2학년/전공선택/3학점
			1/다문화교육 · 복지 정책론	3학년/전공선택/3학점
			2/다문화가정 아동의 이해	3학년/전공선택/3학점
			2/다문화교육과정의 이론과 실제	4학년/전공선택/3학점
13	한양대학교	영어교육과	2/영어권문화와 다문화사회탐구	2학년/전공핵심/3학점
		수학교육과	1/수학교육의 다문화적이해	4학년/전공심화/3학점

(2) 교육대학교의 강좌 개설 및 현황과 교과과정

초등학교 교사를 위한 교육대학교의 다문화 강좌 개설 현황 및 교과과정을 알아보기 위해 총 13개의 교육대학교를 대상으로 조사한 결과, 10개의 교육대학교에서 다문화 관련 강좌가 개설된 것으로 나타났으며, 사범대학교보다 다문화 강좌 개설 비율이 더 높게 나타났다. 모경환(2009)의 연구와 같이 13개 교육대학교 중에서 제주교육대

표 4-2 교육대학교의 다문화 강좌 개설 현황

순번	대학명	개설학과	학기/강좌명	특징
1	서울교육대학교	영어교육	2/영어와 다문화이해	4학년/자유선택/2학점
2	경인교육대학교	교양과정	다문화사회와 문화다양성교육	선택/2학점
3	청주교육대학교	교양과정	인문학 1/다문화시대와 시민교육	1학년/선택/2학점
		인문사회과학	사회과학 2/다문화사회와 다문화교육	1학년/선택/3학점
		문학과 예술	어문학/1/다문화와 언어	2학년/선택/3학점
4	광주교육대학교	교양과정	자연과학/2/다문화사회와 교육	1학년/2학점
5	진주교육대학교	교양과정	인문학/다문화사회윤리	선택/2학점
			어문학/다문화와 한국어교육	선택/2학점
		실과교육	심화과정/2/다문화사회와 가족	4학년/선택/2학점
6	부산교육대학교	교양과정	인문/다문화와 한국어교육	선택/2학점
7	춘천교육대학교	교양과정	인문과학/다문화주의연구	선택/2학점
		교양과정	사회과학/다문화사회와 교육	선택/2학점
			생활정보과학/다문화교육과 건강과정	선택/2학점
		전공과정	창의적 체험활동/다문화수학	선택/2학점
		윤리교육	1/다문화도덕교육의 이해	3학년/선택/2학점
		사회과교육	2/다문화교육 세미나	2학년/선택/3학점
8	공주교육대학교	일반교양	사회과학/다문화교육의 이해2	선택/2학점
9	한국교원대학교	교양과정	교육과학/다문화이해와다문화교육	3학점
		일반사회교육과	교과교육/2/다문화교육론	3학년/선택/3학점
10	이화여자대학교	사범대 초등교육과	1/다문화교육의 이론및실제	4학년/3학점

학교는 여전히 다문화 강좌가 개설되지 않고 있었다.

초등학교 교사를 양성하는 교육대학교에서는 주로 교양과정으로 다문화 관련 강좌가 개설되는 경우가 많았으며, 주로 선택과목으로 개설되는 경향이 있는 것으로 나타났다.

(3) 유아교육과의 강좌 개설 및 현황과 교과과정

유아교육과의 다문화 강좌 개설 현황을 조사한 결과, 4년제 대학 총 87개 대학 중에서 다문화 관련 강좌가 개설된 경우는 창원대학교, 강남대학교, 계명대학교, 광주대학교 등 총 8개 대학인 것으로 나타났다. 또한 총신대학교를 제외하고는 모두 지방에 소재한 4년제 대학의 유아교육과에서만 다문화 관련 강좌가 개설된 것으로 나타났으며, 주로 4학년 과목에 개설되는 경우가 많았고, 전공 선택인 경우가 대부분인 것으로 나타났다. 이러한 결과는 총 3개의 유아교육과에서만 다문화 관련 강의가 개설되었다는 모경환(2009)의 연구보다 증가한 수치이긴 하지만 여전히 유아교육과의 다문화 관련 강좌의 개설은 부족한 것으로 나타났다. 특히, Banks(1994)와 Derman-Sparks(1989)는 만1~3세의 유아가 이미 타인의 성이나 피부색 등에 관심을 보이고, 만 4세가 되었을 때 민족과 성에 대한 정체성을 획득한다고 하였는데 이러한 발달특성에 근거한다면, 어린이집이나 유치원에 다니는 유아에게 적절한 다문화교육이 이루어지지 않을 때 유아는 편견이나 선입견을 형성할 가능성이 높아지므로 유치원 교사를 양성하는 유아교육과에서 더 많은 다문화 관련 강좌를 개설할 필요가 있다.

표 4-3 유아교육과의 다문화 강좌 개설 현황

순번	대학명	개설학과	학기/강좌명	특징
1	창원대학교	유아교육과	1/다문화사회와유아교육	4학년/전공선택/3학점
2	강남대학교	유아교육과	1/전통문화와다문화교육	4학년/전공선택/3학점
3	계명대학교	유아교육과	1/유아다문화교육	4학년/전공선택/3학점
4	광주대학교	유아교육과	1/유아다문화교육	4학년/전공선택/2학점
5	동명대학교	유아교육과	1/유아 다문화교육 프로그램 개발	4학년/전공선택/3학점
6	동신대학교	유아교육과	1/유아사회 및 다문화교육	3학년/전공선택/2학점
7	영남대학교	유아교육과	1/한국사회의다문화현상이해	1학년/교양필수/3학점
8	총신대학교	유아교육과	1/다문화유아교육	2학년/3학점

2) 다문화 교사교육 프로그램

다문화 교사교육 프로그램이 실시되고 있는 기관은 다양하다. 본 장에서는 가장 다문화 교사교육이 잘 실시되고 있는 교육대학교의 교육과정이나 유아교육 관련 프로그램, 그리고 기타 기관들에서 실시되고 있는 다문화 교사교육 프로그램들을 살펴보고자 한다.

(1) 교육대학교의 다문화교육 프로그램

다문화 교사교육 프로그램은 주로 교육대학교에서 이루어지는 경우가 많았으며 대표적으로 다문화 교사교육 프로그램을 많이 실시하고 있는 교육대학교 중 한 곳은 춘천교육대학교였고, 2011년 8월을 시작으로 다문화 교사교육 연수를 실시하고 있다. 다음에 제시되는 〈표 4-4〉는 2013년에 실시한 '글로벌 시대의 다문화교육 역량강화 초등 하계 직무연수'의 내용으로 연수인원이 30명이었으며, 다문화 체험을 통한 교사의 문화적 감수성 증진으로 목표로 월요일부터 금요일까지 오전 오후로 연수가 진행되었고, 총 12회의 프로그램이 진행되었는데, 구체적인 학습 및 실습내용은 다음과 같다.

표 4-4 글로벌 시대의 다문화교육 역량강화 초등하계직무연수

강의	학습일시	학습 및 실습내용
1강	월 10:30	특강
2강	월 13:30	특강
3강	월 15:10	체험활동
4강	화 11:10	체험활동
5강	화 14:10	한국에서 외국인으로 살기
6강	화 16:10	체험활동
7강	수 09:10	현장체험
8강	목 09:10	다문화가정의 교육실태와 과제
9강	목 11:10	반편견교수학습의 이론과 실제
10강	목 14:10	다문화가정 학부모가 본 자녀의 학교 및 일상생활
11강	목 16:10	다문화 아동지도의 상담
12강	금 09:10	다문화가정 학생지도사례 발표 및 토의

다음은 '글로벌 시대의 다문화교육 역량강화 초등 하계직무연수'라는 주제로 2014년도에 이루어진 연수 내용이다.

표 4-5 글로벌 시대의 다문화교육 역량강화 초등하계직무연수

강의	학습일시	학습 및 실습내용
1강	월 11:10	다문화학생 교육지원계획
2강	월 12:30	같음과 다름의 이해
3강	월 14:10	한국에서 외국인으로 살기
4강	월 16:10	문화와 공간을 통한 다문화 이해
5강	화 09:10	문양-흙과의 만남
6강	화 11:10	초등학교 반편견 교수학습
7강	화 14:10	다문화가정 학부모가 바라본 자녀의 학교 및 일상생활
8강	수 09:00	문화체험
9강	목 09:10	서로 다름을 재능으로 세계를 품는 글로벌 인재육성
10강	목 13:10	한국사회의 이주민과 다문화 사회
11강	목 16:10	세계의 동요-귀를 즐겁게
12강	금 10:10	음식-문화와 만나다

또한 다음에 제시되는 〈표 4-6〉은 2015년 8월에 '다문화 체험을 통한 교사의 정서적 감수성 증진'이라는 교육목표로 실시된 초등교원 대상의 다문화교육 초등교원 직무 연수로, 총 13회 일정으로 프로그램이 진행되었다.

표 4-6 다문화교육의 초등 교육 직무 연수

강의	학습일시	학습 및 실습내용
1강	월 10:10	다문화 사회와 교육
2강	월 13:10	강원 다문화교육의 현황과 과제
3강	월 15:10	초등학교에서의 다문화교육
4강	화 10:10	영화로 이해하는 다문화교육
5강	화 13:10	다문화가정의 실태와 교육
6강	화 15:10	연극으로 이해하는 다문화
7강	수 09:10	다문화 체험 활동
8강	수 13:10	다문화 체험 활동

9강	목 10:10	문학으로 이해하는 다문화교육
10강	목 13:10	초등학교 다문화교육프로그램의 활용
11강	목 15:10	다문화가정의 생활문화
12강	금 09:10	다문화교육을 위한 교수학습 설계
13강	금 11:10	다문화사회에서의 좋은 수업(워크숍)

(2) 유아교육의 다문화교육 프로그램

유아교육과 관련된 다문화교육 프로그램으로는 정지언(2014)이 영유아보육과의 예비교사를 대상으로 제작한 프로그램이 있으며, 1회기를 100분으로 하여 총 14회기의 프로그램을 제작하였으며 강의 및 사례분석, 시연 등을 활용하였다.

표 4-7 **다문화교육 프로그램 내용**

차시	주제 (시간)	목표	세부내용	교수 · 학습활동
1	문화와 나 (100분)	• 문화의 개념을 이해하고, 우리 사회에 공존하는 문화의 다양성을 이해할 수 있다.	• 협의의 문화와 광의의 문화 개념 • 나와 다른 너, 나와 같은 너 • 다문화주의의 이해	• 사전검사 • 강의 • 소집단 토의/발표 • 반성적 글쓰기
2	전문가 특강 (100분)	• 한국의 다문화 현황을 인식하고 이에 대처하는 바람직한 자세를 설명할 수 있다.	• 다문화 사회로의 전환 –현황, 의미, 문제점 –어린이집에 주는 시사점	• 강의 • 소집단 토의/발표
3	다문화교육의 이해 (100분)	• 다문화교육의 필요성과 목적, 내용을 제시할 수 있다.	• 다문화교육의 개념 –필요성과 목적 • 다문화교육의 내용	• 영상: 6개 시선 • 강의
4	다문화교육과 교사 (100분)	• 다문화교육에서의 교사의 역할과 교육방법을 설명할 수 있다.	• 다문화교육의 교사 역할 • 다문화교육의 교수 · 학습 –Banks의 4수준 –Sleeter와 Grant의 원리	• 강의
5	표준보육과정 속 다문화교육 (100분)	• 표준보육과정 내용 영역과 다문화교육 영역을 연결할 수 있다.	• 표준보육과정과 다문화교육 –연령별/영역별 다문화교육 내용 분석	• 강의 • 표준보육과정 속 다문화교육 영역 분석/발표

6	이주여성 특강: 필리핀 (100분)	• 필리핀 이주여성을 통해 필리핀의 문화를 이해한다. • 필리핀 이주여성의 관점과 육아고민을 이해할 수 있다.	• 필리핀의 문화 이해 −필리핀의 역사/문화 −필리핀 이주여성이 보는 한국 −어린이집과의 관계	• 강의 • 소감나누기
7	다문화 보육 환경 구성 (100분)	• 다문화교육을 위한 보육환경 구성의 원칙을 제시할 수 있다.	• 다문화 보육환경(영역별) −도서, 역할놀이, 미술, 음률, 쌓기 놀이 등	• 사례 분석 • 아이디어 발표
8	이주여성 특강: 베트남 (100분)	• 베트남 이주여성을 통해 베트남의 문화를 이해한다. • 베트남 이주여성의 관점과 육아 고민을 이해할 수 있다.	• 베트남의 문화 이해 −베트남의 역사/문화 −베트남 이주여성이 보는 한국 −어린이집과의 관계	• 강의 • 소감나누기
9	보육활동 속 다문화 교육사례 (100분)	• 보육활동에서의 다문화교육 사례를 보고 의견을 나눌 수 있다.	• 문학을 통한 다문화교육 • 미술을 통한 다문화교육 • 음악/놀이를 통한 다문화교육	• 영상: 현장수업 • 소감/아이디어 나누기
10	이주여성 특강: 중국 (100분)	• 중국 이주여성을 통해 중국의 문화를 이해한다. • 중국 이주여성의 관점과 육아고민을 이해할 수 있다.	• 중국의 문화 이해 −중국의 역사/문화 −중국 이주여성이 보는 한국 −어린이집과의 관계	• 강의 • 소감나누기
11	다문화보육 계획안 작성 (100분)	• 다문화교육을 위한 보육계획안을 살펴보고 다문화 보육계획을 작성할 수 있다	• 다문화 보육계획안 작성의 이해 −다문화계획안 사례 분석	• 강의 • 아이디어 회의
12	시연 수업(1) (100분)	• 계획안을 바탕으로 실제 시연수업을 실시하고 평가할 수 있다.	• 그룹별 보육계획안에 근거한 시연수업 진행(팀별 20분 내외)	• 팀별 발표 • 동료평가 및 소감 나누기
13	시연수업(2) (100분)			
14	종합토의 (100분)	• 다문화와 다문화교육에 대한 자신의 생각을 공유할 수 있다.		• 반성적 글쓰기 • 소감나누기 • 사후검사

정지현(2014)은 현직 유아교사를 대상으로 다문화 유아교사교육 프로그램을 총 6회기로 구성하였으며, 다양한 미디어를 활용하여 프로그램을 진행하였다.

표 4-8 다문화 유아교사교육 프로그램의 회기별 내용

차시	주제 및 교육내용	활용된 미디어	과정	관련 목표
1	• 유아다문화교육의 이론적 기초와 이해 –다문화 관련 주요 개념 이해 –유아다문화교육의 목표 및 단계 이해	• 인종과 성–주요국가지도자 사진 • 민족–국제대회 귀화선수 사진, 국내 거주 혼혈인 소개 동영상 • 장애–올림픽참가 장애인 육상 선수(오스카피스토리우스) 신문 기사, 뉴스보도 동영상, 사진 • 다문화 관련 기업광고 동영상	미디어 해독	• 목표2–우리 사회에 공존하는 문화 다양성 이해 • 목표5–다문화교육의 중요성과 주요개념 이해
2	• 유아다문화교육과 교육과정(표준보육과정 & 누리과정) –유아다문화교육 관점에서의 교육과정 이해	• 누리과정 총론, 사회관계영역, 교사용 지도서, 누리과정 교사용 지도서 DVD 동영상 • 교사용 지도서를 반영한 다문화 관련 주제 수업동영상	미디어 해독	• 목표4–다문화교육에 대한 지식과 신념, 교육실제에 대해 비판적으로 반성하여 다양한 관점을 형성하고 시각을 상대화하는 능력을 기른다.
3	• 유아다문화교육의 교수 · 학습원리 –유아다문화교육의 목표와 단계에 따른 교수 · 학습원리 이해–유아 다문화교육 사례를 통한 이해	• 기념적 수준과 변혁적 수준의 다문화 수업에 활용될 수 있는 유아 그림책 • 기념적 수준, 변혁적 수준의 유아 다문화 수업사례 동영상	미디어 해독	• 목표6–참여에 바탕을 둔 다문화적 이슈에 대한 토론, 분석, 의견제시를 통해 의사소통적 유능감과 협력적 상호작용 능력을 증진시킨다.
4	• 유아다문화교육 교수 · 학습 계획 –교육과정 주제와 연령에 따른 교수계획안 작성–작성된 교수계획안에 따른 현장적용 방법 이해	• 누리과정 12개 생활주제와 관련된 다양한 인터넷 동영상과 신문기사, 사진–가수 싸이 관련 기사, 런던올림픽 관련 기사, 우주비행사 이소연 관련 기사 등	미디어 해독	• 목표1–다문화교육에 적합한 교수기법과 의사소통 기술에 대해 이해하고 문제 상황에 대한 대처능력을 기른다. • 목표3–다문화교육활동을 통합적으로 계획, 실행, 평가하는 능력을 기른다.
5	• 유아다문화교육 계획안 실행 –교수계획안에 따른 수업 적용		미디어 제작 및 표현	• 목표3–다문화교육활동을 통합적으로 계획, 실행, 평가하는 능력을 기른다.
6	• 유아다문화교육 계획 실행 평가 –수업에 대한 자기 보고식 평가 –수업에 대한 동료 교사 및 교사 평가	• 수업 동영상	미디어 제작 및 표현	• 목표3–다문화교육활동을 통합적으로 계획, 실행, 평가할 수 있는 능력을 기른다.

최현정(2011)은 어린이집 교사를 대상으로 다문화교육 연수 프로그램을 구성하였으며, 총 12회기의 프로그램은 집단과 개별 활동으로 구분되어 이루어지는데, 그중 6회기까지의 내용만을 제시하고자 한다.

표 4-9 어린이집 교사를 위한 다문화교육 연수 프로그램의 회기구성

회기	주제		내용
1	다문화사회의 이해	집단	• 현대 사회와 다문화주의의 이해 • 다문화사회와 다문화교육 • 다문화교육 효능감 태도 파악 • 사례 중심의 조별토의
		개별	• 인터넷 카페, 메일을 활용한 정보 교환 • 다문화교육 활동 적용 및 평가 • 반성적 저널쓰기와 피드백
2	다문화교육의 이해	집단	• 다문화교육의 정의, 목표 • 다문화교육의 내용 • 다문화교육 활동 워크숍 • 사례 중심의 조별토의
		개별	• 다문화교육 활동 적용 및 평가 • 반성적 저널쓰기와 피드백 • 인터넷 카페, 메일을 활용한 정보 교환
3	다문화교육과 교사	집단	• 다문화교육에서의 교사의 중요성 • 다문화교육에서의 교사의 역할 • 교사의 문화적 역량 • 다문화교육 활동 워크숍 • 사례 중심의 조별토의
		개별	• 다문화교육 활동 적용 및 평가 • 반성적 저널쓰기와 피드백 • 다문화 이해 교육 수업 참관 • 인터넷 카페, 메일을 활용한 정보 교환
4	다문화가정 실태와 지원체계 이해	집단	• 다문화가정의 현황과 실태 • 다문화가정 지원체계 • 다문화교육 활동 워크숍 • 사례 중심의 조별 토의
		개별	• 다문화교육 활동 적용 및 평가 • 반성적 저널쓰기와 피드백 • 다문화 이해 교육 수업 참관 • 인터넷 카페, 메일을 활용한 정보 교환

5	다문화가정 유아지원 방안	집단	• 다문화가정 영유아에 대한 이해 • 다문화가정 영유아 교육 지원방안 모색 • 다문화가정 영유아 교육 프로그램 구성 • 다문화교육 활동 워크숍 • 사례 중심의 조별토의
		개별	• 다문화교육 활동 적용 및 평가 • 반성적 저널쓰기와 피드백 • 다문화 이해 교육 수업 참관 • 인터넷 카페, 메일을 활용한 정보 교환 • 다문화가정 영유아 관찰지 작성
6	다문화교육 위한 가정과 지역사회와의 연계	집단	• 다문화가정 부모와 관계 형성하기 • 다문화교육을 위한 가정 및 지역사회와의 연계방안 • 다문화교육 활동 워크숍 • 사례 중심의 조별 토의
		개별	• 다문화교육 활동 적용 및 평가 • 반성적 저널쓰기와 피드백 • 다문화이해 교육수업 참관 • 인터넷 카페, 메일을 활용한 정보 교환

(3) 기타 기관의 다문화교육 프로그램

기타 기관의 다문화교육 프로그램들은 주로 전국 각 시도 교육청의 교육 연수원 및 교육대학교를 중심으로 다문화교육센터나 교육 연수원 등에서 활발하게 진행되고 있었다. 한경진(2011)에 의하면, 기타 기관으로 서울대학교에 '중앙다문화교육센터'와 경기도 지역의 '경기도다문화교육센터', 신흥대학의 '경기북부 다문화교육센터' 등이 있으며, 주로 다문화교육 교사 직무연수는 15시간에서 60시간까지의 프로그램으로 진행되었다.

표 4-10 기타 기관에 다문화교육 연수 프로그램 현황

순	기관명	연수시기	연수명	연수시간
1	경기도다문화교육센터	2010년 7~8월	2010 다문화교육 담당교사 직무연수(5기)	60시간
2	경기북부 다문화교육센터	2010년 7월	2010 다문화교육 직무연수(2기)	30시간

3	중앙다문화교육센터	2010년 8월	초중등 다문화교육 직무연수	60시간
		2010년 8월	다문화교육 연수 (초등 관리자, 전문직)	30시간
4	경인교육대학교 한국다문화 교육연구원	2009년 11월	현직교사 다문화교육 직무연수 (초등학교 교장, 교감)	30시간
		2010년 7월		
		2009년 1월	현직교사 다문화교육 직무연수 (초등학교 다문화담당교사)	60시간
		2010년 8월		
5	서울교육대학교 다문화교육 연구원	2009년 7월	다문화사회 적응을 위한 맞춤형 연수과정	30시간
		2011년 1~2월		
6	광주교육대학교 교육연수원	2010년 7~8월	다문화교육 직무연수	60시간
		2010년 12월 ~ 2011년 1월		
7	대전 교육연수원	2010년 1월	인구/다문화교육 직무연수	30시간
		2011년 8월	다문화교육의 이해 직무연수	30시간
8	전라남도 교육연수원	2010년 12월 ~ 2011년 1월	초등 다문화교육 직무연수	60시간
9	경상북도 교육연수원	2010년 8월	다문화 이해교육 직무연수	30시간
10	강원도 교육연수원	2010년 5월	다문화가정	15시간
11	울산광역시 교육연수원	2010년 11월	다문화이해교육(원격)	15시간

다음에 제시되는 〈표 4-11〉은 경기북부 다문화교육센터의 '다문화교육 직무연수 (30시간)'의 강좌명과 내용 및 시수로 총 6과목을 수강하도록 되어있다.

표 4-11 경기북부 다문화교육센터의 다문화교육 직무연수 내용(2010)

강좌명	내용	시수
다문화교육 정책	한국의 다문화교육 정책 진행과 방향	2
	경기도 다문화교육의 이해	2
다문화교육의 이해	다문화사회의 방향 및 다문화교육의 목적과 필요성	2
	외국 다문화교육정책의 이해	2
	외국인 근로자 자녀교육 현황 및 개선방향	2
다문화교육과 수업	다양한 다문화자료를 통한 수업 아이디어 구안 · 적용	2
	다문화교육 학습자료 개발 및 활용	2
	다문화교육 사례 발표	2

다문화교육의 실천	다양한 음식문화 체험을 통해 살펴보는 다문화 이해 교육	2
	다문화를 주제로 한 영화 상영	2
	의정부 외국인근로자 지원센터 방문	2
	다문화 이해교육 프로그램의 실제 및 다문화가정과의 만남	2
귀국학생 상담활동	귀국학생의 학교적응사례와 효율적인 상담	2
북한이탈학생 교육	북한이탈학생 교육의 문제점과 발전방향	2

또한 경기지역 초등·중등 교사를 대상으로 한 경기도다문화교육센터의 다문화교육 직무연수(5기) 프로그램은 이수시간이 60시간이며 7개 영역에 28개 강좌로 구성되어 있다. 교양 및 교직 과목이 12학점, 다문화사회의 기본이해 과목이 6학점, 다문화가정 실태와 교육문제가 8학점, 문화텍스트와 다문화교육의 과목이 4학점, 다문화교육의 이해과목과 다문화교육의 방법과목들이 각각 8학점씩이며, 다문화교육 실습과목이 14학점으로 구성되어 있다.

표 4-12 경기도다문화교육센터 다문화교육 직무연수 프로그램

영역 및 강의 과목		시수
교양/교직 (12)	경기교육의 비전과 전략(변화의 시대 교육전략)	2
	교원인사 및 교원능력개발평가의 이해	2
	경기도 다문화교육 추진방향과 과제	2
	다문화사회와 다문화교육정책	2
	다문화가정 학생 교육 지원 정책과 방향	2
	다문화사회와 시민교육	2
다문화사회의 기본이해 (6)	다문화사회와 다문화주의	2
	다문화교육을 위한 관련 법규의 문제와 개선방향	2
	다문화사회와 인권	2
다문화가정 실태와 교육문제 (8)	국제결혼가정 실태와 교육문제	2
	외국인노동자 실태와 교육문제	2
	새터민가정 실태와 교육문제	2
	이주민의 생활문화읽기	2
문화텍스트와 다문화교육 (4)	영화를 통해 본 다문화교육	2
	동화를 통해 본 다문화교육(초등)	2
	문학을 통해 본 다문화교육(중등)	2

다문화교육의 이해 (8)	다문화교육의 개념과 목표	2
	다문화교육과 교육과정	2
	학교 다문화교육을 위한 교수·학습 지원 방향	2
	학교 다문화교육의 운영과 평가	2
다문화교육의 방법 (8)	다문화가정 학생의 생활지도와 진로설계	2
	다문화가정 학생의 상담	2
	다문화교육을 위한 교수학습과정안	2
	다문화수업사례와 지도방법	2
다문화교육 실습 (14)	다문화교육 워크숍	2
	교수학습과정안 작성(개별 평가)	4
	다문화교육 특강	2
	다문화교육현장 탐방(팀별 평가)	6

(4) 원격 다문화교육 프로그램

최근에 등장한 다문화 교사교육의 유형 중 하나는 원격을 통한 교원연수 프로그램으로, 이는 다문화교육을 희망하는 교사를 대상으로 원격연수를 실시하는 것이다. 이는 일반적인 교원연수와 달리 교사와 학습자가 직접 만나지 않고 정보통신기술을 통한 사이버 공간을 활용하여 상호작용을 하고 교육과정을 학습하는 것을 의미한다. 다음에 제시되는 〈표 4-13〉은 사이버 원격연수 티처빌에서 이루어지고 있는 원격 다문화교육 프로그램의 내용이며, 다문화사회 이해하기, 다문화교육 이해하기, 다문화교육의 실천의 세 가지 영역으로 구분되어 총 30시간의 교육을 이수하도록 구성되어 있다.

표 4-13 다문화교육의 원격연수 프로그램 내용

영역	강의주제	시수
다문화사회 이해하기	다문화사회의 이해	1
	다문화주의의 이해	1
	한국의 다문화사회 형성과정	1
	다문화사회, 한국 이해하기	1
	이주노동자 및 결혼 이주자 가정의 현황	1
	북한 이탈주민 가정의 현황과 다문화가정 지원현황	1
	다문화사회에서의 인권문제	1
	다문화교육과 인권	1

다문화교육 이해하기	다문화교육의 개념 및 영역	1
	다문화교육의 인접 개념 및 주요 쟁점	1
	다문화교육의 필요성	1
	다문화교육의 목적	1
	외국의 다문화교육 현황	1
	우리의 다문화교육 방향과 체계	1
	다문화교육과 교사의 역할	1
	다문화교육을 위한 교사의 준비	1
다문화교육의 실천	다문화교육과 다문화도서	1
	다문화도서로 다문화교육하기	1
	다문화교육과 영화	1
	영화로 다문화교육하기	1
	다문화교육과 신문	1
	신문으로 다문화교육하기	1
	다문화교육과 역할놀이 수업	1
	역할놀이 수업으로 다문화교육하기	1
	다문화교육과 외국문화 체험활동	1
	외국문화 체험활동으로 다문화교육하기	1
	다문화교육과 지역사회 자원	1
	지역사회자원으로 다문화교육하기	1
	다문화교육과 프로젝트 수업	1
	프로젝트 수업으로 다문화교육하기	1

한편, 다음에 제시된 표는 다문화교육 원격연수강좌가 개설된 기관 및 연수명을 소개한 것으로, 2013년 11월 중앙단위 연수원 4개와 시 · 도 교육연수원 17개 등 41개 원격교육연수원이 운영 중에 있으며, 다문화교육 강좌를 개설하고 운영하는 기관은 총 15곳이다(정희윤, 2014).

표 4-14 다문화교육 원격연수강좌 개설 기관 및 연수명

순번	기관명	연수명	시간(학점)
1	강원도 교육연수원	다문화학생 교육의 실제	30시간(2)
2	경상남도 교육연수원	다문화교육 이해하기	15시간(1)
3	광주광역시 교육연수원	다문화학생 교육의 실제	30시간(2)

4	대전 원격교육연수원	다문화학생 교육의 실제	30시간(2)
5	서울특별시 교육연수원	더불어 사는 삶을 위한 다문화교육 이해	15시간(1)
6	유니텔부설 원격교육연수원	국경 없는 교실을 위한 다문화교육	30시간(2)
7	인천광역시 원격교육연수원	다문화교육 이해하기	15시간(1)
8	전라북도 교육연수원	함께하는 다문화 이해	15시간(1)
9	제주 원격교육연수원 (탐라교육원)	함께 사는 세상 만들기 다문화교육	30시간(2)
10	중앙 교육연수원	다문화학생 교육의 실제	30시간(2)
11	충청남도 교육연수원	다문화교육 사이버연수	30시간(2)
12	티처빌 원격교육연수원	함께 사는 세상 만들기 다문화교육	30시간(2)
13	한국교원대 부설 종합교육 연수원	다문화교육의 이론과 실제	15시간(1)
14	한국교원연수원	함께하는 다문화교육	30시간(2)
15	한국교총 원격교육연수원	우리는 하나! 오손도손 교실속 다문화교육	30시간(2)

출처: 정희윤(2014).

다문화교육 원격강좌가 개설되고 운영 중인 원격연수 기관은 총 15개로, 시 · 도의 교육연수원 강좌가 9개로 가장 많았다. 또한 다문화교육 강좌 중 광주광역시 교육연수원, 대전 원격교육연수원, 강원도 교육연수원, 충청남도 교육연수원, 제주 원격교육연수원(탐라연수원) 이상 5개 연수원은 중앙교육연수원의 프로그램을 사용하고 있어(정희윤, 2014) 강좌 내용이 동일하였다. 다문화교육 원격연수강좌의 개설은 현재 상황에 맞게 개정되지 못하고 강좌가 처음 개설되었을 때의 과목들을 위주로 운영되고 있어 향후 많은 내용의 개선이 필요한 것으로 보인다.

2. 다문화 자격증 과정

다문화 관련 자격증은 주로 교육대학교를 통한 교육을 중심으로 취득이 가능하지만, 국가 자격증보다는 기타 사설기관이나 인터넷 등에서 획득할 수 있는 민간 자격증이 주를 이루는 것으로 나타났다.

대표적인 다문화 자격증으로 이중 언어강사, 다문화 언어강사, 다문화가정 상담사,

다문화 심리상담사, 다문화가정 복지상담사, 다문화가족 방문지도사 자격증을 소개하고자 한다.

1) 이중 언어강사

(1) 정의

이중 언어강사 자격증은 다문화 자격증 중에 가장 많이 알려진 대표적인 자격증 중의 하나로, 아동에게 다문화에 대한 이해를 돕고 다문화가정 아동들에게 한국 사회에 대한 적응 및 성취를 위한 교육 활동을 지원하는 자격증이다. 이중 언어강사는 다문화가정의 학부모 및 아동과 유치원 사이의 소통을 위한 교량적 역할을 수행하는 유아 다문화교육을 위한 전문 인력이다(김현영, 2012).

(2) 지원 자격

일반적으로 이중 언어강사의 지원 자격은 한국에 합법적으로 거주하는 외국인 또는 결혼이민자로서, 한국어와 출신국가의 언어를 능숙하게 구사할 줄 아는 전문대학 졸업 이상의 학력을 가진 사람이다. 경인교육대학교 다문화교육원의 이중 언어강사 지원 자격은 대만, 말레이시아, 몽골, 방글라데시, 베트남, 인도네시아, 일본, 중국, 태국, 필리핀 등의 지역 출신자로서 대졸 이상의 학력을 소지한 사람이며, 대한민국에 합법적으로 거주하고 있는 외국인으로 한국어가 능통한 사람이어야 한다. 또한 주 5일 전일제(9:00~18:00) 수업의 수강이 가능해야 하고, 교사 자격증을 소지했거나 한국어 및 한국학 관련 전공자, 한국어능력시험(TOPIK) 중급 이상자의 경우 가산점을 부여한다.

(3) 교육과정

이중 언어강사 양성과정의 교육과정은 교양 과정, 교직 과정, 전공 과정과 특강으로 구성되어 있다. 주로 교육대학교와 민간 기관을 통해 자격증을 획득할 수 있으며, 이중 언어강사 자격증을 획득할 수 있는 가장 대표적인 기관 중 한 곳은 경인교육대학교의 다문화교육원이다. 이 대학의 경기캠퍼스에서는 1기 이중 언어 강사 양성과정을 개설한 데 이어 현재 4기까지 양성과정을 개설 중에 있으며, 인천 캠퍼스에도 1기 이중 언어강사 양성과정을 개설하였다. 이 대학 교육원의 학사 일정은 1기의 경우 주 5일 전일제 수업(9:30~17:00, 22.5주, 총 900시간)으로 진행하였으며, 1학기에는 11주 동안 2학점씩 16과목을 이수하고, 2학기에는 11.5주 동안 2학점씩 20과목을 이수하여 총 900시간을 이수하도록 구성되었다. 4기는 주 5일 전일제 수업(9:30~17:00, 26주, 총 900시간)으로 진행되었으며, 1학기는 11주 동안 2학점씩 18과목(총 396시간)을 이수하고, 2학기에는11.5주 동안 2학점씩 18과목(414시간)을 이수하며, 특강 90시간을 이수하여 총 900시간을 이수하도록 학사일정을 구성하였다.

이 대학 교육원의 1기의 교육과정은 교양과목(8학점), 교직과목(4학점), 한국어과목(24학점)으로 구성되었으며, 특전으로는 교육비 전액을 무상 지원받을 수 있고, 교육과정 이수 후 경기도 산하 초등학교 이중 언어강사로 배치될 수 있다. 수료생 및 배치현황으로 결혼 이주민 여성 39명이 수료하였으며, 중국 20명, 일본 6명, 몽골 5명, 말레이시아 2명, 베트남 1명, 대만 1명 총 35명이 현장에 배치되었다.

표 4-15 경인교육대학교 다문화교육원의 이중 언어강사 교육과정(1기)

구분	1학기	학점	2학기	학점
교양	다문화교육과 한국 사회의 이해	2	한국 음악의 이해와 교육	2
	한국의 가정생활과 문화	2	한국 미술의 이해와 교육	2
	한국 무용의 이해와 교육	2	한국 문화 탐방 2	2
	한국 문화 탐방 1	2	한국 정치 이슈	2
교직	한국 학교 교육 체계의 이해	2	다문화가정 자녀를 위한 교수 · 학습 방법	2
	아동 심리와 상담 기법	2	다문화가정 자녀를 위한 수학 교수법	2
한국어	다문화 사회와 이중 언어 교육	2	한국어 교수 화법	2
	한국의 언어와 문화	2	이중 언어 교수법	2
	입문기 문자 지도	2	한국 아동 문학의 이해	2
	한국어 문법 1	4	글쓰기 지도	2
	한국어 교수법	2	한국어 문법 2	2
	한국어 듣기 · 말하기 1	4	한국어 교재론	2
	한국어 읽기 1	4	한국어 듣기 · 말하기 2	4
	한국어 쓰기 1	4	한국어 읽기 2	4
	수업 관찰	2	한국어 쓰기 2	2
	비교 문화 교육	2	수업 실습	4
	이중 언어교수를 위한 컴퓨터기초	2	이중 언어교수를 위한 컴퓨터 기초	2
	이중 언어교수를 위한 컴퓨터활용법	2	이중 언어교수를 위한 컴퓨터활용법	2

4기 교육과정은 교양과목(11학점), 교직과목(17학점), 한국어과목(8학점), 자격증과목(5학점), 특강으로 구성되었으며, 결혼 이주민 여성 39명이 수료하였으며, 중국 28명, 일본 1명, 몽골 2명, 대만 1명, 필리핀 2명, 라오스 1명, 베트남 4명으로, 총 39명이 현장에 배치되었다.

표 4-16 **경인교육대학교 다문화교육원의 이중 언어강사 교육과정(4기)**

구분	1학기	학점	2학기	학점
교양 과목	한국의 가정생활문화	2	문화비교를 통한 다문화교육	2
	한국 학교교육체계의 이해	2	음악을 통한 문화이해 교육	2
	컴퓨터를 활용한 수업자료 만들기	2	컴퓨터를 활용법	2
	한국의 전통문화와 현대사회의 이해	2	다문화가정 자녀상담의 실제	2
	다문화교육으로 본 Triz특강	2	한국문화탐방 특강	2
교직 과목	다문화 가족 상담	2	교직실습의 이해	2
	다문화교육 교수방법	2	수업지도안 활용법	2
	의생활을 활용한 다문화교육	2	이중 언어 교수법	2
	놀이를 통한 다문화교육	2	다문화가정 자녀를 위한 교수 · 학습방법	2
	수업관찰	2	수업지도안을 활용한 수업자료 만들기	2
	수업 설계 및 수업지도안 작성	2	협동학습을 통한 다문화교육	2
	교과서를 활용한 다문화교육	2	다문화가정자녀를 위한 수학교수법	2
	무용을 통한 다문화교육	2	수업실습	2
	다문화교육을 위한 교구제작 및 활용법	2		
한국어 과목	한국의 언어와 문화	2	한국어 말하기	2
	한국어 쓰기	2	전래동화를 활용한 다문화교육	2
	한국어 문법	2	다문화가정 자녀를 위한 한국어 교수법	2
			한국어 표현법	2
자격증 과목	미술상담심리-자격증 과정 1	2	미술상담심리 2	2
	동화구연-자격증 과정 1	2	동화구연 2	2
			다문화 전래 동화를 활용한 북아트	2

춘천교육대학교의 교육연구원에서 개설되는 이중 언어강사 양성교육(2012년)의 학사일정은 교직과목 10과목, 한국어과목을 8과목 이수해야 하며, 구체적인 교육과정은 다음과 같다.

표 4-17 춘천교육대학교 이중 언어강사 교육과정

구분	과목명	시수
교직과목	학생심리와 상담기법	10
	초등특수교육의 이해	10
	ICT 활용 교육	10
	다문화가정 자녀의 수학교수법	10
	다문화가정 자녀의 예술교육(체육, 미술, 음악)	4/4/4
	통합교육과정의 이해	8
	복식수업의 이해	8
	효과적인 수업진행 전략	8
	초등교육평가의 이해	8
	창의적 체험활동 및 방과 후 학교의 이해	6
한국어과목	한국어와 세계 언어의 비교	30
	한국의 언어 예절	15
	한국어의 표기법	45
	한국어의 문장 및 교수법	40
	한국 문학 II	40
	한국어 말하기 연습	20
	한국어 쓰기 및 교수법 II	30
	국어과 교육과정과 교과서 이해	20

표 4-18 춘천교육대학교 이중 언어강사 교육 하계 연수(2013)

강의	학습일시	학습 및 실습내용
1강	월 11:10	한국의 학교 교육 문화 이해
2강	월 14:10	한국 문학 교수법
3강	월 16:10	다문화 아동을 위한 상담
4강	화 09:10	'스토리텔링'으로 여는 초등 국어과 쓰기 교수법
5강	화 11:10	한국어 읽기 연습과 교수법
6강	화 15:10	다문화 아동을 위한 교사의 역할
7강	수 09:10	'스토리텔링'으로 여는 초등 국어과 쓰기 교수법
8강	수 11:10	한국어 읽기 연습과 교수법
9강	수 14:10	한국문학 교수법
10강	목 10:10	한국어 말하기 연습과 교수법
11강	목 13:10	한국어 문법 연습과 교수법
12강	목 15:10	한국어 발음 연습과 교수법

13강	금 10:10	한국어 말하기 연습과 교수법
14강	금 13:10	한국어 문법 연습과 교수법
15강	금 15:10	우리말 언어 예절

한편, 앞에 제시된 표는 춘천교육대학교에서 2013년 8월에 실시된 이중 언어강사의 하계 연수 내용이며, 다음에 제시한 〈표 4-19〉는 2014년에 실시한 이중 언어강사 양성교육 동계 연수 내용이다.

표 4-19 춘천교육대학교 이중 언어강사 양성교육 동계 연수

강의	학습일시	학습 및 실습내용
1강	월 11:10	한국어 문학교수법
2강	월 14:10	한국어의 어휘와 문법
3강	월 16:10	세계화 및 미래사회가 요구하는 인재
4강	화 09:10	'교육연극'으로 여는 초등 국어과 쓰기 교수법
5강	화 12:00	문양-흙과의 만남
6강	화 15:10	한국어의 어휘와 문법
7강	수 09:10	학급경영
8강	수 11:10	수업지도방법
9강	수 14:10	PPT 제작법 및 문서 작성법
10강	목 10:10	'교육연극'으로 여는 초등 국어과 쓰기 교수법
11강	목 13:10	다문화 아동을 위한 상담
12강	목 15:10	한국어 문학교수법
13강	금 09:10	생활지도의 실제
14강	금 11:10	교실 놀이

2) 다문화 언어강사

(1) 정의

'다문화 언어강사'는 다문화가정 아동을 위한 맞춤형 언어 교육을 지원하고, 다문화가정 어머니들의 고용 기회를 창출하는 목적으로 교육부가 주관한 다문화 자격증이다. 다문화 언어강사는 다문화가정 아동의 한글교육과 원어 교육, 상담과 통역 등의 역할을 수행하여 학교적응에 도움을 준다. 다문화 언어강사는 '산학 겸임교사 등'의 종류에 신설하여 산학 겸임교사, 영어회화 전문 강사와 같이 법적으로 지위를 인정받았다(양혜연, 2015).

(2) 지원 자격

경인교육대학교 인천캠퍼스 다문화 언어강사 1기 양성과정의 지원 자격은 대만, 말레이시아, 몽골, 방글라데시, 베트남, 인도네시아, 일본, 중국, 태국, 필리핀, CIS지역 등 출신의 대졸 이상 학력자로, 대한민국에 합법적으로 거주하고 있는 외국인으로 한국어가 능통한자이어야 하며, 주 5일 전일제 수업(9:00~18:00) 수강이 가능한 자이어야 한다. 교사 자격증 소지자, 한국어 및 한국학 관련 전공자, 한국어능력시험(TOPIK) 중급 이상자의 경우에는 가산점을 부여한다.

(3) 교육과정

경인교육대학교의 다문화 언어강사 양성 교육기간은 주 5일 전일제 수업(9:30~17:00, 22.5주, 총 900시간)으로 진행하며(2011년과 2012년 기준), 교육과정은 교양과목(9학점), 교직과목(13학점), 전공과목(9학점), 자격증과목(5학점)으로 구성되어 있다.

표 4-20 경인교육대학교 다문화 언어강사 양성교육과정

구분	1학기	학점	2학기	학점
교양과목	우표를 활용한 한국역사의 이해 한국의 가정생활과 문화 아동심리와 상담기법 한국 무용의 이해와 교육 컴퓨터의 기초	2 2 2 2 2	세계 아동문학의 이해 음악을 통한 문화이해 교육 컴퓨터 활용법(고급) 통번역 활용교육	2 2 2 2
교직과목	협동학습을 통한 다문화교육 수업설계 및 수업지도안 작성 한국 학교 교육체계의 이해 컴퓨터를 활용한 수업자료 만들기 마이크로티칭 수업관찰	2 2 2 2 2 2	다문화가정 자녀 지도 방법론 놀이를 통한 다문화교육 다문화교육을 위한 교구제작 및 활용법 다문화가정 자녀를 위한 수학 교수법 다문화가정 자녀를 위한 교수학습법 컴퓨터를 활용한 수업자료 만들기 수업관찰	2 2 2 2 2 2 2

한국어과목	한국어 교수법 한국어 쓰기 한국어 문법 한국어 표현론	2 2 2 2	한국의 언어 문화교육 이중 언어 교육의 이해 한국어 교수 화법 이중 언어 교수법 한국어 말하기	2 2 2 2 2
자격증과목	종이접기지도사 동화구연지도사 미술치료상담사	2 2 2	동화구연지도사 미술치료상담사	2 2

또한, 경인교육대학교 경기캠퍼스의 다문화 언어강사 양성과정 5기 교육과정기간은 2014년 5월~2015년 2월이며, 1학기는 20시간 15과목(300시간)을 이수해야 하고, 2학기에는 20시간 15과목(300시간)을 이수하여 총 600시간을 이수해야 한다.

춘천교육대학교의 동계 다문화 언어강사 연수(심화)는 2014년에 총 12강으로 실시되었으며, 교육목표는 지속적으로 증가하고 있는 다문화교육 및 이중 언어 교육을 실행할 수 있는 다문화가정 학생들이 기본적인 교육권을 보장받을 수 있는 여건을 마련할 뿐만 아니라 문화 감수성 및 글로벌 마인드를 함양하는 교육적 환경을 조성하는 것이다.

표 4-21 춘천교육대학교 동계 다문화 언어강사 연수교육과정

강의	학습일시	학습 및 실습 내용
1강	월 09:30	한국어 표기법
2강	월 12:30	도자 체험
3강	월 15:30	다문화 및 초등외국어의 수업 연구
4강	화 09:10	초등 국어교육의 실제
5강	화 13:10	한국어 표기법
6강	화 15:10	학생문제행동의 이해와 해결방안(심화)
7강	수 09:10	언어교육의 실제
8강	수 13:10	마음을 여는 인성교육의 이론과 실제(심화)
9강	수 15:10	학습부진아 지도 이론과 실제(심화)
10강	목 13:10	자기주도적 학습의 이론과 실제(심화)
11강	목 15:10	협동학습의 이론과 실제(심화)
12강	금 09:10	한국어의 문장

3) 다문화가정 상담사

(1) 정의

다문화가정 상담사는 이민자 혹은 외국인 근로자, 새터민 가족과 그들의 자녀들 중에서 우리나라에 적응을 잘하지 못하고 있는 외국인에게 도움을 주는 역할을 한다. 우리나라에서 차별대우와 적응 실패를 겪었거나 언어나 교육, 경제적인 면에서 문화적 차이로 인해 발생하는 사회문제와 심리적 갈등을 해소시켜 주는 역할을 하는 직종이다. 다문화가정 상담사의 취업처는 다문화가정 시설이나 지자체, 상담실, 외국인 노동자 인권센터, 자원봉사자, 아동상담센터, 건강가정지원센터 등이다.

(2) 교육과정

다문화가정 상담사의 자격증을 획득하기 위해서는 1차 필기시험 후에 2차 실무시험을 거쳐야 하며, 필기시험 과목으로는 다문화가족복지론, 상담 및 심리치료, 아동생활 지도론, 인간 관계론이 있으며 구체적인 내용은 〈표 4-22〉와 같다.

표 4-22 다문화가정 상담사 자격을 위한 시험 과목 및 평가 내용

구분	시험 과목	평가 주요 내용
1차 필기시험	다문화가족복지론	다문화가족과 사회복지의 개념, 현대사회의 다문화문제, 다문화가족과 의사소통, 스트레스 해소 등 다문화가정 복지총론에 관한 전반적인 내용
	상담 및 심리치료	다문화가족상담 및 치료개요, 다문화가족상담 과정의 초기 · 중기 · 종결, 구조적 의사소통 가족치료이론, 해결중심 가족치료, 유형별 다문화가족 문제 상담 등 가족상담 및 치료의 전반에 관한 사항
	아동생활지도론	다문화가족의 아동상담, 아동의 성장환경, 문제 행동별 상담접근 방법과 생활지도 등에 관한 내용
	인간관계론	인간관계에 관련한 인간관계전반에 관한 내용
2차 실무시험	가족상담 및 심리검사 실무	다문화가정 상담 관리 및 행동수정 프로그램, 다문화가정 아동의 학업문제 관련 검사, 아동의 심리측정 및 검사 실시, 다문화가정 교육 프로그램 활용 등 실무

4) 다문화 심리상담사

(1) 정의

다문화 심리상담사는 현대사회에서 다양한 문화를 가진 사람들 간에 겪을 수 있는 언어나 가족관계, 경제 등의 문제들과 관련하여 문제의 발생 원인을 알아보고 해결하도록 도움을 주는 역할을 하는 직종이다. 이러한 도움을 통해 가정 및 사회, 학교에 잘 적응할 수 있도록 하고 삶의 질을 높일 수 있도록 상담 및 다양한 프로그램을 활용하여 도움을 주는 전문가이며, 한국자격 중앙협회가 시행하는 민간자격증이다.

(2) 지원 자격

지원 자격으로 2급의 경우는 만 18세 이상이고 학력이나 경력의 제한이 없지만 1급의 경우에는, 첫째, 상담심리, 교육심리, 청소년상담 관련 석사 이상의 졸업자나 졸업 예정인 자이거나, 둘째, 상담 관련 학사이상인 자로 다음에 제시된 상담 관련 과목 중 3과목 이상을 이수한자(심리치료이론, 교육심리, 심리평가, 상담사례실습 및 지도, 상담방법, 집단상담, 아동상담, 가족상담, 상담면접) 혹은 협회 지정 교육기관에서 4과목 이상 온라인 강의 이수자가 지원 가능하다.

(3) 교육과정

다음에 제시되는 〈표 4-23〉은 다문화 심리상담사의 온라인 교육과정이며, 다문화 심리상담사 과목을 이수하고, 4주의 실습을 한 후에 다문화 가족복지론과 상담심리학, 아동생활지론과 부부치료, 다문화 심리상담 지도 및 상담의 실제 과목의 시험을 통해 자격증을 획득할 수 있다.

표 4-23 다문화 심리상담사의 온라인 교육과정

과목	직무교육내용	강의
다문화 심리상담사	간편 MMPI 실제와 해석-1, 2 인성진단검사 실제와 해석(16PF) 성격검사의 실제와 해석(KAE 애니어그램) 다문화 상담의 이해 다문화 진로상담 다문화 가족상담 이론과 실제 부부심리상담의 실제	8강

표 4-24 **다문화 심리상담사의 현장실습 교육 주제**

주차	교육주제	시간
1주차	심리검사 적용에 대한 이해, 심리검사의 적용대상 구분하기, 투사심리검사의 이해, 투사검사의 활용과 해석 적용	4
2주차	현장적용에 필요한 상담이론에 대한 이해, 상담이론별 상담기법, 성격검사의 이해, 성격검사의 활용과 해석 적용	4
3주차	지능검사와 다지능검사의 활용과 해석 적용, 기타 심리검사의 활용과 해석 적용, 학습검사의 활용과 적용대상, 학습검사 실습 체험과 해석 적용	4
4주차	상담 진행의 기본과정과 진행기법, 아동 · 청소년 상담진행 기법의 실제 적용 및 유의사항, 효과적인 학부모상담 진행기법, 상담진행 및 상담실 운영 실제	4

표 4-25 **다문화 심리상담사 자격시험 합격 기준**

시험 과목	합격 기준
다문화가족복지론 상담심리학 아동생활지도론 부부치료	과락 40점, 평균 60점 이상 절대 평가
다문화심리상담 지도 및 상담의 실제	평균 60점 이상 절대 평가

5) 다문화가정 복지상담사(1급)

(1) 정의

우리사회는 국제결혼의 증가, 외국노동자의 수가 증가하면서 다문화 시대에 접어들었고, 이러한 사회의 변화로 인해 다문화가정의 가족들이 언어, 가족관계, 결혼, 문화 등의 문제를 겪게 되는 경우가 많아 사회통합의 필요성이 대두되고, 함께 공존할 수 있는 방법을 모색해야 하는 시기에 와 있다. 이러한 상황에서 다문화가정의 가족들이 겪고 있는 언어, 교육, 경제, 문화의 문제 및 심리적 갈등해결에 도움을 주고, 가정 및 사회, 학교에 잘 적응하도록 전문상담을 해 주는 사람을 '다문화가정 복지상담사'라 한다. 자격증 획득시 다문화지원 정부기관과 지방자치 단체들의 다문화 관련 부서, 학교의 다문화 연구센터, 사회복지기관 등에 취업이 가능하다.

(2) 교육과정

다문화가정 복지상담사의 교육과정은 총 30회기로 구성되어 있으며, 세부 내용은 다음과 같다.

표 4-26 다문화가정 복지상담사의 교육과정

1강	다문화가정복지상담사의 역할	16강	필리핀
2강	다문화사회통합 이론	17강	중국, 일본
3강	외국의 사회통합정책	18강	태국, 베트남
4강	다문화사회에 대한 이해	19강	다문화 가족상담 이해와 특징
5강	우리나라의 다문화사회통합 정책	20강	다문화 가족상담 이론 1
6강	이주민 삶의 이해	21강	다문화 가족상담 이론 2
7강	다문화가정의 자녀교육	22강	다문화 가족치료 1
8강	동시를 통한 감성치료	23강	다문화 가족치료 2
9강	독서인성교육 실제	24강	결혼이주여성 가정폭력상담 사례
10강	글쓰기 교육	25강	국제결혼 부부의 이혼원인과 대안
11강	독서치료 개념과 원리	26강	다문화 기관 및 프로그램
12강	독서치료 과정과 방법	27강	다문화복지 프로그램
13강	독서치료 자료와 다양한 표현활동	28강	다문화시설 방문을 통한 비전클리닉
14강	그림책과 다문화 독서치료	29강	문화복지정책
15강	몽골	30강	문화복지를 통한 삶의 질 향상

6) 다문화가족 방문지도사

(1) 정의

다문화가족 방문지도사는 다문화가정을 방문하여, 다문화가정의 어머
대상으로 한국어 교육과 부모교육, 자녀 교육 등을 하는 것으로, 이
업은「다문화가족지원법」제6조 '생활 정보제공 및 교육지원'에
문화가정의 경제적인 어려움과 지리적 접근성의 문제로 인해
프로그램을 직접 방문하여 교육받기가 어려운 경우를 대
은 여성부에서 주관하고 다문화가족 지원센터에서
통합서비스로 전문자격을 갖춘 방문지도사를 배
구원, 2009).

(2) 지원 자격

지원 자격으로는 교육내용에 따라 한국어 교육지도사와 가족생활 지도사(2012)가 있으며, 한국어 교육지도사의 자격은 한국어교원 3급 이상 자격 소지자이거나, 「국어기본법」에 의한 한국어 교원양성과정 120시간 이수자로서 정부기관 및 시민단체 등에서 이민자를 대상으로 하는 한국어 교육 경력 120시간 이상이어야 한다. 또한 가족생활 지도사의 교육과정으로는 아동복지학, 아동가족학, 유아교육학, 보육학, 가족복지학, 사회복지학 전공자 또는 보육교사, 교원(유치원교사 포함), 건강 가정사의 자격이 있어야 하며, 가족생활지도사는 부모교육과 자녀생활교육을 담당한다(방현희, 2013).

(3) 교육과정

방문지도사의 교육과정은 한국어 교육지도사와 가족생활 교육지도사로 구분되어 자격 및 직무가 상이하며 세부적인 내용은 〈표 4-27〉에 제시되어 있다.

표 4-27 다문화가족 방문지도사(한국어 교육지도사, 가족생활 교육지도사)의 자격 및 직무

구분	자격	직무
한국어 교육 지도사	• 「국어기본법」 시행령에 따른 한국어교원 3급 이상 자격 소지자 • 「국어기본법」에 의한 한국어교원양성과정 120시간 이수자로서 이민자 대상으로 120시간 이상 한국어교육 경력 확인자	입국 5년 이하의 결혼이민자와 중도입국자녀에게 한국어 교육
가족생활 교육 지도사	아동복지학, 아동가족학, 유아교육학, 가족복지학, 사회복지학, 보육학 전공자 교원(유치원교사 포함), 보육교사, 건강가정사의 자격 소지자	• 부모교육: 12세 미만 자녀가 있는 결혼이민여성을 대상으로 생애주기별 아동양육 지도 • 자녀생활교육: 만 3~12세의 다문화가족자녀에게 생활교육

다문화가족 방문지도사의 양성교육체계는 공통영역과 전문영역으로 구분되며 그 내용은 〈표 4-28〉과 같다.

표 4-28 **다문화가족 방문지도사 양성교육체계**

<table>
<tr><th colspan="3"></th><th>양성교육</th></tr>
<tr><td colspan="3">공통영역</td><td>다문화사회 이해, 사업 및 방문교육지도사 역할 이해, 다문화가족 상담</td></tr>
<tr><td rowspan="3">전문 영역</td><td colspan="2">한국어교육 지도사</td><td>읽기, 쓰기, 말하기, 듣기 등</td></tr>
<tr><td rowspan="2">가족 생활 교육 지도사</td><td>부모 교육</td><td>부모교육, 부모자녀 관계증진, 육아 관련 정보 제공 등</td></tr>
<tr><td>자녀 생활 교육</td><td>자녀학습지원 코칭의 이해, 아동발달의 이해 등</td></tr>
</table>

출처: 방현희(2013).

또한 민간기관을 통해 다문화가족 방문지도사의 자격을 획득하기 위해서는 1차 오프라인 과정으로 35시간, 2차 온라인과정으로 60시간, 3차 오프라인 과정으로 38시간을 이수하여 총 133시간을 이수해야 하며, 이론 시험 80%와 실습 20%로 평가되어 자격증을 획득할 수 있다. 수강 과목 및 시간은 강의식 수업(16시간), 수업 참관(8시간), 모의 수업(실습평가 포함, 12시간), 종합시험(2시간)으로 구성되어 있으며 세부적인 내용은 〈표 4-29〉와 같다.

표 4-29 **민간기관의 다문화가족 방문지도사의 양성 교육과정**

차수	이수과목	이수시간
1영역 한국어학	한국어의 특징	3
	한국어학개론	3
	한국어 어문법	4
	한국어 음운론	4
	한국어 어휘형태론	4
	한국어 문법론	5
	한국어 회용론	4
	한국어사	2
2영역 일반언어학 및 응용언어학	대조 언어학	4
	외국어 습득론	4
	사회 언어학/응용 언어학	2
3영역 외국어로서의 한국어 교육론	한국어 교육개론	2
	한글교수법	2
	한국어 발음교수법	4
	한국어 문법교수법	4

	한국어 어휘교수법	4
	한국어 말하기 교수법	4
	한국어 듣기교수법	4
	한국어 읽기교수법	4
	한국어 쓰기교수법	4
	한국어 교육과정론	4
	한국어 교재개발실습	2
	언어교수이론	4
	한국어 평가론	3
	한국어 교수학습 설계 1	3
	한국어 교수학습 설계 2	2
	한국문화 교육론	3
4영역 한국문화	외국인을 위한 한국 사회문화의 이해	4
	한국 다문화사회의 이해	2
	한국 문학의 이해	4
	한국 역사의 이해	4
5영역 한국어 교육 실습	강의 참관	8
	모의 수업	12
평가	종합시험	2
총 수강시간	133시간(34과목)	

참고문헌

김현영(2012). 유아이중 언어강사의 직무만족도와 다문화 교수효능감 연구. 서울교육대학교 교육대학원 석사학위논문.

누리 세종학당(2010). 다문화가족 방문지도사 양성 과정. http://www_test.sejonghakdang.org/nuri/sjt/online/SJT_OnlineVisitCourseL

모경환(2009). 다문화 교사교육의 현황과 과제. **한국교원교육연구**, 26(4), 245-270.

방현희(2013). 다문화가정 방문교육지도사의 역량 강화 방안 연구. 인하대학교 일반대학원 석사학위논문.

서현, 이승은(2009). 다문화 관련 유아교사교육 프로그램 개발을 위한 기초연구. **열린유아교육연구**. 14(4), 89-116.

양혜연(2015). 다문화언어강사가 초등학생과 초등교사의 다문화 인식에 미치는 영향. 경인교육대학교 교육전문대학원 석사학위논문.

엄수정, 원종례(2012). 다문화 교사교육 관련 연구 동향 분석 및 연구 방향 제시. 유아특수교육연구, 12(4), 51-80.

이재분(2008). 다문화 가정 자녀 교육실태 연구. 한국교육개발원.

정지언(2014). 예비보육교사를 위한 다문화교육 프로그램의 구성 및 적용 효과. 한국영유아보육학. 87, 1-28.

정지현(2014). 미디어리터러시 접근법을 활용한 소그룹 다문화 유아교사교육 프로그램 개발 연구. 어린이문학교육연구 15(2), 309-337

정희윤(2014). 다문화교사교육 원격연수프로그램 내용 분석. 서울교육대학교 교육전문대학원 석사학위논문.

최충옥, 모경환(2007). 경기도 초 · 중등 교사들의 다문화적 효능감에 대한 조사 연구. 시민교육연구, 39(4), 163-182.

최현정(2011). 유아교사를 위한 다문화교육 연수프로그램 구성 및 적용 효과. 중앙대학교 대학원 박사학위논문.

한경진(2011). 다문화교육을 위한 초등학교 교사교육 방향탐색 연구. 대진대학교 대학원 박사학위논문.

한국보건사회연구원(2009). 다문화가족의 증가가 인구의 양적 · 질적 수준에 미치는 영향(2009-34-1). 서울: 한국보건사회연구원.

Banks, J. A. (1994). Transforming the mainstream curriculum. *Educational Leadership, 51*(8), 4-8.(ERIC Documentation Reproduction Service No. EJ508257).

Derman-Sparks, L.(1989). *Anti-bias curriculum: Tool for empower young children*. Washington D.C.: National Association for the Education of Young Children.

국외 다문화 교사교육

경제적, 교육적, 정치적인 다양한 이유로 인해 많은 사람들이 자신이 태어난 나라에서 다른 나라로 이동하는 국가 간 이주 현상은 우리나라만이 아닌 세계적인 현상이며 이로 인해 각 나라의 학교에는 다른 언어와 문화를 가진 학생의 비율이 증가하고 있다. 우리나라도 현재 전체 학생 중 다문화 학생이 약 2%를 차지하고 있으며 이 비율은 점점 증가하고 있다. 예비 교사의 대부분은 사회의 중상층 이상 출신으로 대학의 교사 육성 과정은 이런 중상류 계층의 교사가 중상층 학생을 대상으로 교수할 수 있는 능력을 개발하는 데 초점이 맞추어져 있다(Dilworth, 1992). 그래서 다른 나라에서 이주해 와서 주류문화에 속하지 못하는 학생에 대한 교사의 이해도는 낮으며 이들 학생의 필요를 충족시키기 어렵다(백목원, 하명진, 2016; 이경숙, 이신동, 2016; 하혜숙, 2011). 사회의 중상층 및 주류 문화 중심의 전통 교사교육이 사회의 이러한 인구 구성 변화에 맞추고 모든 학생의 형평한 교육기회 제공 요청을 충족하기 위해서는 변화가 필요하다.

다문화교육의 기본 내용은 평등교육, 교육과정 개혁, 다문화적 능력, 사회정의를 향한 교육이다. 다문화교육이 학교에서 실현되려면 교사가 문화적 차이를 이해하고, 자신의 문화적 정체성 및 다른 문화에 대한 자신의 인식 정도를 깨달으며, 다른 문화나 가치에 대해 존중하고 차별 없이 대할 수 있는 교사의 역량이 중요하다(장인실, 2008;

Gay, 2005). 세계 각국은 다양한 문화와 언어, 인종, 종교를 가진 학생이 학교 환경에 잘 적응하고 대비할 수 있도록 다문화 교사교육을 실시하고 있다. 다문화 교사교육과정의 내용은 교사가 다양한 문화를 가진 다양한 학생을 공평하게 대할 수 있으며, 사회, 역사, 교과영역을 주류 사회의 관점뿐만 아니라 비판적 관점에서 볼 수 있으며, 교육과정을 변혁하여 다양한 문화도 공평하게 수용하여 가르칠 수 있으며, 다문화 사회에 다문화 학생들이 자신의 정체성을 확립하고 다른 문화나 사회의 가치를 존중할 수 있도록 교육하는 것을 포함한다. 다문화 교사교육은 학생을 가르치기 전에 교사 자신이 가진 인종적, 문화적 편견을 깨닫고 편견을 감소시키며, 자신의 정체성을 바르게 세우는 자기성찰로부터 시작된다. 그리고 다른 문화에 대해 열린 태도를 가지며, 다양한 문화 집단에 대한 지식, 민족 집단 간 다양성의 인정 등을 포함한 교사의 문화적 역량을 육성한다. 또한 교사로서 가져야 할 다문화적 교수 · 학습 능력 및 자료 개발 능력, 소수자 학생에 대한 배려와 다문화적 문제 상황해결 능력, 다문화 학급 환경에서의 실습 경험을 내용으로 한다(모경환, 2009; McGregor & Ungerleider, 1993). 이 장에서는 미국, 캐나다, 호주, 영국, 독일, 일본, 중국에서 실시하는 교사 및 예비 교사를 위한 다문화 교사교육에 대해 살펴보고자 한다.

1. 미국

미국은 1960~1970년대부터 다문화교육을 위한 교육과정 개정에 매진해 왔으며 교원 양성기관에서는 다문화교육 관련 강좌를 확대하며 학교 현장 교사의 다문화 소양 함양을 위한 직무연수를 실시하고 있다(최윤정, 2016). 미국은 다문화 배경을 가진 학생의 학교 생활적응과 백인 학생과의 학력격차를 좁히기 위해 제2외국어로서의 영어(ESL)교사, 다문화교육을 실시할 수 있는 교사교육과정 개설 및 평가 기준을 마련하고 있다. 1999년 국가교원교육인증위원회(National Council for Accreditation of Teacher Education: NCATE)는 우수한 예비 교사를 선발하여 다문화교육 관련 내용을 배울 수 있도록 기준을 설정하고 있으며 또한 다문화 학생에 대한 이해를 가질 수 있도록 사례 중심 수업이나 현장 경험을 권장하고 있다(장인실 외, 2012). 이로 인해 미국의 교사양성 대학의 다수는 다문화교육을 필수 과목으로 지정하고 있다.

1) 국가교원교육인증위원회(NCATE, 2008)의 다문화 이해에 대한 교사 기준안

2008년 국가교원교육인증위원회(NCATE)가 제정한 교사인증을 위한 기준안은 6개 분야로 구성되어 있으며, 교사의 자격 조건과 세부 내용을 제시하고 있다. 이 중 네 번째 기준은 다문화교육에 있어 교사가 가져야 할 역량 기준을 제시하고 있다. 기준안 내용을 살펴보면, 예비 교사나 교사는 다양성을 존중하는 교실 환경과 학교 분위기를 증진하는 수업을 진행할 수 있어야 하며, 어떠한 문화적 배경을 가진 학생이든지 함께 어울리며 교수할 수 있는 역량을 가지고 있어야 한다. 예비 교사는 다양한 인종, 성, 문화 배경을 가진 대학 교수로부터 수업을 들음으로써, 그리고 다양한 배경을 가진 사람들과 함께 활동한 경험을 가짐으로써 소수 민족이나 소수 인종계 학생 또는 특수 교육이 필요한 학생을 대상으로 가르칠 수 있는 기반을 가지고 있어야 한다. 또한 실습과 체험학습을 통해 다양한 문화, 인종, 특수 학생과 함께하는 시간을 가져야 한다. 이 기준은 미국 학교에서 소수 민족 학생의 비율이 백인에 비해 전체적으로 증가하고 있지만 교사의 대부분은 중류층 백인 여성으로(Martinovic, Windle, & Dlamini, 2007) 소수계 교사의 수가 적은 현실과(Assaf, Garza, & Battle, 2010) 다문화 학생에 대한 교사 인식과 적응에 대한 높은 필요성을 반영하고 있다.

국가교원교육인증위원회의 기준안은 예비 교사들이 수강하는 대학교나 대학원 수업에 반영되고 있다. 텍사스 A&M 대학교는 예비 교사들이 소수인종계 학생의 가정을 한 학기 동안 일주일에 1회씩 방문하는 사전 현장실습 과정을 필수과목으로 운영하고 있다. 이 과정을 통해 예비 교사는 정식 교사가 되기 전에 다문화 학생 및 가정에 대한 사전 체험을 하게 된다. 사전 체험과정으로 문화가 다른 해외 지역을 방문하는 실습 과정을 실시하는 대학도 있는데, 인디애나 대학교의 '문화몰입 프로젝트', 미중서부 대학들 중심의 '온두라스 프로젝트'(정윤경, 2013), 우리나라 경인대학교와 세인트크라우드 주립대학교 간의 예비 교사 상호 현장 방문 프로그램이 그 예이다. 브라이엄영 대학교의 경우 중국, 피지, 멕시코 등 미국과 다른 환경을 가진 곳에서 예비 교사가 최소 3개월 정도 새로운 문화 경험을 가질 수 있는 해외 교생실습 과정을 개설하고 있다. 프로그램에 참여하는 예비 교사는 해외 생활을 통해 미국에서의 소수 인종계 학생들을 이해하고 사회적 상호작용을 할 수 있는 방법을 습득한다(서혜애, 권오남, 남정희,

이봉우, 2011). 이러한 프로그램은 예비 교사가 졸업하고 학교현장에 들어가기 전에 자신의 문화와 다른 지역을 접촉하며 경험함으로써 교사 자신의 문화 정체성을 인식할 뿐 아니라 다양한 문화에 대한 공감능력 증진 및 상황과 맥락에 적합한 지식을 갖춤으로 다문화 적응적 교육과정을 운영할 수 있는 역량을 계발하게 된다(정윤경, 2013)

국가교원교육인증위원회(2008)의 기준안에는 제2외국어로서의 영어(ESL) 교육에 대한 기준도 마련되어 있다. 이 기준에서 이중 언어강사는 언어가 의사소통과 상호작용을 위한 심도 깊고 복잡한 체계인 것을 이해하며 학생의 문화 정체성이 언어와 학습 발달에 있어 미치는 영향을 이해하고 학생의 학습 성취를 돕는 역할을 하도록 명시하고 있다.

2) 학부나 대학원의 다문화 교사교육과정(Multicultural Teacher Education: MTE)

미국 대학과 대학원에서는 예비 교사가 다문화교육에 대해 적응하고 실천할 수 있도록 다문화교육과정을 개설하고 있다. Gorski(2009)는 개설된 수업 중 예비 교사를 대상으로 하는 51개의 다문화교육 수업 계획안을 수집하여 내용을 분류하였는데, 대학에 개설된 다문화교육과정 내용을 특성별로 정리하면 다음과 같다.

첫째, 보수적 다문화교육이다. 전체의 16%가 이 범주에 속하는데, 다른 문화, 다른 언어에 대해 교사가 이해하고 다른 문화를 가진 학생이 기존의 교육 체계 안에 동화하도록 돕는 것을 목적으로 한다. 이것은 Banks의 다문화교육의 네 가지 접근 중 기여적 접근과 유사하다.

둘째, 진보적 다문화교육으로서 문화적 민감성과 관용을 가르친다. 교사 개인이 가진 선입견, 편견을 반향적 사고를 통해 검토하며, 다양성에 대해 민감하고 차이에 대해 관용할 수 있는 교사 역량을 육성한다. 하지만 이 단계는 교육적 형평성에 대해 관심을 가지지는 않는다. 조사된 수업 중 57.8%가 예비 교사들에게 문화적 민감성과 관용, 자신이 가진 문화적 편견에 대한 반향적 사고를 수업시간에 다루고 있다.

셋째, 진보적 다문화교육으로 다문화 역량을 가진 교사 육성을 목표로 하는 수업이다. 문화 반응적 교수, 문화 적절성을 가진 수업 내용을 제공함으로 학생의 다양한 학습 필요를 충족시킬 수 있는 다문화교육과정과 교수전략에 대한 지식과 실천기술을 내용으로 한다. 조사된 수업 계획안의 28.9%가 여기게 해당된다.

넷째, 비판적 다문화교육으로 사회 · 정치적 맥락 속에서의 교수이다. 개인이나 집단 간의 관계가 아닌 제도적 차원에서 교육 정책이나 교육 실행을 비판적으로 분석하며 학교를 사회 · 정치적 맥락 속에서 생각해 본다. 교육적 불공평과 사회적 불공평의 연계성에 대해 논의하며 사회적, 역사적, 철학적, 정치적 권력이 학교 교육에 어떤 영향을 미치는지를 분석한다. 사실적 내용보다는 사회적, 정치적 맥락에서 내용에 대한 비판적 사고를 중심으로 한다. 28.9%의 강좌가 여기에 해당된다.

다섯째, 비판적 다문화교육으로 저항과 반패권주의이다. 비판주의를 기반으로 사회 · 정치적 맥락에서 교육을 이해하는 내용은 사회 · 정치적 맥락 속에서의 교수와 공통적이다. 하지만 교육은 사회 주류 집단과 정치적, 경제적, 문화적 관계를 형성하고 있기 때문에 다문화교육은 권력을 가진 주류 집단에 대해 저항하여 학교 및 사회의 변화를 가져온다고 보는 내용은 사회 · 정치적 맥락 속에서의 교수와 차이가 있다. 이는 Banks의 변혁적 접근, 사회적 행동 접근과 유사하다. 6.7%의 강좌가 여기에 해당된다.

미국 대학 내 다문화 교사교육에서는 다양한 나라의 음식, 의복, 언어에 대해 배우는 보수적 다문화교육이 차지하는 비율은 낮다. 대신 절반 이상의 프로그램은 교사가 주류 문화를 포함하여 모든 문화를 동일하게 대하는 평등, 사회 정의, 관용에 대해 자신이 가진 태도를 반향적으로 사고해 볼 수 있는 기회를 제공하는 진보적, 비판적 다문화교육을 내용으로 하고 있다. 구체적으로 몇몇 대학별 교사교육 프로그램 사례를 보면 다음과 같다.

표 5-1 미국의 9개 대학 다문화교육 과정과 내용

기관명	개설 학과(프로그램) 명칭	특징
워싱턴 주립대학교	교육과정학과의 '다문화교육센터'	-교과교육 전문가이면서 다문화교육에서도 전문성을 지닌 교사 및 전문가 양성을 주 목적으로 함(석박사과정) -교육학과 다문화교육에 관련된 내용과 미국 내 다양한 민족과 인종에 대한 인문학적 지식을 강조 -교과교육의 전문성 함양을 위해 교육대학 외부에서 교과전공 과목 이수 과정 포함

애리조나 주립대학교	'언어, 독해, 문화' 학과	–해당 학과 내에는 '이중 언어 교육' 'ESL 교육' '다양성과 사회 정의'전공이 석박사과정으로 개설 –'다양성과 사회정의'에서는 교육에서의 비백인 및 소수 민족에 대한 평등과 정의를 강조
오스틴 텍사스 주립대학교	'교육과정' 학과의 '교육 문화 연구'	–다문화적 환경에 처해 있는 학교에서의 평등과 사회적 정의 고취를 목적으로 하는 교사 및 전문가 석박사과정 개설 –교육인류학, 라틴계 및 아프리카계교육, 이중 언어 교육 등을 교육과정으로 포함
UCLA	'교육과 정보 연구 대학원' 과정의 '교사교육프로그램'	–다문화교육을 위한 학과가 개설되지는 않았으나 다문화적 환경에 처한 교육 현장에서의 문화적 다양성을 다루는 과목을 개설
컬럼비아 대학교	사범 대학교의 '이중 언어/이중문화 교육'	–소수 민족 아동의 언어교육과 관련된 교수 · 학습 과정을 주된 교육과정으로 개설 –다문화적 교실 상황을 문화적 관점에서 조명하는 '문화 간 커뮤니케이션과 교실 생태학'이라는 강좌를 개설 –전공구분 없이 모든 교직과목에 다문화 시각과 세계 시민적 자질 함양을 교육과정 내용으로 포함
퍼듀 대학교	'문해와 언어 교육'	–언어 교육학과이므로 주로 언어의 교수 · 학습, 문해능력에 대한 강의가 대부분이나, '다문화교육–다양성'이라는 과목을 개설
위스콘신 주립대학교	'교육과정' 학과	–특별히 다문화교육만을 위한 프로그램은 개설되어 있지 않으나 대학원 과정의 연구 영역의 하나로 '다문화교육'을 개설 –정형화된 교육과정은 다문화교육이 목표로 하는 다양한 시각 형성에 방해가 되므로 유동적인 교육과정 강조
북애리조나 대학교	초등교사 양성 학부과정의 심화전공과정 중 '내용중심 다문화교육'	–학부 졸업자들이 다문화교육으로 심화전공을 이수할 수 있도록 개설된 프로그램 –졸업이수학점 120학점 중 최소 18학점을 다문화교육 관련 강의를 이수해야 함 –다문화교육 심화과정으로 개설된 프로그램에서는 언어교육을 강조하면서 소수 민족의 역사적 문화적 맥락에 대한 이해를 강조
알래스카 주 교육부	교사 전문자격증	–알래스카 주의 경력 5년차 교사를 대상으로 하는 프로그램 –알래스카 주 6개 대학에서 5년 동안 다문화 관련 강의를 60시간 이수하면 알래스카 교육부에서 '전문교사자격증'이라는 자격증을 수여함 –다문화 사회에 대한 일반적 이론과 알래스카 원주민의 역사와 언어, 문화를 내용으로 포함

출처: 심봉섭, 모경환, 이경수(2008), pp. 10-11.

(1) 워싱턴 대학교의 다문화 교사교육과정

다문화교육의 대표 학자인 James Banks 교수가 있는 워싱턴 대학교 사범대학에서는 다문화교육 전공의 석사, 박사 학위 과정이 개설되어 있으며, 대학 내의 다문화교육센터가 운영을 맡고 있다. 워싱턴 대학교의 다문화교육 전공 교육과정은 특정 소수 민족 집단에 대해 전문성을 가질 수 있도록 하고 있어, 학생들이 미국 내의 소수자 집단인 북미원주민 인디언, 아시아계 미국인, 아프리카계 미국인, 멕시코계 미국인, 유태계 미국인 중 2개 집단을 선정하여 전공하도록 하고 있다(심봉섭 외, 2008; 전희옥, 2012). 교육과정은 다문화교육과 이중(다중) 언어 교육으로 구분이 된다. 개설된 강좌 중 다문화교육개론과 같은 기초 과목은 예비 교사들이 필수적으로 수강하도록 정해져 있다. 이중 언어 교육에서 소수인종계 출신의 작가가 집필한 문학작품이나 문헌 자료를 활용한 강의, 교실에서의 다문화 문학, 읽기교수를 위한 자료: 어린이와 청소년 문학, 유색인 저자에 대한 수업을 통해 소수 인종계의 문학을 활용한 수업을 진행하고 있다(전희옥, 2012). 소수 민족의 문학 작품을 수업에 활용하는 법을 수업 강좌로 하는 이유는 소수 민족 또는 소수 인종의 문학을 교육 내용으로 수업을 할 때 소수 민족 학생의 자신감과 자아 정체성이 향상되며 학업 성취와 언어 능력에서도 향상 되는 것으로 보고되고 있기 때문이다.

표 5-2 워싱턴 대학교의 다문화교육과정 내용

과목	세부 하위 영역
다문화교육 환경과 교사의 역할 다양한 민족적 · 인종적 · 언어적 배경을 지닌 학생들이 혼재한 학교 환경에 대해 탐구할 수 있는 기회를 제공하는 항목	① 사회정의 및 교육적 평등 영역: 민족적 · 인종적 · 언어적 소수자 학생들이 학업 성취에서 지체를 보이는 문제를 교육적 형평성의 관점에서 반드시 해결해야 할 과제로 인식하자는 과목 ② 다문화 교실환경에서의 교수법/다문화교육 입문: 주류 학생들과 소수자 학생들이 혼재하는 교실 환경에서 어떻게 가르쳐야 할 것인지에 대한 교수법 영역 ③ 반편견 관용 교육: 문화적 편견을 최소화할 것을 목표로 하는 문화 간 이해 교육 영역
소수자 이해 민족적 · 인종적 · 언어적 소수자들에 대한 이해와 민족성을 이론적으로 탐구해 보도록 하는 영역	① 소수 민족의 문화 이해하기: 소수자들의 역사, 문학, 저항 운동의 역사 등에 대한 지식을 다루는 영역 ② 민족성 또는 인종, 문화 등에 대한 이론: 민족성 및 인종에 대한 제 이론을 탐구하는 영역

소수자를 위한 교육 미국 학교 내에 존재하는 소수자들(minority)을 위한 교육 영역으로, 미국에서는 소수자들을 다시 세분화하여 그들을 위한 교수법을 이중 언어(bilingual) 학생들을 위한 교수법과 제2외국어로서 영어를 사용하는 학생(ESL)을 위한 교수법으로 분류함	① 언어적 소수자들을 위한 일반적인 교수법 및 상담법 ② 소수자와 학교 현장 ③ 소수자들의 영어(언어) 습득을 위한 교수법 및 이론 ④ 소수자들의 읽고 쓰기(리터러시) 능력 함양을 위한 교수법 및 이론

출처: 심봉섭, 모경환, 이경수(2008), pp. 15-24를 재구성.

(2) 제임스 메디슨 대학교의 '다문화 초등교육' 과목

제임스 메디슨 대학교의 '다문화 초등교육' 과목은 예비 교사의 다문화 역량 육성을 목적으로 한다. 수업은 다문화에 대한 예비 교사가 자신이 가진 관점, 태도를 노출하고 토론과 과제를 통해 다양성에 대해 인식과 이해를 높이며 다문화 학생에 대해 교수할 수 있는 기초 경험을 형성하도록 구성되어 있다. 다음은 2015년 제임스 메디슨 대학 초등교육학과 강신지 교수의 '다문화 초등교육' 수업 계획안을 발췌·요약하였다. 수업계획안은 다문화 교사교육과정의 내용과 수업 운영과 평가 방법을 보여 주고 있다.

표 5-3 제임스 메디슨 대학의 '다문화 초등교육' 수업 계획안

강의명: 다문화 초등교육

개요

본 수업은 교사가 될 참여 학생이 다양성에 대한 자신의 입장을 비판적으로 살펴보도록 안내하며, 개인이나 집단의 다양성에 대한 인식와 이해 능력을 향상하며, 학생과 가정을 지원할 수 있는 교육적 이슈나 실천을 탐구한다.

목표

본 수업의 전반적 목표는 참여 학생이 미래 교사로서 일관되며 확신을 줄 수 있는 의미 있는 학습 과정에 참여하는 것으로 이를 위한 세부 하위 활동은 다음과 같다.

1. 자신의 경험과 가치와 관련해서 가지는 편견, 특권에 대해 토의한다.
2. 자신의 개인적 신념과 이 신념이 미래 교사에 미치는 영향에 대해 반향적 생각을 한다.
3. 다양한 '우리'의 모습 속에서 동일성과 차이점에 대해 진솔한 대화를 한다.
4. 다양한 '타인'에 대한 지식을 조사한다.

-다양한 개인과 집단과의 직접적인 만남
-과제 글 읽기
-다양한 유형의 미디어를 통한 상호작용
5. 구별하고 편 가르는 개인적이고 교육적인 행동을 규명하고 제거하기
6. 다양성을 존중하는 교실환경 속에서 모든 학생을 통합할 수 있는 실천 사례에 대한 논의
7. 수업 시간에서 다룬 개념에 대한 자신의 학습 정도에 대한 비판적 반향사고

교재

Cowhey, M. (2006). *Black ants and Buddhist: Thinking critically and teaching differently in primary classrooms*. Portland, ME: Stenhouse.

과제

1. Log: 매주 배울 교재 내용을 수업 전에 읽고 내용을 한 단어로 적고 부가 설명을 하며, 생각된 질문, 생각, 저자에 대한 찬반 의견 등을 적으며, 자신의 생각을 다양한 방법으로 표현하여 제출한다.
2. 문화 자서전: 개인적 경험이 교수와 학습에 대한 개인적 관점에 어떤 영향을 미쳤는지를 먼저 기술하고 수업이 다루는 주제와 개념에 맞추어 이 내용이 어떻게 변하는지를 조사해 본다.
3. 다문화문고 세트: 학교 교실이나 교실 기관에 있는 아동의 다양한 경험, 역사, 언어, 가정, 전통 등을 내용으로 하는 아동책 10권을 선정하여 다문화문고 세트를 만들어 본다. 선정된 책의 대상 연령과 주제어 및 간단한 개요를 기술하고 각 책에 대해 다문화적 기준을 설정하여 평가하며 불공평, 통합교육, ○○주의에 대해 어떤 역할을 하는지 기술한다. 또한 책을 사용하여 다문화 학생의 문화와 발달에 적절한 구체적인 교수 방법이나 전략을 제시한다.
4. 봉사활동: 수업시간의 내용을 적용할 수 있는 공공기관에서 최소 12시간의 봉사활동을 하여 기관장의 서명이 담긴 확인서를 제출한다.
5. 최종 보고: 이번 수업을 들으면서 예비 교사로서 다문화교육에 대해 느낀 점, 문화 반응적 교사가 되도록 미친 영향, 학생들에게 가르치기 원하는 내용 등을 적고 동영상, 노래, 시, 게임, 그림 등 다양한 형식을 사용하여 발표한다.

주별 수업 계획안

주차시	내용	주차시	내용
1	수업소개	8	인종
2	사회 정의 교육, 문화적응 교수법	9	성적 취향, 성
3	권력과 특권	10	종교
4	언어와 문화	11	사회 계층
5	언어와 문화	12	특수아동
6	이민과 난민, 영화「Harvest of Empire」	13	마무리
7	인종		

앞의 수업 계획안을 살펴보면 수업은 예비 교사의 반성적 자기성찰과 비판적 인식을 목적으로 하고 있다. 예비 교사들은 다양성이 인종에만 한정되지 않고 종교, 성, 언어, 장애, 계층 등 다양한 개인의 사회 · 문화적 특성 및 사회구조를 포함하며, 자신이 속한 집단이 가지고 있는 우월주의 시각을 발견하고 이에 대한 비판적 시각을 가지며 자신을 재발견하도록 하고 있다(최윤정, 2016).

3) 제2외국어로서의 영어교사교육(Teaching English to Speakers of Other Languages: TESOL)

영어를 제2외국어로 사용하는 이민자 가정 자녀나 유학생, 북미 원주민 등 영어를 집에서 사용하지 않는 가정의 학생을 대상으로 학교에서 제2외국어로서의 영어(English as a second language: ESL) 과정을 제공하고 있다. 영어 학습자(English Language Learner: ELL)는 미국에서 태어나지 않아 영어가 모국어가 아닌 학생 또는 영어가 아닌 다른 언어를 모어로 사용하는 가정에 태어나서 제한적 영어 능력을 가져서 학교나 사회에서 성공하는 데 어려움을 가진 학생으로, 이들 대상이 증가함에 따라 이들에게 영어를 가르칠 교사의 수요도 계속적으로 증가하고 있다. 미국 학교의 제2외국어로서의 영어교사교육(TESOL)은 대학이나 대학원 과정에서 개설되어 있는 TESOL 과정을 이수하거나 주가 인정하는 ESL 과정을 이수하여야 자격증을 취득할 수 있다. 대부분 TESOL 교사는 대학의 학부과정에서 초등교육, 중등교육, 영어교육을 전공으로 하면서 부전공으로 TESOL 과정을 선택하고 있다. 이 과정은 영문법, 언어학, 문화 연구, 다양한 학생 가르치기, 영어 독해 · 작문, 다른 언어 사용자에게 영어 가르치기, ESL 평가 및 학생배치와 지속적 후원 등을 수업 내용으로 하며, 대개 15~18학점 정도의 수업을 이수한다(ESL teacher Edu.org, 2016). TESOL 교사는 주에서 허가한 교사자격증 과정을 거쳐 전문 TESOL 자격증을 가지게 되는데, 이 과정은 주마다 동일하지는 않다.

2. 캐나다

캐나다는 대표적인 이민국가이다. 캐나다의 다문화교육은 결핍 및 문제의 관점과 상대적 관점의 두 시각 사이에서 발전되어 왔다. 최근의 다문화교육은 동일한 성취, 집단 간의 긍정적 상호작용, 문화유산에 대한 긍지 등을 목표로 하여 공평한 평가, 언어교육, 편견 없는 교육과정, 문화적응 교수 방법 등이 중요하게 받아들여지고 있다(Lee, 2012). 캐나다에서 초·중등 교사가 되기 위해서는 대학에서 전공을 이수하는 것 이외에 교육철학, 역사, 행정, 심리, 교수 방법 등의 교직 수업을 4학기 동안 이수하여야만 한다. 또한 80시간의 실제 실습과정을 이수하여야 한다(Ontario College of Teacher, 2015). 2015년에 변경된 교사자격증 취득을 위한 요건에는 교육공학 기술과 다양성, 특수 교육에 대한 능력을 포함하고 있다. 문화 교사교육, ESL, 프랑스어 및 제2외국어 교육은 캐나다 학교의 특징으로 이런 내용은 국제 시민교육의 토대가 되고 있다(Howe, 2014). 캐나다 교사의 대부분은 중류층 백인 여성으로 구성되어 있으며 학교의 주류 문화는 앵글로 색슨 및 영어가 중심이 되어 있다. 하지만 캐나다는 다양한 문화 배경을 가진 학생이 많기 때문에 교실에서 다문화를 어떻게 이해하고 교육을 제공하기 위해 다문화 교사교육을 몇몇 교사에 한정하지 않고 모든 교사를 대상으로 실시하고 있다. 토론토 사범대학교(OISE)나 다른 캐나다의 기관에서 실시하는 교사교육과정은 인권, 국제 시민권, 사회 정의, 형평, 인종, 민족, 다문화주의 등에 대해 관심을 가지며 교육에서 캐나다 원주민과 사회경제적 정의에 대해 중심을 두고 있다. 이러한 다문화 교사교육을 통해 캐나다는 매년 이주해 오는 이민 가정의 자녀가 학교에 잘 적응할 수 있도록 교사의 다문화 역량 개발에 노력을 기울이고 있다. 본 장에서는 토론토 사범대학교(OISE)의 다문화교육과정, 캐나다 정부를 중심으로 이루어지는 교사연수일, 제2외국어로서의 영어교육(TESL) 교사 양성 프로그램, 다문화 코디네이터(MLO) 프로그램에 대해 살펴보고자 한다.

1) 토론토 사범대학교(Ontrario Institute for Studies in Education: OISE)의 이중 언어 프로그램

캐나다의 교사교육은 토론토 사범대학교(OISE)를 중심으로 진행되어 왔다. 토론토 사범대학교는 교사 양성 기관으로 1996년 온타리오 사범대학교(Ontario Institute for Studies in Education: OISE)와 토론토 사범대학교(Faculty of Education of the University of Toronto: FEUT)가 병합되어 현재 프로그램을 진행하고 있다. 1년 학사학위(BEd) 프로그램, 5년 학사학위 프로그램, 아동교육 석사(MA-CSE) 및 교육학 석사(MT) 프로그램을 운영하고 있다(김영곤, 2002). 이 네 가지 프로그램은 수월성 교육, 형평성 · 다양성 · 사회정의, 연구방법, 동일집단 학습공동체, 학교/학문분야/대학 연계, 교사협력, 결합(coherence)의 원칙을 바탕으로 수업을 개설하고 있다. 학사학위 과정은 통합교육, 학습의 심리적 기초, 교수와 학교의 사회적 기초, 교육과정 · 교수 · 평가, 교수 멘토링, 실습으로 교육과정이 구성되어 있다. 통합교육 수업은 다양한 학습자(행동, 의사소통, 지적 · 신체적 · 다중 특수 학습자)나 영어 습득자 등을 함께 교육하는 통합교육과정과 교육적 실천을 제공하며 15~20시간의 통합교육현장에서 실습을 받아야 한다.

특히, '교수와 학교의 사회적 기초과정'은 교실, 학교, 교육체계 속에서 다양한 학생들을 교사가 어떻게 지원해야 할지를 배우는 과정이다. 이 과정을 통해 예비 교사는 다문화가정 아동의 가정, 지역사회, 또래관계에 대해서 배우며 다문화가정 아동의 학교생활과 교실에 대한 사회적 역학 관계에 대해 성찰하는 기회를 가진다. 또한 다문화교육을 반영한 교육과정에 대한 선택과 설계를 할 수 있는 능력을 습득하며, 다문화교육을 운영하기 위해서 다른 교사나 관리자와의 협력, 학교 조직 및 정책 변화 등을 이해하고 배운다.

2) 제2외국어로서의 영어(Teaching English as a Second Language: TESL) 교사교육과정

제2외국어로서의 영어를 가르칠 수 있는 교사 자격증은 대학, 초급대학, 비영리 교육기관을 통해 획득할 수 있다(김영곤, 2002). 과정은 수업과 실습으로 구성되어 있다. 수업은 학습 이론, 교육과정개발, 교수 방법, 언어학 등을 내용으로 한다. 캐나다의 초등, 중등학교 교원은 교육학을 전공으로 한 학위가 있어야 할 뿐 아니라 제2외국어로서의 영어(ESL) 과정에 대한 추가 자격증을 가지고 있어야만 한다. 캐나다 교원자격증을 취득한 교사는 ESL 교사, 문화적 · 언어적으로 다문화 학생 수가 많은 학교의 교장이나 코디네이터가 되는 자격을 추가로 획득할 수 있다. 제2외국어로서의 영어교육(TESL) 교사 자격조건은 대학 학위와 100시간 교수이론과 방법에 대한 수업 이수, 20시간 현장 실습을 요구한다. 현재 현장 실습은 참관과 실습시간이 각각 10시간씩 총 20시간인데, 2017년 9월부터 30시간의 수업 참관과 20시간의 실제 수업으로 시간이 더 증가될 예정이다(TESL CANADA, 2015).

제2외국어로서의 영어교육(TESL) 교사 자격과정은 학교에서 학생을 대상으로 영어 교육을 할지 성인대상으로 영어 교육을 할지에 따라 다양하다. 학교에서 TESL 교사로 활동하기 위해서는 교사자격증과 TESL 자격증을 가지고 있어야 한다. 하지만 성인 대상으로 TESL 교육을 할 경우에는 전문대학이나 비영리 교육기관에 개설된 자격증 과정을 마치고 TESL 협회의 심사를 통해 자격증을 받게 된다. 그 심사 요건으로는 영어 교수에 대한 이론과 방법, 실습에 대한 수업 이수 여부이다. 이론에서는 일반 언어학 및 영어학, 심리언어학 및 사회언어학, 문화와 사회(다문화교육)이며, 방법에서는 전문교육, 제2외국어 교수방법, 평가 방법에 대한 강좌를 이수하였는지를 평가한다(김영곤, 2002).

3) 다문화 코디네이터(Multicultural Liaison Officer: MLO) 프로그램

다문화 코디네이터는 복지 전문가로서 다양한 문화 배경을 가진 개인 학생을 지원하며 또한 공공 복지의 중간 매개 역할을 한다. 이들은 학교에 고용되어 이민 온 학생과 그 가정이 학교 생활에 적응할 수 있도록 돕는 역할을 하며, 다문화교육지도서와 다문화 교수·학습 자료를 개발하여 일반 교사들의 수업활동을 지원한다. 학교의 모든 직원을 대상으로 간 문화(cross cultual) 워크숍이나 여름 방학 중의 영어 캠프 등을 주관하며(이향아, 2008), 다양한 배경을 가진 학생과 가정의 필요를 발견하고 이 필요를 도울 수 있는 서비스를 찾아 주는 역할을 한다(OCISO, 2014). 다문화 코디네이터의 자격조건은 지역마다 차이가 있는데 고등학교를 졸업하고 유사 경험을 3년에서 5년 정도 가진 자이거나 기관과 관계된 분야(회계, 사회복지, 교육, 세무, 공공정책 등)에서 학사학위 소지자를 요구한다. 다문화 코디네이터는 소수 집단의 특성, 필요 등에 대한 지식을 가지고 있으며. 문화와 상관없이 모든 사람을 존중하며, 다양한 배경을 지닌 사람들과 함께 일하는 것을 즐거워하며 다양한 배경에 있는 사람들을 돕는 일에 상당한 흥미를 가지고 있으며 즐거워할 수 있어야 한다(Academic Invest, 2016). 대부분 초등학교, 중고등학교, 대학교 및 경찰서, 비영리 공공기관에 근무한다.

이외에도 캐나다에서는 매월 1회씩 학교단위로 실시되는 전일제 교사연수

(Proferssional development Day)를 실시하는데, 이는 캐나다의 모든 초 · 중등학교에서 실시되는 집단 연수활동이다. 이 프로그램은 사범대학과 연계하여 다인종, 다문화 관련 내용 등에 대한 교사의 인식 및 역량 강화를 목적으로 하며 정부의 다인종, 다문화 정책, 새로운 이민 가정의 자녀 교육 문제 등에 대한 강연과 토론을 내용으로 하고 있다(이향아, 2008).

3. 호주

1990년대까지 호주에서는 예비 교사를 위한 다문화교육 강좌가 대학에서 개설이 되어 있었지만 선택 필수과목은 아니었다. 따라서 대학을 졸업하고 교사가 된 학생 중 다문화교육에 대해 경험하거나 배우지 않은 사람도 상당히 있었다. 하지만 이민자 사회로 이루어진 호주는 사회 통합이 중요한 사회 이슈가 되고 있다. 이런 이유로 국가 공통교육과정이나 교육 목표에서는 모든 예비 교사 육성교육과정은 언어적으로, 문화적으로 다양한 학생을 가르칠 수 있는 지식과 기술을 포함하여야만 한다는 기준을 제시하고 있다(Wiltshire, McMeniman, & Tolhurst, 1994). 국립 교원 전문성 기준안(National Professional Standards for Teachers)에서도 교사들에게 요구되어지는 지식, 실제 능력, 전문성을 명백히 하고 있으며, 이 기준이 제시하는 범주에 따라 교사의 다문화 역량을 평가할 수 있다(AITSL, 2011). 또한 대학에서 다문화교육을 필수 과목으로 정하고 교사 기준안에서도 교사에게 요구되는 능력 중 하나로 다문화 교실에서 적응하는 능력을 명시하고 있다. 호주 교육부가 다문화교육에 대해 이런 적응적이며 수용적인 노력을 하고 있음에도 불구하고, 호주 사회는 중국, 그리스, 이탈리아에서 이민 온 사람이나 신체적 장애를 가진 학생들에게는 관용적이지만 호주의 원주민에 대해서는 낮은 관용을 보이는 이중적 태도를 가지고 있다. 이러한 원주민을 동등한 인격체로 대하지 않는 사회적 태도는 과거의 원주민 학살이나 모든 권리로부터의 원주민을 배제했던 반인권적인 식민정책을 시행한 결과이다(강재원, 2013). 이런 이유로 호주에서는 원주민에 대한 사회적 바른 이해와 원주민 교사 육성 등이 해결하여야 할 과제가 되고 있다(Craft, 1996). 원주민 학생을 가르치기 위해서는 원주민 학생의 문화와 이해에 대한 지식과 이들 학생의 특별한 필요에 민감성을 가진 교사가 필요하다. 특히, 원주민 학생의 문화적 행동을 이해하며, 이들의 낮은 성취를 기대하는 선입견과 편견을 버린 교사가 필요하다. 예를 들어, 원주민 학생들은 눈을 마주 보며 이야기 하는 것은 무례한 것으로 여겨, 이야기를 들을 때 질문이나 대답을 하지 않고 듣는 문화를 가지고 있다. 이런 문화적인 차이를 원주민 학생들은 학습 내용에 대해 관심이나 흥미가 없거나 인지 능력이 부족한 것으로 백인 교사는 해석하는 경향이 있다. 특히 원주민의 역사 중 부모와 분리되어 기숙사에서 어린 시절을 보낸 '잃어버린 세대'에 대한 상처를 바르게 이해할 필요가 있는데, 과거의 상처가 교실 내의 원주민 행동에 영향을 계속적으로 미치기 때문이다. 원주민 학생을 위한 성공적인 프로그램은 백인 문화에 원주민을 동화시키거나 정부 정책에 원주민 학생이 수동적으로 따르게 하는 입장과는 다른 관점과 태도를 가지고 있다. 성공적인 프로그램들은 원주민 학생의 자율성과 공동체 의식을 지지하며, 그들의 언어로 학습하고 실제 생활과 관련된 내용을 학습하도록 하여 높은 학습 성취결과를 가져오며, 영어를 배울 때 원주민의 모국어를 먼저 배우면서 제2외국어로서 영어를 배우도록 하며, 자녀의 교육에서 제외되고 접근성이나 주도성을 가지지 못했던 원주민 학부모의 한계를 극복할 수 있도록 부모교육을 실시하여 효과를 보고 있다. 이러한 프로그램은 원주민 학생의 문화와 역사, 언어에 대한 이해와 존중을 바탕으로 진행되며, 이들의 문화와 역사, 언어를 이해하는 교사에 의해 가능하다.

1) 호주 국립 교원 전문성 기준안(National Professional Standards for Teachers)

호주의 국립 교원 전문성 기준안은 전에 있던 국가 교원 전문성 기준안을 2011년에 개편한 것으로 호주 정부의 후원하에 호주 교수 및 학교 리더십 연구원(Austrailian Institute for Teaching and School Leadership: AITSL)에서 만들었다. 교육에서의 형평성과 수월성 실현을 위해 교사에게 요구되어지는 내용을 기준안에 제시하고 있다. 이 기준안은 교사들이 알고 수행할 수 있는 전문적 지식, 실습, 참여의 세 가지 영역에서 총 7개의 기준을 규정하고 있으며 여기에 다문화교육이 포함되어 있다. 그리고 각각의 기준은 초보교원, 숙달교원, 우수교원, 지도자교원의 4개 수준에 따라 기준 예시를 제시하고 있다. 초보교원은 교원양성과정을 이수하여 교사 자격증을 가지고 있으며 학생의 신체적, 문화적, 사회적, 언어적, 지적 특성을 이해하고 통합교육 원칙과 함께 학생 능력에 따른 차별화 교육전략을 이해할 수 있는 교원이다. 이들 교원은 학생과 관계를 형성할 수 있고 생활지도능력을 가진 자이다. 숙달교원은 개별 학생의 독특한 배경을 이해하고 학생의 개별적 필요와 다양한 문화적 사회적, 언어적 특성에 맞추어 교수방법을 조정할 수 있으며, 교육과정, 평가, 요구기준에 맞추어 교수 프로그램을 설계, 수정하고 학생의 점수 등 다양한 자료를 바탕으로 자신의 교수를 스스로 평가하고, 프로그램을 수정할 수 있다. 숙달교원은 교사 연구회처럼 함께 일하는 팀을 가지고 있으며, 학생들이나 동료 교사, 학부모, 지역사회 구성원들과 활발한 교류를 한다. 우수교원은 탁월하고 효과적인 수업을 운영하며 독립적으로 또는 협동적으로도 업무를 잘 수행할 수 있는 교원들이다. 다른 교원을 도우며 이들을 지도, 조언하는 역할을 한다. 학생들의 교육적 산출물 향상을 위해 다른 교사들과 정기적인 모임을 운영하고 있다. 학생들의 배경, 개인 특성 등을 고려하여 학습 기회를 최대화하며, 긍정적이고 생산적인 학습 환경을 동료나 예비 교사에게 가르쳐 준다. 지도자교원은 동료 교원, 학부모, 지역사회에서 본보기가 되는 교원으로 인정받고 존경을 받는다. 지도자교원은 다양한 언어, 문화, 종교, 사회경제적 배경을 가진 학생들의 필요를 충족하는 통합교육환경을 조성하며, 다른 교사나 예비 교사의 지식, 실습, 전문성 향상에 도움을 주는 멘토 역할을 한다. 또한 프로그램 평가, 학생의 평가 점수, 학부모의 의견을 분석하여 학생의 성취를 향상하도록 과정을 이끈다.

호주의 국립 교원 전문성 기준안은 원주민, 토러스 해협 섬 학생에 대한 이해와 이들의 낮은 학업 성취 및 학교 이수율을 높이기 위한 학생 이해 및 교육 내용과 교수 방법을 포함하고 있다.

표 5-4 호주 국립 교원 전문성 기준안

영역	기준안	하위 기준
지식	1. 가르치는 학생과 그 학생들의 학습 방법 파악	학생의 신체적, 사회적, 지적 발달과 특성
		학생의 학습 양식 이해
		학생의 다양한 언어적, 문화적, 종교적, 사회경제적 배경 이해
		원주민과 토러스 해협 섬 학생에 대한 교수 전략
		다양한 능력을 가진 학생 개개인의 독특한 필요를 충족하는 차별화 교수
		장애학생을 위한 완전 통합교육지원 전략

	2. 가르치는 교육내용과 교수방법 파악	교육 영역의 내용과 교수 전략
		내용 선정과 구성
		교육과정, 평가, 결과 보고
		원주민과 토러스 해협 섬사람을 이해하고 존중하며, 원주민과 비 원주민 호주 사람 간의 화합을 증진
		읽기 · 쓰기와 셈하기 전략
		정보 통신 기술(ICT)
실습	3. 효과적 교수와 학습 방법 계획	도전적 학습 목표 설정
		연속적인 학습 프로그램을 계획하고 구조화
		교수 방법 사용
		교육 자료 선정 및 활용
		교실에서의 효과적인 의사소통
		교수 프로그램 평가 및 효과 증진
		교육과정에 학부모/보호자 참여
	4. 지지적이고 안전한 학습환경 제공 및 유지	학생 참여 촉진
		교실 활동 관리
		학생의 반항적 행동 관리
		학생 안전 관리
		안전하고 책임 있는 ICT 윤리적 활용
	5. 학생 학습에 대한 평가, 피드백 제공, 보고	학생 학습 평가
		학생에게 학습 진행에 대한 피드백 제공
		일관되고 합당한 평가
		학생의 결과 데이터 이해하기
		학생의 성적 기록
참여	6. 전문적 학습에 참여	전문적 학습 필요 규명 및 계획
		전문적 학습에 참여하고 실제 능력 증진
		동료교사와의 협력 및 실제 능력 증진
		전문적 학습 현장 적용 및 학생 학습 향상
	7. 동료교원, 학부모/보호자, 지역사회와 관계	교사로서의 윤리와 책임을 충족
		합법적, 행정적, 조직적 요구조건을 충족
		학부모/보호자와 협력
		교사 동료와의 네트워킹 및 지역사회와의 협력

출처: AITSL(2011)에서 발췌하여 요약.

2) 빅토리아 주와 뉴사우스웨일스 주 교육청의 다문화 교사교육

빅토리아 주 교육청은 다문화 교사교육으로 멘토링, 우수교사 해외파견, 국제학교 코디네이터, 원주민 문화 이해, 로리 시얼스 박사 강연, 반항적 행동에 대한 관리 등 6개의 프로그램을 개발하였다. 원주민 문화 이해를 돕는 자료를 온라인으로 개발하여 학교의 모든 교원에게 제공하고 있다. 이 동영상은 원주민과 토러스 해협 섬 학생의 언어, 문화, 역사를 가르칠 수 있는 내용을 구성하고 있으며 원주민을 가르치는 교사뿐 아니라 모든 학생을 대상으로 원주민에 대한 이해를 교육할 때 사용할 수 있다. 자아정체성 이해하기, 자신의 역사 이해하기, 학습자 이해하기의 주제로 세 개의 모듈이 제작되어 있다. 각 모듈은 애니메이션 동영상으로 제작되어 있으며, 수업 내용을 청취하고 각각의 모듈 후반부에는 원주민과 토러스 해협 섬 학생들에 대한 지식과 인식에 대한 질문을 제시하고 답을 하도록 되어 있다(Victoria State Government, 2016).

뉴사우스웨일스 주 교육청에서는 5년마다 다문화 정책지원 프로그램을 계획하여 운영하고 있다(NSW Dept. of Education and Communities, 2012). 이 프로그램은 일반교사, ESL교사, 학교 관리자를 대상으로 다문화교육 지원 계획을 세분화하여 제시하고 있다. 문화적으로, 언어적으로 다양한 학습자에 대한 양질의 교수와 리더십 능력을 교사들이 가지며, 다양한 배경의 학생들 간에 존재하는 교육격차를 좁히며 모든 학생의 잠재성을 실현하며, 문화와 언어가 다양한 뉴사우스웨일스 주의 가정, 지역사회, 상업이 함께 성장하는 혁신적 교육환경 제공을 목표로 하고 있다. 이런 목표에 따라 헌터 연구소, 북 시드니 연구소, 시드니 연구소, 서부 시드니 연구소 등이 개발한 프로그램이 현장에 연수 형태로 제공되고 있다. 합숙 연수와 함께 사이버 연수를 할 수 있도록 다문화교육에 대한 사이버 연수 프로그램도 개발되었다(NSW Dept. of Education and Communities, 2012). 주 교육청은 학생을 이민자, 유학생, 난민으로 유형화하여 유형별 대상 학생의 특성을 이해하고 이 특성에 맞는 교수 방법과 교수자료 등을 개발하여 제공하고 있다.

3) 영어 이외의 언어(Language other than English: LOTE) 교사 교육

호주는 1970년대부터 다양한 국가로부터 온 이민자 수가 증가하면서 공교육이 시작되는 초등학교에서부터 다양한 민족의 언어를 사용하는 학생 수가 늘어나고 있다. 1987년 호주 정부는 호주 내에서 언어 자원을 좀 더 강화할 목적으로 국가언어정책을 만들고 대학에서도 소수 민족 언어교육 강좌 및 학과를 개설하기 시작하였다(권순희, 2011). 자신의 모국어를 잃지 않고 지속적으로 학습하거나 자신의 조상 언어를 학습하는 것은 자신의 문화와 정체성을 이해하는 데 도움이 될 뿐 아니라 타인을 이해하며 다양한 문화에 대해 열리고 적응할 수 있는 국제 시민으로서의 역량을 가지게 한다. 호주는 다양한 나라에서 이민 온 이민자의 국가로서 이런 장점을 유지하고자 학교에서 영어 이외에 다른 언어를 교육하는 데 관심을 가지고 지원하고 있다. 그와 같은 정책의 일환으로 중등학교에서 프랑스어, 독일어 등 언어에만 집중하여 개별과목으로 실시되던 외국어 교육을 모든 학생을 대상으로 실시하는 '영어 이외의 언어(Language other than English: LOTE)' 교육으로 초등학교에서부터 다양한 언어를 선택하여 배울 수 있도록 외국어 수업을 실시하고 있다. 2008년에 만들어져 2011년까지 수행된 연방 프로젝트인 '학교에서 주요 아시아 언어학습(National Asian Languages and Studies in Schools Program: NALSSP)'은 일본어, 중국어, 인도네시아어, 한국어 교육을 학교에서 실시하도록 계획하고 있다(신성철, 2010).

자신의 모국어, 조상 언어, 또는 흥미가 있는 언어를 선택하는 외국어 수업은 언어 능력을 향상시킬 뿐 아니라 자신의 정체성, 세계 시민으로서의 역량 등을 향상시키기 때문에 주 교육부에서는 LOTE 교육 프로그램의 질적 관리에 주의하고 있다. 관리의 일환으로 주 교육부에서는 이중 언어 강사의 자격 조건을 제시하고 있는데, 이중 언어 교사는 정규 교육기관 교사, 또는 정규 교육기관에서 가르칠 수 있는 자격을 가지고 있거나, PEAT(Proficiency English Assessment Test)에 합격한 외국 출신의 교사이거나, CLLT(Community Language Teacher's Test)에 합격한 자여야 한다.

4) 제2외국어로서의 영어교사교육(TESOL)

1970년대 말까지만 해도 호주에서는 일반 교사가 전문 영어교사자격증이 없이도 학교 내에서 이민자 자녀나 유학생을 대상으로 영어 교육을 실시하여 왔지만 1980년대부터는 전문 영어교사자격증을 가진 갖춘 교사에 의해서만 영어 교육을 실시하는 제도가 구축이 되었다(Williams, 1999). 이민자 가정 학생, 유학생은 반드시 학교의 정규과정에 들어가기 전에 학교 내에 설치되어 있는 어학원에서 특정 기간 동안 영어 교육을 의무적으로 받아야 한다. 학교 안에 어학원이 설치가 되어 있지 않은 경우에는 학교 밖의 어학원을 통해 영어 교육을 받아야 한다(권순희, 2011). 학교 안팎의 어학원에서 영어를 가르치기 위해서는 교사는 자격증을 가지고 있어야 한다. 영어 교사자격증은 국가나 공립기관, 그리고 사립기관에서 제공하는 일련의 교육과정을 이수한 후 취득할 수 있다. 대학에 개설된 과정은 학부과정 대신 석사과정 또는 준 학위과정으로 개설된다. 호주 각 주 내의 공립 전문 대학교(Tertiary and Further Education: TAFE)에서는 영어교사 자격증 과정을 운영하여 영어 교사를 양성하고 있으며(정재훈, 2002). 이민자, 난민, 경제적 문화적으로 소외계층 학생 등 다양한 유형의 학생에 맞는 영어 교육정책을 제시하고 있다(NSW Dept. of Education and Communities, 2012). 영어 연수과정(English Language Intensive Course for Overseas Students: ELICOS)을 제공하는 사립기관들도 영어교사 양성 프로그램을 통해 국제 영어 교사 자격증을 부여하고 있다. 〈표 5-5〉는 퀸즈랜드 기술대학교의 TESOL 양성 과정이다.

표 5-5 퀸즈랜드 기술대학교의 TESOL 양성과정

과정	TESOL 전문과정: 1년 또는 2년 과정이 있으며 해당과목에서 97학점 이수
	TESOL 대학원 과정: 1학기 또는 2학기 과정이 있으며 해당과목에서 48학점 이수
필수과목	제2외국어 방법론, 제2외국어 습득
선택과목	제2외국어교육과정 설계, 제2외국어교육 연구 방법론, 제2외국어 직해, 제2외국어 평가와 프로그램 평가, 일반어와 영어에서의 개별화 언어교육, 제2외국어학습에서의 교육공학, 기능 문법, 언어와 문법

4. 영국

18세기 이후 많은 이민자들이 영국으로 이주하였고 제2차 세계대전 이후에는 인도, 아프리카, 독일, 폴란드 등 여러 나라로부터 경제적, 정치적 이유로 노동자, 난민 등이 영국으로 이주하였다. 영국의 다문화 사회에 대한 정책적 특성은 3단계로 볼 수 있다. 첫 단계는 1950년대와 1960년대 실시한 통합 정책으로, 이주 아동을 주류 영국 학교 문화에 흡수하여 동화하도록 하는 것이다. 두 번째 단계는 모든 사람을 동일하게 대하는 평등 정책이다. 1976년 이민자 자녀에게도 동등한 권리와 기회를 원칙으로 하는 「인종관계법」이 제정되었다. 세 번째 단계는 화합 정책이다. 피부색깔, 문화 차이를 인정하고 조화롭게 살며 차이보다는 인류라는 공통점을 강조한다(Selby,1990). 1970년대 초기의 다문화교육은 교사가 소수 민족가정 자녀의 수업이나 학교 생활을 안내하는 것이었지만 현재는 다문화교육을 학교 교육과정에 포함하여 상호 이해와 관용을 가르치고 있다(김선미, 2011). 이런 역사적, 사회적 배경 속에서 영국의 학교교육개발원(Training and Development Agency for Schools: TDA)은 교사교육의 내용으로 문화 상호작용을 위한 교육, 다양성과 평등성을 바탕으로 하는 교수법, 사회 · 문화 · 종교 · 인종 · 언어 간의 상호 영향 등을 포함하도록 요구하고 있다(TDA, 2007). 하지만 1990년대 이슬람교를 비판하는 살만 루시디의 책 『악마의 시』 발간으로 인해 영국 내에서 이란에 의한 테러가 발생하였으며, 이로 인해 이란에 대한 유럽 국가의 경제적 · 외교적 제재 정책이 시행되면서 영국 내에서 종교 갈등이 심화되었다. 영국 사회에 깔려 있는 소수 민족에 대한 인종 차별과 인종적 모멸감 누적에 따른 소수 민족의 불만이 증대되었으며, 이민자의 값싼 노동력 유입에 따른 백인 노동자계층의 고용 불안과 소수 민족에 대한 주류 백인들의 반감과 경쟁이 사회적 갈등 요소가 되고 있다. 이런 갈등은 2016년 영국 정부가 실시한 EU탈퇴 여부에 결정을 묻는 국민투표에서 투표자의 51%가 브렉시트(Brexit)에 찬성하는 것으로 나타났다. 브렉시트의 결과는 앞으로 영국의 다문화교육 정책에 영향을 미칠 것으로 예상이 된다.

1) 제2외국어로서의 영어교사교육(TESOL)

영국에서 교육과정을 수립하고 교사 자격증을 부여하여 교사를 양성하는 과정은 실질적으로 3개의 인증기관에서 주도하고 있다. 최소 자격 교사 자격증(Certificate)과 전문 자격 교사 자격증(Diploma)을 발행하는 케임브리지 대학교의 교사 평가위원회(University of Cambridge Local Examinations Syndicate: UCLUES), 트리니티 대학교, 영어교사자격증을 인증하는 영국 TESOL 자격증 연구협의회가 그 세 기관이다(석주연, 2002). 케임브리지 대학교의 교사 평가위원회는 일반적인 교사 자격을 평가한다면, 트리니티 대학교와 TESOL 자격증 연구 협의회는 영국뿐 아니라 전 세계에서 영어를 제2외국어로 가르치는 교원을 평가하고 자격증을 부여하는 프로그램을 운영하고 있다. 〈표 5-6〉은 트리니티 대학교의 영어 교사 자격과정이다.

표 5-6 **트리니티 대학교의 제2외국어로서의 영어교사자격증 과정(CertTESOL)**

	최소 자격 교사자격증 과정	전문가 자격 교사자격증 과정
기간	전일제: 4주 이상(최소 130시간) 파트타임제: 3~9개월 이상(최소 130 시간 이상)	10주 이상(최소 150시간 이상)
자격요건	영어교육 석사학위 소지자 교사자격증 소지자 영어교육경력 5년 이상 BATQI[1] 공인 level2 소지자	영어교육 석사학위 이상소지자 교사자격증 소지자 영어교육경력 5년 이상 BATQI공인 level2 소지자
졸업시험 합격점수선	4개 전 영역 50점 이상	
교육과정	영어학, 언어학의 인식 능력, 언어학의 용어 및 주요 개념, 교수 방법론, 교실 수업 운영의 실제, 교수일지 작성법, 외국어 학습 체험, 학습자 분석, 학습자료 구성, 전문성 개발	-통사론 · 음운론 · 담화언어학 · 의미론 · 다언어론 -언어교수이론과 특정학습자 적용 -문화의 역할과 경험 -학습자 의사소통 기술 분석, 발전, 평가, 학습자 요구분석, 학습자 사례연구 -학습 자료구성, 교육공학 -실습(19시간)

1) BATQI 영국 영어교사인증 위원회(BATQI British Association of TESOL Qualifying Institutions)는 다양한 TESOL 프로그램을 분류하는 기준을 제작하여 프로그램을 2개 수준으로 평가하고 있다.

2) 다문화 교사교육과정

영국에서 실시한 최초의 다문화 교사교육은 샤롯데 메이슨 대학교의 '도시 빈민 경험 프로그램'으로, 이 프로그램은 최소자격 교사자격증을 얻기 위한 과정 안에 포함되었다(Batteson & Sixsmith, 1995). 초기에는 선택과정으로 개설되었으며 맨체스터와 리버풀에 있는 어린이집, 유치원, 초등학교 중학교에서 2주 기숙 실습 프로그램이었다. 1987년부터 필수 과목이 되었는데 참여 예비 교사는 생애 처음으로 도시 빈민학생이나 다문화 학생과 접촉하였으며 이런 경험은 예비 교사로 하여금 문화적, 종교적, 경제적, 언어적 다양성에 대해 개방적 태도와 민감성을 가지도록 하였다(이종현, 2012).

다양한 교과의 교육과정을 다문화주의와 연계하여 가르칠 수 있는 교원의 전문성을 신장하기 위해 평생 직능 계발 연수(Continuing Progressional Development: CPD)를 실시하고 있다. 이 연수 프로그램은 교사가 문화 간 차이와 다양성을 이해하고 언어, 인종, 문화의 다양한 배경을 가진 이주 학생을 가르칠 수 있는 능력이 교사의 주요 역량 중 하나로 보고 있다(EURYDICE, 2004). 평생 직능 계발 연수는 간문화 교육과 다문화교육을 할 수 있는 교사의 능력 개발을 목적으로 새로운 학생 환영하기, 평가, 교수 학습, 전 학교 발전 방안의 네 가지 주제로 모듈을 개발하여 연수를 운영한다. 참여 교사들은 이주 학생이 학교에 입학하게 되었을 때 배치를 위한 행정 절차부터 학교 적응 및 학습 지원 방법과 외국인 학부모와 어떻게 대화를 나누는지 등 실무내용을 배우며 연습한다. 교사는 연수에서 배운 내용을 단계별 마인드맵을 사용하여 발표한다(김진희, 2011).

표 5-7 **CPD의 네 가지 교원 연수 모듈 주제와 내용**

	주제	내용
모듈1	새로운 학생을 환영하기 (A~Z까지)	학교에 도착한 이주 학생을 맞이하는 인사, 분위기, 말 걸기, 눈높이 맞추기, 학부모상담방법
모듈2	평가	이주 학생의 학업능력 향상을 위한 효과적인 교수학습법
모듈3	교수 학습	학생의 성취도 평가와 교원 자신의 교수 방법 및 의사소통 수준 평가하기
모듈4	전 학교 발전 방안	학교 내의 문화 다양성을 교육자원으로 활용하여 전체 학교 차원에서의 총체적인 발전 방안

출처: 김진희(2011), p. 56.

5. 독일

EU는 1970년 말에 서유럽으로 이주해 온 노동자들의 통합과 관련하여 상호문화주의를 취하고 있으며 독일의 이주민에 대한 정책은 이런 상호문화주의를 대표적으로 보여 주고 있다. 다문화주의가 서로 다른 문화가 복수적으로 공존하는 것을 인정한다면 상호문화주의는 다양한 개인이나 문화 자체보다는 개인 간의 또는 문화 간의 상호관계를 중시한다. 즉, 상이한 문화가 공존하는 정적인 측면보다는 어떻게 개인이나 문화가 상충하면서 융합하며 활발한 작용을 하는지를 강조한다(홍종열, 2012). 다문화주의가 무관심한 타자, 정치적 방관, 불간섭주의로 흐를 수 있으며, 다문화 문제에 대해 적극적인 해결 방법을 제안하지 못한다는 비판을 받으면서 상이한 문화가 어떠한 역동적 만남을 통해 상호작용하는지를 강조하는 상호문화주의에 대한 관심이 높아지고 있다. 상호문화주의는 외국인 학생 중심의 교육이 아닌 외국인 아동과 주류 문화 아동 모두를 교육 대상으로 한다(홍종열, 2012).

독일의 다문화 교사교육은 현직 교사를 위한 다문화교육보다는 예비 교사를 위한 다문화교육에 치중하고 있다. 예비 교사를 위해 대학의 교육학과에서 진행되는 다문화 교사교육은 다문화보다는 상호 문화라는 용어를 사용하며, 문화의 다양성, 상호 문화 교육학 입문등과 같은 개론 과목을 개설하고 있다(권오현, 모경환, 박주현, 2009). 독일 다문화 교사교육의 특징은 이민자의 언어를 배우도록 권장할 뿐 아니라 이민자들의 언어 교육 시행에 대한 체계적인 학습 환경 조성에도 관심을 두고 있다. 예비 교사를 위한 다문화 교사교육은 예비 교사가 현장의 이민 가정 학생을 잘 이해하고 대응하며 이민자 자녀를 사회·정서적으로 도울 수 있는 능력 함양을 목적으로 한다. 현대의 독일 다문화 교사교육은 이민자 아동을 가르치는 방법에 대한 지식과 함께 이들을 대하는 태도와 차이를 수용하는 관용과 가치를 주요 내용으로 하고 있다(Luchtenberg, 1998). 다문화 교사교육과정으로는 제2외국어로서의 독일어, 이민자 언어(터키어, 그리스어, 유고슬라비아어 등), 이민국가에 대한 기초 정보, 다문화 교실에서의 교수 방법, 다문화 사회와 학교의 사회적 문제 등이 있다.

1) 제2외국어로서의 독일어 교원 육성과정

이 과정은 독일 내에서 독일어를 외국어로 습득할 수 있도록 가르치는 과정이다. 소수 민족이나 동유럽 등에서 이주해 와서 모어를 제1언어로, 그리고 독일어를 제2언어로 사용하는 이민자 자녀들을 대상으로 한다. 대학에서는 어학, 교수법, 지역학, 문학의 영역에서 수업을 개설하고 있다. 어학에서는 음운, 문법, 어휘, 언어 구조, 텍스트 연구 등 독일어와 일반 언어와의 공통점과 차이점, 문법이나 어휘에서의 오류 분석과 수정 등을 다루며, 독일어와 학습자 언어의 문화적 배경 차이점을 다룬다. 교수법에서는 독일어를 배우는 학생의 이해를 기반으로 인지이론, 외국어 습득에 있어 교사와 학생 간의 상호관계, 학습자 문화를 바탕으로 한 교재 개발, 교수 방법론, 교수자료 개발 · 분석 · 평가 등을 내용으로 한다. 지역학에서는 독일 지역뿐 아니라 학생의 국가, 언어, 문화 등을 배우고 이를 비교함으로써 문화와 사고의 차이, 문화적 편견 등을 다룬다. 문학에서는 독일 문학과 함께 이민자 문학을 학습하여 작품 간의 문화 비교를 통해 언어, 문학, 사고방식의 차이를 알고 문화 상호 간의 이해와 의사소통을 할 수 있는 능력을 교사들이 계발할 수 있도록 한다(이광숙, 2002).

2) 쾰른 대학교의 상호다문화 관련 석사과정

쾰른 대학교의 대학원 과정은 다문화교육과 관련된 두 가지 과정을 개설하고 있다. 하나는 '상호문화적 의사소통과 교육(Interkulturelle Kommnuikatin und Buldung: IKB)' 과정이며 또 다른 하나는 '상호 문화 교육학/제2외국어로서의 독일어(Interkulturelle Pädagogik/Deutsch als Zweitsparache: ZIP)' 과정이다.

IKB 과정은 상호문화적 의사소통과 교육에 관한 이론, 역사 · 사회적인 전제 조건, 기관 · 조직 · 법적인 토대, 교수법 및 방법론의 4개 분야에서 강좌가 개설되어 있다. 이 과정은 학생들이 학문적 토대를 바탕으로 상호 문화적 역량을 가지는 것을 목표로 하며 학생들이 이민자의 언어 중 최소한 하나 이상을 기초 수준 이상으로 습득할 것을 권장한다.

ZIP 과정은 제2외국어로서의 독일어와 다중 언어, 상호 문화 교육학, 이민과 사회적 참여, 이주민들의 언어, 4개 분야에서 강좌들이 개설되어 있다. 이주민 학생을 보다 실제적으로 지원할 수 있는 내용으로 강좌를 구성하고 있으며, 대학생들은 추가 전공으로 이 과정을 선택하여 수강한다.

표 5-8 상호문화적 의사소통과 교육(IKB 과정)전공과 상호 문화 교육학/제2외국어로서의 독일어(ZIP 과정)의 커리큘럼

상호문화적 의사소통과 교육(IKB 과정) 전공의 커리큘럼		상호 문화 교육학/제2외국어로서의 독일어(ZIP 과정)의 커리큘럼	
상호문화적 의사소통과 교육에 관한 이론	-의사소통 이론 -언어 획득 연구(이중 언어와 언어 교수법 고찰) -정체성 · 문화 개념, 보편주의-상대주의, 사회적인 통합 모형 -다원주의, 인종차별주의, 선입견, 극보수주의 연구	제2외국어로서의 독일어와 다중 언어	-학교, 가정, 사회에서의 이중(다중) 언어 -다중 언어와 다문화 학습자 집단에서의 제2외국어로서의 독일어 교수법(특히 전문용어와 직장용어) -독일어와 이주민 언어/문화 비교 -독일어: 형태, 구조, 기능
역사적 · 사회적 전제 조건	-세계화의 과정(식민주의, 세계사회의 복잡화, 상이성과 잠재된 갈등) -이민역사(노동, 탈출, 피난, 유럽 내의 이민) -이민 유형과 결과(문화변용, 민족적 성향, 이민 문화) -단일민족 국가, 유럽 통일 -민족주의, 인종차별주의, 극보수주의	상호 문화 교육학	-상호문화적 관점에서의 교육과 사회화 -다중 언어와 다문화 학습자 집단에서의 학습적 요구와 수업 -학문 특수적, 학문 포괄적인 상호문화 교수법
기관, 조직, 법적인 토대	-법적 토대(「국적법」「외국인법」「보호시설법」「학교 및 청소년복지법」) -교육정책: 교육 및 사회에 미치는 이민결과와 개혁요구, 프로젝트 모델 -교환 프로그램, 파트너십	이민과 사회 참여	-이민에 따른 사회적 · 경제적 · 문화적 · 법적 · 정치적 결과 -이민, 민족, 인종차별주의에 대한 이론과 역사 -이주민 생활 분석: 사회참여와 생활 세계의 차이
교수법 및 방법론	-취학 전 아동의 상호문화적 학습 -학교에서의 상호문화적 교육 -상호문화적인 청소년 활동과 성인교육 -상호문화적인 발안제 그룹 -상호문화적 관점에서의 상담 -상호문화적 의사소통연습, 반인종 차별주의 훈련	이주민의 언어	-아랍어, 그리스어, 이탈리어, 터키어, 헝가리어 등 여러 이민자들의 언어

3) 뮌스터 대학교의 교직 과정

뮌스터 대학교의 '상호 문화 교육학 연구소(Arbeitsstelle Interkulturelle Pädagogik: AIP)'는 다문화 교사교육과 관련하여 네 가지 분야에서 교직 과목을 개설하고 있다(권오현 외, 2009). 상호 문화 교육학과 제2외국어로서의 독일어, 이민자 언어, 제2외국어로서의 독일어와 다중 언어, 이민과 사회적 참여가 그 네 가지 분야로 쾰른 대학교의 상호 문화교육학/제2외국어로서의 독일어 커리큘럼 과정이나 라인-웨스트팔리아 지방의 교사교육에 포함된 다문화교육의 내용과 동일하다(Duarte & Brandenburger, 2008). 뮌스터 대학교의 다문화교육과정은 언어를 상호문화적 관점에서 접근하며 교사가 학생의 언어와 문화를 이해할 수 있으며, 수용할 수 있도록 준비시키며 이민에 대한 사회 · 정치적 관점을 이해하고 불평등, 문화 정체성, 다양성 등에 대해 예비 교사들이 생각해 볼 수 있는 기회를 제공하는 교육과정이다.

6. 일본

일본에서 다문화교육은 '공생 교육' '이문화(異文化) 교육'이란 용어로 사용되고 있다. 일본은 우리나라보다 다문화 사회로의 진입이 먼저 시작되었지만 인권교육을 기반으로 한 다문화교육의 진행은 우리와 비슷하다(천호성, 2011). 이는 일본이 단일 민족 이데올로기와 자국민 중심의 이념 정책을 펼쳐 왔기 때문이다. 지난 10년간 일본어 지도를 필요로 하는 학생이 1.6배 증가하여 이들을 위한 일본어 지도 특별과정이 요청되어졌으며 다문화 학생 수의 증가로 일본어 교사의 필요가 증가되었다(文部科学省, 2016a). 일본에서 다문화 교원은 부모 중 한 명 이상이 외국 출신으로 일본어 지도가 필요한 학생에게 일본어 지도, 교과 지도, 가정과 상담, 진로 지도 등 외국인 학생의 필요를 충족할 수 있는 역량을 가진 교원을 말한다(浜田麻里 외, 2016). 증가하는 외국인에 비해 이들 학생의 일본 학교 입학 및 이수율이 낮은데, 그 이유로는 낮은 일본어 능력, 상이한 문화와 외모에 따른 왕따 등 학교 부적응을 들 수 있다(천호성, 2010). 이러한 문제를 해결하고 미래의 글로벌 인재로 이들의 성장하도록 외국인 학생을 지원하기 위해서 일본 문부과학성은 외국에서 이주한 가정이나 부모 중 한 명이 외국 출신

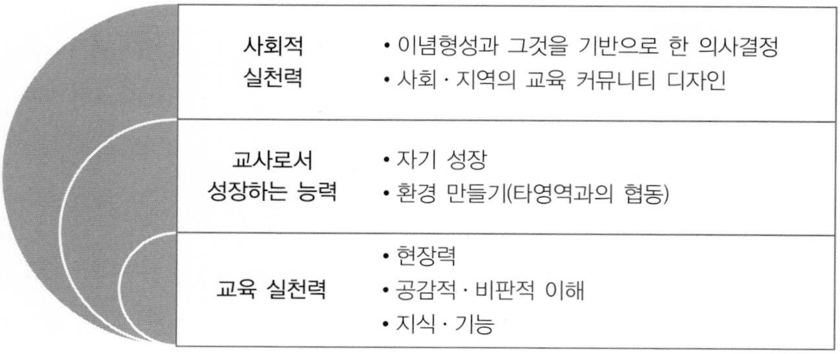

[그림 5-1] 일본 다문화 교원 양성 모형

인 아동의 경우 일본어를 배울 수 있도록 제2외국어로서의 일본어(Japanese as a Second Language: JSL)를 가르칠 수 있는 교원과 자원 봉사자를 양성하며, 모든 학생을 대상으로 하는 문화 간 이해 교육을 실시하고 있다(文部科学省, 2016b). 외국인 정주 가정의 자녀를 위한 JSL 교육과정을 만들고, 이를 교육할 수 있는 이중 언어 강사를 육성하여 모국어를 사용하는 일본어 교사를 통해 일본어 교육을 실시하고 있다. 그리고 일반 교원들에게 국제 이해 교육, 인권교육, 국제 교육 등에 대한 연수를 실시하고 있다(성상환, 김광수, 임은미, 2009). 하지만 현재 JSL을 가르치는 공식적인 교원 자격제도가 없기 때문에 기간제 교원, 일본어 지도자, 자원 봉사자 등이 JSL 교육과정을 지도하고 있다.

1) 다문화 교원 육성을 위한 대학 강좌

현재 초등 교사 육성 대학기관에서는 외국인 학생을 위한 일본어 교수방법과 다문화에 대한 강의가 개설되어 예비 교사들이 외국인 학생을 학교현장에서 잘 교육할 수 있도록 준비시키고 있다. 외국인 학생, 특히 일본어 교육이 필요한 학생이 증가함에 따라 다문화 교사교육 및 일본어 지도 교원 관련 과목들이 대학 내에서 증가 개설되고 있으며 이런 수업 개설 증가는 다문화 교원 양성을 확대하는 데 영향을 미치고 있다.

(1) 미야기 교육대학교

2005년부터 다문화교육 주제를 담은 다문화교육(일본어 교육, 국제이해교육을 포함) 강좌를 개설하여 운영하고 있다. 여러 전공의 학생들이 수강하고 있으며 이들은 장래

표 5-9 미야기 교육대학교의 개설된 학부 다문화 강좌 및 연수 내용

	강좌명	내용
학부	초등학교 일본어교육 II	대상: 일본어교육학과 3학년으로 3주간의 현장실습을 마친 학생 내용: 다문화학생이 많은 초등학교 일본어 교실 · 특별지원국제 교실 · 자원봉사교실 · 모어교실을 참관하고 다문화 학생과 접촉하고 지원함. 교사와 학생 간의 대인관계 형성방법 및 대화방법, 일반학교수업과 지역일본어 수업의 차이점, 지역과의 네트워킹 및 커뮤니케이션의 필요성을 현장 체험을 통해 조사하고 보고서를 제출
	외국인 아동 개론	대상: 학부생 120명 이내(이 중 5명 이내 학생은 외국인 아동을 자원봉사한 경험이 있는 자) 내용: 일본어 지도가 필요한 학생의 특징과 이들의 문제점, 역사적 배경과 제도, 브라질인 학교, 언어능력과 언어습득, 학부모와의 관계형성, 교재 제작. 외국인 학생에 대한 부족한 배경지식을 학습하며 실제적인 학교 현장의 문제와 필요성, 분열의 문제, 자원봉사자 교원 등에 대해 논의
	다언어 · 다문화 사회와 교육	대상: 학부 1~2학년 학생 내용: 일본 내의 다언어, 다문화 현황, 이민자의 언어교육, 국내외 이중 언어교육의 실제, 다문화 · 다언어 사회에서의 교육 역할 등에 대해 학습한 후 교육의 역할에 대한 자신의 의견을 포스터 발표. 국내외 다문화교육현황에 대한 많은 표면적 정보를 획득할 뿐만 아니라 다문화에 대한 학생 개개인의 깊은 이해와 경험 및 문제의식을 가질 수 있는 기회를 제공
연수	국제화 · 다문화에 반응하는 학교 만들기 (6시간 연수)	대상: 초등, 중학교 교원, 특별지원학교 교원 내용: 외국인 학생의 일본 학교 입학 방법, 외국어커뮤니케이션 교육(이중 언어 및 초등학교 외국어교육의 목적, 외국어 교육 방법 및 교실 활동), 국제 이해교육과 개발교육, 지속발전교육, 학교에서의 국제화와 다문화로 인한 문제 및 해결방법, 다문화 공생교육
	일본어지도가 필요한 아동 지도	대상: 현직 교원 내용: 일본어 지도가 필요한 학생을 지도하는 방법을 연수. 외국인 학생의 이주배경, 역사, 현황, 외국인 아동의 가정 환경 · 배경 · 학교문제, 일본어 지도 프로그램, 일본어 지도 교안 작성 · 발표
	외국인 학생에 대한 성공적인 지원(1시간)	대상: 학교 교원(관리직, 지도주임, 중등교원) 내용: 외국인 학생의 학교 전입과정과 교사의 역할, 현재 교내의 인적 · 물적 자원 활용 및 지원의 필요성, 지역사회와의 연계, 외국인 학생의 일본어 학습 준비도 극대화를 위한 방법모색

학교에서 일본어 교실이나 국제이해과목을 담당하거나 해외협력 대원으로 활동할 수 있다. 수업 중 현직교원이나 실무자를 초청한 워크숍을 개최하거나 외국인 유학생과의 협동학습, 해외 단기 연수 등을 제공하고 있다.

(2) 동경 학예대학교

2013년부터 초등교원 양성과정의 일본어 학과에서는 일본어 교육을 특별한 '과정'으로 지정하여 운영하고 있다. 일본 문학과 언어에 관심을 가진 대학생을 대상으로 일본 안팎의 글로벌화, 문화 간 이주자 자녀의 증가, 이런 사회적 역사적 맥락 속에서 다문화를 이해하는 연습을 제공하는 수업을 실시하고 있다.

(3) 요코하마 국립대학교

2~3학년 대학생을 대상으로 일본어 기초 교육, 이중 언어이론 등의 수업이 개설되어 있으며 4학년 학생을 대상으로 초등학교 현장에 나아가 일본어 교육 실습을 하는 교생실습이 개설되어 있다. 수강 학생들이 외국인 아동에 대한 이해와 실천력을 몸에 습득하여 이론과 실천능력을 갖추는 것을 목적으로 하고 있다. 이 수업을 들은 학생 중 국제교실이나 초등학교의 교사가 된 졸업생은 대학에서의 다문화 강좌가 현장에서 도움이 되었다고 평가하고 있다.

(4) 아이치 교육대학교

2005년부터 아이치 교육대학교는 외국인 학생을 지원하는 거점학교로 지정이 되어 다문화 자료실을 운영하고 있다. '외국인 아동을 위한 교육학 개론' '저학년 학생을 위한 일본어 교육 개론'과 같은 강좌를 개설하였다. 현재 개설된 일본어 교육과정은 2017년부터 초등교원 양성 과정 일본어 교육으로 겸하여 개설되며, 외국인 지도 및 학생 지원에 관한 수업은 필수과목으로 지정될 예정이다. 그리고 대학교에서는 외국인 학생 지원을 위한 자원 봉사를 희망한 대학생을 초등학교로 파견하고 있다.

(5) 교토 교육대학교

교토 교육대학교는 일본어 전공 과목에서 '아동 · 학생을 위한 일본어 교육론' '일본어 학습 지원 현장 연구' 등 총 12학점이 되는 6개 과목을 선택 과목으로 개설하고 있다. 이 과목들은 수강한 대학생이 현장 학교에 나아가서 일본어 능력이 뒤떨어지는 외국인 학생을 대상으로 일본어 지도를 할 수 있는 전문성을 갖추는 것을 목표로 한다.

표 5-10 **일본 대학교의 다문화교원 양성 커리큘럼 체계**

	교육 및 수업 실제	학습환경형성	자기 성장
강의 (지식)	• 언어학/일본어학 • 교육 · 발달심리학 • 제2외국어습득론 • 이중 언어교육 • 학습이론 • 커뮤니케이션이론 • 교육방법론/커리큘럼이론 • 교재개발이론	• 이문화 간 교육 • 다문화교육 • 비교교육학 • 네트워크이론 • 조직론 • 언어/이민정책 • 지역과 글로벌화의 역사 및 현황	• 교육학 • 교사론 • 커리어 형성 • 교육실천 분석방법 • 교육실천 개선방법
수업참가형태 (기술)	• 케이스 스터디를 통한 아동의 언어학습, 사회 · 심리적 상황 분석력 강화 • 지도안 작성, 교재개발, 수업 운영력 육성	• 케이스 스터디에 따른 지역현황 이해 • 토론 등을 통한 내면 성찰 강화 • 과제해결활동을 통한 다른 사람과의 협동능력 육성	
현장 실제교육 (실천력)	• 학교 참관 및 기록 작성 • 지원활동(학교, 지역) • 실습(수업, 교육활동) • 현장 피드백을 통한 교육실천력, 환경창조력, 자기성장력 양성		

출처: 浜田麻里 외(2016).

2) 제2외국어로서의 일본어(Japanese as a Second Language: JSL) 지도교원 양성과정

제2외국어로서의 일본어 지도교원 자격조건은 전문대학에서 일본어교육을 주 전공으로 졸업한 자로서 고등학교에서 교생 경험을 가지고 있으며, 일본어교육 능력검정시험에 합격한 자로 일본어 교육의 전문적 지식과 능력을 갖추고 있어야 한다(文部科学省, 2015a). 일본 문부과학성은 독립법인인 교원연구센터를 통해 일본어 지도교원을 연수하고 있다. 외국인 학생 등록 수가 많은 학교의 경우에는 일본어 교실이 개설되어 있으며 이중 언어 강사가 상시 배치되어 있지만, 외국인 학생수가 적은 경우에는 순회 교원을 파견하여 학생을 지원하고 있다. 독립기관인 교원연수센터는 일본어 강사와 관리자를 대상으로 4일 동안 실시되는 연수 프로그램을 운영하고 있다. 2015년 현재 소학교와 중학교의 일본어 강사는 각각 6,374명, 2,162명이며 교사 일인당 담당하는 학생 수는 연간 초등학교는 21명, 중학교는 15.1명으로 조사되었다(文部科学省, 2015a).

표 5-11 헤이세이 12년(2000년) 3월 30일 이전의 일본어 지도교원 양성 교육내용 기준

양성기관 / 일본어교원 필요지식 · 역량	일반 양성기관	대학 학부 일본어교육		대학원 석사 과정	
		주전공	부전공	A 코스	B 코스
1-1. 일본어 구조에 대한 체계적인 지식(일본어학: 개념, 음성, 어휘, 의미, 문법, 문체, 문자, 표기)	150시간	18학점	10학점	4학점	11과목
1-2. 일본인 언어생활에 대한 지식 · 능력(언어생활, 일본어사)	30시간	4학점	2학점	4학점	2학점
2. 일본 역사와 사회	15시간	4학점	1학점		
3. 언어학적 지식과 능력(언어학개론, 사회언어학, 대조언어학, 일본어학사)	60시간	8학점	4학점	7학점	5학점
4. 일본어교수에 대한 지식(일본어교수법, 일본어교육교재 · 부교재 · 평가법 · 실습)	165시간	11학점	9학점	9학점	10학점
총합	420시간	45학점	26학점	24학점	28학점

3) 클라리넷

클라리넷은 일본 문부과학성에서 만든 교사연수 인터넷 강좌로 일본어 교사, 일반 교사, 관리자, 행정관계자 등 대상에 따라 다양한 연수 프로그램으로 구성되어 있다. 내용은 외국인 학생의 입학이나 외국에서 귀국한 중도 입국 학생에 대한 이해를 위한 아동교육 초급, 아동과의 관계 형성, 가정 상담, 교과 지도, 실제 지도, 학교 안팎의 관계자와의 협력 등으로 구성되어 있다. 일본어 교사, 일반 교사, 관리자가 알아야 할 내용을 정리하면 〈표 5-12〉와 같다. 다른 교원에 비해 일본어를 전담하는 교사가 외국인 학생들과 만나는 시간이 많음으로 연수 내용도 더 많고 세부적이며 일반 교사나 관

리자는 외국인 학생이 학교나 수업환경에 적응하거나 원활한 교우관계 형성 지원에 중점을 두고 있다. 또한 이 프로그램은 교사가 외국인 학생들을 지원할 때 필요한 자료, 문서 등을 수장하고 있는 인터넷 자료 사이트인 CASTA-NET(文部科学省, 2016b)을 운영하고 있다. 사이트에는 학교에서 많이 사용하는 용어를 다국어로 번역한 용어 모음집이나 다국어로 된 언어 교재와 문서 등을 탑재하고 있어 외국인 학생이나 학부모의 학교 적응과 의사소통에 도움이 된다.

표 5-12 **교원 유형별 연수 내용**

내용	외국인 아동교육 시작	가정 상담	학교생활 적응	교과지도	실제지도	협력
일본어 교사	• 외국인아동 교육 현황과 과제 • 외국인아동과 모국 문화이해 • 아동과의 관계 형성 • 일본어 교수법	• 학부모 이해하기 • 의견 청취	• 학교생활: 학교행사 일정 및 규칙		• 수업의 실제, 기초: 수업목표 설정 및 계 획 • 일본어지도 및 실습 • 일본어능력 평가	• 학급 담임 • 학교장과의 협력 및 지원 • 다른 일본어 교원과의 협력
일반 교사	• 국가 정책 • 외국인아동과 모국 문화이해 • 아동과의 관계 형성 • 일본어 교수법	• 학교 사전 준비 • 부모와의 상호관계	• 교우관계 • 의사소통	• 지도체계 구성	• 수업의 기초 • 교과학습	• 일본어교사와의 협력
학교 관리자	• 정부시책 • 외국인아동과 모국 문화이해 • 외국인 학생을 위한 일본어 교육	• 아동과 부모의 일본어 능력 • 학교의 사전 준비 • 지도 체계 구성				• 교내 일본어 학급교사와의 협력 • 교외 일본어 교원과의 협력
행정 관계자	• 정부시책 • 외국인아동과 모국 문화이해	• 아동과 부모의 일본어 능력 • 지도 체계 구성				• 학교 내 관리자의 지원 • 일본어교사의 협력 • 교육위원회 및 타학교와의 협력 • 자원봉사단체, NPO, 국제교류협회와 정보 교환

출처: 文部科学省(2015b).

7. 중국

중국은 전체 인구에서 소수 민족이 6% 정도를 차지하는 다문화 국가로, 이들이 집단으로 거주하는 일부 지역은 독특한 언어와 문화 전통을 인정하는 자치구로 선정되어 있다. 하지만 소수 민족 자녀의 상급학교로의 진학률이 한족에 비해 떨어지며 경제적으로도 취약한 형편이다. 중국 정부는 이런 문제를 해결하고자 「민족지역 자치법」에 이중 언어교육 정책을 제정하고 지원하고 있다. 또한 외국에서 들어오는 유학생이 증가하고 해외에서 중국어 학습에 대한 요구가 많아짐에 따라 다른 문화나 언어를 가진 학생에게 중국어를 가르칠 수 있는 교사의 필요가 증가되면서 다문화교육에 대한 관심이 증대하고 있다.

1) 제2외국어로서의 대외한어교사 양성 프로그램

중국에서 대외한어교육은 1950년 초 체코슬로바키아, 폴란드, 루마니아, 헝가리, 불가리아, 북한 등과 유학생을 교환하면서 시작되었다. 1950년에 칭화대학교에서 최초로 '동유럽 교환학생 중국어문 전문 연수반'이 만들어졌고 1962년 '외국 유학생 대학교육 예비학교'가 설립되었는데, 이 학교는 1965년 북경어학원으로 이름을 변경하였다. 유학생 및 해외에서의 중국어 교육의 증가로 중국어를 가르칠 수 있는 교원의 필요가 증가하자 1981년 북경언어문화대학, 북경외국어대학, 상해외국어대학, 화동사범대학을 중심으로 '대외한어교육' 전공이 개설되었으며 북경대학과 북경언어문화대학 등 여러 대학에서 석 · 박사 과정이 개설되어 현재 330개 이상의 대학에서 과정을 개설하고 있다. 중국에서 대외한어교사 양성의 역사가 가장 오래된 북경언어문화대학교는 예비 교사의 성격에 따라 과정이 구별되는데, 중국인 대학생을 대상으로 하는 대외한어교육학과(인문대학소속), 외국인을 대상으로 하는 한어정규과정(한어대학소속), 해외 화교와 현직 교사연수 과정(한어교사연수대학소속)이 있다.

1990년 중국 국가교육위원회는 대외한어교원의 질 제고를 위해 「대외한어교사자격심사방법」을 만들고 교사자격제도를 도입하였다(최순희, 2002). 시험지원 자격 조건은 4년제 정규 대학을 졸업하고 320시간의 대외한어교육 경험을 가진 자 또는 대외한어교육전공 학위 소지자, 이중학위 소지자, 대외한어교육전공 석사학위이상 소지자이다. '대외한어교사자격고시'에 합격하고 국가언어문자공작위원회가 실시하는 '표준어 등급시험'에서 2급 갑 이상의 등급을 받은 사람에게 교사자격증이 발부된다. 대외한어교사자격고시에는 한어 관련 교육과목 이외에도 외국어 과목이 포함되어 있다.

2) 소수 민족을 위한 이중 언어교사

소수 민족 교육지원 정책으로 중국 정부가 실시하는 주요 정책 중 하나는 이중 언어교육이다. 이를 위해 교사를 선정하여 대학에 위탁하여 교사연수 프로그램을 운영하고 있다. 한 예로, 하이난성 정부는 2014년 국가연수계획에 따라 소수 민족지역 이중 언어교사들의 표준 한어 능력을 향상하기 위해 치옹저우대학에 소수 민족 이중 언어교사 표준어 연수 프로그램을 위탁하여 실시하고 있다. 연수 참가 자격조건은 하이난성 소수 민족지역 농촌학교에서 3년 이상 근무 경력, 최근 3년간 유사 연수 프로그램에 참여한 적이 없어야 한다. 연수를 위해 소수 민족 교사 및 한어전공 교사를 우선 선발하고 있다. 이중 언어 연수 프로그램의 내용은 국가 언어문자 방침, 표준어 기초이론 및 지식, 표준어 구어 기능 및 언어사용능력, 민족정책 및 민족 이론, 민족 언어문자 기본 지식을 내용으로 하고 있다(한국교육개발원, 2015). 중국은 소수 민족 학생이 한어를 정확히 익힘으로 중국 교육체계 속에 통합되고, 직업을 가질 수 있도록 하기 위해 우수한 이중 언어교사를 육성하는 정책 목표를 가지고 있다. 대부분의 이중 언어교사는 한어를 잘 하는 한어 능력에 대한 요건을 충족하고 있지만 소수 민족의 학교의 경우 소수 민족의 언어를 강조하여 수업을 운영함으로 소수 민족의 언어 능력도 교사의 요건으로 중요시되고 있다. 연변의 조선족 학교의 경우 조선족 교사가 대부분의 수업을 한글 교재를 사용하고 한글로 수업을 운영하며 중국 내에서 조선족의 문화와 역사 등을 가르친다. 그러나 이런 역사는 중국 조선족으로서의 역사이지 조선족 자체만을 의미하거나 강조하지는 않는다(김해영, 2014).

지금까지 국외 몇몇 국가에서 시행 중인 다문화교육을 위한 교사교육을 살펴보았다. 이들 국가가 운영하는 다문화 교사교육에서 한국에 다문화 교사교육에 적용할 내용은 다음과 같다.

첫째, 국외의 다문화 교사교육에서는 민족적, 인종적, 언어적, 사회계층적 소수자들에 대한 기본적인 배경 지식을 늘리고 교사가 가진 편견을 최소화하는 소수자 이해가 강조되고 있다(권오현 외, 2009). 다문화교육은 소수 민족의 의복, 음식, 명절 등 단편적 지식을 배우지만 지배문화, 주류문화 속에서 동화되는 관점에서의 다문화교육이 아닌, 모든 문화를 동일한 범주에 올려놓고 차이를 인정하고 객관적으로 대하려는 태도를 가지며 관점을 넓히는 교육이다. 수업이나 연수를 통해 교사 또는 예비 교사는 문화, 인종, 언어에 대한 자신의 관점과 태도에 대한 반향적 사고와 토론의 시간을 가지며 이를 통해 자신이 속한 사회나 계층이 가진 가치, 태도와 다른 다양한 관점, 가치, 태도가 존재하는 것을 깨닫고 개방하는 법을 배우며 더 나아가 그런 다양한 문화에 대해 공평하게 대하는 방법을 배우게 된다. 이로써 교사는 다문화 학생의 역사, 문화, 가치, 문학, 종교 등에 대해 공평하게 접근하며 가르칠 수 있는 역량을 가지게 된다.

둘째, 다양한 학생이 존재하는 학교 환경 속에서 교사 역할이 중요하다는 점이다. 다문화, 이중 언어, 경제적 소외계층 학생이 저조한 학업 성취를 보이는 문제를 개인적 원인으로 보기보다는 교육적 형평성 관점에서 인식하고 사회 정의 및 교육 평등 면에서 어떻게 변화하며 가르쳐야 할지를 다문화 교사교육의 내용으로 포함하고 있다. 다문화교육과정은 보수적, 진보적, 급진적 스펙트럼 속에서 다양하게 나타날 수 있는데, 문화적 편견을 최소화하는 반편견 관용 교육과 다문화 학생들이 학교교육과정 안에서 분리가 아닌 통합 교육 속에서 정체성과 학업 성취가 향상될 수 있는 방법을 포함하고 있다. 지금까지 다문화 학생의 학습 부진 현상을 개인 문제 및 결핍적 관점에서 보았던 것을 다문화 학생의 특성에 맞추지 못한 불평등한 교육과정, 낮은 교사의 기대, 차별적 학교 문화 등 간과되었던 사회문화적 불평등과 정의의 관점을 교사들이 인식하도록 하고 있다. 교사의 인식과 변화가 다문화 교실에서 중요함을 인식하고 교사의 인식 변화를 목표로 다문화 교사교육이 구성될 필요가 있다.

셋째, 소수 민족의 학생이 가진 모국어 교육의 강조이다. 전에는 2개 이상의 언어 습득은 주류 언어를 배우는 데 임시 중재 역할을 하거나 가교 역할로 받아들이거나 장점보다는 결점으로 여겨졌었다. 하지만 이중(또는 다중) 언어는 모국어를 기반으로 다문화 학생의 정체성의 기초를 이루며 개인의 사회 · 정서적 발달에 긍정적 영향을 미치며 세계화 속에서 다양한 언어 능력은 장점으로 인식되어져서 다문화교육에서 중요한 내용이 되고 있다. 이런 흐름 속에서 주류 언어와 다문화 학생의 언어를 동시에 지도할 수 있는 이중 언어교사의 역할이 중요하며 무엇보다도 언어의 기저에 있는 다문화 학생이 가진 문화와 역사를 이해하고 편견 없이 대하는 공평성은 이중 언어교사가 가져야 할 덕목으로 강조되고 있다.

다문화교육은 약점이 아닌 세계화 시대에 있어 강점 교육이며, 서로의 차이를 배척하는 것이 아닌 관용을 배우는 교육이다. 사회의 다양한 인종, 종교, 민족, 언어로 인해 야기되는 갈등을 해결하고 사회를 통합하면서도 경쟁력 있는 개인을 육성하여 사회의 힘을 기르기 위해서는 다문화교육을 이해하고 교실현장에서 다문화교육을 실시할 수 있는 다문화 역량을 가진 교사 육성이 중요하다.

참고문헌

강재원(2013). 호주의 정체성에 나타난 원주민의 역사 문화유산의 가치와 확장성에 대한 문제점. **역사문화연구**, 47, 235-270.

권순희(2011). 호주 다문화 사회에서의 영어 교육정책. **국어교육학연구**, 40, 327-357.

권오현, 모경환, 박주현(2009). 초·중등교사 다문화교육 연수 프로그램(60시간, 직무연수)개발 및 연수. 서울: 교육과학기술부.

권오현, 모경환, 황혜원, 박주현, 박정서, 김은아, 배가빈(2009). 교사를 위한 다문화교육 연수 프로그램의 사례연구-중앙다문화교육센터를 중심으로. **다문화교육 연구와 실천**, 1, 15-36.

김선미(2011). 영국의 다문화교육 정책 전개의 특성. **교육문화연구**, 17(1), 59-78.

김영곤(2002). 캐나다의 TESL 교사양성과정. **국어교육연구**, 9, 191-207.

김진희(2011). 영국의 중도입국 다문화가정 학생을 위한 교육지원체계. **다문화교육연구**, 4(2), 43-72.

김해영(2014). 중국 조선족학교 민족문화 교육과정 개발의 문제점과 개선 방향. **인문논총**, 71(4), 269-300.

모경환(2009). 다문화 교사교육의 현황과 과제. **한국교원교육연구**, 26(4), 245-270.

백목원, 하명진(2016). 다문화 배경 학생에 대한 교사의 이중적 인식 연구. **다문화교육연구**, 9(2), 57-88.

서혜애, 권오남, 남정희, 이봉우(2011).**우수교원 해외진출 5개년계획 실행방안 연구**. 서울: 교육과학기술부

석주연(2002). 영국에서의 국제 영어교사 양성제도의 실태 및 시사점. **국어교육연구**, 9, 145-168.

성상환, 김광수, 임은미(2009). 다문화가정 학생 지도교사를 위한 상담 매뉴얼 개발 연구. 서울: 교육과학기술부.

신성철(2010). 다문화 한국 사회에서의 한국어와 타언어의 보완성: 다문화 호주의 경험에서 본 관점. 2010년 한국언어문화교육학회 제12차 전국학술대회 발표 자료집, 한국언어문화교육학회.

심봉섭, 모경환, 이경수(2008). 일반 교사 다문화교육 연수 프로그램(30시간) 개발 및 연수. 서울: 교육과학기술부.

이광숙(2002). 외국어로서의 독일어 학과의 현황. 국어교육연구, 9, 235-257.

이경숙, 이신동(2016). 소외계층 영재 특성에 대한 교사 인식. 영재와 영재교육, 15(1), 5-27.

이신동, 김진호, 이상희, 이경숙, 이연우, 성영화, 차재경(2015). 다문화아동교육론. 경기: 양서원.

이종현(2012). 호주, 캐나다, 영국에서의 다문화 교사교육. 통합교육과정연구, 6(1), 215-242.

이향아(2008). 문화적 모자이크를 꽃피우는 캐나다 교육. http://125.60.48.13/home4/dl_files/Seouledu/009/265956.pdf

장인실(2008). 다문화교육을 위한 교사교육 교육과정 모형 탐구. 초등교육연구, 21(2), 281-305.

장인실, 김경근, 모경환, 민병곤, 박성혁, 박철, 성상환, 오은순, 이윤정, 정문성, 차경희, 차윤경, 최일선, 함승환, 허창수, 황매향(2012). 다문화교육의 이해와 실천. 서울: 학지사.

전희옥(2012). 미국 교사교육기관 대학원 다문화교육전공 교육과정 사례 분석. Washington 대학교와 George Mason 대학교 사례를 중심으로. 사회과교육연구, 19(4), 121-142.

정윤경(2013). 외국 해외현장경험 프로그램 분석 및 한국 다문화교사교육을 위한 해외현장경험 프로그램 구상에 관한 연구. 한국교육학연구, 19(2), 145-166.

정재훈(2002). 호주에서의 국제 영어교사 양성 실태. 국어교육연구, 9, 169-189.

천호성(2010). 일본의 다문화교육 지원체제에 관한 연구. 한국 일본교육학 연구, 15(11), 23-42.

천호성(2011). 한국과 일본의 다문화 비교 연구. 사회과교육, 50(4), 191-204.

최순희(2002). 중국에서의 대외한어 교사 양성 실태. 국어교육연구, 9, 69-90.

최윤정(2016). 다문화 교사교육 실행연구: 미국 사범대학 사례. 다문화교육연구, 9(1), 49-70.

하혜숙(2011). 다문화가정 학생에 대한 교사의 편견 분석 연구. 한국상담학회, 12(6), 2065-2083.

한국교육개발원(2015). 중국의 초 · 중등학교 소수민족 가정 학생의 기초학력 지원 현황. http://edpolicy.kedi.re.kr/EpnicGlobal/Epnic/EpnicGlobal01Viw.php?Ac_Group=1&Ac_Num0=17662

홍종열(2012). 유럽의 다문화정책에 나타난 상호문화주의 고찰. 철학과 문학, 25, 273-288.

文部科学省(2015a). 外国人児童生徒等に対する教育支援に関する基礎資料. Retrieved Aug. 9,

2016 from http://www.mext.go.jp/b_menu/shingi/chousa/shotou/121/shiryo/_icsFiles/afieldfile/2015/12/22/1365267_01_1.pdf

文部科学省(2015b). CLARINET: 外国人児童生徒教育修マニュアル.

文部科学省(2016a). 学校における外国人児童生徒等に対する教育支援の充実方策について. Retrieved Nov. 14, 2016 fromhttp://www.mext.go.jp/b_menu/houdou/28/06/__icsFiles/afieldfile/2016/06/28/1373387_02.pdf

文部科学省(2016b). CASTA-NET. Retrieved Aug. 10, 2016 fromhttp://www.casta-net.jp/

浜田麻里 외(2016). 外国人児童生徒にする指導にできる教員を養成する.

Academic Invest(2016). How to become a multicultural liaison officer? Retreived Aug. 5, 2016 from http://www.academicinvest.com/arts-careers/sociology-careers/how-to-become-a-multiculturalism-liaison-officer

AITSL(2011). Australian Professional Standards for Teachers Retrieved Aug. 11, 2016 from http://www.aitsl.edu.au/docs/default-source/apst-resources/australian_professional_standard_for_teachers_final.pdf

Arslangilay, A. S., & Özdemir, M. Ç. (2016). Third generation turkish children and bilingual education models: Hessen state KOALA project. *Journal of Education and Future, 10*, 105-135.

Assaf, L. C., Garza, R., & Battle, J. (2010). Multicultural teacher education: Examining the perceptions, practices, and coherence in one teacher preparation program. *Teacher Education Quarterly*, *37*(2), 115-135.

Batteson, C., & Sixsmith, C. (1995) Reflections on an experiential, inner city placement for pre-service teachers. *Journal of Education for Teaching, 2*(21), 229-233.

Craft, M. (1996). *Teacher education in plural societies: An international review*. London : Falmer Press.

Dilworth, M. E. (1992). *Diversity in teacher education: New expectations.* San Francisco: Jossey-Bass.

Duarte, J., & Brandenburger, A. (2008). Report on Teacher Education Needs Analysis-NRW. European Core Curriculum for Main Strearmed Second Language Teacher Education. Retreieved Sept. 19, 2016 from http://www.eucim-te.eu/data/eso27/File/Material/Needs%20Analysis%20Report%20NRW(1).pdf

ESL teacher edu.org (2016). ESL teacher training and degree programs. Retrieved Nov. 14,

2016 from http://www.eslteacheredu.org/education/

EURYDICE (2004). Integrating immigrant children into schools in Europe. EU commission.

Figueroa, P. (2004). Multicultural education in the United Kingdom: Historical development and current status. In J. A, Banks & C. A. M. Banks (Eds.), *Handbook of research on multicultural education* (2nd ed.), 997-1026. San Francisco: Jossey-Bass.

Garmon, M. A. (1998). Using dialogue journals to promote student learning in a multicultural teacher edcuation course. *Remedial and Special Education, 19*, 32-45.

Gay, G. (2005). Politics of multicultural teacher education. *Journal of Teacher Education, 56*(3), 221-228.

Gorski, P. C. (2009). What we're teaching teachers: An analysis of multicultural teacher education coursework syllabi. *Teaching and Teacher Education, 25* (2), 309-318.

Howe. E. R. (2014). A narrative of teacher education in Canada: Multiculturalism, technology, bridging theory and practice. *Journal of Education for Teaching, 40*(5), 588-599.

Lee. J. (2012). Multicultural teacher education in Austrailia, Canada and the United Kingdom. *Journal of Curriculum Integration, 6*(1), 215-242.

Luchtenberg, S. (1998). Values in German intercultural education. *European Journal of Intercultural Studies, 9*(1), 53-61.

Martinovic, D., Windle, S., & Dlamini, S. N. (2007). Shifting from ideal to critical multiculturalism in Canadian teacher education programs: Examining the challenges. *Canadian and International Education, 36*(1), 15-38.

McGregor, J., & Ungerleider, C. (1993). Multicultural and racism awareness programs for teachers: A meta-analysis of the research. In K. A. McLeod (Ed.), *Multicultural education: The state of the art national study report #1*. 260-277. Toronto, ON: University of Toronto, Faculty of Education.

National Council for Accreditation of Teacher Education (NCATE, 2008). Professional standards for the accreditation of schools, colleges, and departments of edcuation(Revised edition). Washington, DC: Author. Retrieved Aug. 3, 2016 from http://www.ncate.org/Portals/0/documents/Standards/NCATE%20Standards%202008.pdf

NSW Dept. of Education and Communities (2012). Multicultural policies and services.

Ontario College of Teacher(2015). Enhancing teacher education. Retreived Aug. 5, 2016 from http://www.oct.ca/public/newteachered

Ottawa Community Immigrant Servieces Organization(OCISO, 2014). Multicultural liaison officier program (MLO). Retrieved Aug. 5, 2016 from http://ocisoannualreport.weebly.com/multicultural-liaison-officer-program-mlo.html

Selby, D. E. (1990). Education for a multicultural society: the UK expereience. Retrieved Sept. 9, 2016 from https://www.caslt.org/pdf/ukexperience.pdf

TDA(2007). Training and development agency for schools. Retrieved Sept. 9, 2016 from http://www.gov.uk/government/organizations/training-and-development-agency-for-schools

TESL CANADA(2015). TESL Canada federation national professional certification standards. Retrieved Aug. 11, 2016 from https://www.tesl.ca/index.php

Victoria State Government(2016). Multicultural Teaching. Retrieved Oct. 21, 2016 from http://www.education.vic.gov.au/school/teachers/Support/Pages/multilearnteach.aspx

Williams, A.(1999). Where to now? TESOL teacher edcuation in turbulent times. Retrieved Aug. 21, 2016 from http://www.vateme.vic.edu.au/news/issues/where_to.htm.

Wiltshire, K., McMeniman, M., & Tolhurst, T. (1994). *Shaping the Future: Review of the Queensland School Curriculum*. Brisbane: Queensland Legislative Assembly.

다문화 교수 · 학습방법 및 수업모형

지금까지 우리나라의 다문화교육에 대한 국가차원의 학문적 연구들은 대부분 정책적 연구, 실태조사, 인식조사 등 거시적으로 현실적 실태를 보고하거나 국외의 이론이나 사례를 안내하는 데 초점을 두고 연구해 왔다(권충훈, 김훈희 2008; 최필순, 2013). 그 결과, 학교 현장에서 교사들이 구체적으로 학교 교육과정을 어떻게 수정 및 보완하여 적용할 수 있는지, 어떤 교수 · 학습방법들이 효과적인지에 관한 정보와 다문화교육의 교수 · 학습기법과 관련된 실제적인 자료들이 부족하기 때문에 많은 어려움을 겪고 있다.

현재의 대부분 학교 현장에서의 다문화교육은 공식적인 교육과정 안에서도 체험위주의 창의적 체험활동에서 주로 다루고 있고, 오히려 창의적 체험활동 등 교육과정안에서보다 방과 후 프로그램을 통하여 이루어지는 경우가 더 많다. 일부학교는 다문화교육 연구학교로 지정되어 운영되고 있는 실정이다. 이를 통하여 우리나라의 다문화교육이 여전히 학교 교육과정과 연계되어 체계적으로 운영되지 못하고 있음을 알 수 있다.

학교현장에서 다문화 수업을 해 본 교사들은 대부분 교과 교육 시간에 어떻게 하면 다문화가정의 학생이 소외되지 않으면서 교과 교육의 목표에 도달할 수 있도록 지도할 수 있는지에 대한 고민을 가지고 있을 것이다. 수업 시간에 따로 시간을 내어 다문화가정의 학생을 가르치는 것은 현실적으로 무리이며, 그렇다고 현재 우리 교과 교육에 무조건 따라오라고 할 수는 없는 일이다. 이러한 현실적인 어려움을 다소나마 해결하기 위해서는 다문화가정 학생의 이질적인 문화를 자연스럽게 교과 수업 속에서 이해하고, 다문화가정 학생을 수업에서 소외되지 않고 적극적인 학습 주체로 될 수 있는 지원들이 마련되어야 할 것이다(서울대학교 중앙다문화교육센터, 2007; 이신동 외, 2016).

따라서 이 장에서는 다문화교육에 대해서 거시적인 관점에서의 교육과정 변화 및 큰 변화가 요구되지만, 가장 중요한 변화는 교실 안 수업에서 이루어지는 것이기 때문에, 교사들이 다양한 문화적 배경을 가진 다문화 학생뿐만 아니라 일반학생들까지지도 질 높은 수업을 할 수 있도록 관련 내용을 안내하고자 다문화 교수 · 학습방법 및 수업모형에 대해서 개괄적으로 소개하고자 한다.

1. 다문화 교수 · 학습방법을 위한 이론적 기초

다문화 수업은 '자유롭고 평등한 시민의 존재'라는 현대 민주국가의 가장 기본적인 전제조건에 의해서 정당화되는 목표를 추구하고, 평등한 교육 기회의 보장을 통해 다문화가정 아동에게서 높게 나타나는 정학, 중도학업 포기, 낮은 학업 성취 및 자존감, 정서적 문제 등과 같은 문제를 해결해야 한다고 주장한다(경기도다문화교육센터, 2011). 이와 같은 문제들이 발생하게 되는 원인 중 하나는 교사의 태도 및 수업준비 즉, 교수 · 학습방법과 전략에 있어서의 비중이 높게 차지한다. 따라서 우리나라 학교 교육현장에서도 모든 학생들에게 동일한 자료와 내용을 제공하는 것이 아니라 다문화가정 아동들이 지닌 다양성과 차이를 인식하고 더불어 일반 학생들에게까지도 그에 적절한 교수 · 학습방법을 제공하기 위해 노력하고 있다.

다문화 교실 수업은 소수 집단 학생들의 학업 성취와 다수 집단 학생들의 시민성 육성을 통하여 모든 학생들의 자아실현을 돕고, 교육의 평등을 추구하려는 목표를 가지고 있다(최충옥 외, 2010). Banks(2007b)는 기존의 학교 교실수업에서 다문화교육과정을 접목시킬 때 유의해야 하는 열네 가지의 교수 지침을 구체적인 수준에서 제공하고 있다. 여기에 소개하는 Banks의 열네 가지 지침은 우리나라 사회 · 문화적 맥락에 맞게 조대훈과 박민정(2009)의 연구에서 부분적으로 수정하였는데, 구체적인 내용을 살펴보면 〈표 6-1〉과 같다.

표 6-1 Banks(2007b)의 다문화 수업을 위한 교수 지침

1. 교사는 다문화 내용의 교수과정에서 아주 중요한 변인임을 인식해야 한다. 만약 교사가 개인이나 집단에 관한 인종적-문화적 차별이 담긴 자료를 접하거나 또는 그러한 장면을 목격했을 때, 이를 인종 · 민족 · 문화 집단의 경험에 대하여 올바로 배우는 수업에 적극 활용할 수 있다.
2. 사회적 소수자나 특정 민족 집단에 관한 주제를 효과적으로 가르치기 위해서는 그에 관한 적절한 지식이 먼저 교사에게 요청된다. 관련 민족 집단의 역사나 문화를 개괄적으로 소개한 주요 텍스트를 적어도 하나 정도 미리 읽을 필요가 있다.
3. 교사 자신이 특정 집단에 대해 가지는 인종적-문화적 편견, 행동이나 말에 관하여 반성적인 태도를 견지해야 한다. 예를 들어, 피부가 더 검거나 이국적인 얼굴을 가진 학급의 학생에게 "인도인" "베트남 아가씨" "양키" 등의 별명을 부르는 행위에 대해 다시 생각해 보자.
4. 교실수업에서는 항상 다양한 인종 · 문화 집단이 가지는 긍정적 · 복합적 이미지를 전달할 수 있도록 노력한다. 이를 위해 게시판, 포스터, 문화 달력 등의 전시활동을 활용할 수 있다.
5. 학생들은 비교적 어린 나이 때부터 인종적 차이를 인식하고, 사회에서 어른들이 내리는 특정 인종 · 민족 집단에 대한 평가를 그대로 내면화하는 경향이 있으므로, 교사는 교실 안의 학생들이 가지고 있는 인종 · 민족적 태도를 항상 예의주시해야 한다.
6. 간혹 많이 사용되고 인용되는 교재/자료라고 할지라도 아주 미묘한 수준에서 인종 · 문화적 편견이 자리하고 있을 수 있으므로, 교사는 보다 신중하게 다문화 관련 수업자료를 선택해야 한다. 특정 집단에 대한 고정관념이 생성되거나, 또는 단일 민족주의적 또는 서구 유럽 중심적 관점에서 일방적으로 그 집단의 모습이 기술될 때 교사는 이를 지적하고 함께 이야기 나눌 필요가 있다.
7. 책, 영화, 비디오 자료, CD 자료 등, 다문화 관련 내용에 대한 다양한 이미지나 이야기를 담고 있는 보조자료를 활용하여 학생들이 특정 인종 · 민족 집단의 경험을 풍부하게 이해하는 데 도움을 주도록 한다.
8. 교사 자신의 문화적-민족적 전통에 대해 이해하고, 이를 학생들과 공유하도록 한다. 이러한 교사의 태도는 서로 대화하고 공유하는 분위기를 형성해 주고, 학생들이 자신의 민족적 · 문화적 전통에 관심을 가지도록 유도한다.
9. 인종 · 민족 문제를 다루는 수업자료가 지나치게 논쟁적이거나 (학생들의 수준에 비추어) 과격한 내용을 담고 있지는 않은지 주의를 기울이면서 보조자료 선택에 신중할 필요가 있다.
10. 특정 인종-민족의 문화에 관한 개념, 내용 및 활동을 선정할 때 교사는 학생들의 발달단계를 적절히 고려해야 한다. 저학년(유치원 및 1~2학년)일수록 학생들의 학습 개념 및 활동은 보다 구체적이고 직접적이어야 한다. 예를 들어, 저학년의 경우에는 '인종차별주의'와 '억압' 등과 같은 고도로 추상적인 개념보다는, '비슷한 점' '차이점' '편견' '차별' 등의 개념을 소설-동화나 인물의 전기에 접목시켜 학습하도록 하는 것이 더 바람직하다.
11. 교육 소외를 경험하는 다문화가정의 자녀들에 대해 교사는 높은 학업성취 기대를 가지고 격려해야 한다. 그 학생들은 자신이 학교에서 성공할 수 있다고 믿고 도와주는 교사를 항상 원하며, 교사는 이러한 학생들의 기대에 부응해야 한다.
12. 다문화가정의 부모는 (비록 자신은 과거에 교육적 소외를 경험했을지라도) 자녀의 교육에

많은 관심을 가지고 있고 자녀가 학교 공부를 잘하기를 원하고 있다는 점을 교사는 명심할 필요가 있다. 교사는 학부모에 대한 지원을 아끼지 말아야 하며, 학생의 성취를 이끌어 내는 협력적 동반자로 인식해야 한다.

13. 교실수업에서 인종적-민족적 통합을 촉진하는 데 도움을 주는 협동학습 기법을 활용할 수 있다. 연구 결과에 따르면 학생들이 인종적 · 문화적으로 통합된 학습 집단을 구성하여 교실수업에 임할 때, 서로 다른 인종과 문화를 가진 학생들과 긍정적인 관계를 형성해 나간다는 점을 지적하고 있다.
14. 학교에서 이루어지는 다양한 학생 활동(예: 운동회, 선발대회, 문화제, 출판부 활동, 각종 공식-비공식적 학생 활동들)은 기본적으로 인종적-민족적으로 통합될 수 있도록 배려하고, 각각의 활동에서 모든 학생들이 주도적인 리더 역할을 담당하는 기회를 공평하게 제공할 수 있도록 노력해야 한다.

한편, Banks(2004)는 다문화교육의 차원을 다섯 가지 요소로 제안하였다. 내용 통합(Content Integration), 공평한 교수법(An Equity Pedagogy), 지식의 구성 과정(The Knowledge Construction Process), 선입견 해소(Prejudice Reduction), 학교 문화와 사회구조에 능력 부여(An Empowering School Culture and Social Structure)가 그 예이다. 이러한 다문화교육의 차원이 실제적인 수업에서 실현되기 위해 필요한 구체적이고 실천적인 요소로서 그는 다음 다섯 가지를 제시하였다. 즉, 교육과정(curriculum), 교수 자료(teaching materials), 교수 · 학습방법(teaching and learning style), 교사와 행정가의 태도(attitudes) · 인식(perceptions) · 행위(behaviors), 학교 목표(aims) · 규준(norms) · 문화(culture)가 다섯 가지 내용이다(최충옥 외, 2010; 한국교육과정평가원, 2007).

2. 다문화 교수 · 학습방법

1) Banks의 다문화교육 접근법

Banks(2008)는 다문화교육을 위한 초. 중등학교 교육과정 방안으로서 타인종 및 다문화적 내용이 기존의 교육과정으로 변화되고 통합되는 관점에서 기여적 접근, 부가적 접근, 변혁적 접근, 사회 행동적 접근의 네 가지를 제안하고 있다. Banks(2008)가 제시한 접근법 중 첫 번째 기여적 접근법은 초급수준의 다문화수업이며 사회적 행동 접근법으로 갈수록 복합적이고 포괄적으로 통합되어 고급 수준의 다문화수업이 된다. 그리고 부가적 접근법은 교육과정 변화의 첫 단계로 교사가 유아의 발달특성에 맞게 개념의 제시를 어떻게 조직하느냐가 중요한 문제이다. 4~5세 유아들과 함께 실행할 때 적용할 수 있는 교수 · 학습 전략을 [그림 6-1]을 통해 살펴볼 수 있다. 이것은 Melendez와 Beck(2009)가 제시한 내용을 박찬옥, 지성애, 김미경, 이부미, 채영란(2011)의 저자들이 우리나라 수준에 맞게 재구성한 내용이다.

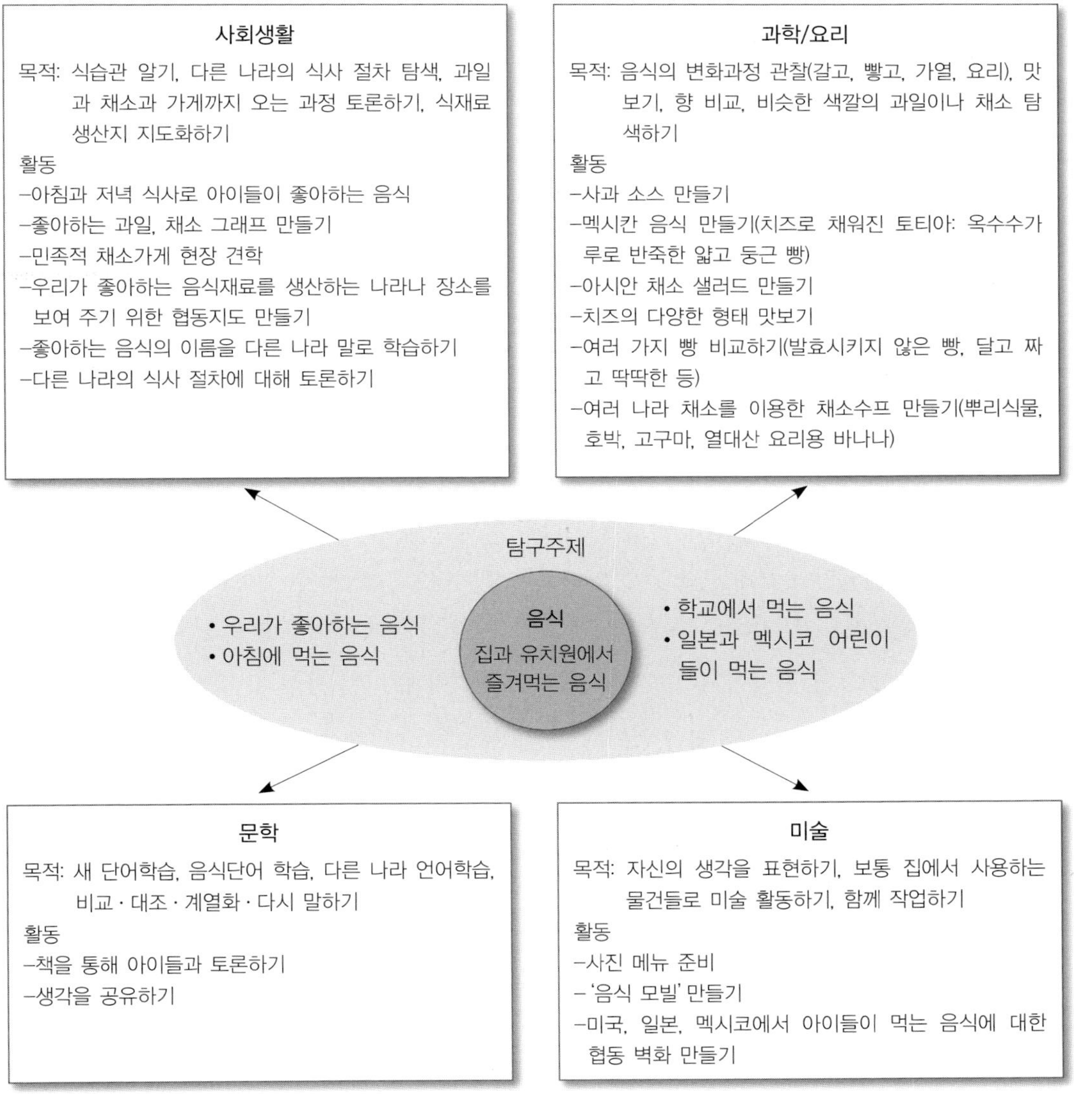

[그림 6-1] 4~5세를 위한 부가적 접근 틀

2) 문화반응적 교수법

문화반응적 교수법(Culturally Relevant/Responsive Pedagogy)은 다문화교육 관련 연구자들이 압도적으로 지지하고 있는 다문화 교수 · 학습기법 중 하나이다. 현재 이 기법의 용어는 사용하는 데 있어, 학자들마다 약간의 차이를 보이고 있는 것이 사실이다. 이에 'Culturally Congruent' 'Culturally Responsive' 또는 'Culturally Relevant'의 용어들은 다문화교육 관련 연구자들 사이에서는 동의어처럼 사용하고 있다(조대훈, 박민정, 2009).

이 교수기법은 "인종적 · 민족적 · 문화적으로 다양한 학생들이 보유하는 독특한 문화적 지식, 과거의 경험, 준거 체계, 관점, 그리고 학습 유형 등을 적극적으로 활용함으로써 학생들의 학업성취, 자아존중감, 다문화적 감수성 등에 긍정적인 변화를 가져오려는 입장"으로 정의해 볼 수 있다(조대훈, 박민정, 2009; Banks, 2007a, 2007b).

이 교수기법을 주장하는 학자들은 유색인종이나 저소득층의 학생들과 같이 학교에서 낮은 학업 성취를 보이는 원인이 학생들이 가지고 있는 문화적인 차이에 있다고 보고 있다. 이 학생들은 가정 및 그들이 속한 공동체 문화와 학교 문화 사이에 존재하는 격차를 경험하게 되고 그러한 문화적 불일치는 교육적 불평 등의 요소로 작용하며 결국 낮은 학업 성취로 이어지게 된다고 주장한다(송륜진, 2011). 따라서 이러한 의미에서 문화반응적 교수법은 학생의 문화와 학교 문화 사이의 다리역할을 할 수 있고 문화적인 불일치를 최대한 줄일 수 있는 교수법이라고 정의할 수 있다(Gay, 2010).

문화반응적 교수법 중 수업의 형태는 단일 형태를 띠지는 않는다. 즉, 어느 상황에서나 최고의 수업이 될 수 있는 유일의 형태가 주어져 있어 그 형태 혹은 절차에 따라 수업을 해야 하는 것은 아니다. 오히려 상황에 반응적이어야 하며, 무조건 인종만을 고려할 것이 아니라 모든 학생의 문화와 특성이 고려된 수업이어야 한다(장인실 외, 2012 재인용; Sleeter & Cornbleth, 2011).

추병완(2010)은 문화반응적 교수법의 원리를 바탕으로 다음과 같은 방법론을 제시하고 있다. 첫째, 교실환경 구축전략으로서 지원적, 촉진적 교실환경 구성과 학생의 잠재력에 대한 기대, 둘째, 수업설계를 위한 전략으로서 문화적으로 매개된 수업과 학생중심적 수업, 셋째, 수업전개를 위한 전략으로서 적절한 비계설정과 협력학습의 기회부여 등을 들고 있다.

그리고 박휴용과 노석준(2012)의 연구에서 제시한 Schmitz(1999)가 다문화교실을 지도하는 교사를 위해 마련한 문화반응적 교수법 개발의 지침을 소개하면 〈표 6-2〉와 같다.

표 6-2 문화반응적 교수법 개발 지침

1. 학습목표의 정의	1) 다양한 학생 집단의 역사: 그들의 글, 생각, 참여의 형태는? 2) 정체성 형성과 변화의 사회적 역동성에 대한 이해 3) 사회 및 학교 내에서 특권의식, 편견, 차별, 전형화(stereotyping) 및 권력관계가 어떻게 구조화되어 있는가? 4) 다양한 집단 간의 의사소통 및 상호작용의 형태는 어떠한가?
2. 기존 개념에 대한 문제제기	1) 지도과목에 대한 기존의 내용구성 및 조직에 변화가 있는가? 2) 기존의 방법론을 바꿀 만한 새로운 연구결과가 있는가? 3) 새로운 방법론을 도입할 경우 어떻게 수업이 변화될 것인가? 4) 새로운 변화가 전체 교육과정에 미칠 영향/효과는 무엇인가?
3. 학생 다양성의 이해	1) 어떤 다양한 관점과 경험을 가진 학생들이 모였는가? 2) 학생들의 문화적 배경에서 나온 기존지식의 평가방법은? 3) 다양한 관점들을 실제 수업에서 어떻게 통합할 것인가? 4) 나의 독특한 관점과 배경이 수업에 어떤 영향을 줄 것인가? 5) 학생들이 나를 용이하게 역할모델로 삼을 수 있는가?
4. 학습자료와 학습활동의 선정	1) 수업의 주제에 변화가 없다면, 어떤 새로운 연구결과 및 사례를 통해 해당 주제를 부각시킬 것인가? 2) 선택된 수업자료 및 주제와 관련하여 문화적 다양성을 부각시킬 수 있는 새로운 접근법은 무엇인가? 3) 선택된 새로운 자료를 어떻게 수업에 통합시켜서 그것이 단순한 부가자료 이상의 효과를 나타내게 할 것인가? 4) 어떤 교수전략이 새로운 자료를 바탕으로 한 학생들의 학습을 촉진할 것인가?
5. 효과성에 대한 평가	1) 새롭게 조직된 내용과 자료, 그리고 교수전략과 관련하여 내가 가진 장점이나 한계점은 무엇인가? 2) 학생들의 학습을 어떻게 평가할 것인가?

Schmitz(1999)는 위와 같이 문화반응적 교수법을 교육과정을 설계하고 실천하는 데 적용해야 한다고 강조하였고 이러한 교육과정을 변혁적(transformed) 교육과정이라고 불렀다(박휴용, 노석준, 2012). 즉, 다문화 수업을 운영하는 교사는 교육과정과 수업에 대한 기존의 접근법을 과감히 탈피하여, 주제중심, 학생중심, 의미중심 접근법을 통해

다양한 문화적 배경을 가진 학생 모두에게 적용될 수 있는 수업을 준비해야 한다고 보았다.

3) 공평교수법

공평교수법(Equal Pedagogy)은 문화반응적 교수법과 함께 다문화교육의 교수 · 학습기법 중 대표적인 기법 중 하나이다. 이 기법은 보다 다양한 배경을 지닌 학생들을 수업시간에 소외시키지 않고 고른 학업성취를 돕고 보다 평등한 사회를 위한 정의로운 민주시민교육을 목표로 하는 교육 방식이다(Banks, 2008). 또한 공평교수법은 소수 학생들을 포함하여 모든 학생들의 높은 학업적 성취를 유도하고, 다양한 인종 · 종족 · 문화 집단 학생들이 정의롭고 인간적이며 민주적인 사회에서 효율적으로 기능하도록 돕는 교수 전략이라고도 할 수 있다(이민경, 2016; 추병완, 2011).

공평교수법의 특성은 크게 다섯 가지로 나누어 설명할 수 있는데, 추병완(2008), 이민경(2016)의 연구에서 제시한 내용을 바탕으로 기술하면 다음과 같다.

첫째, 공평교수법은 모든 학생들의 균등한 학업성취를 지향하는 교수전략이다. 교사들에게 다양한 학습자들을 배려하는 교수전략을 사용하도록 요구하는 것도 이 때문이다. 따라서 학업속도가 느리거나 문화적, 사회적 자본의 차이로 인한 학업성취의 격차 해소를 강조한다. 잘하는 아이보다 그렇지 않은 학생들에 대한 교수자의 특별한 관심과 지원을 통한 공평한 교실수업을 강조하고 있는 것은 공평교수법의 지향을 잘 드러내 준다고 할 수 있다.

둘째, 공평교수법은 주어진 지식을 단순히 암기하는 것을 지양하고, 비판적 사고과정을 통해 학생들이 새롭게 재구성하는 것을 지향한다. 따라서 교실수업도 지식전달이 아니라 주어진 교육과정을 새롭게 해석하고 창출하는 것에 초점을 맞춘다. 공평교수법이 교수 활동은 지식전달이라는 낡은 통념 그리고 학생은 수동적인 수용자라는 근대적 사고를 전복시키면서 학습자 중심교육을 표방하는 것은 이 때문이다.

셋째, 공평교수법에서는 학생들에게 실제적이고 의미가 있는 지식 구성을 중요시한다. 즉, 학생들이 구성할 수 있는 최적의 정보를 기반으로 자신을 둘러싼 실질적 문제들을 발견하고 의미 있는 질문을 던지면서 학생들이 스스로 답을 찾아 갈 수 있도록 돕는다.

넷째, 공평교수법은 모든 학생들이 학습능력을 가지고 있다는 믿음에 기반한다. 교육을 통해 학생들을 성장시킬 수 있다는 믿음은 공평교수법의 중요한 전제이다. 모든 학생에 대한 교사의 높은 기대 수준이 평등한 교육을 위한 선행 요소라고 보는 것은 이 때문이다. 따라서 공평교수법을 실행하기 위해서는 교사가 모든 학생들에 대한 긍정적인 시선과 기대가 있어야 한다고 본다.

다섯째, 공평교수법은 교육과정 구성과 교수활동의 의미를 다문화와의 만남으로 전제한다. 따라서 교사들은 사회적 · 문화적 다양성을 교수 · 학습 활동을 풍부하게 해주는 요소로서 폭넓게 활용할 수 있어야 한다고 본다.

한편, 이민경(2016)의 연구에서는 공평교수법을 거꾸로 교실 수업 시 활용하였는데 거꾸로 교실을 활용한 공평교수법의 가능성을 수업단계별로 재구성한 것을 제시하면 다음 〈표 6-3〉과 같다.

표 6-3 수업단계별 거꾸로 교실을 활용한 공평교수법

단계	영역	다문화수업(공평교수법)요소	거꾸로 교실을 활용한 방법
수업 전	강의 동영상 제작과 배포 교육과정 재구성	• 모든 학생들을 위한 균등한 학업성취 • 학생들의 다양성을 배려하고 비판적 사고능력, 다문화 감수성 등 다문화교육 요소를 녹인 교육과정 재구성	• 다양한 학습속도와 능력을 지닌 아이들을 위한 기초적이고 핵심적인 교과학습 내용 제공 • 동영상 강의 내용을 조직 · 선정하는 데 있어 다양성을 배려하고 다문화 시민성을 함양할 수 있도록 교육과정을 재구성
수업 과정	지식이해와 구성	• 지식에 대한 비판적 이해를 통한 지식의 재구성	• 동영상에 기반을 둔 교실수업을 토론과 협력학습 등으로 조직하여 지식구성과 확장을 독려
	학생활동 중심 학습	• 다양한 이주 배경을 지닌 아이들(소수자)의 학업성취 • 또래학습을 통한 타자와 관계 맺기, 다문화 감수성 기르기	• 팀별 또래학습과 협력학습을 통하여 연대감에 기반하여 공동의 목표에 함께 도달 • 공존의 감수성을 함양할 수 있도록 하는 수업 진행
수업 후 평가	공동평가	• 연대와 공존의 능력 기르기	• 팀별 공동평가를 통한 연대감 형성
	개별평가	• 학생들의 다양성을 고려한 평가방법의 다원화	• 공동평가의 단점을 보완 • 학생들의 다양한 배경을 고려하여 개별평가 실시

4) 협동학습

협동학습(Cooperative Learning)은 많은 다문화교육 및 일반교육에서도 긍정적인 효과가 있다고 보고된 과학적으로 증명된 교수기법 중 하나이다(송륜진, 2011; 이신동 외, 2016; Bennett, 2007; Sleeter & Grant, 2009). 협동학습이란 일반학생과 다문화학생이 한 팀을 이루어 수업 활동이나 과제를 함께 수행하는 방법으로 비교적 경쟁적인 교실 상황에서 특정 아동이 고립되는 것을 막아 주고, 수용적인 분위기를 만들어 주며, 학생 간 상호작용과 공동목표를 향한 협력적인 작업을 증진시키는 목표를 지닌다(이소현, 박은혜, 2011). 특히, 협동학습은 일반학생과 다문화학생이 함께 과제를 수행하면서 학업성취는 물론 학생들의 대인관계에까지 긍정적인 효과가 있어 다문화교육의 교수 · 학습 방법에 효과적이라고 알려져 있다(주재홍, 김영천, 2014).

협동학습이 성공적으로 이루어지기 위해서는 교사의 역할이 매우 중요하다. 교사는 다문화 학생이 협동학습 활동에 성공적으로 참여하기 위해서 미리 필요한 기술을 준비시키거나 특별한 지원을 부가적으로 제공해 줄 필요가 있다. 이에 협동학습이 실패하는 원인은 모델 자체의 결함보다는 주로 교사의 기술적인 문제에서 비롯될 수 있다는 사실을 기억하고 수업을 준비하는 교사들은 협동학습에 필요한 사회적 기능과 태도를 학생들에게 학습시키는 데에도 많은 관심과 노력을 기울여야 한다(Sleeter & Grant, 2009). 동시에 교사와 학생 모두 높은 수준의 학업 성취에 대한 공감대를 형성하고, 서로 협동하고 존중하는 긍정적 학급 분위기를 조성해 나가야 한다.

한편, 일반적으로 협동학습에 참여하는 모든 학생은 함께 모둠의 목표를 달성하기 위한 상호의존성을 보여야 하며, 면대면 상호작용으로 과제를 수행해야 하고, 각자가 맡은 과제를 완수하는 개인의 책임감을 가져야 하며, 질문하기나 칭찬하기와 같은 대인관계 기술을 갖추어야 한다(Gillies, 2007). 따라서 협동학습은 학생들의 참여를 이끌어 낼 수 있는 집단 활동의 형태이기 때문에 집단의 책임뿐만 아니라 개인의 책임도 포함하고 있어, 무임승차를 예방하는 가운데 각자의 성취를 위해 책임을 공유하는 방법을 학습하게 할 수 있는 장점이 있다(박휴용, 노석준, 2012).

5) 프로젝트 접근법

프로젝트 접근법(Project Approach)은 한 명 또는 그 이상의 학생이 특정 주제에 대해 심층적으로 탐구하는 것으로, 학생들이 학습할 가치가 있는 특정 주제에 대하여 서로 협력하면서 심층적으로 탐구하는 목적 지향적 수업활동이다(박휴용, 노석준, 2012). 또한 이 기법은 학생의 선택과 의사를 존중하는 학습자 중심의 능동적 학습활동으로, 수업의 질을 개선하고 학습 효과를 높이기 위해 프로젝트 접근법을 교육 현장에 적용한 연구로 많이 활용되어지고 있다.

이 기법은 학생의 적극적인 참여를 통해 모든 학생들이 스스로 소속감이나 자신감을 꾸준히 개발할 수 있는 있는 기회를 제공할 수 있고, 특히 Banks(2008)가 제안하고 있는 다문화교육과정 접근 방법 중의 하나인 사회적 실천 접근(social action approach)의 주요한 목표인 다문화를 위한 실천 방안 마련과 매우 밀접한 관련이 있다(주재홍, 김영천, 2014). 즉, 프로젝트 학습을 통하여 학생들에게 의사결정, 자율성, 그리고 사회적 문제 해결에 대한 정치적 효능감 등을 신장시킬 수 있어 효과적이다. 이를 통하여 학생들이 다문화 시대의 다양한 인종과 문화를 이해하고 더불어 살아갈 수 있는 준비를 해 나갈 수 있을 것이다.

한편, 프로젝트 접근법은 도입, 전개, 마무리의 3단계 과정으로 나눌 수 있다. 그리고 프로젝트 접근법의 구조적 특성이란 다음 〈표 6-4〉와 같이 프로젝트의 단계를 구조화하는 것이다(Sylvia, 1994; 최혜현, 2015).

〈표 6-4〉에서 보는 바와 같이 최혜현(2015)의 연구에서 제시한 것처럼 프로젝트 접근법은 크게 3단계로 나누어 설명할 수 있다.

첫째, 프로젝트 도입단계는 프로젝트에 들어가기 전에 교사가 계획하고 준비하는 단계로서 대상학생은 참여하지 않는 단계이다. 교사의 철저한 준비는 프로젝트 진행에 중요한 영향을 미친다. 이 단계는 프로젝트의 주제 선정하기, 교육목표 선정하기, 교육과정 영역별 학습내용 작성하기 등의 내용이 포함된다.

둘째, 2단계인 전개 단계에서는 1단계에서 작성한 질문 목록을 중심으로 조사 · 탐구활동과, 특정 목표하의 활동이 주로 이루어진다. 그리고 이를 활성화하기 위한 교사 계획 활동과 교사와 대상학생 간의 활동 과정 및 결과물 공유가 병행하여 진행된다. 이러한 전개 활동은 여러 가지 실물자원을 통해서 이루어지거나, 현장견학, 또는 전문

표 6-4 **프로젝트 접근법의 구조적 특성**

구분	1단계: 도입	2단계: 전개	3단계: 마무리
토의하기	• 주제에 대한 이전 경험과 현재 지식을 상호 공유하기	• 현장 활동과 면담을 위한 준비 • 현장 활동 검토 • 이차적 자원으로부터의 학습	• 프로젝트 전 과정을 주변 사람들과 공유하기 위하여 어떻게 전시하고 발표할 것인가에 대한 토의 • 프로젝트 검토와 평가
현장활동	• 주제에 대해 부모, 가족 등과 이야기 나누기	• 조사를 위해 현장으로 나가기 • 교실이나 현장에서 전문가와의 면담	• 외부 사람에 의한 프로젝트 평가
표현	• 이전 경험과 현재 지식을 교사나 친구들과 상호 공유하기 위하여 그리기, 쓰기, 극화놀이 등의 활동	• 간단한 현장 스케치와 노트 • 새롭게 학습한 것을 그리기, 쓰기, 수 다이어그램, 지도 작성하기 등으로 표현	• 관심을 가진 다른 사람들에게 프로젝트에 대해 설명하기 위하여 활동의 모든 과정을 요약 · 정리
조사	• 현재 경험과 지식에 기초하여 질문 만들기	• 처음 단계의 질문 조사하기 • 현장활동과 문헌 조사 • 보다 발전되고 심화된 질문 구성	• 새로운 질문에 대한 고찰
전시	• 주제에 대하여 개인적으로 표현한 것을 함께 보며 생각이나 지식을 상호 공유하기	• 새로운 경험과 지식에 대해 표현한 것 상호 공유하기 • 프로젝트 활동에 대한 계속적인 보고	• 프로젝트 전 과정을 통해 이루어진 학습 요약

출처: Sylvia, C. C. (1994).

가와의 만남을 통해 이루어지게 된다.

마지막 프로젝트 3단계에서는 프로젝트 과정 중 나온 학습 결과물이나 성취물을 전시회 및 발표회와 같이 특별한 자리를 마련하여 다른 사람들에게 보여 주고, 설명하며, 또 의견을 교환하는 일이 이루어진다. 전시회 및 발표회를 준비하면서 교사와 대상학생들이 진행해 온 프로젝트를 정리하고 평가해 보게 된다.

6) 개별화 교수법

개별화 교수법(Differentiated Instruction)은 한 학급 전체를 집단적으로 가르쳤던 전통적인 집단 교수법에 대한 대안으로 대두되었고, 개별화 교수법의 핵심은 내용, 과정, 그리고 결과의 측면에 있어서 학생들의 특장점, 필요, 그리고 학습스타일에 따라 융통성을 부여하여 정보활용, 의미파악, 학습내용의 표현 등에 있어서 다양한 선택의 기회를 제공함으로써, 학생들의 필요와 흥미에 맞춘 효과적인 학습을 도모하는 것이다(박휴용, 노석준, 2012; Levy, 2008). 다시 말하면, 개별화 교수법은 학습자의 능력과 요구 수준에 맞는 학습활동의 기회를 제공해 주고 학습자의 개인차를 존중하고 개인의 수준에 맞는 학습활동이나 방법 등을 제시하는 것을 말한다.

개별화 교수법은 학습에의 접근, 동기부여, 학습효율성 세 가지 차원에서 학습경험을 개별 학생들에 맞게 조정하는 것이 핵심인데, 이를 위해서는 학생들의 학습준비도, 흥미, 학습 프로파일과 연관 지을 수 있어야 한다(Tomlinson, 1999). 또한 이 기법에서의 교수학습 계획과 준비는 학생 개개인의 요구에 따라 맞추어야 하고, 직접 혹은 간접평가방법을 통해 학생들의 수준에 따라 그룹을 나눌 수 있는데, 그러한 소그룹은 그 구성원이 수시로 바뀔 수 있도록 융통적인 모둠이어야 한다는 것이 중요하다. 학생들은 이처럼 융통성 있게 구성된 다양한 모둠 속에 속하여 과제를 수행하게 되므로, 각 모둠들의 규모, 성격, 주제, 경험, 그리고 결과들이 다양하게 나타날 수 있고, 그러한 다양한 과정과 결과에 대비하는 수업계획이 잘 수립될 수 있도록 교사의 역할이 중요하다(Diller, 2007).

3. 다문화 수업모형

1) 교육부

교육부는 교실 현장에서 사용가능한 다문화 교수 · 학습 모형을 개발하여 제시하였다(교육과학기술부, 2009). 여기에서 주 목적은 교과 수업 시간을 통해 다문화 학생들과 일반학생들이 모두 효과적으로 교과 교육 목표에 도달하는가이다.

이러한 입장에서 다문화 수업을 핵심적으로 하는 것보다 각 교과 수업에서 다문화를 수용할 수 있는 방안에 더 초점을 두었다. 다문화교육을 위한 교과수업에서 교수 · 학습 유형은 크게 추가형, 보완형, 대체형으로 설명하고 있다(송륜진, 2011).

추가형은 배우고자 하는 수업 내용에 다른 민족, 인종의 내용을 함께 제시하여 추가

표 6-5 **다문화교육을 위한 교과 수업 유형**

수업유형	교과교육내용	다문화교육 내용	다문화수업
추가형	우리나라 민속놀이 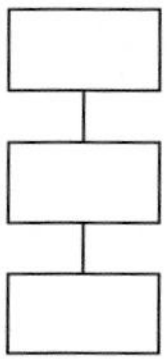	필리핀 민속놀이 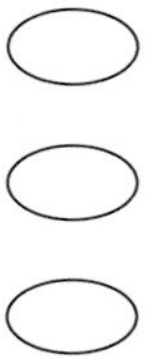	여러 가지 민속놀이 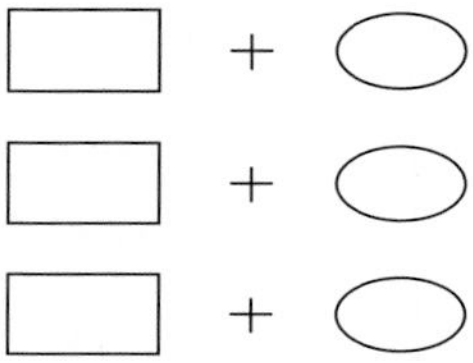
보완형	경제협력국 알기 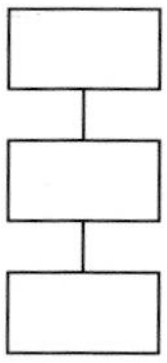	문화협력국 알기 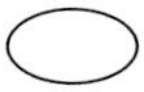	경제, 문화협력국 알기 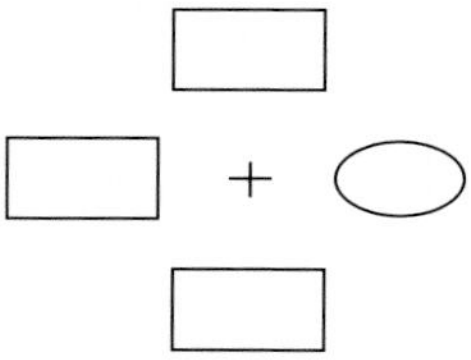
대체형	설명문 읽고 중심내용 찾기 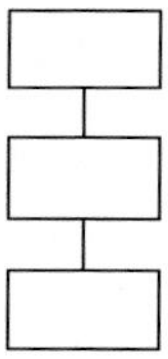	중국음식문화에 대한 설명문을 읽고 중심내용 찾기 	설명문 읽고 중심내용 찾기 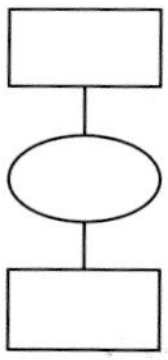

□ 교과교육내용, ◯ 다문화교육 내용

하는 방식이다. 예를 들어, 우리나라의 민속놀이에 대한 수업을 한다면 필리핀의 민속놀이에 관한 것을 추가하는 경우이다.

보완형은 교과교육 내용의 일부분에 다문화교육 내용을 보완하여 삽입하는 것이다. 예를 들어, 우리나라와 관계를 맺는 경제국가에 대하여 배운다면 문화적 협력관계에 있는 국가에 대한 내용도 보완하는 것이다.

마지막으로 대체형은 교과수업내용의 일부를 다문화교육내용으로 바꾸는 것으로, 예를 들어 국어과에서는 다문화가 반영된 예시문을 통해 요약하기, 중심내용 찾기 등의 수업을 진행하는 것이다. 이러한 유형을 표로 정리하여 제시하면 〈표 6-5〉와 같다.

앞에서 살펴본 바와 같이 교육과학기술부(2009)에서 제안한 교과 교육에서 다문화

수업 유형은 Banks(2008)가 제안한 다문화적 교육과정 단계의 1수준인 기여적 접근과 2수준인 부가적 접근에 해당하는 내용이라고 할 수 있다. 즉, 기존의 교육과정의 형식을 그대로 유지한 채로, 다양한 문화적 배경이나 유산을 소개하거나 다문화적 주제를 부가하는 방식으로 설명된다. 이러한 수준의 다문화적 교육의 장점은 현재 교육제도 안에서 실천가능하고 실용적이라는 점이다.

2) 다문화 접근법 수업모형

김용신(2009)은 Banks(2008)가 제시한 다문화적 내용 요소를 각 급 학교교육과정에 통합하기 위한 4단계 수준별 수업 접근법을 기초로 하여 교과에서 적용 가능한 다문화수업의 모형을 제시하였다. 이 내용은 송륜진(2011)과 나혜미(2010)의 연구 내용을 중심으로 제시하면 다음과 같다.

첫째, 다문화 기여접근(Multicultural Contributive Approach: MCA) 수업모형이다. 이 모형은 다문화 준거 개념이 들어 있지 않은 단원의 수업에 적용할 수 있는 수업모델이다. 이 모델에서는 수업의 도입 또는 정리단계에서 다문화 관련 사례, 일화, 쟁점, 동영상, 사진, 삽화, 시사 등을 소개할 수 있다. 다문화 관련 사례의 언급은 전체 수업에서 5분 이내의 분량이면 적당하고, 이 수업은 다문화 수업 내용과는 전혀 관련 없이 진행되고, 교사는 수업의 과정에서 한 가지 정도의 사례로 다문화 관련 요소들을 언급하게 된다. 또한 이 모형은 일반적인 수업 단계인 도입-전개-정리의 3단계로 이루어지는데 이 모형에서의 다문화내용에 대한 설명은 수업의 정리를 돕고자 하는 것일 뿐 수업 내용과 관련된 중요한 의미는 없다. 이 수업모형의 단계는 다음 〈표 6-6〉과 같다.

둘째, 다문화 부가접근(Multicultural Addictive Approach: MAA) 수업모형이다. 이 모형은 다문화 부분일치 단원(중간 관련 단원)의 수업에 적용하는 학습 모형으로 이를 활용한 수업 방법은 수업의 내용이 진행되는 전개 단계에서 다문화 관련 자료 또는 텍스트를 제시하고 본시 주제 학습을 진행하는 수업방식을 취한다. 물론 이모형을 사용한 수업은 도입, 정리, 전개 단계에서 기법적 차원, 수업내용적 차원의 다문화 접근이 가능하며, 1차시의 수업에서 다문화와 관련된 내용을 1~3회 인용하거나 20분 이내의 수업 분량이 적당하다. MAA 학습 모형 역시 기존의 모든 교수·학습 모형에 적용할 수 있는 것으로 그 특징은 기여 접근 모형에 비해 다문화 개념이나 관련 내용이 도입,

표 6-6 **다문화 기여접근(MCA) 수업모형의 단계**

단계	주요 학습 내용	다문화 개념 및 내용 적용
도입	동기유발 학습문제 제시	동기유발 단계에서 다문화 관련 사례 언급
전개	학습활동 1 학습활동 2 학습활동 3	주요 학습내용에 다문화 관련 부분 반영 자제
정리	학습내용 정리 및 내면화 평가	정리단계에서 다문화 사례 언급

출처: 김용신(2009).

전개 또는 정리 단계 모두에 부과될 수 있다는 점이다. 따라서 이 모형에서 중시되는 것은 일반 수업 목표를 달성하기 위해 진행되는 수업에서 다문화 개념 및 내용을 함께 섞어 수업을 진행한다는 것이다.

이 학습 모형은 일반적으로 문제인식-문제탐색 및 해결-적용-정리 및 발전의 4단계로 이루어진다. 첫째, 동기 유발 단계에서 동기유발 자료로 다문화 개념과 관련된 내용을 부과할 수 있다. 둘째, 문제 탐색 및 해결단계는 학습 문제를 탐색하는 과정 및 문제를 해결하는 과정에 다문화적 요소를 부가하는 것이다. 여기서 '부가'가 가지는 의미는 수업의 과정에서 주류 학습 내용에 소수 문화와 관련된 내용을 부가하여 주류 학습 내용을 이해하는 데 도움이 되도록 하는것이다. 셋째, 적용 단계에서는 개별 활동 및 모둠별 활동을 통해 주류 문화 속에서는 소수 문화가 반드시 포함되어 있음을 알도록 한다. 넷째, 정리 및 발전 단계에서는 동기 유발에서와 마찬가지로 다문화 사례의 언급을 통하여 학습 내용을 내면화하도록 한다. 이 수업 모형은 일반 수업에서 다문화 개념 및 내용을 함께 수업을 진행한다는 특징을 가지고 있다. 그 내용을 표로 제시하면 〈표 6-7〉과 같다.

셋째, 다문화 변환접근(Multicultural Transformative Approach: MTA) 모형이다. 이 수업모형은 다문화와 직접적인 관련이 있는 수업에 활용할 수 있는 모형이다. 이 모형에서는 교수 · 학습 목표 자체가 다문화적인 지식, 기능, 가치, 태도 형성을 추구하는 것으로 수업 전체에서 이루어진다. 이 학습 모형을 활용한 수업은 교수 · 학습 목표 자체가 다문화적인 지식 · 기능 · 가치태도 형성을 추구하는 것이기 때문에 교육과정 운영방법 역시 다문화교육 목표 달성을 위한 수업으로 진행되며 40~50분 수업 전체가 다문화 내용을 가지고 진행된다.

표 6-7 **다문화 부가접근(MAA) 수업모형의 단계**

단계	주요 학습 내용	다문화 개념 및 내용 적용
문제인식	동기유발 학습문제 확인	동기유발 단계에서 다문화 사례 언급
소수문화 관련 내용 부가 (문제탐색 및 해결)	문제 탐색 문제 해결	주류문화 수업내용에 소수문화사례를 부가
주류문화와 소수문화의 관계인식(적용)	개별 활동 모둠별 활동	주류문화 속에 소수문화가 공존함을 인식하는 활동
정리 및 발전	학습내용 정리 학습내용의 내면화	정리단계에서 다문화 사례 언급

출처: 김용신(2009).

다문화 변환접근 모형은 편견해소를 위한 다문화교육에 적합한 MTA 학습 모형 I 과 형평교수법을 활용한 수업에 적합한 MTA 학습 모형 II로 구분된다. 먼저 MTA 학습 모형 I은 학생들이 자신과 다른 인종, 민족, 문화집단 등에 대한 긍정적 태도를 발전시킬 수 있도록 돕기 위해 교사들이 사용하는 수업과 활동 등을 말하는 것으로 일반적으로 도입-전개-심화 실천-정리의 5단계로 이루어진다.

MTA 학습 모형II는 형평 교수법을 활용한 수업에 적합한 학습모형이다. 교사들이 다양한 인종, 문화, 성, 사회계층 집단에서 온 학생들의 학문적 성취를 촉진시키도록 그들의 교수 방법을 수정할 때에 형평 교수법이 존재한다. 따라서 이것은 여러 가지 문화와 종족 집단 내에 광범위하게 존재하는 학습 양식과 일치되는 다양한 접근과 교수 방법을 사용하는 것을 포함한다(김용신, 2009; 나혜미, 2010; Banks, 2008). 그 내용을 표로 제시하면 다음 〈표 6-8〉과 〈표 6-9〉와 같다.

표 6-8 **다문화 변환접근(MTA) 수업모형 I**

단계	주요 학습 내용
갈등문제 제시 (도입)	• 동기유발 • 학습문제 확인
다문화의 공존인식 (전개)	• 주제 관련 사실 인식 • 다양한 문화의 공존 인식

문화적 편견 해소 (심화)	• 다양한 문화의 유사점, 차이점 이해 • 문화적 편견 제거
반편견 활동 실행	• 편견해소를 위해 할 수 있는 일 실천하기 • 실천결과를 발표하고 반성하며 공유하기
가치의 내면화 (정리)	• 학습내용의 내면화

출처: 김용신(2009).

표 6-9 다문화 변환접근(MTA) 수업모형 II

단계	주요 학습 내용
문화적 갈등 사태 제시 (문제 사태 제시)	• 관련 문제 상황 제시 및 문제 공감하기 • 문제 설정(학습문제 제시)
주류 문화 뒤집어 보기 (문제의 원인 확인)	• 문제 발생의 이유 • 가설 설정
문화적으로 낯설게 보기 (문제해결)	• 정보수집 • 잠정적 결론 내리기
소수자의 입장에서 생각하기 (대안제시)	• 대안제시
다문화의 공존 모색 (검증)	• 관련 사례 확인하기 • 학습내용 정리

출처: 김용신(2009).

4. 다문화 교수 · 학습과정 고려사항

앞에서 제시한 교수 · 학습방법은 대상학생이나 교육과정 내용, 학습 환경 등 여러 가지 변인에 따라 융통성 있게 변화되어야 한다. 이에 교사는 어떠한 변인을 어떤 방법을 사용하여 가르칠지에 대해서는 늘 고민하고 철저한 준비를 해야 한다. 다음 〈표 6-10〉은 앞에서 제시한 다문화 교수 · 학습방법을 교실 수업에 적용할 때 교사가 고려해야 할 내용이다(오은순, 홍선주, 김민정, 2008; 장인실 외, 2012).

표 6-10 **다문화 교수 · 학습 관련 변인**

변인	영역	하위요인
학생 변인	학생의 일반적인 요인	인종, 문화, 계층, 민족, 언어, 종교, 특수성(장애나 영재성 등), 성적 지향, 지역, 연령(학령), 발달 단계, 능력(학업성취 포함)
	다문화가정 학생의 적응	언어유창성, 자아개념, 자아정체성, 교우관계, 사제관계
	다문화가정 학생의 어려움	부모의 국적, 가족 분리, 선택의 주체 여부, 준비 및 지원, 가족의 역동성, 이주 형태(국제 학생 포함), 생활환경의 변화, 문화적 고립, 사전경험, 정체성, 사회경제적 지위, 가정 내 권력 변화, 학교와 가정의 문화적 갈등
	다문화가정 학생의 강점	주도성, 공동체 의식, 문화적 의식, 적응력, 교육에 대한 존중감, 대가족, 근면성, 시민성
교육과정 변인	인종, 문화, 계층, 민족, 언어, 종교	
환경 변인	학교 문화, 사회 구조, 주류 문화, 거주지 문화	

출처: 오은순, 홍선주, 김민정(2008).

〈표 6-10〉에서 보는 바와 같이, 교사가 다문화 수업의 교수 · 학습을 적용하고자 할 때 일반학생과 다문화가정 학생 모두의 인종, 문화, 계층, 민족, 언어, 종교, 특수성(장애나 신체적 특성 등), 연령, 발달 단계, 능력(학업 성취 포함) 등을 고려해야 한다(장인실 외, 2012). 그리고 다문화가정 학생 개인의 학업능력수준, 또래관계, 자존감 등의 수준을 파악하여야 한다.

참고문헌

권충훈, 김훈희(2008). 다문화교육을 위한 교수-학습 경험 선정 아이디어. **한국콘텐츠학회논문지, 8**(8), 293-302.

경기도다문화교육센터(2011). **교과교육에서 다문화교육의 현황과 과제.**

교육과학기술부(2009). **다문화 교사를 위한 교과별 교수학습 유형 개발.** 서울대학교 중앙다문화교육센터.

김용신(2009). 다문화교육론서설: 이해와 통합. 서울: 이담북스.

나혜미(2010). 다문화교육을 위한 교수-학습 방안에 관한 연구-중학교 1학년 개정 사회 교과서 중심으로. 고려대학교 교육대학원 석사학위논문.

박찬옥, 지성애, 김미경, 이부미, 채영란(2011). 유아 다문화교육. 서울: 창지사

박휴용, 노석준(2012). 생태주의 이론과 CEMP 모형에 바탕을 둔 다문화교실의 교수방법론. 교육방법연구, 24(2), 379-403.

서울대학교 중앙다문화교육센터 (2007). 다문화 교사를 위한 교육 참고자료 연구 개발 및 시범 연수.

송륜진(2011). 다문화적 수학수업 개발 연구. 이화여자대학교 대학원 박사학위논문.

이민경(2016). 거꾸로 교실을 활용한 학습자 중심 다문화교육 수업 방법 탐색: 공평교수법을 중심으로. 학습자중심교과교육연구, 16(3), 737-758.

오은순, 홍선주, 김민정(2008). 다문화교육을 위한 교수 · 학습 지원 방안 연구(II). 한국교육과정평가원.

이소현, 박은혜(2011). 특수아동교육 3판. 서울: 학지사.

이신동, 김진호, 이상희, 이경숙, 이연우, 성영화, 차재경(2016). 다문화아동교육론. 경기: 양서원.

장인실, 김경근, 모경환, 민병곤, 박성혁, 박철희, 성상환, 오은순, 이윤정, 정문성, 차경희, 차윤경, 최일선, 함승환, 허창수, 황매향(2012). 다문화교육의 이해와 실천. 서울: 학지사.

조대훈, 박민정(2009). 다문화 감수성의 증진을 위한 다문화 수업모형 개발, 교육연구, 46, 29-65.

주재홍, 김영천 (2014). 효과적인 다문화교육 실천을 위한 학교 교유과정 개발. 교육과정연구, 32(4), 103-136.

추병완(2008). 다문화적 시민성 함양을 위한 도덕과 교육 방안. 초등도덕교육, 27, 25-60.

추병완(2010). 다문화적 시민성 향양을 위한 문화 감응 교수 방법 개발: 교실 수업 전략을 중심으로. 교육과정평가연구, 13(2), 103-122.

추병완(2011). 도덕과에서 공평교수법의 함의에 관한 연구. 초등교육연구, 24(2), 67-87.

최필순(2013). 초등학교 다문화교육과정 운영 모형 탐색. 영남대학교 대학원 박사학위논문.

최충옥, 모경환, 김연권, 박성혁, 오은순, 한용택, 임은미, 우희숙, 이수미, 임정수 (2010). 다문화교육의 이해. 경기: 양서원.

최혜현(2015). 프로젝트 접근법을 적용한 미술활동이 유아의 창의적 표현에 미치는 효과. 이화여자대학교 교육대학원 석사학위 논문.

한국교육과정평가원(2007). 다문화교육을 위한 교수 · 학습 지원 방안 탐색. 서울: 한국교육과정평가원.

Banks, J. A. (2004). Multicultural education: history development, dimensions, and practice. In J. A. Banks and C. A. Banks (Eds.), *Handbook of research on multicultural education* (2nd ed.). 3-29. San Fracisco, CA.: Jossey-Bass.

Banks, J. A.(2007a). Multicultural education: Characteristics and goals. In J. A. Banks and C. A. M. Banks (Eds.), *Multicultural Education: Issues and perspectives* (6th ed.). New York: John Wiley & Sons, Inc.

Banks, J. A.(2007b), Approaches to multicultural curriculum reform. In J. A. Banks and C. A. M. Banks (Eds.), *Multicultural Education: Issues and perspectives* (6th ed.). New York: John Wiley & Sons, Inc.

Banks, J. A.(2008). *An Introduction to Multicultural education* (4th ed.). MA: Allyn & Bacon. 모경환, 최충옥, 김명정, 임정수 공역(2008). **다문화교육 입문.** 서울: 아카데미프레스.

Bennett, C. I. (2007). *Comprehensive multicultural education: Theory and practice* (6th ed.). Boston: Allyn & Bacon. 김옥순, 김진호, 신인순, 안선영, 이경화, 이채식, 정선민, 조아미, 최상호, 최순종 공역(2009). **다문화교육: 이론과 실제.** 서울: 학지사.

Diller, D. (2007). *Making the most of small groups differentiation for all.* Markham, Canada: Pembroke Publishes.

Gay, G. (2010). *Culturally Responsive Teaching: Theory, Research, Practice*. New York: Teachers College, Columbia University.

Gillies, R. M. (2007). *Cooperative learning: Integrating theory and practice.* Thousand Oaks, CA: Sage.

Levy, H. (2008). Meeting the needs of all students through differentiated instruction: Helping every child reach and exceed standards. *Clearing House, 81*(4). Retrieved February 6, 2009, from http://web.ebscohost.com. proxy.lib.odu.edu/ehost/dilivery?vid=7&hid=113&sid=1cb60ea3

Melendez, W., & Beck, V.(2009). *Teaching young children in multicultural classrooms issues, concepts, and strategies* (3th ed.). Wadsworth, Cengage Learning.

Schmitz, B. (1999). Transforming a course. *Center for Instructional Development and Research Teaching and Learning Bulletin, 2*(4), 1-2.

Sleeter C. E., & Cornbleth, C. (2011). *Teaching with vision: Culturally responsive teaching in standards-based classrooms.* New York: Teachers College Press.

Sleeter, C. E., & Grant, C. A.(2009). *Making choice for multicultural education: five approaches to race, calss, and gender* (6th ed.). 문승호, 김영천, 정정훈 공역 (2009). **다문**

화교육의 탐구: 다섯 가지 방법들. 서울: 아카데미프레스.

Sylvia, C. C. (1994). *The project approach: A second practical guide for teachers*. 지옥정 역 (1995). **프로젝트 접근법: 교사를 위한 실행 지침서.** 서울: 창지사.

Tomlinson, C. A. (1999). *The differentiated classroom responding to the needs of all learners.* Alexandria, VA: Association for Supervision and Curriculum Development Publications.

제 7 장

유아 다문화교육 프로그램

이 장에서는 유아의 실제 다문화교육 프로그램들에 대해서 알아보고자 하며, 주로 취학 전의 유아를 대상으로 표준보육과정과 누리교육과정에 근거하여 어린이집이나 유치원에서 활용될 수 있는 프로그램들을 제시하였다.

유아의 다문화교육은 유아가 다양한 인종, 성, 언어, 계층 등을 이해하고 다양성을 존중하며, 한국의 전통적인 문화에 대한 정체성을 확립하고, 다른 문화에 대해서 이해하고 열린 마음을 갖도록 돕는 과정이다. 이러한 다문화교육과 관련된 다양한 교육 프로그램들 중에서 표준보육과정 및 누리교육과정과 관련한 프로그램을 먼저 알아보고, 영역별 활동과 관련한 교육 프로그램 및 기타 다양한 교육 프로그램들을 살펴보고자 한다.

구체적인 프로그램들을 알아보기에 앞서, 다문화교육 프로그램은 표준보육과정의 내용과 연계되어 이루어지므로, 표준보육과정의 목표와 내용을 간단하게 살펴보고자 한다.

1. 표준보육과정과 다문화교육

1) 표준보육과정에 기초한 유아 다문화교육 프로그램의 목표

국가수준의 어린이집 표준보육과정(보건복지부, 2013)은 연령에 따라 0~1세 보육과정, 2세 보육과정, 3~5세 누리과정으로 구성되어 있다. 표준보육과정에서 추구하는 인간상은 심신이 건강하고, 우리 문화뿐만 아니라 다른 사람을 배려하며, 다양성을 인정하도록 하였는데(보건복지부), 이는 다문화사회에 살고 있는 현재의 사회적 변화의 흐름을 반영한 것이라고 볼 수 있다.

홍길회, 박재옥(2013)은 표준보육과정이 추구하는 인간상과 영·유아의 발달적 특징을 고려하여 표준보육과정에 기초한 유아 다문화교육 프로그램의 목표를 다섯 가지로 언급하였다. 첫째, 자신의 신체를 긍정적으로 인식하고 우리나라 전통놀이와 세계 여러 나라 놀이를 경험하여 기본 운동능력을 기르는 것을 첫 번째 목표로 하였다. 둘째, 자신을 존중하고 타인의 감정과 태도를 이해하고 존중하며, 다양한 문화의 다름과 차이를 인정하고 더불어 생활하는 태도를 가진다. 셋째, 기초적인 언어능력을 기르고 세계 여러 나라에는 각각 고유한 언어가 있음을 인식하여 상황에 적절한 언어생활 태도와 습관을 가진다. 넷째, 주변 환경과 세계 여러 나라에 호기심을 가지고 탐구하는 능력과 태도를 기른다. 다섯째, 우리나라와 다른 나라의 자연과 예술작품의 아름다움에 대한 관심을 창의적으로 표현하는 것을 목표로 하였다.

2) 표준보육과정에 기초한 다문화교육의 내용

표준보육과정에서 제시하는 유아 다문화교육 프로그램의 하위 영역별 내용은 다음과 같다.

표 7-1 **기본생활 영역의 내용과 다문화교육 내용**

범주 내용	만 2세	다문화교육 내용
건강하게 생활하기	• 몸을 깨끗이 하기 • 바르게 먹기 • 건강한 일상생활하기 • 질병에 대해 알기	• 세계 여러 나라 사람들의 식사예절 • 세계 여러 나라 사람들의 음식 • 세계 여러 나라 사람들의 의상 • 상황에 따른 예절 알기
안전하게 생활하기	• 안전하게 놀이하기 • 교통안전 알기 • 위험한 상황 알기	• 여러 놀이기구의 안전규칙 알기 • 세계 여러 나라의 교통규칙 • 안전한 놀이와 생활

표 7-2 **신체운동 영역의 내용과 다문화교육 내용**

범주 내용	만 2세	다문화교육 내용
감각과 신체 인식하기	• 감각능력 기르기 • 감각기관 활용하기 • 신체를 인식하고 움직이기	• 사람마다 신체구조와 기능이 같음에 대한 이해
신체조절과 기본운동하기	• 신체 균형 잡기 • 대근육 조절하기 • 소근육 조절하기 • 기본운동하기	• 여러 사람이 함께하는 운동 • 나와 다른 사람의 신체 움직임
신체활동에 참여하기	• 신체활동에 참여하기 • 바깥에서 신체활동하기 • 기구를 이용하여 신체활동하기	• 세계 여러 나라의 운동기구 • 다양한 친구와 신체활동하기

표 7-3 **의사소통 영역의 내용과 다문화교육 내용**

범주 내용	만 2세	다문화교육 내용
듣기	• 말소리 구분하여 듣고 의미 알기 • 짧은 문장 듣고 알기 • 짧은 이야기 듣기 • 말하는 사람을 주의 깊게 보기	• 여러 나라의 동화 듣기 • 다른 친구의 이야기 듣기
말하기	• 낱말과 간단한 문장으로 말하기 • 자신의 원하는 것을 말하기 • 상대방을 바라보며 말하기	• 나라 이름 따라 말하기 • 가 보고 싶은 나라 지도에서 짚어 보기 • 여러 나라의 인사말 하기
읽기	• 그림책과 환경 인쇄물에 흥미 가지기	• 세계 여러 나라 국기 이름과 모양 보기 • 세계 명작동화 읽기
쓰기	• 끼적이며 즐기기	• 지도 그림 위에 끼적이기

표 7-4 사회관계 영역의 내용과 다문화교육 내용

범주 내용	만 2세	다문화교육 내용
나를 알고 존중하기	• 나를 구별하기 • 좋아하는 것 해 보기	• 나의 감정과 다른 사람의 감정 존중하기 • 특별한 너 나
나와 다른 사람의 감정 알기	• 나의 감정을 나타내기 • 다른 사람의 감정에 반응하기	• 타인에 대한 배려와 감정 조절하기 • 모습은 다르지만 느끼는 감정은 비슷함을 알기
더불어 생활하기	• 내 가족 알기 • 또래와 관계하기 • 자신이 속한 집단 알기 • 사회적 가치 알기	• 다양한 가족구성원에 대한 이해 • 다양한 가족문화에 대한 이해 • 나의 소중함과 함께 타인이 소중함 알기 • 공동체 안에서 함께하며 평등함을 이해

표 7-5 예술경험 영역의 내용과 다문화교육 내용

범주 내용	만 2세	다문화교육 내용
아름다움 찾아보기	• 예술적 요소 탐색하기	• 여러 나라의 대표적 음악과 미술적 요소 알아보기 • 세계의 자연에서 아름다움의 요소 찾아보기
예술적 표현하기	• 리듬 있는 소리와 노래로 표현하기 • 움직임으로 표현하기 • 자발적으로 미술활동하기 • 모방과 상상놀이 하기	• 여러 나라의 음악과 민속춤 경험하기 • 다양한 재료와 방법으로 표현하기 • 세계의 다양한 음악을 신체와 악기로 표현하기
예술 감상하기	• 아름다움 즐기기	• 여러 나라의 대표적 음악과 미술작품 감상하기 • 세계 미술관 경험하기

표 7-6 자연탐구 영역의 내용과 다문화교육 내용

범주 내용	만 2세	다문화교육 내용
탐구하는 태도 기르기	• 호기심 가지기 • 반복적 탐색 즐기기	• 기후에 따른 생활모습 알아보기 • 세계 자연현상에 관심 가지기
수학적 탐구하기	• 수량 인식하기 • 공간과 도형에 관심 가지기 • 차이에 관심 가지기 • 단순한 규칙성에 관심 가지기 • 구분하기	• 여러 나라 건축물에서 도형 찾아보기 • 주변 국가 세어 보기 • 세계지도를 활용하여 나라의 크기 살펴보기 • 세계 여러 나라의 다양한 의상 구분해 보기

과학적 탐구하기	• 물체와 물질 탐색하기 • 주변 동식물에 관심 가지기 • 자연을 탐색하기 • 생활도구 사용하기	• 여러 나라 사람들의 생활도구 알아보기 • 지구환경의 중요성 이해하기

2. 누리교육과정과 다문화교육

구체적인 프로그램들을 알아보기에 앞서, 누리교육과정의 목표와 내용을 간략히 살펴보고자 한다.

1) 누리교육과정에 기초한 유아의 다문화교육 프로그램의 목표

누리교육과정에 근거한 다문화교육 수업 프로그램은 일반아동과 다문화가정의 유아 모두를 대상으로 하며 다문화 통합교육을 도모하였다. 또한 제시된 3~5세 연령별 누리교육과정에 기초한 다문화교육 프로그램의 목표를 보면, 다문화가정 유아보다 일반가정 유아의 입장을 고려하였으며, 다른 문화에 대해 관심을 갖고 존중하며 놀이를 통해 함께 생활하는 태도를 갖도록 하였다.

표 7-7 누리과정에 기초한 유아 다문화교육 프로그램의 목표

- 다문화교육을 통해 얻어진 경험은 유아 자신의 생각과 느낌을 자유롭고 창의적으로 표현하는 긍정적인 자아개념을 증진한다.
- 다른 문화를 지닌 유아의 신체적 · 사회적 · 문화적 차이를 알고 문화가 다른 유아를 존중하는 태도를 증진한다.
- 유아의 감정과 표현을 존중하는 가운데 다른 문화에 대해 자신의 생각과 느낌을 자유롭고 창의적으로 표현하는 친사회적 태도를 기른다.
- 다른 나라의 문화에 대한 관심과 흥미를 갖게 하고, 유아의 호기심과 궁금증을 다양한 놀이 활동을 통해 해소시키며 더불어 생활하는 태도를 갖는다.
- 유아의 다문화에 대한 경험과 지식을 대 · 소집단활동, 자유선택활동 등을 통해 자유롭게 확장한다.

출처: 교육부(2015).

2) 누리교육과정에 기초한 다문화교육의 내용

3~5세의 누리교육과정에서 유아 다문화교육 프로그램의 하위 내용은 다음과 같으며, 유아의 다문화교육은 누리과정의 사회관계 영역에 잘 반영되어 있다. 사회관계 영역에서는 각 나라가 가지고 있는 전통문화의 다양성을 존중하여 세계화를 도모하고, 각 나라 사람의 다름이 존중되고 공존하는 사회가 되는 내용을 전제로 하고 있다.

표 7-8 신체운동 · 건강 영역의 하위 내용 및 다문화교육 내용

내용	하위 내용	다문화교육 내용
신체 인식하기	• 감각능력 기르고 활용하기 • 신체를 인식하고 움직이기	• 나의 몸 인식 • 다양한 얼굴과 생김새에 대한 이해
신체조절과 기본운동하기	• 신체조절하기 • 기본운동하기	• 여러 나라의 스포츠 알아보기 • 세계 여러 나라의 놀이도구 알아보기
신체활동에 참여하기	• 자발적으로 신체활동 참여하기 • 바깥에서 신체활동하기 • 기구를 이용하여 신체활동하기	• 여러 친구들과 사이좋게 지내기 • 여러 나라의 놀이활동 경험
건강하게 생활하기	• 몸과 주변을 깨끗이 하기 • 바른 식생활 하기 • 건강한 일상생활 하기 • 질병 예방하기	• 청결한 생활에 대한 이해 • 여러 나라의 식사예절 알아보기 • 몸을 건강하게 하는 다양한 방법 알기
안전하게 생활하기	• 안전하게 놀이하기 • 교통안전규칙 지키기 • 비상 시 적절히 대처하기	• 모든 사람의 몸은 소중함을 인식 • 우리나라와 다른 나라 보행규칙 이해 • 위험한 상황에 대처하는 방법 • 환경오염과 재난 발생원인 알아보기

표 7-9 의사소통 영역의 하위 내용 및 다문화교육 내용

내용	하위 내용	다문화교육 내용
듣기	• 낱말과 문장 듣고 이해하기 • 이야기 듣고 이해하기 • 동요, 동시, 동화 듣고 이해하기 • 바른 태도로 듣기	• 여러 나라의 전래동화 듣기 • 여러 나라 친구들의 생활모습 들어 보기
말하기	• 낱말과 문장으로 말하기 • 느낌, 생각, 경험 말하기 • 상황에 맞게 바른 태도로 말하기	• 여러 나라의 동화를 듣고 내용 이야기하기 • 자신의 생각과 느낌을 자유롭게 표현하기 • 세계 여러 나라를 상징하는 것 말해 보기

읽기	• 읽기에 흥미 가지기 • 책 읽기에 흥미 가지기	• 세계 여러 나라의 그림책 읽기
쓰기	• 쓰기에 관심 가지기 • 쓰기 도구 사용하기	• 세계 여러 나라의 국가 이름 써 보기 • 다른 나라 친구에게 편지 쓰기 • 다른 나라에 대해 가상하여 글 쓰기

표 7-10 사회관계 영역의 하위 내용 및 다문화교육 내용

내용	하위 내용	다문화교육 내용
나를 알고 존중하기	• 나를 알고 소중히 여기기 • 나의 일 스스로 하기	• 소중한 나 • 나의 생일을 즐겁게 여기기
나와 다른 사람의 감정 알고 조절하기	• 나와 다른 사람의 감정 알고 표현하기 • 나의 감정 조절하기	• 타인의 감정에 대한 이해 • 나의 감정을 바르게 이해하고 표현하기
가족을 소중히 여기기	• 가족과 화목하게 지내기 • 가족과 협력하기	• 다양한 가족구성원 • 가족은 서로 사랑하는 공동체
다른 사람과 더불어 생활하기	• 친구와 사이좋게 지내기 • 공동체에서 화목하게 지내기 • 사회적 가치를 알고 지내기	• 여러 나라의 예절에 대한 이해 • 세계 여러 나라의 문화유산 • 서로 다르지만 존중하는 방법 이해 • 서로 도움을 주고받는 생활
사회에 관심 갖기	• 지역사회에 관심 갖고 이해하기 • 우리나라에 관심 갖고 이해하기 • 세계와 여러 문화에 관심 갖기	• 세계 여러 나라의 아름다운 자연 • 나라마다 사용하는 화폐 • 우리나라의 전통문화 이해 • 세계의 다양한 생활에 대한 이해

표 7-11 예술경험 영역의 하위 내용 및 다문화교육 내용

내용	하위 내용	다문화교육 내용
아름다움 찾아보기	• 음악적 요소 탐색하기 • 움직임과 춤 탐색하기 • 미술적 요소 탐색하기	• 세계 아름다운 자연을 알아보기 • 세계 전통의상의 아름다움 찾아보기 • 세계 전통춤의 움직임 탐색하기
예술적 표현하기	• 음악으로 표현하기 • 움직임과 춤으로 표현하기 • 미술활동으로 표현하기 • 극놀이로 표현하기 • 통합적으로 표현하기	• 여러 나라 음악 들어 보고 표현하기 • 세계 여러 나라의 춤 경험하기 • 여러 나라의 극놀이 즐기기 • 명화 보고 따라 그리기 • 여러 나라 상징물 그리기

예술 감상하기	• 다양한 예술 감상하기 • 전통예술 감상하기	• 세계 미술관 경험하기 • 세계의 명화 감상하고 표현하기 • 우리나라 민속예술에 대한 이해

표 7-12 **자연탐구 영역의 하위 내용 및 다문화교육 내용**

내용	하위 내용	다문화교육 내용
탐구하는 태도 기르기	• 호기심을 유지하고 확장하기 • 탐구과정 즐기기 • 탐구기술 활용하기	• 세계 기후변화에 대한 이해 • 여러 사람들과 다양한 탐구방법
수학적 탐구하기	• 수와 연산의 기초개념 알아보기 • 공간과 도형의 기초개념 알아보기 • 기초적인 측정하기 • 규칙성 이해하기 • 기초적 자료수집과 결과 나타내기	• 세계의 국가 수 세어 보기 • 세계지도에 나타난 다양한 국가 모습 • 각 나라의 크기 재 보기 • 각 나라의 시간이 다름을 이해 • 각 나라에 대한 도표 그리기
과학적 탐구하기	• 물체와 물질 알아보기 • 생명체와 자연환경 알아보기 • 자연현상 알아보기 • 간단한 도구와 기계 활용하기	• 친숙한 물체에 대한 탐색과 변화과정 • 지구의 다양한 생명체에 대한 이해 • 세계의 자연과 사회현상 • 다양한 생활 도구에 대한 이해

3. 유아의 다문화교육 프로그램의 실제

1) 유아의 다문화교육 프로그램의 내용 구성

유아의 다문화교육 프로그램은 누리과정과 표준보육과정의 생활영역과 연계하여 연간 교육과정의 생활주제와 관련되어 이루어져야 하며, 아동의 일상생활과 통합된 교육활동을 실시해야 한다(이기숙, 이경미, 강경아, 2001). 왜냐하면 아동은 분리된 내용보다 통합된 경험으로 배우는 특징이 있으며(Krogh, 1990), 아동은 자기중심적인 사고가 아직 미분화되어 있어 경험을 논리적으로 분리할 수 없기 때문에 통합적 접근이 가장 적합하다고 볼 수 있다(박재옥, 2013). 이러한 통합된 교육활동은 아동 스스로가 경험할 것을 결정하고, 놀이를 통해 함께 협동하는 것을 배우고 교구를 함께 사용하며 갈등을 해결해 보는 것으로, 민주적 태도를 촉진시킬 수 있는 접근방법이다(Katz &

Chard, 1989). 이는 이야기 나누기, 신체활동, 자유선택활동, 동화, 음악, 미술, 요리활동 등의 다양한 활동으로 구성할 수 있으며, 이러한 접근방법은 아동을 전인적 발달로 이끌 수 있어 최근 다문화교육 연구들에서 많이 이루어지고 있다.

아동의 통합적 다문화교육 프로그램 개발을 위해 김영옥(2007)은 다음의 여덟 가지 사항을 제시하였다. 첫째, 인종, 성, 장애 등을 포함한 다양한 활동을 프로그램에 포함시켜야 하며, 둘째, 다양한 자료 및 지역사회의 자료 및 지역사회의 인적 자원을 활용한 활동이어야 한다고 하였다. 셋째, 인간의 삶에 대한 과거, 현재, 미래를 다룸으로써 유아들에게 시간과 공간적인 측면의 변화를 이해하는 다양한 교육활동이어야 하며, 넷째, 표현, 토의하기, 문제 해결, 추론하기, 모델링 등의 다양한 교수-학습 활동이어야 한다. 다섯째, 각기 다른 문화권의 소재에서 같은 주제를 찾거나 또는 같은 주제를 각기 다른 다양한 장면으로 연계하는 활동이어야 하며, 여섯째, 5세 누리과정의 여러 영역에 통합한 활동이어야 한다. 일곱째, 공동의 목표를 추구하는 교육활동이어야 하고, 여덟째, 가정 내의 교육도 동반되는 활동이어야 한다고 하였다.

또한 유아의 다문화교육 프로그램은 다문화에 대한 이해와 수용적인 태도를 증진할 수 있는 관점에서 통합적인 접근 모델에 근거해야 하므로 프로그램 내용의 구성은 체계적인 교육과정 단계에 따라 통합적으로 구성해야 하며, 누리과정과 표준보육과정을 기초로 유아교육기관에서 가장 잘 활용할 수 있는 교육목표, 교육내용, 교육과정, 교육평가 등의 순서를 기본 방향으로 선정하는 것이 적절하다(홍길회, 박재옥, 2013).

통합적 다문화교육의 실제 프로그램과 관련하여, 박현정(2011)은 서울시에 소재한 어린이집에 재원 중인 만 5세 유아 30명(실험집단 15명, 통제집단 15명)을 대상으로 하여 통합적 다문화교육 프로그램을 개발하였다. 이 프로그램은 총 16회기로 구성되었으며, 생활주제와 관련하여 다양한 활동유형과 영역을 활용하여 구성되었고, 다양한 다문화적 요소를 반영하였다.

표 7-13 **통합적 다문화교육 프로그램의 내용 구성**

횟수	생활주제	활동유형		활동명	다문화적 요소					
		대그룹	자유선택활동		이해	존중	수용	다양성	평등성	정체성
1	서로 다른 능력을 가진 사람들		언어영역	바퀴의자선생님	○	○				
2		게임		친구의 소리를 듣고 움직여요	○		○			
3		이야기 나누기		몸이 불편한 사람들이 있어요		○			○	
4			음률영역	균형 잡기	○					○
5	여러 나라의 전통놀이	동화듣기		우린 할아버지가 꼭 나만 했을 때		○				○
6			조형영역	동양화와 서양화	○			○		
7		신체표현		다른 나라에도 우리나라와 같은 놀이가 있어요				○	○	
8			조작영역	여러 나라의 탈 퍼즐 맞추기		○		○		
9	여러 나라의 음식		과학영역	젤리, 양갱, 묵 비교하기				○	○	
10		이야기 나누기		명화로 만나는 냠냠 맛있는 음식				○	○	
11			조형영역	밀가루반죽으로 빵 만들기	○			○		
12		요리활동		비빔밥 올림픽	○					○
13	다양한 가족	동화듣기		예슬이 엄마 이름은 구티엔	○				○	
14			역할영역	세계 여러 나라의 결혼식		○		○		
15		이야기 나누기		여러 나라의 사랑표현				○		○
16			조형영역	다양한 가족 콜라주			○		○	

김혜숙(2009)은 경상북도에 소재한 어린이집에 재원 중인 만 4세 유아를 대상으로 어린이집 생활주제와 통합된 다문화교육 프로그램을 개발하였으며, 프로그램은 총 8주 24회로 구성되었으나, 3회기까지의 내용을 제시하였다.

표 7-14 **어린이집 생활주제와 통합된 다문화교육 프로그램의 내용 구성**

회	생활 주제	활동명	활동내용	활동목표	활동 영역	활동 유형	다문화 내용
1	가족의 역할	우리 가족을 소개해요	가족인형 놀이	여러 나라의 가족인형놀이를 통해 다양한 인종이 있다는 것을 이해한다.	사회 관계	역할	협력 편견
			우리 가족 소개	우리 가족을 소개하면서 자신에 대한 긍정적인 자아개념을 형성한다.	의사 소통	이야기 나누기	정체성 편견
			가족나무 만들기	가족은 서로 돕고 나누며 살아간다는 친사회적 행동을 기른다.	예술 경험	미술	정체성 다양성
2		우리 가족 이야기	우리 가족 이야기	가족 이야기를 통해 우리 가족의 과거와 현재를 이해한다.	의사 소통	이야기 나누기	다양성 협력
			가족 호칭 알기	가족을 부르는 다양한 호칭이 있음을 안다.	자연 탐구	게임	편견 협력
			가족 이름 구성	가족 이름은 서로 다르지만 서로 돕고 존중하는 자세를 갖도록 한다.	예술 경험	미술	다양성
3		모든 가족은 특별해요	특별한 우리 가족	세상에는 여러 형태의 가족 구성원이 있음을 안다.	의사 소통	동화	평등 편견
			여러 나라 사랑의 표현말	가족이 사랑하는 표현의 말이 다양하지만 서로 의미는 같다는 것을 안다.	의사 소통	이야기 나누기	정체성 편견
			세계의 인사노래	여러 나라의 언어로 인사 노래를 할 수 있다.	예술 경험	음률	다양성

이선애(2013)도 통합적 접근에 의한 유아 다문화 이해교육 프로그램을 개발하였으며, 이를 위해 경기도에 소재한 유치원에 재원 중인 만 5세 유아 105명(실험집단 35명, 비교집단 35명, 통제집단 35명)을 대상으로 하였다. 구체적인 프로그램의 주간 교육계획안 내용은 〈표 7-15〉와 같다.

표 7-15 유아 다문화 이해교육 프로그램의 주간교육계획안

<table>
<tr><td>생활주제</td><td colspan="2">나와 친구</td><td>다문화 주제</td><td colspan="3">우리는 모두 달라요</td></tr>
<tr><td colspan="2">날짜</td><td>7월 16일</td><td>7월 17일</td><td>7월 18일</td><td>7월 19일</td><td>7월 20일</td></tr>
<tr><td colspan="2">소주제</td><td>친구 찾기</td><td>먼 나라에서 온 이야기</td><td>궁금해요</td><td>친구가 좋아요</td><td>함께 살아요</td></tr>
<tr><td>다문화 개념</td><td colspan="6">협력, 다양성, 정체성, 반 편견</td></tr>
<tr><td>교육 목표</td><td colspan="6">• 세계에는 다양하고 많은 사람들이 있고 모두 친구임을 안다.
• 세상 사람들은 사는 방법과 살아가는 양식이 다름을 이해한다.
• 나와 다른 사람들과 자연스럽게 소통하는 방법을 익히고 경험한다.</td></tr>
<tr><td rowspan="8">자유 선택 활동</td><td>쌓기</td><td colspan="5">다른 집의 모양보고 꾸미기, 친구 집에 가면 볼 수 있는 것</td></tr>
<tr><td>역할</td><td colspan="5">세계 여러 나라 의상과 인사말 나누기, 국수가 춤을 춰요</td></tr>
<tr><td>수 조작</td><td colspan="5">다른 말과 같은 글자끼리 분류하기, 요리사의 도구</td></tr>
<tr><td>과학</td><td colspan="5">밥을 먹는 손, 깨끗한 손, 콩이 변했어요, 측정해 보아요</td></tr>
<tr><td>언어</td><td colspan="5">글이 다르네, 여러 나라 음식메뉴판 만들기, 몸에 좋은 음식</td></tr>
<tr><td>조형</td><td colspan="5">그릇을 콜라주 해요, 밥상 차리기 놀이, 요리도구 찾기</td></tr>
<tr><td>음률</td><td colspan="5">우린 다르지만 하나야, 모두 친구야, 음식 광고송</td></tr>
<tr><td>컴퓨터</td><td colspan="5">여러 나라 지도와 글자 · 말 · 집의 모양을 바로 찾기, 여러 나라 기호</td></tr>
<tr><td rowspan="8">대 · 소집단 활동</td><td>기본 생활 습관</td><td colspan="5">힘든 친구를 보면 함께 웃으며 도와줘요</td></tr>
<tr><td>이야기 나누기</td><td>나의 친구는</td><td>누가 살까?</td><td>말과 글자</td><td>좋은 친구</td><td>기아/구호</td></tr>
<tr><td>언어활동</td><td>친구 모습이 모두 달라요</td><td>손이 하는 일이 다양해요</td><td>글자 찍기</td><td>마니또 친구</td><td>누구나 건강하게 지내요</td></tr>
<tr><td>음률활동</td><td colspan="2">우리는 친구</td><td>인사노래</td><td colspan="2">나는 꼬마 요리사
방귀타령</td></tr>
<tr><td>신체활동</td><td colspan="2">세상 친구들은 다양해요
놀이도 다양해요</td><td colspan="2">여러 가지의 방법으로 살아요</td><td>모두 쑥쑥</td></tr>
<tr><td>조형활동</td><td>내가 사는 집 그리기</td><td colspan="2">돌맹이와 나뭇잎으로 소꿉놀이 하기-친구 초대하기</td><td colspan="2">음식을 담는 그릇도 다르고 다양해요</td></tr>
<tr><td>과학활동</td><td>친구 얼굴 관찰</td><td>손의 구성</td><td>다른 말과 글이 있어요</td><td>손과 발</td><td>측정해 봐요</td></tr>
<tr><td>바깥놀이</td><td>소방대피 훈련</td><td colspan="2">키 재 보고 그림자 잡기</td><td>휘파람으로 불러요</td><td>멋진 나 꾸미기</td></tr>
<tr><td colspan="2">환경 구성</td><td colspan="5">세계 여러 나라 사람들의 사는 집과 모습을 벽면에 게시하고 민속의상과 자료를 역할 영역에 넣어 준다.</td></tr>
<tr><td colspan="2">평가</td><td colspan="5">다름이 틀림이 아니고 많아서 좋음으로 인식하도록 한다.</td></tr>
</table>

또한 박재옥(2013)도 통합적 다문화교육 프로그램을 개발하여 유아의 다문화 수용성 및 창의적 놀이행동에 대한 변화를 알아보고자 하였다. 경기도에 소재한 어린이집에 재원 중인 만 5세 유아 100명(실험집단 80명, 비교집단 20명)을 대상으로 26회기 104차시의 프로그램을 개발하였으며, 그중 5회기와 8월의 교통과 안전지도 활동계획안의 일부를 제시하였다.

표 7-16 **통합적 유아 다문화교육 프로그램(1~5회기)의 내용 구성**

생활주제	주	소주제	회기	다문화 활동명	다문화		누리과정 관련요소	활동유형	활동영역
					활동목표	지도요소			
6월 우리 동네	1	우리 동네 모습	1	우리와 가까운 다른 나라가 있어요	다른 나라와 관련한 활동을 통해 다양한 관점에서 나와 다름을 이해하고 적극적으로 활동에 참여한다.	민족의 다양성	의사소통 자연탐구 사회관계	대·소 집단	이야기 나누기
				세계지도에서 찾은 다른 나라					게임
				다른 나라 동네 구성				자유 선택 활동	쌓기
				다른 나라 시장에 가면					역할
			2	우리 동네의 모습과 같아요, 달라요	다른 나라 우리나라의 공통점과 차이점에 대해 끊임없이 의문을 제기하고 지속적으로 흥미를 갖는다.	문화의 다양성	사회관계 예술경험 자연탐구 의사소통	대·소 집단	이야기 나누기
				간판 구성하기					미술
				다른 나라 간판 퍼즐				자유 선택 활동	수·조작
				친구들아, 인터넷에서 다른 나라 동네가 보여!					과학
	2	우리 동네 기관1	3	시장에 갈 때 필요해요	우리나라와 다른 나라 시장에 관심을 가지고 궁금한 것에 대해 의문을 제기해 본다.	문화의 다양성	예술경험 사회관계 자연탐구 의사소통	대·소 집단	이야기 나누기
				우리나라와 다른 나라 돈					미술
				장터놀이에 필요한 물건 만들기				자유 선택 활동	미술
				장터놀이에 필요한 광고지 만들기					언어
			4	시장잔치	우리나라와 다른 나라 시장에 호기심을 가지고 놀이내용을 확장해 나가며 새로운 것을 경험해 나갈 수 있도록 돕는다.	문화의 다양성	자연탐구 사회관계 의사소통	대·소 집단	새노래
				국경 없는 마을 견학					견학
				다른 나라 장터를 만들어요				자유 선택 활동	쌓기
				다른 나라 장터놀이를 해요					역할

	3	우리 동네 기관2	5	우리나라와 다른 나라의 방송	아시아의 다양한 방송 매체에 대해 알아보고 새로운 사실에 대해 스스로 찾아볼 수 있다.	문화의 다양성	의사소통 사회관계 예술경험	대 · 소 집단	이야기 나누기
				다른 나라 광고 따라하기					신체표현
				CM송 감상하기				자유 선택 활동	음률
				다른 나라를 광고해요					언어

표 7-17 통합적 유아 다문화교육의 8월 '교통과 안전지도' 활동계획안

생활 주제	주	소주제	회기	다문화 활동명	다문화 지도 요소	누리과정 관련요소	활동 유형	활동영역
교통과 안전	1	내가 궁금한 교통 수단	17	다른 나라의 탈것을 알아봐요	문화의 다양성	의사소통 자연탐구 사회관계	대 · 소 집단	이야기 나누기
				탈것을 표현해요				신체 표현
				우리나라와 다른 나라 탈것 바퀴가 궁금해요			자유 선택 활동	과학
				다른 나라 교통수단 글자 찾기				언어
			18	수상교통수단이 있는 다른 나라가 있어요	문화의 다양성, 민족의 다양성	사회관계 예술경험 자연탐구 의사소통	대 · 소 집단	이야기 나누기
				다른 나라 수상교통 수단 놀이 (모래놀이)				실외
				모양 조각으로 교통기관 구성하기			자유 선택 활동	수 · 조작
				다른 나라 교통기관 수수께끼				언어
	2	편리한 교통 기관	19	운전석이 달라요	문화의 다양성, 민족의 다양성	예술경험 사회관계 자연탐구 의사소통	대 · 소 집단	이야기 나누기
				내가 좋아하는 교통수단 만들기				미술
				다른 나라 도로 만들기			자유 선택 활동	쌓기
				교통시설 설계도 그리기				미술
			20	우리나라와 다른 나라의 교통표지판을 비교해요	문화의 다양성, 개인의 다양성	자연탐구 사회관계 의사소통	대 · 소 집단	이야기 나누기
				우리나라와 다른 나라 교통표지판 만들기				미술
				교통시설에서는 누가 일할까요?			자유 선택 활동	언어
				우리나라와 다른 나라 주차장				쌓기

	3	과거의 교통 수단	21	과거 다른 나라의 이동수단 (짚신, 짐승, 가마 등)	문화의 다양성	의사소통 사회관계 예술경험	대 · 소 집단	이야기 나누기
				인력거 타고 달려요				게임
				동물 이동수단 놀이			자유 선택 활동	역할
				다른 나라 과거교통수단 단어 만들기				언어
			22	과거와 현재가 공존하는 인도네시아의 대중교통	민족의 다양성	의사소통 예술경험 자연탐구	대 · 소 집단	이야기 나누기
				나만의 '앙꿋(ANGUT)' 꾸미기				미술
				내가 만든 옛날 수레와 마찻길 만들기			자유 선택 활동	쌓기
				다른 나라 교통수단에 수만큼 친구 태우기				수 · 조작

아동의 다문화교육 프로그램은 아동의 흥미를 끌 수 있는 매력적인 활동으로 구성되어야 하며, 주제는 누리과정, 표준보육과정과 연계되면서, 민족, 문화, 인종 등의 다양성을 고려하여 구성해야 한다. 예를 들어, '겨울'의 주제를 다루는 경우에는 우리나라와 다른 나라의 날씨는 어떠한지, 다른 나라에서 추운 겨울을 따뜻하게 보내는 방법 등에 대해서 다양하게 생각해 보고 탐구할 수 있도록 구성하는 것이 좋다.

2) 표준보육과정 관련 다문화교육 프로그램

실제 표준보육과정 관련 다문화교육 프로그램으로는 한수연(2010)이 경북에 소재한 어린이집의 만 3~5세 유아 14명(실험집단 7명과 비교집단 7명)을 대상으로 다문화교육 프로그램을 개발하였으며, 총 13회기로 구성되어 있다. 각 회기별 활동은 표준보육과정의 여러 요소와 관련이 되도록 구성하였으며, 구체적인 표준보육과정 관련 요소와 활동목표는 〈표 7-18〉과 같다.

표 7-18 표준보육과정에 기초한 다문화교육 프로그램의 구성

회기	활동명	표준보육과정 관련요소	활동 목표
1	으라차차! 나는야 운동왕!	신체운동, 기본생활	각 나라를 대표하는 운동에 대해 알아보고 신체로 표현할 수 있다.
2	화폐 안에는 무엇이 있을까?	자연탐구, 의사소통	각 나라의 화폐를 탐색하여 문화를 알 수 있다.
3	재미있는 중국 동화 감상	의사소통, 사회관계	다른 나라의 동화에 관심을 갖고 들어 본다.
4	여러 나라 대표적인 건축물은?	의사소통, 사회관계	여러 나라의 대표적인 건축물에 관심을 갖는다. 여러 나라의 대표적인 건축물의 특색을 안다.
5	여러 나라의 건축물을 만들어 보아요	의사소통, 사회관계	여러 나라의 대표적인 건축물에 관심을 갖는다. 여러 나라의 대표적인 건축물의 특색을 안다.
6	내 이가 빠졌어요!	의사소통, 사회관계	이가 빠지는 현상에 관심을 가지고, 이러한 현상과 관련된 여러 나라의 다양한 풍습의 의미를 이해한다.
7	까치야! 까치야!	신체운동, 예술경험	새로운 이가 나기를 기원하는 방법을 안다. 정해진 규칙에 따라 안전하게 게임을 할 수 있다.
8	음악에 맞춰 표현해요	의사소통, 예술경험	각 나라별 비와 관련된 음악을 감상한다. 비 음악에 맞춰 자유롭게 신체표현을 할수 있다.
9	태풍과 장마는 언제 올까요?	자연탐구, 의사소통	태풍과 장마에 대해서 안다. 다른 나라의 장마와 태풍이 오는 시기에 대하여 안다.
10	여러 나라 다리 알아보기	의사소통, 자연탐구	다리의 기능에 대해 안다. 여러 나라 다리의 특징을 알고 비교할 수 있다.
11	내가 만든 다리가 최고야!	의사소통, 자연탐구	여러 나라 다리의 특징을 알고 비교할 수 있다. 자신이 생각한 다리를 창의적으로 만들 수 있다.
12	재미있는 낚시 놀이	사회관계, 예술경험	물고기 낚시를 해 보며 다양한 물고기의 종류를 안다.
13	우리 엄마는 어느 나라에서 태어났을까?	자연탐구, 의사소통	세계 지도 속에서 자신의 엄마나라를 찾을 수 있다.

또한 이은실(2011)은 표준보육과정에 기초한 다문화 프로그램을 통해 유아의 편견과 자아개념, 친사회적 행동의 변화를 알아보고자 하였으며, 이를 위해 경상북도의 어린이집에 재원 중인 만 4~5세 원아 40명(실험집단 20명, 통제집단 20명)을 연구대상으로 하였다. 총 16회기로 구성된 프로그램은 생활주제와 관련하여 언어, 이야기 나누

기 등 다양한 활동을 통해 이루어졌으며, 구체적인 생활주제와 다문화교육목표, 활동 유형은 다음과 같다.

표 7-19 **표준보육과정에 기초한 다문화 프로그램의 구성**

회	다문화 활동명	생활주제 표준·보육관련 요소	다문화교육목표	활동 유형
1	각 나라마다 인사하는 말이 달라요	신나는 어린이집 사회관계/의사소통	• 다른 나라의 인사법을 안다. • 상황에 맞는 다른 나라의 언어를 사용할 수 있다. • 다른 나라의 인사법을 안다. • 상황에 맞는 다른 나라의 언어를 사용할 수 있다.	언어
2	키 만큼 벽돌을 쌓아요	나의 성장 자연탐구/사회관계	• 블록을 쌓으며 균형을 잡는다. • 자신과 여러 나라 친구의 생김새와 키에 대하여 관심을 갖는다. • 블록을 쌓으며 균형을 잡는다. • 자신과 여러 나라 친구의 생김새와 키에 대하여 관심을 갖는다.	쌓기
3	나라마다 집 모양이 달라요	우리가족의 보금자리 사회관계/의사소통	• 세계 여러 나라의 생활환경에 따른 집의 특징을 안다.	이야기 나누기
4	우리 가족을 소개해요	우리가족 사회관계/의사소통	• 가족의 구성원에 대해 안다. • 생김새가 달라도 가족이 될 수 있음을 안다. • 가족의 구성원에 대해 안다. • 생김새가 달라도 가족이 될 수 있음을 안다.	이야기 나누기
5	재미있는 낚시 놀이	신나는 물놀이 예술경험/사회관계	• 물고기 낚시를 해 보며 다양한 물고기의 종류를 안다.	신체 (게임)
6	펄럭펄럭 만국기	대한민국 사회관계/예술경험	• 각 나라를 대표하는 국가이름 및 특성을 안다 • 만국기를 함께 만들면서 협동심을 기른다. • 각 나라를 대표하는 국가이름 및 특성을 안다 • 만국기를 함께 만들면서 협동심을 기른다.	신체
7	여러 가지 머리색과 모양	다양한 나라와 다양한 사람들 사회관계	• 사람들은 여러 가지 머리카락 색깔과 머리모양을 가지고 있음을 안다. • 머리카락을 손질하고, 장신구로 꾸미는 것을 경험한다.	이야기 나누기
8	식혜와 콜라	세계 여러나라의 자연과 생활 자연탐구/기본생활	• 우리나라 음식 식혜와 다른 나라 음식 콜라의 특성을 안다. • 몸에 이로운 음식과 해로운 음식에 대하여 알아본다.	과학

9	엄마 나라는 가족을 부르는 이름이 달라요	우리 가족 사회관계/의사소통	• 각 나라마다 부르는 이름이 다름을 안다. • 우리나라 언어와 다른 나라의 언어가 다름을 안다.	이야기 나누기
10	가족 그림책 만들기	더불어 살기 의사소통/예술경험	• 가족에 대해 알 수 있는 기회를 가진다.	미술 (조형)
11	우리가 만든 텃밭	꽃과 채소 기르기 예술경험/사회관계	• 다양한 재료를 활용하여 창의적으로 구성할 수 있다. 봄채소와 특징을 안다.	미술
12	우리나라 전통 놀이와 비슷해요	운동과 건강 의사소통/사회관계	• 우리나라 전통 놀이와 비슷한 다른 나라 전통놀이가 있음을 이해할 수 있다.	이야기 나누기
13	춤을 춰요	세계 문화유산 예술경험/사회관계	• 한국 무용과 발레를 감상하며 비교해 본다. • 한국 무용과 발레를 즐겁게 놀이하며 표현해 본다.	신체
14	친구와 사랑나누기	친구 사회관계	• 친구들의 소중함을 알고 사랑하는 마음을 갖는다. • 여러 나라 인사법이나 수신호를 알아보고 정해진 규칙에 따라 게임을 해 본다.	수·조작
15	결혼식 놀이를 해요	다양한 나라와 다양한 사람들 사회관계/예술경험	• 여러 나라의 전통 결혼 풍습에 대해 관심을 가진다. • 친구들과 협력하여 결혼식 놀이를 할 수 있다.	역할
16	우리 엄빠	재미난 책들 사회관계/의사소통	• 동화책을 통해서 다양한 가족 형태를 알 수 있다. • 상황에 따른 가족 사랑을 이해한다.	이야기 나누기

3) 누리교육과정 관련 다문화교육 프로그램

이용주와 조숙영(2015)은 누리과정에 기초한 「3~4세 어린이집 프로그램」의 연간 주제에 수록된 다문화 관련 활동 분석을 하였는데, 3세 누리과정의 다문화 관련 활동은 대 · 소집단 활동 12개로 70.59%, 오후자유선택활동 17.62%, 오전자유선택활동 11.76% 순으로 나타났으며, 바깥놀이 활동은 전혀 다루고 있지 않은 것으로 나타났다. 대 · 소집단 활동으로는 주로 이야기 나누기나 미술활동을 하는 것으로 나타났으며, 4세의 경우에는 대 · 소집단 활동이 56개로 45.16%, 오전 자유활동이 47개로 37.9%인 것으로 나타났다.

표 7-20 누리과정에 기초한「3~4세 어린이집 프로그램」의 연간주제에 수록된 다문화 관련 활동의 활동유형 및 형태와 영역 및 유형의 분석 결과

활동유형 및 형태	영역 및 유형	3세 빈도(백분율)	4세 빈도(백분율)
오전자유선택활동	쌓기 놀이 영역	0(0.0%)	5(4.03%)
	언어영역	0(0.0%)	9(7.26%)
	역할놀이 영역	0(0.0%)	6(4.48%)
	수 · 조작 영역	0(0.0%)	5(4.03%)
	조작영역	1(5.88%)	0(0.0%)
	과학영역	0(0.0%)	4(3.23%)
	수 · 과학 · 조작 영역	0(0.0%)	2(1.61%)
	음률영역	1(5.88%)	9(7.26%)
	미술영역	0(0.0%)	7(5.65%)
	소계	2(11.76%)	47(37.90%)
대 · 소집단 활동	이야기나누기(유형)	4(23.53%)	14(11.29%)
	동화 · 동극	0(0.0%)	0(0.0%)
	동화	2(11.76%)	6(4.84%)
	동극	0(0.0%)	2(1.61%)
	동시	1(5.88%)	2(1.61%)
	미술	3(17.65%)	5(4.03%)
	게임	0(0.0%)	7(5.65%)
	음악	2(11.76%)	6(4.84%)
	신체	0(0.0%)	7(5.65%)
	현장체험	0(0.0%)	1(0.81%)
	요리	0(0.0%)	6(4.84%)
	소계	12(70.59%)	56(45.16%)
오후자유선택활동	-	3(17.65%)	19(15.32%)
바깥놀이 활동	-	0(0.0%)	2(1.61%)
	합계	17(100.0%)	124(100.0%)

〈표 7-21〉에 의하면, 다문화와 관련된 1개의 활동에 1~3개의 영역과 관련이 있는 활동이 이루어졌으며, 3세의 다문화 관련 활동은 총 34개로 그중 예술경험과 사회관계, 의사소통 순의 활동이 많이 이루어졌으며, 4세의 경우에는 301개의 많은 활동이 이루어졌으며, 사회관계와 예술경험, 의사소통 순으로 활동이 이루어진 것으로 나타났다.

표 7-21 누리과정에 기초한 「3~4세 어린이집 프로그램」의 연간주제에 수록된 다문화 관련 활동의 영역별 비중 분석 결과

다문화 관련 활동	3세 빈도(백분율)	4세 빈도(백분율)
신체운동 · 건강	2(5.88%)	30(9.97%)
의사소통	8(23.53%)	60(19.93%)
사회관계	9(26.47%)	97(32.23%)
예술경험	10(29.41%)	73(24.25%)
자연탐구	5(14.71%)	41(13.62%)
합계	34(100.0%)	301(100.0%)

조숙영(2012)은 5세 누리과정에 기초한 어린이집 프로그램의 다문화 관련 활동을 분석하였으며, 그 결과 〈표 7-22〉에 제시된 바와 같이, 오전자유선택활동이 56개로 68.3%, 오후자유선택활동이 5개, 6.1%로 나타나 주로 오전 자유활동에서 다문화활동이 이루어졌으며, 언어 영역과 미술 영역, 수 조작 및 과학 영역의 활동으로 이루어진 것으로 나타났다.

표 7-22 5세 누리과정에 기초한 어린이집 프로그램의 '다문화' 관련 활동의 활동유형 분석 결과

'다문화' 관련 활동유형		빈도(백분율)
오전자유선택활동	쌓기 놀이 영역	4(4.9%)
	언어영역	14(17.1%)
	역할놀이 영역	6(7.3%)
	수 · 조작 영역	8(9.8%)
	과학영역	8(9.8%)
	음률영역	7(8.5%)
	미술영역	9(11%)
오후자유선택활동		5(6.1%)
대 · 소집단 활동	이야기나누기 · 언어	8(9.8%)
	동화 · 동시 · 동극	2(2.4%)
	게임	0(.%)
	음률활동	2(2.4%)
	신체활동	2(2.4%)
	미술	3(3.7%)
바깥놀이 활동		4(4.9%)
합계		82(100%)

한편, 심미영 등(2013)도 5세 누리과정에 기초하여 어린이집 프로그램의 다문화활동을 분석하였는데, 활동 유형별로 자유선택활동이 1103회 나타나 63.7%를 차지하였고 대소집단활동이 516회로 29.8%, 실외활동이 115회로 6.6%였다. 자유선택활동에서는 미술과 언어, 수 · 과학, 역할놀이, 음률영역 등의 순으로 활동이 이루어졌고, 대소집단 활동에서는 이야기 나누기와 미술, 음악 등으로 순으로 활동이 이루어졌다.

5세 누리과정에 기초한 어린이집 프로그램의 다문화 관련 활동영역을 분석한 결과, 사회관계영역과 예술경험, 자연탐구 순으로 활동이 이루어졌으며, 다문화 관련 교육내용은 관계형성과 문화이해 및 수용, 다양성 등의 순으로 나타났다.

표 7-23 5세 누리과정에 기초한 어린이집 프로그램의 다문화 관련 활동영역과 교육내용 분석

다문화 관련 활동영역	빈도(백분율)	다문화 관련 교육내용	빈도(백분율)
신체운동 · 건강	7(5.6%)	문화이해 및 수용	24(19.7%)
의사소통	21(17%)	관계형성	59(48.4%)
사회관계	37(29.8%)	정체성형성	17(13.9%)
예술경험	30(24.2%)	공평성	0(0.0%)
자연탐구	29(23.4%)	다양성	22(18.0%)
합계	124(100%)	합계	122(100%)

4) 기타 영역별 다문화교육 프로그램

유아교육기관의 교사는 유아의 연령과 발달수준, 흥미와 교육기관의 교육철학 및 환경 등을 고려하여 적절한 교육활동을 구성해야 하는데, 최근 국제결혼이나 이민자들의 증가로 예전과 달리 유아교육현장에서 다문화가정의 유아를 만나는 경우가 많아짐에 따라, 다문화가정 유아와 일반가정 유아를 함께하는 통합교육활동의 계획이 필요한 실정이다.

유아교육기관의 교사가 유아에게 다문화교육을 실시함에 있어서 영역별로 고려해야 할 점들을 영역별 환경구성과 실제 활동 프로그램들을 중심으로 소개하고자 한다.

(1) 신체 영역

유아는 신체 활동을 통해 자기 자신의 신체 인식뿐만 아니라 다른 사람의 특성을 인식하게 되어 사람마다의 유사점과 차이점을 알게 된다. 이러한 신체활동의 대표적인 활동으로는 전통놀이가 있으며 이러한 활동을 통해 놀이의 규칙을 익히고 공동체 의식을 기를 수 있다. 환경 구성 시에 교사는 여러 나라의 전통 놀이 기구와 사진 자료를 준비하고 신체활동을 해 볼 수 있는 다양한 공이나 운동 기구 등 실물자료 등을 활용할 수 있다.

다음에 제시되는 프로그램은 신체 영역과 관련된 다문화교육 프로그램으로 김혜숙(2014)은 교통수단의 주제와 관련하여 게임을 통해 몸으로 표현하는 신체활동을 계획하였다.

표 7-24 **다문화교육 프로그램: 교통수단 스피드 퀴즈와 몸으로 표현하기**

교육목표: 다양성, 협력
- 세계 여러 나라 교통수단을 알아본다.
- 교통수단 퀴즈를 몸으로 표현하며 맞혀 본다.

활동자료: 교통수단 그림 자료, 스피드판
- 세계 여러 나라 교통수단에는 어떠한 것들이 있는지 알아본다.
  - 교통수단에는 어떠한 것들이 있니? (영국의 2층 버스, 일본 도쿄의 수상버스)
  - 타 본 적 있니?
  - 무엇을 탔었니?
  - 어느 나라 교통수단이니?
  - 어떻게 생겼는지 몸으로 표현해 볼까?
- 자신이 좋아하는 교통수단을 표현해 본다.
- 몸으로 표현하는 교통수단을 맞추어 퀴즈게임을 해 본다.

게임방법

① 두 팀으로 나눈다(한 팀 두 명).
② 한 명의 유아는 스피드판을 들고 한 명의 유아는 판에 있는 교통수단을 몸으로 표현한다. 판을 들고 있는 유아는 몸으로 표현하는 것을 맞힌다.
③ 제한 시간 1분에 다섯 문제를 미리 맞히는 팀이 이긴다(잘 모르면 통과를 외치기).

출처: 김혜숙(2014).

또한 김부용(2011)은 신체활동 중심의 다문화 프로그램을 개발하여 유아의 자아 개념과 다문화 이해 및 태도를 변화시키고자 하였으며, 이를 위해 총 16회기의 프로그램을 구성하였다. 다문화 프로그램의 구성 내용은 신체적 접근, 리듬적 접근, 극적 접근으로 나누어 계획하였고, 다문화 구성요소 및 신체활동요소를 고려하여 다양한 활동을 하도록 하였으며, 1회기의 구체적인 신체활동 중심의 다문화교육활동 계획안은 〈표 7-26〉에 제시되어 있다.

표 7-25 **신체활동 중심의 다문화 프로그램 구성**

회	활동명	신체활동 요소		다문화 구성요소	활동유형
		영역	기초체력 요소		
1	함께 살아요	이동, 조작 운동하기	리듬감	외모	동작활동
2	지구 친구들을 만나요	신체활동에 참여하기	민첩성	외모	게임
3	세계의 놀이감 '유령 권투'	신체활동에 참여하기	민첩성	문화	게임
4	세계의 놀이감 '다트'	신체활동에 참여하기	집중력 협응력	문화	게임
5	세계의 놀이감 '부메랑'	신체활동에 참여하기	근력	문화	게임
6	너의 나라 축제는 어때?	이동 운동하기	리듬감 유연성	축제	동작활동
7	세계 여러 나라의 옷	신체표현	판단력 순발력	의상	역할놀이
8	세계의 음식상 차리기	신체활동에 참여하기	순발력 민첩성 판단력	음식	게임
9	세계의 가면 쓰고 인사해 볼까?	신체활동에 참여하기	심폐지구력	외모 축제	게임
10	엄마나라, 아빠나라	신체표현	판단력	의상 축제	역할 놀이
11	어떻게 만들었을까? 세계문화유산	신체활동에 참여하기	순발력 판단력	주거	게임
12	슈퍼마켓 놀이 (영어마을 체험)	신체활동에 참여하기	판단력 민첩성	음식 주거	게임
13	가을이 왔어요 (영어마을 체험)	신체활동 참여하기, 이동운동	순발력 판단력 리듬감	축제	동작 활동 게임
14	흑설공주	신체표현	판단력 순발력	외모 축제	극놀이
15	내가 만약 다른 나라에 태어난다면?	신체표현	판단력 순발력	외모 주거	극놀이
16	짝을 찾아 주세요	이동운동, 신체활동에 참여하기	순발력 판단력	음식 의상 주거	게임

출처: 김부용(2011).

표 7-26 신체활동 중심의 다문화교육활동 계획안(1회기)

<table>
<tr><td>회</td><td colspan="2">1</td><td>일시</td><td colspan="2">2010년 9월 6일</td><td>집단크기</td><td>9인 1조</td></tr>
<tr><td>활동명</td><td colspan="4">함께 살아요</td><td>활동 유형</td><td colspan="2">동작활동</td></tr>
<tr><td>목표</td><td colspan="7">사람들의 피부색이 다양하다는 것을 알 수 있다.
세계 여러 나라 사람들이 함께 어울려 생활하고 있다는 것을 이해한다.</td></tr>
<tr><td>기초체력 요소</td><td colspan="2">리듬감</td><td>난이도</td><td>하</td><td>준비물</td><td colspan="2">파라슈트, 음악, 가면</td></tr>
<tr><td rowspan="6">교수 · 학습과정</td><td>도입
(10분)</td><td colspan="6">1. 「함께 살아요」 노래를 소개한다.
2. 노래를 함께 부른다.
3. 노래를 부른 후 노래에 대해 이야기한다.
-노래 속에 어떤 친구들이 등장했었죠?
-친구들은 어떤 특징을 갖고 있을까요?
-노래에 나오는 피부색은 몇 가지가 있었나요?</td></tr>
<tr><td>전개
(10분)</td><td colspan="6">1. 활동자료에 대해 소개한다.
-이 가면들은 어떤 인종을 나타낼까요?
-파라슈트를 경험해 본 친구가 있나요?
2. 아이들과 함께 노래 가사에 맞춰 동작을 구성해 본다.
-노래가 나오면 어떻게 표현해 보면 좋을까요?
(노래가 나오면 다 함께 한쪽 방향으로 돌아가기로 한다.)
-노래에 가면과 같은 가사가 나오면 어떻게 할까요?
(자신의 가면과 같은 가사가 나오는 친구들은 파라슈트 안쪽으로 들어가 자신과 같은 피부색인 친구와 만나 인사를 나눈다.)
-후렴 부분은 어떻게 표현해 보면 좋을까요?
(후렴 부분에서는 다 함께 파라슈트를 흔들어 본다.)
3. 노래에 맞춰 동작활동을 경험한다.
-다 함께 노래를 부르며 진행해 볼까요?
(1절과 2절 동작을 다르게 구분해 진행해 보고, 아이들이 다른 방법을 제시할 경우, 그 동작을 적용해 보도록 한다.)</td></tr>
<tr><td>마무리
(5분)</td><td colspan="6">1. 동작활동 후 느낌을 표현해 본다.
-노래 부르기만 할 때와 동작활동을 함께 할 때 어떤 차이가 있었나요?
-가면을 쓰고 활동해 보니 어땠어요?
-다른 나라 친구들이 되어 보니 어떤 느낌이 들었어요?</td></tr>
<tr><td>평가</td><td colspan="6">1. 동작활동을 경험하면서 어떤 점이 재미있었고, 어려웠던 점은 무엇인가?
2. 노래 가사에 따라 동작표현이 자연스럽게 이루어졌는가?
3. 세계 여러 나라 사람들과 함께 어울려 살고 있음을 알 수 있었는가?</td></tr>
<tr><td>유의점</td><td colspan="6">1. 노래 가사에 따라 표현이 달라지므로 사전에 충분히 노래를 익힌다.
2. 동작 표현의 흐름이 깨지지 않도록 교사가 유아 순서를 지목해 준다.</td></tr>
<tr><td>가사</td><td colspan="6">1절: 내 피부색은 초콜릿색 / 내 피부색은 꿀색 / 내 피부색은 우유빛 모두 달라도 / 지구넷 지구넷 색색깔 예쁜 지구/ 우리 모두 함께 살아요.
2절: 내 눈동자는 까만 밤색 / 내 눈동자는 초록색 / 내 눈동자는 캐러멜색 모두 달라도 / 지구넷 색색깔 예쁜 지구 / 우리 모두 함께 살아요.</td></tr>
</table>

출처: 김부용(2011).

한편, 신순식, 김태선, 신은정(2010)은 우리나라뿐만 아니라 세계 여러 나라의 놀이를 해 보는 신체영역의 다문화교육 프로그램을 다음과 같이 제시하였다.

표 7-27 **다문화교육 프로그램: 우리와 같은 놀이가 다른 나라에도 있어요**

교육목표
- 돌차기 놀이방법에 대해서 알아본다.
- 다양한 돌차기 놀이에 참여해 본다.
- 여러 나라의 어린이들이 비슷한 놀이를 하고 있음을 경험한다.

활동방법

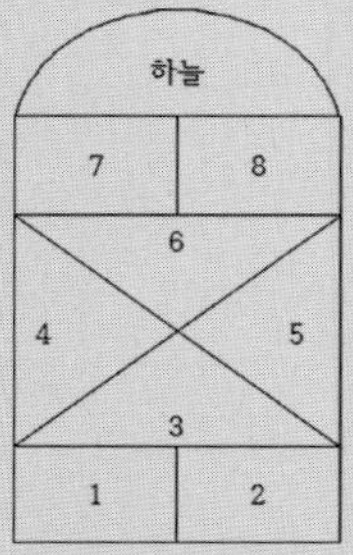

- 사방치기를 해 본 경험에 대해 이야기를 나눈다.
  - 사방치기 놀이를 해 보았니?
  - 어떻게 놀이하니?
- 여러 가지 형태의 돌차기 놀이에 대해 이야기를 나눈다.
  - 여기에는 무슨 놀이를 할 수 있을까?
  - 우리가 하는 돌차기 놀이하고 어떤 점이 같니?
  - 어떤 모양의 놀이를 해 보고 싶니?
- 제시한 그림 중 해 보고 싶은 모형의 놀이규칙을 알아본다.

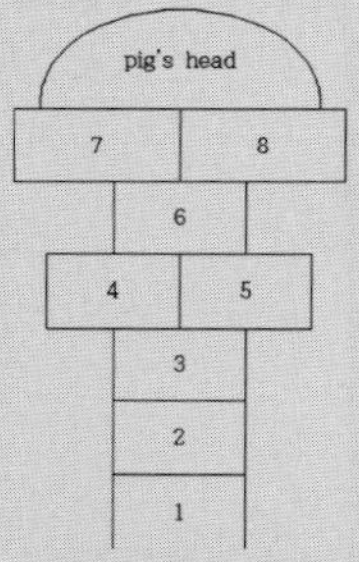

중국
- 1~6의 칸을 차례로 뛰고, 1로 돌아와서 밖으로 나온다.
- 1 가장자리에 서서 돼지머리(pig's head)에 퍽을 던진다.
- 패턴을 따라 뛰면서 4와 5, 7과 8에서는 두 발로 착지한다.
- 7과 8에서는 패턴 쪽을 보고 뒤돌아 뛴다.
- 돼지머리에서 퍽을 집어 들고 패턴 밖으로 나온다.
- 돼지머리 바깥 땅에 손이 닿으면 기회를 잃지만, 성공적으로 마친다면 자기 땅 하나를 차지할 수 있다.
- 다음 아이가 같은 방법으로 따라서 한다.
- 모든 땅을 차지할 때까지 아이들은 게임을 한다. 땅주인이 사용할 수 있도록 허락하지 않으면 그 땅을 밟을 수 없다. 자기 땅에 도착하면 반드시 두 발로 쉬어야 한다. 자기 칸에서 한 발 뛰기를 할 경우 다른 사람 차지가 된다.

출처: 신순식 외(2010).

한편, 다문화적 접근에 의한 전통놀이 교육 프로그램과 관련하여 최미숙, 강은영, 윤수인, 송순옥(2012)은 어린이집에 재원 중인 만 5세 유아 44명(실험집단 22명, 통제집단 22명)을 대상으로, 우리나라뿐 아니라 세계 여러 나라의 전통놀이를 경험해 볼 수 있는 활동을 구성하였다. 소집단과 대집단으로 다양한 활동 프로그램을 계획하였으며, 매 회기마다 도입 10분, 전개 30분, 정리 10분으로 구성하였다.

표 7-28 **다문화적 접근에 의한 전통놀이 프로그램 내용**

분류		활동명	나라 이름	놀이의 유사성과 차이점	집단크기
1	1	사방치기 놀이	한국	땅에 놀이판을 그려서 노는 점이나 납작한 돌을 이용하는 놀이도구는 유사하나 놀이방법이나 규칙은 나라마다 조금씩 다름	소집단 활동
	2	오랏말 놀이(1)	영국		
	3	오랏말 놀이(2)	프랑스		
	4	오랏말 놀이(3)	나이지리아		
	5	오랏말 놀이(4)	중국		
	6	오랏말 놀이(5)	미국		
2	1	무궁화꽃이 피었습니다	한국	술래를 정해 놀이하는 방법이나 움직이는 사람을 잡아내는 놀이규칙은 유사하나 부르는 노래는 다름	대집단 활동
	2	다루마상가 고론다	일본		
3	1	꽃 찾기 놀이	한국	두 팀으로 나누어 노래를 부르며 서로 주고받으며 노는 놀이의 방법이나 규칙은 유사하나 부르는 노래는 다름	대집단 활동
	2	하나이치몽메	일본		
4	1	구슬치기	한국	구슬을 맞혀 따먹는 놀이의 도구, 규칙은 유사하나 방법은 다름	소집단 활동
	2	오하지키	일본		
5	1	수건돌리기	한국	술래를 정해 노는 놀이방법이나 놀이도구, 놀이의 규칙이 모두 유사함	대집단 활동
	2	수건놀이	중국		
6	1	이거리 저거리 각거리	한국	놀이의 방법은 유사하나 놀이도구, 규칙은 다름	소집단 활동
	2	주먹 세어 보기	베트남		
7	1	티니클링	필리핀	대나무를 사용하는 놀이도구, 방법, 규칙 모두 유사함(우리나라 두 줄 고무줄 놀이와 놀이방법, 규칙 유사)	소집단 활동
	2	네이 샵	베트남		

최미순(2013)은 서울시에 소재한 병설유치원의 만 5세 38명(실험집단19명, 비교집단 19명)을 대상으로 세계 여러 나라 전통놀이를 통한 다문화교육 프로그램을 제작하였으며, 우리나라와 다른 나라의 놀이 주제를 선정하여 10주에 걸친 프로그램 활동을 구성하였다. 우리나라 전통놀이를 먼저 실시하고 우리나라 전통놀이와 비슷한 다른 나라의 전통놀이를 직접 체험하도록 프로그램을 구성하였다.

표 7-29 **우리나라와 세계 여러 나라의 전통놀이 프로그램의 주별 내용**

우리나라		다른 나라		
주	놀이주제	지역		놀이주제
1주	세 번 돌고 절하기	아시아	중국	GOng Xi Fa Cai(새해 축복놀이)
2주	제기차기		베트남	따까오
3주	수건돌리기		중국	Diou Shou Juan'er(손수건 감추기)
4주	강강술래		일본	Tsuki(춤 놀이)
5주	고무줄놀이		필리핀	티니클링
6주	옹헤야	유럽	러시아	Kalinka(눈꽃송이 나무 놀이)
7주	비	아메리카	미국	Rain, Rain, Go Away(리듬놀이)
8주	손치기 하세	아프리카	짐바브웨	Sorida(사랑의 인사노래)
9주	쌀보리	아시아	베트남	Cum Num Cum Niu(주먹세기 놀이)
10주	앉은뱅이	아프리카	탄자니아	Simamaka(앉기 서기 뛰기 돌기)

(2) 언어 영역

언어활동 영역은 아동의 감정이나 생각을 표현하는 대표 수단으로 말하기나 글쓰기 활동을 의미하며, 선천적인 요인 못지않게 후천적인 환경요인의 영향을 많이 받는 영역 중 하나이다. 따라서 아동의 가정이나 유아교육기관 모두에서 이러한 언어활동을 많이 해 볼 수 있는 다양하고 풍부한 환경을 제공하는 것이 중요하다. 언어활동을 통해 아동은 글자나 말하기에 흥미를 가질 수 있으며, 의사소통 능력을 증진시키고, 다른 또래 친구들과 듣기활동을 통해 주의집중력도 향상시킬 수 있다. 이러한 활동은 추후에 책을 읽는 활동이나 다른 나라의 언어를 익히는 활동과도 연관되어질 수 있다.

교사가 언어 영역의 환경을 구성할 때 언어 영역은 대표적인 정적 활동이므로 다른 아동의 방해를 받지 않는 왕래가 적고 조용한 위치에 영역을 구성해야 하며, 카펫이나 낮은 탁자, 쿠션 등을 활용하여 차분하게 활동을 할 수 있도록 해야 한다. 다문화적 내용이 포함된 다양한 교수 자료를 제공하여 읽고, 쓰고, 듣는 등의 활동을 자유롭게 해 볼 수 있도록 해야 하며, 전통적인 성 역할이 아닌 다양한 성 역할이나 인종, 관습 등이 반영된 도서나 테이프 등을 제공하는 것이 좋다. 교사는 언어 영역 환경을 구

표 7-30 '교통과 안전' 주제의 언어 영역 활동계획안

주제	교통과 안전/내가 궁금한 교통수단	활동 영역	언어 영역
활동명	이웃 나라 교통수단 글자 찾기	활동 유형	자유선택활동
목표	• 이웃나라 교통수단의 이름을 알고 글로 표현된 부분을 읽으며 친근함 갖기 • 활동자료를 이용해 글자를 찾아보고 새로운 방법으로 놀이를 확장한다. • 다양성 경험하기 → 다양성에 익숙해지기 → 다양성 실천하기		
활동자료	이웃 나라 교통수단 사진자료와 이웃 나라 교통수단 이름 카드 교구		
활동내용	활동방법 1. 이웃 나라의 교통수단에 대해 회상하며 이야기를 나눈다. T: 이웃 나라의 교통수단 중 가장 타고 싶었던 교통수단이 있나요? C: 지프니요./전기버스요. T: 그 교통수단을 타고 싶었던 이유가 있나요? C: 우리나라에서는 볼 수 없는 신기한 교통수단이에요./놀이기구를 타는 기분이 들 것 같아요. 2. 활동자료를 보며 이웃 나라 교통수단의 이름을 말하거나 함께 읽어 본 후 알맞은 낱말을 붙여 교통수단의 이름을 완성한다. T: 이 교통수단의 이름은 무엇인가요? T: 이 교통수단을 이용할 수 있는 곳은 어디일까요?(교통수단의 설명을 읽어 주거나 유아가 읽을 수 있는 경우에는 스스로 읽어 보도록 격려한다.) 3. 이 활동자료를 이용한 다른 놀이방법에 대해 이야기를 한다. T: 이 활동자료를 어떻게 다른 방법으로 놀이할 수 있을까요? C: 글자를 빨리 완성하는 게임을 하고 싶어요. T: 그렇다면 게임의 규칙과 방법을 함께 정해 볼까요? 4. 유아들이 정한 방법으로 놀이를 확장하거나 새로운 방법으로 놀이시도를 한다.		
평가	유아들이 교통수단의 사진과 이름을 연결한 후 교통수단의 글자를 익히고 게임을 하였고, 유아들이 게임규칙을 정하자 게임을 할 때마다 규칙이 조금씩 변하고, 순서 정하는 방법을 가위바위보로 하기도 하고, 돌아가며 지정하는 방법을 사용하기도 하고, 놀이를 확장하는 모습을 볼 수 있었다.		
확장활동	교통수단 단어 카드를 이용해 낱말기차 또는 끝말잇기활동으로 확장할 수 있다.		

출처: 홍길회, 박재옥(2013).

성할 때 간단하게 읽고 쓸 수 있는 도구와 함께 아동들이 다문화에 흥미를 가질 수 있도록 다양한 자료를 활용해야 하는데, 신문이나 화폐 같은 실물이나, 사진, 비디오 자료, 여러 나라 인종의 인형 등 다양한 교수 매체를 함께 제시해 주는 것이 아동의 다문화교육에 효과적이다. 앞서 제시된 〈표 7-30〉은 '교통과 안전' 주제에 대한 언어 영역의 활동이다.

(3) 음률활동 영역

음률활동 영역은 우리나라 음악의 우수성과 아름다움을 느끼고 나아가 세계 여러 나라의 음악적 독특함과 음악 속에 고스란히 녹아 있는 그 민족의 생활, 역사, 전통 등 다양한 문화를 이해할 수 있는 영역이며(홍길회, 박재옥, 2013), 다양한 음을 탐색해 보고 악기를 연주하고, 음악에 맞추어 신체 표현을 해 보는 영역이다. 여러 나라의 노래를 부르거나 악기를 연주하고 다양한 민속음악의 감상을 통해 다른 문화를 자연스레 수용할 수 있는 다문화교육의 활동 영역이다.

환경 구성 시 교사는 세계 여러 나라의 악기 사진이나 그림 등의 관련 그림이나 사진 자료로 환경을 구성하며, 우리나라 전통악기와 다른 나라의 악기들, 여러 나라의 전래동요, 민요, 고전음악의 음악 테이프나 CD, 여러 나라의 전통의상으로 환경구성을 한다. 유아는 우리나라의 전통 음악과 세계의 여러 음악을 다양하게 경험하고, 세계의 문화를 경험해 볼 수 있도록 한다. 또한 음률 영역은 소음이 많이 발생하는 영역이므로 정적인 활동 영역과 거리를 두고 배치한다.

음률활동과 관련하여, 김민채(2012)는 실험집단 60명과 비교집단 60명을 대상으로 주 3회 총 16차시로 구성된 다문화 음악교육 프로그램을 개발하였으며, 유치원 교육과정의 영역과 다문화교육 목표의 영역을 반영하여 프로그램을 구성하였다.

표 7-31 다문화 음악교육 프로그램의 회기별 구성 내용

회	주제	차시	소주제	목표	유치원 교육 과정영역					다문화교육 목표					
					건강생활	사회생활	표현생활	언어생활	탐구생활	문화	다양성	정체성	반편견	평등	협력
1	세계 여러 나라의 국기와 국가 알아보기	1	우리나라 국기(태극기)와 국가 알아보기	세계지도에서 우리나라 위치와 인종에 관심을 가지고 친근감을 형성하며 태극기와 애국가 감상		○	○	○	○		○	○			
		2	아시아 대륙의 국가들(중국, 일본)	아시아 대륙의 중국과 일본의 위치와 인종에 관심을 가지고 친근감을 형성, 국기와 국가 감상		○	○	○	○		○		○	○	
		3	아메리카 대륙의 국가들(미국, 브라질)	아메리카 대륙의 미국과 브라질의 위치와 인종에 관심 및 친근감을 형성, 국기와 국가 감상		○	○	○	○		○		○	○	
		4	유럽 대륙과 아프리카 대륙의 국가들(영국, 남아프리카공화국)	유럽 대륙의 영국과 아프리카대륙의 남아프리카의 위치와 인종에 관심 및 친근감 형성, 국기와 국가 감상		○	○	○	○		○		○	○	
2	세계 여러 나라의 전래동요 알아보기	5	우리나라의 전래동요-고사리 꺽기	노래 부르기, 감상하기를 통해 우리나라 음악을 이해, 표현, 전통음식에 관심을 가지며, 우리나라의 음악과 문화를 이해			○	○		○	○	○			○
		6	일본의 전래동요-사쿠라 사쿠라(Sakura Sakura)	일본의 전래동요와 전통음식에 관심을 가지며, 일본의 음악과 문화를 이해			○	○		○	○		○		
		7	중국의 전래동요-하오 펑 유(Hao Peng You)	중국 전래동요와 전통 음식에 관심을 가지며, 음악과 문화 이해			○	○		○	○		○		
		8	필리핀의 전래동요-자장가	필리핀의 전래동요와 전통 음식에 관심을 가지며, 음악과 문화를 이해			○	○		○	○		○		

3	세계 여러 나라의 전통악기 알아보기	9	우리나라 전통악기-사물놀이 악기(징, 꽹과리, 북, 장구)	우리나라의 전통 악기와 문화유산에 관심을 가지며, 악기 소리를 탐색하고, 몸으로 표현			○	○	○	○	○	○			
		10	일본의 전통 악기-고토(Koto), 사미센(Shamisen)	일본의 전통 악기와 문화유산에 관심을 가지며, 악기의 소리를 탐색하고, 몸으로 표현			○	○	○	○	○		○		
		11	중국의 전통 악기-삼현(San Xian), 월금(Yue Qin)	중국의 전통 악기와 문화유산에 관심을 가지며, 악기의 소리를 탐색하고, 몸으로 표현			○	○	○	○	○		○		
		12	베트남의 전통악기-단바우(Danb 며), 단느구엣(Dannguyet)	베트남의 전통 악기와 문화유산에 관심을 가지며, 악기의 소리를 탐색하고, 몸으로 표현			○	○	○	○	○		○		
4	세계 여러 나라의 전통춤 알아보기	13	우리나라의 전통춤-강강수월래	우리나라의 전통 춤에 관심을 가지며, 대·소집단 활동으로 서로 협력하여 신체 표현활동	○	○	○		○	○	○	○			○
		14	태국의 전통춤-람	태국 전통춤에 관심을 가지며, 대·소집단활동을 통해 서로 협력하여 신체 표현 활동	○	○	○		○	○	○		○		○
		15	하와이의 전통춤-훌라댄스	하와이의 전통춤에 관심을 가지며, 대·소집단활동을 통해 서로 협력하고, 신체 표현활동	○	○	○	○	○	○	○	○	○	○	○
		16	브라질의 전통춤-삼바	브라질의 전통 춤에 관심을 가지며, 대·소집단활동을 통해 서로 협력하고, 신체 표현활동	○	○	○	○	○	○	○	○	○	○	○

홍길회와 윤혜자(2014)는 국악 장단을 적용한 음률활동 프로그램을 제작하였으며, 이 프로그램은 우리나라의 국악장단을 배우고 헝가리 무곡이나 동물의 사육제, 미뉴에트 등의 외국 곡을 국악장단으로 활동해 보는 총 20회기의 프로그램으로 구성되었다.

표 7-32 국악 장단을 적용한 음악활동 프로그램의 구성

수업차시	수업 구성	수업내용
1차	장단 익히기	휘모리장단 익히기
2차	노래 부르기	전래동요「손치기 발치기」, 외국동요「시계」를 휘모리장단치며 노래 부르기
3차	악기연주하기	휘모리장단을 리듬악기와 국악기로 연주하기
4차	즉흥연주하기	모둠활동으로 휘모리장단을 변형장단으로 만들어 보는 활동과 변형장단을 리듬패턴으로 적용하여 리듬악기 연주하기
5차	음악 감상하기	「헝가리 무곡」의 주요 리듬치기 활동과 리듬을 장단으로 연결하여 음악 감상 중에 장단 치기
6차	장단 익히기	자진모리장단 익히기
7차	노래 부르기	전래동요「어깨동무」와 외국동요「오리」에 자진모리장단을 치며 노래 부르기
8차	악기 연주하기	자진모리장단을 리듬악기와 국악기로 연주하기
9차	즉흥연주하기	모둠활동으로 자진모리장단을 변형장단으로 만들어 보는 활동과 변형장단을 리듬패턴으로 적용하여 리듬악기 연주하기
10차	음악 감상하기	『동물의 사육제』 중「서주와 사자의 행진」의 주요리듬을 장단으로 연결하여 음악 감상 중 장단 치기
11차	장단 익히기	세마치장단 익히기
12차	노래 부르기	전래동요「아리랑」과 외국동요「생일 축하」에 세마치장단을 치며 노래 부르기
13차	악기연주하기	세마치장단을 리듬악기와 국악기로 연주하기
14차	즉흥연주하기	모둠활동으로 세마치 장단을 변형장단으로 만들어 보는 활동과 만든 변형장단을 리듬패턴으로 적용하여 리듬악기 연주하기
15차	음악 감상하기	모차르트의「미뉴에트」에 맞추어 리듬치기 활동과 리듬을 장단으로 연결하여 음악 감상 중 장단 치기
16차	장단 익히기	굿거리장단 익히기
17차	노래 부르기	국악창작동요「산도깨비」와 외국동요「거미」에 굿거리장단을 치며 노래 부르기
18차	악기연주하기	굿거리장단을 국악기와 리듬악기로 연주하기
19차	즉흥연주하기	모둠활동으로 굿거리장단을 변형장단으로 만들어 보는 활동과 변형장단을 리듬패턴으로 적용하여 리듬악기 연주하기
20차	음악감상하기	「실프 요정의 춤」에 맞추어 리듬활동과 리듬을 장단으로 연결하여 음악 감상 중 장단 치기

출처: 홍길회, 윤혜자(2014).

(4) 미술 영역

미술 영역은 다른 문화를 이해하는 데 효과적인 영역 중 하나이며, 다양한 재료를 이용하여 그리기, 만들기 등의 활동을 하는 영역으로, 정서적 안정감을 주고 자신만의 작품을 만들면서 만족감과 자신감을 증진시킨다. 교사는 유아가 다양한 문화를 이해하고 개방적인 태도를 갖도록 다양한 미술품과 유물을 감상할 수 있는 환경을 구성해야 하며, 다양한 그리기나 만들기 재료, 여러 나라의 신문이나 잡지, 다양한 인종의 사진 자료 등을 제시해 주면 활동에 도움이 된다.

표 7-33 다문화교육 프로그램: 다른 나라 집 만들기

교육목표: 다양성, 문화
- 다양한 집의 모양에 대해 안다.
- 사는 곳에 따라 집의 모양이 다름을 이해한다.

활동자료: 색 폼보드, 나뭇결 시트지, 색지, 부직포, 양면 테이프, 글루건

활동방법
- 유아들과 그림 자료를 보며 여러 나라의 집에 대해 이야기 나눈다.
  - 어떤 나라의 집일까?, 집 모양이 어떠니?, 우리나라와 어떻게 다르니?
  - 무엇을 사용해 집을 만들었을까?
- 그림 속의 집을 보면서 만들고 싶은 집을 여러 가지 방법을 이용해 만들어 본다.

만드는 방법

① 지붕과 벽을 만들 폼보드를 자른다(교사의 도움을 받는다).
② 나뭇결 시트지를 벽면을 만들 폼보드에 붙인다.
③ 색지를 이용해 창문을 만들고 폼보드를 이용해 창틀을 만든다.
④ ①번에서 자른 폼보드를 글루건을 사용해 지붕 모양으로 붙이고 부직포를 이용해 지붕을 꾸민다(교사의 도움을 받는다).
⑤ 글루건을 사용해 집과 지붕을 모양대로 붙인다(교사의 도움을 받는다).

다문화 미술 영역과 관련하여 이종은(2010)은 다문화 미술교육활동 프로그램을 개발하여 유아의 반편견 인식과 정서지능에 미치는 영향을 알아보고자 하였으며, 총 12회기로 구성된 프로그램은 다문화 관련 주제에 맞는 다양한 미술활동으로 구성되어 있다.

표 7-34 **다문화 미술활동 프로그램의 회기구성**

회기	다문화 관련 주제	활동명	미술활동
1	인종	다른 나라 사람들은 어떻게 생겼나요?	잡지 콜라주
2	가족	우리 가족과 같은 점과 다른 점	액자 만들기
3	외모	뚱뚱하고 키 작은 나	입체
4	인종	여러 나라 가면	만들기
5	외모	사랑하는 친구의 얼굴	조소
6	외모	장애우와 비장애우	그리기
7	가족	같은 나라 사람끼리만 가족일까요?	그리기
8	인종	외국으로 여행 가요	그리기
9	가족	부모님의 얼굴	카드 만들기
10	외모	무지개 물고기	그리기
11	인종, 가족구성, 외모	아름다운 지구인	만들기
12	인종, 가족구성	국제결혼	결혼식 그리기

이재경(2012)은 6~7세의 아동을 대상으로 하여, 다문화 영역을 고려한 8회기의 미술활동 프로그램을 구성하였다. 구체적인 다문화 미술활동과 교육목표 및 활동유형은 〈표 7-35〉와 같다.

표 7-35 **다문화 영역을 고려한 미술활동 프로그램 회기 구성**

회	다문화 미술활동명	다문화 관련 영역	다문화교육목표	미술 활동 유형
1	나와 다른 너	인종	• 자신과 여러 나라 친구의 생김새에 관심을 갖는다. • 친구들의 같은 점과 다른 점을 알아본다. • 편견에 대한 비판적 사고를 기른다.	꾸미기
2	여러 나라 가면 만들기	인종	• 인종에 관련하여 자신을 인식할 수 있다. • 축제에 사용되는 여러 나라 가면에 관심을 가지면서 다양함을 인식한다. • 감정이입적인 상호작용을 통해 친사회적 행동을 기른다.	만들기
3	결혼을 축하해요	인종	• 결혼식의 의미를 알아보고 세계 여러 나라 결혼식의 다양함을 인식한다. • 다양한 결혼식의 같은 점과 다른 점을 알아본다. • 감정이입적인 상호작용을 통해 친사회적 행동을 기른다.	만들기

4	과자로 얼굴 만들기	외모	• 자신의 얼굴색과 모양에 대해 인식할 수 있다. • 사람들은 여러 가지 얼굴색과 모양을 가지고 있음을 안다. • 긍정적인 자아개념을 발달시킨다.	꾸미기
5	내 친구들은 모두가 다르고 특별해	외모	• 가까운 친구들의 얼굴, 키 등을 인식할 수 있다. • 사람들은 각자 다른 모습을 가지고 있음을 안다. • 긍정적인 자아개념을 발달시킨다.	그리기
6	못생겨도 좋아	외모	• 사람들은 외모 이외에도 다양한 장점이 있다는 것을 인식한다. • 생각의 폭을 확장시켜 감정 이입적인 상호작용을 통해 친사회적인 행동을 기른다.	만들기
7	우리 가족을 소개해요	가족 구성	• 자신의 가족과 관련하여 긍정적으로 이해하기 • 가족 구성원을 알고 가족 구조의 다양함을 안다. • 감정이입적인 상호작용을 통해 친사회적인 행동을 기른다.	만들기
8	우리 가족이 달라졌어요	가족 구성	• 다양한 가족 구성원이 있음을 알고 그들도 모두 소중한 가족임을 이해한다. • 가족의 역할에 대해 안다 • 편견에 대한 비판적 사고를 기른다.	그리기

(5) 역할놀이 영역

역할놀이 영역은 아동이 경험한 인상적인 사건이나 인물을 모방하거나, 가상적인 상황과 역할을 다양하게 경험해 볼 수 있는 영역으로, 이러한 활동을 통해 아동은 다른 또래 아동의 행동을 자연스레 관찰하면서 타인에 대한 이해나 공감능력을 익힐 수 있고 의사소통 능력도 증진시킬 수 있다. 이러한 역할놀이 활동을 통해서 아동은 상상력이나 문제해결능력을 기를 수 있으며, 평소 가지고 있던 부정적인 감정도 표출하고 해소시켜 정서발달에 도움이 된다.

교사는 역할놀이 영역의 환경구성 시 다양한 인종, 집, 의상이나 음식, 직업 등을 고려한 그림자료나 사진, 실제 소품자료 등으로 환경구성을 해야 하며, 원활한 활동을 위해서 교사가 인물이나 여러 소품의 명칭을 알려 주는 등 다양한 문화에 대해 소개를 해 주는 것이 활동에 도움이 된다. '교통과 안전'을 주제로 한 역할놀이 프로그램의 예가 〈표 7-36〉에 제시되어있다.

표 7-36 **'교통과 안전'을 주제로 한 역할놀이 활동 계획서**

주제	교통과 안전/과거의 교통수단	활동 영역	역할 영역
활동명	동물 이동수단 놀이	활동 유형	자유선택활동
목표	• 과거의 동물 이동수단 역할활동을 통해 선택한 놀이를 지속적으로 집중하며 확장해 나갈 수 있다. • 우리나라에서 사용하지 않았던 이웃 나라의 동물 이동수단을 통해 이웃 나라의 문화적 · 지역적 특징을 이해한다. • 다양성 경험하기 → 다양성에 익숙해지기		
활동자료	동물 머리띠(4개: 소, 조랑말, 낙타, 코끼리), 동물 꼬리(4개)		
활동내용	활동방법 1. 우리나라와 이웃 나라의 과거 이동수단에 대해 회상하며 이야기 나눈다. T: 우리나라와 이웃 나라는 과거에 어떤 교통수단을 이용했나요? C: 말이요./마차요./낙타를 타고 이동했어요. T: 그래요. 우리나라와 이웃 나라는 과거에 동물을 주로 많이 타고 다녔어요. 이웃나라 몽골은 초원지역에 거주하여 이동수단으로 주로 말, 소, 낙타를 이용했어요. 2. 동물 이동수단 놀이를 하기 위해 필요한 소품을 살펴보며 놀이방법을 논의하여 정한다. T: (동물 머리띠 4가지를 보여 주며) 선생님이 준비한 역할놀이 소품이 있어요. 어떤 동물들이 있나요? C1: 말 머리띠가 있어요. 코끼리, 낙타, 소가 있어요. T: 그렇다면 이 동물 머리띠를 가지고 어떻게 놀이하면 좋을까요? C1: 머리띠를 머리에 쓰고 동물이 되어 친구를 태워 줘요. C2: 바구니에 무거운 짐을 담아 동물이 되어 끌고 가요. 3. 유아들이 역할을 정해 과거의 동물 이동수단의 되어 역할놀이를 한다. 4. 유아들이 원하는 대로 역할을 바꾸어 가며 놀이를 진행하도록 한다. T: 조랑말이 되어 보니 기분이 어땠나요? C1: 재밌었어요. 네 발로 기어 다니니까 힘들었어요. 5. 유아들과 자유롭게 상의하여 동물 머리띠와 꼬리를 이용한 다양한 게임이나 놀이활동 등으로 바꾸어 놀이를 확장할 수 있다.		
평가	유아들은 먼저 동물 머리띠를 살펴보며 과거 이동수단으로 이용된 동물에 대해 알 수 있었다. 덩치가 크고 힘이 센 동물들이 사람과 짐을 옮기는 이동수단으로 사용된 것 같다고 이야기를 하였다. 우리나라에서 볼 수 있는 이동수단과 함께 코끼리, 낙타 등 우리나라의 정서와는 다른 이웃 나라 이동수단을 통해 이웃 나라의 지리적 · 문화적 특성에 관심을 갖는 계기가 되었다.		

출처: 홍길회, 박재옥(2013).

황선이(2013)는 역할놀이 중심의 다문화교육활동 프로그램을 통해 유아의 다문화 인식과 인종에 대한 편견에 미치는 영향을 알아보고자 하였으며, 병설 유치원에 재원 중인 만 5세 유아를 대상으로 총 8주의 활동 프로그램을 제작하였다. 이 프로그램은 다문화교육내용에 맞는 활동 주제와 관련한 역할놀이를 실시하고 영역별로 통합 활동도 고려하여 구성하였다.

표 7-37 역할놀이 중심의 다문화교육 프로그램의 구성

다문화 교육내용	주	역할놀이 중심의 다문화교육활동		
		역할놀이	통합활동	
다양한 가족/인종과 민족성	1주	• 함께 살아 행복해요 −네 가지(베트남, 아프리카, 새터민, 프랑스계)의 다문화 가족 인형놀이	언어	다문화 가족 소개책(다문화 가족의 사연이 담긴 가족 이야기책)
			조형	다문화 가족 패턴 종이 인형 만들기
문화의 다양성과 정체성	2주	• 다문화 유아가 소개하는 가족문화 체험놀이−1 −베트남 가족 문화체험: 월남쌈을 만들어요.	이야기 나누기	세계의 다양한 음식들
			요리	월남쌈 만들기
	3주	• 다문화 유아가 소개하는 가족문화 체험놀이−2 −프랑스 가족 문화체험: 어린왕자가 되어 보세요.	언어	어린왕자 동화책 만들기(뒷이야기 짓기)
			쌓기	나무자석 블록을 이용하여 세계의 건축물 짓기
문화의 다양성과 정체성	4주	• 다문화 유아가 소개하는 가족문화 체험놀이−3 −아프리카 가족 문화체험: 악기 연주가가 되어 보세요.	과학	세계 악기소리 비교하기
			음률	아프리카 민속춤 감상하고 음악에 맞추어 춤추기
	5주	• 다문화 유아가 소개하는 가족문화 체험놀이−4 −새터민 가족 문화체험: 사진작가가 되어 보세요.	조형	북한의 풍경이 담긴 사진 제목 짓기
			조사	북한이 궁금해요
유아의 권리	6주	• 다문화 유아가 되어 보세요 −다문화 유아의 역할체험 놀이를 통해 다문화 유아의 권리에 대해 알아보기	조작	누구일까요? (다문화 친구 찾기 수수께끼 체험)
			언어	달라서 반가워

세계적 이슈들	7주	• 어린이 뉴스 앵커놀이 –일본에서 지진이 일어났어요. –빙하가 녹고 있어요. –아프카니스탄에서 전쟁이 일어났어요. –한여름의 크리스마스 –굶주린 아이들이 있어요.	이야기 나누기	추운 나라, 더운 나라
			언어	나는야 해외특파원 (내가 취재한 세계의 신기한 소식들)
인종과 민족성/ 세계시민 정체성	8주	• 다문화 친구 인형 박물관 놀이 –내가 만든 다문화 친구인형을 전시, 관람하는 인형박물관 놀이	조형	내가 만든 다문화친구
			음악	새 노래 배우기(함께하는 우리)
			언어	다문화 친구에게 편지 보내기

(6) 기타 영역의 다문화교육 프로그램

① 문학활동을 통한 다문화교육 프로그램

유아에게 문학 활동은 즐거움을 주는 수단인 동시에 유아의 창의성과 상상력을 향상시키는 대표적인 활동이다. 문학 활동은 다양한 문화에 대해 접할 수 있는 기회를 제공하며, 교사는 도서 선택 시 고정관념이 나타나있지 않은 그림이나 줄거리의 책을 선택하여, 유아가 여러 나라의 그림책 등을 접하면서 다문화가정 유아에 대한 편견 등을 해소할 수 있도록 해야 하며, 이를 위해 편견이 없는 여러 나라의 다양한 도서들과 그림책, 인형 등으로 환경구성을 해야 한다.

문학 활동 중에 그림책을 활용한 활동들이 많이 이루어졌는데, 홍현이(2009)는 광주에 소재한 유치원에 재원 중인 만 5세 유아 50명(실험집단 25명, 통제집단 25명)을 대상으로 다문화 그림책을 통한 이야기 나누기 교육활동을 대집단으로 실시하였으며, 활동 그림책 명과 활동목표는 다음과 같다.

표 7-38 다문화 그림책을 통한 이야기 나누기 활동의 프로그램 구성

회기	활동 그림책 명	활동 목표
1	만희네 집	다문화 그림책에 대한 홍미를 가지고 읽을 수 있다. 할머니, 할아버지와 같이 사는 좋은 점을 알고 감사할 수 있다. 자신의 집을 소개할 수 있다.

2	아빠가 보고 싶어	다문화 그림책에 대한 흥미를 가지고 읽을 수 있다. 가족의 소중함을 알고, 아끼며 사랑하는 마음을 표현할 수 있다.
3	루비의 소원	다문화 그림책에 대한 흥미를 가지고 읽을 수 있다. 여자와 남자는 같은 일을 할 수 있다는 것을 알 수 있다.
4	자이, 자유를 찾은 아이	도움이 필요한 친구에게 자기 것을 나눠 줄 수 있는 마음을 가진다.
5	나랑 좀 달라도 괜찮아	친구 사이에 서로에 대한 존중과 배려가 중요함을 알 수 있다.
6	딸은 좋다	아들과 딸은 모두 엄마, 아빠의 자랑이라는 것을 알 수 있다.
7	사라진 마을	할아버지 할머니께 들었던 재미있는 이야기를 소개할 수 있다. 아프리카의 생활풍습을 느낄 수 있다.
8	할머니의 조각보	조각보 사용에 대한 러시아 전통 풍습을 이해할 수 있다.
9	반쪽이	장애를 가지고 있는 친구도 잘할 수 있는 일이 있음을 안다.
10	수호의 하얀 말	그림책을 통해 몽골의 생활 풍습과 몽골악기의 유래를 알 수 있다.
11	일어나요 로자	다양한 인종 모두 존중받을 권리가 있다는 것을 알 수 있다.
12	내 이름은 두니아	서로 얼굴의 생김새는 달라도 사랑하는 마음으로 가족이 될 수 있음을 이해할 수 있다.

이명선(2013)은 그림책을 활용한 다문화 프로그램을 개발하였으며, 특히 피부색과 외모에 대한 주제에 중점을 두었다. 이를 위해 경기도에 소재한 어린이집의 만 3세 유아 13명을 대상으로 총 8차시의 프로그램 회기를 구성하였다.

표 7-39 그림책을 활용한 다문화 프로그램의 회기구성

회기	그림동화책명	다문화 반편견 영역	활동 목표
1	저마다 제 색깔	피부색	사람들에게는 각자의 피부색이 있음을 알고 다름을 이행한다.
2	무지개 물고기	외모	개인마다 다른 특징의 외모를 가질 수 있다는 사실을 인식한다.
3	내 친구는 얼굴색이 달라요	피부색, 외모	다양한 피부색과 외모를 가진 사람들이 있음을 알고 함께 어울려 지낼 수 있다.
4	사촌동생 쿠야	피부색, 외모	결혼을 통해 다양한 피부색과 외모를 가질 수 있음을 알고 이해한다.

5	살색(피부색)은 다 달라요	피부색, 외모	세상에는 다양한 피부색과 외모의 사람들이 살아가고 있음을 인식한다. 생김새는 다르지만 더불어 살아가는 이웃임을 안다.
6	그레이스는 놀라워	피부색, 외모	다름으로 인해 차별당하는 사람의 마음을 느껴 보고, 다른 사람의 모습에 대해 긍정적인 생각을 갖는다.
7	엄마 품에 안겨서	피부색, 외모	겉모습은 달라도 모두가 소중한 존재임을 알고 존중하는 태도를 기른다.
8	까미는 사랑에 빠졌어요	피부색, 외모	피부색이나 외모에 대한 편견을 갖지 않는다. 다른 모습의 친구들에게 긍정적인 감정표현을 할 수 있다.

최정윤(2013)은 다문화 그림책을 활용한 교육활동을 통해 유아의 다문화 인식 및 정서능력에 미치는 효과를 알아보고자 하였으며, 경기도 용인에 소재한 어린이집에 재원 중인 5세 유아 52명(비교집단 26명, 실험집단26명)을 대상으로 하여, 다문화적 내용에 근거한 총 8회기의 활동을 구성하였다.

표 7-40 다문화 그림책을 활용한 교육활동 프로그램의 구성 내용

순서	다문화적 내용/나라	제목	특징	글/그림 출판사(출판년도)
1	문화, 다양성/ 뉴질랜드	아빠가 보고 싶어	편지형식으로 소박한 글과 아이가 그린 듯 한 그림	김중석 보림(2005)
2	문화, 정체성, 다양성/ 러시아 유태인	할머니의 조각보	러시아 유태인의 생활과 의식주, 문화, 전통	페트리샤 폴라코(이지유 역) 미래아이(2003)
3	문화, 정체성/ 아프리카	아프리카 소년 샤카	할아버지가 들려주는 이야기 형식	마리 셀리에(이정민 역) 웅진 싱크빅(2005)
4	인종, 정체성/미국	벤의 트럼펫	흰색 바탕에 검은 선으로 표현	레이첼 이사도라(이다희 역) 비룡소(2006)
5	문화/중국	황제와 연	중국의 옛이야기를 재구성	제인 욜런/에드 영(홍연미 역) 다산기획(2008)
6	문화, 정체성/ 에스키모	키아바의 미소	에스키모 소년의 이야기로 원색의 그림이 특징	칼 노락/루이조스(곽노경 역) 미래아이(2001)
7	문화, 협력, 다양성	우리 개를 찾아 주세요	다양한 인종, 우정, 동물애	에즈라 잭 키츠/팻 셰어(김경태 역) 베틀북(2002)
8	문화, 다양성/ 요르단	샌드위치 바꿔 먹기	중동(요르단)의 음식 문화	라니아 알 압둘라 왕비, 켈리 디푸치오/트리샤 투사(신형건 역) 보림(2001)

또한 안지혜(2012)는 그림 동화책을 활용한 통합적 문학 활동을 통해 다문화가정 유아의 친사회적 행동에 미치는 효과를 알아보고자 하였으며, 이를 위해 경기도 S시에 소재한 유치원에 재원 중인 다문화가정 만 3~5세의 유아 28명(실험집단 14명, 통제집단 14명)을 대상으로 총 14권의 그림 동화책을 선정하여, 활동 프로그램을 구성하였다.

표 7-41 통합적 문학활동을 위한 그림동화책 선정 목록

회기	도서명	작가	출판사
1	안녕 안녕	이모토요코	문학동네
2	유치원에 간 데이빗	데이빗 섀논	지경사
3	무지개 물고기	마르쿠스 피스터	시공주니어
4	날좀 도와줘, 무지개 물고기	마르쿠스 피스터	시공주니어
5	친구를 만났어요	장 루 크레포	베틀북
6	눈썹 올라간 철이	전미화	느림보
7	난 뭐든지 잘해	믹잉크펜	비룡소
8	달라도 친구	허은미	웅진주니어
9	쏘피가 화나면 정말, 정말 화나면	몰리 뱅	케이유니버스
10	고양이는 나만 따라해	권윤덕	창비
11	틀려도 괜찮아	마키타 신지	토토북
12	내 말 좀 들어주세요	윤영선	문학동네
13	너를 만나 행복해!	나라 요시모토	살림어린이
14	나는 내가 좋아요	윤여림	웅진주니어

총 14회기 중 8회기 「달라도 친구」의 구체적인 활동 내용은 〈표 7-42〉와 같다.

표 7-42 그림동화책을 활용한 통합적 문학활동의 8회기 활동

<table>
<tr><td>8회기</td><td colspan="3">수업시간: 45분</td></tr>
<tr><td>동화제목</td><td>달라도 친구</td><td>지은이</td><td>허은미</td></tr>
<tr><td>동화소개</td><td colspan="3">키가 다르고, 말이 많고, 수영을 잘하고, 곤충을 좋아하는 등의 나와 친구들이 모두 다르다는 것을 알게 된다. 들판에 모두 다른 풀잎처럼 사람마다 생긴 게 다르고 성격이 다르고 좋아하는 것이 다르지만 모두 친구라는 것을 깨닫는다.</td></tr>
<tr><td>활동목표</td><td colspan="3">친구와 나의 다른 점을 찾는다. 특징이 달라도 친구가 될 수 있음을 안다.</td></tr>
<tr><td>활동방법</td><td colspan="3">게임</td></tr>
</table>

전개방법	도입	1. 유아들의 각각의 옷차림과 머리 스타일의 특징을 이야기하며 반갑게 인사 나눈다. -반달모양 눈이 예쁜 ○○이는 오늘 리본을 하고 왔구나. -키가 큰 ○○이는 방학동안 어떻게 지냈니? 2. 동화를 들을 때의 바른 자세와 약속에 대해 다시 한 번 이야기 나누어 본다. 3. 동화 주문을 큰 목소리로 말하며 동화를 시작한다.
	전개	1. 동화의 내용을 회상한다. -오늘 동화 「달라도 친구」는 어떤 내용이었나요? 2. 오늘의 게임을 소개한다. 게임: 달라도 친구 ① 두 친구가 짝을 지어 마주 보고 선다. ② 서로를 관찰한 뒤에 다른 점을 발견하면 본인의 이름을 외치고, 서로의 다른 점을 이야기한다. ③ 먼저 다른 점을 이야기한 친구의 말이 정답일 경우 3. "달라도 친구!"를 외치며 상대방에게 뿅망치로 벌칙을 준다. 4. 두 명씩 나와 게임을 시작한다.
	마무리	1. 오늘의 활동을 평가한다. -뿅망치 게임을 하고 기분이 어땠나요? 재미있었나요? -나와 친구의 다른 점을 얼마나 찾았나요? 2. 우리는 모두 생김새와 표정에 각각의 개성이 있음을 알고, 서로 다르지만 친구라는 점을 되새긴다. 3. "달라도 친구!" 구호를 외치며 옆 친구를 안아 준다.

차금안(2012)도 동화를 활용한 유아 다문화교육 프로그램 개발하였으며, 만 5세 56명(실험집단 28명, 통제집단 28명)을 대상으로, 나와 가족, 우리 동네, 건강과 안전, 여름의 생활주제와 관련한 동화를 선정하여 활동 프로그램을 구성하였다.

표 7-43 동화를 활용한 유아 다문화교육 프로그램의 내용 구성

생활 주제	동화제목	활동명	활동 유형	다문화교육 내용영역
나와 가족	엄마는 비행사	같은 일을 할 수 있어요	이야기 나누기	다양성, 존중과 평등
	난 크고 싶어	내 마음을 키우고 싶어요	언어	존중과 평등, 정체성
	인종 이야기를 해 볼까	우리는 모두 친구	조형	존중과 평등, 정체성
	예슬이 엄마 이름은 구티엔	다른 나라 친구에게 편지를 써요	언어	다양성, 문화이해
	내게는 소리를 듣지 못하는 여동생이 있습니다.	특별한 장점이 있어요	이야기 나누기	존중과 평등, 다양성
	일어나요 로자	로자가 되어 보아요	동극	존중과 평등, 협력
우리 동네	까마귀 소년	내 친구가 잘하는 것은?	이야기 나누기	존중과 평등, 다양성
	팥죽할멈과 호랑이	친구를 도와줘요	역할	협력(상호의존, 친사회적 행동, 창의성)
	리디아의 정원	정원을 만들어요	조형	존중과 평등, 정체성
	내 동무 정찬이	스피드 게임을 해요	게임	존중과 평등, 다양성
	엠네의 상상여행(세계집)	멋진 집에서 살고 싶어요	조형	다양성, 문화이해
	재주 많은 다섯 친구	같이 할 수 있는 일이 있어요	토의	협력
건강과 안전	샌드위치 바꿔 먹기	우리가 만든 샌드위치 어때요?	요리	문화이해, 다양성, 존중과 평등
	저마다 제 색깔	내가 카멜레온이라면?	이야기 나누기	정체성, 다양성
	갠지스 강의 하루	어떻게 음식을 먹을까요?	이야기 나누기	문화이해, 다양성, 존중과 평등
	나는 나의 주인	나는 나의 주인이에요	언어	정체성, 존중과 평등
	할머니의 피자	나라마다 부침개가 있어요	요리	문화이해, 다양성
	숨 쉬는 항아리	항아리를 만들어요	조형	정체성 형성, 문화이해
여름	빨강, 빨강, 빨강을 찾아봐	빨강을 찾아라	언어	문화이해, 다양성
	울타리너머 아프리카	데지레 아줌마에게 흙집을 지어줘요	언어, 도형	다양성, 문화이해, 정체성
	모자가 좋아	모자 패션쇼를 해요	조형/신체	다양성, 문화이해
	으뜸 헤엄이	큰 물고기를 만들어요	토의/조형	협력, 정체성
	할머니의 조각보	우리 반 조각보를 만들어요	조형	정체성, 문화이해
	치마를 입어야지 아멜리아 블루머	할 수 있는 일과 할 수 없는 일	토의	존중과 평등, 다양성

② 요리활동을 통한 다문화교육 프로그램

요리활동은 우리의 일상생활과 관련이 깊은 음식을 통해 다른 나라의 문화를 이해할 수 있는 영역의 활동으로 아동은 피자나 햄버거 같은 다른 나라의 음식을 평소에 자연스레 접할 기회가 많아 다문화교육에 효과적인 활동 중 하나이다. 나라마다 다른 음식의 종류, 유래, 식사예절 등의 문화가 있다는 것을 이해할 수 있는 활동 영역이며, 아동은 다양한 음식을 체험하여 문화적 다양성을 체험해 볼 수 있다. 교사는 환경구성 시 다양한 음식의 모형과 음식사진 자료들을 제시하고 음식의 조리법이나 조리도구 등을 활용하여 환경구성을 한다.

표 7-44 **다문화 활동 프로그램: 맛있는 월남쌈이 먹고 싶어요**

교육목표
- 나라마다 고유한 음식이 있음을 안다.
- 음식 만들기를 통해 베트남 문화를 경험한다.

활동방법

① 다른 나라 음식을 먹어 본 경험에 대해 이야기를 나눈다.
 -다른 나라 음식을 먹어 본 적 있니?, 어떤 음식을 먹어 보았니?
 -어떤 맛이 났니?

② 월남쌈을 소개한다.
 -이 음식을 먹어 본 적 있니?
 -이 음식은 월남쌈이라고 하는데 베트남 사람들이 먹는 음식이란다.
 -월남쌈은 상추쌈처럼 손을 이용하여 먹는 음식이란다.
 -여러 가지 채소와 과일을 익히지 않고 라이스페이퍼에 싸서 먹는단다.
 -우리나라 음식 중 월남쌈처럼 쌈을 싸서 먹는 음식이 있니?(예: 구절판, 상추쌈 등)
 -우리나라나 베트남처럼 쌈을 싸서 먹는 나라가 또 있을까?
 [예: 터키(케밥), 일본(쌈), 프랑스(크레페), 멕시코(또띠아) 등]

③ 준비된 재료를 보며 이야기를 나눈다.
 -이 재료로 무엇을 만들까?

④ 요리 순서도를 보면서 월남쌈 만드는 과정을 알아본다.

⑤ 월남쌈 요리를 한다.

⑥ 음식을 먹어 본 후, 요리에 대한 평가를 한다.
 -월남쌈 맛이 어떠니?
 -만들 때 재미있었던 점(힘들었던 점)은 무엇이니?

활동자료

월남쌈 조리법의 PPT 자료

재료: 라이스페이퍼, 머스타드 소스, 오이, 당근, 양상추, 무순, 깻잎, 방울토마토, 파인애플, 파프리카, 적채, 새싹 등

도구: 접시, 개인접시, 소스 담을 그릇, 따뜻한 물을 담을 그릇, 빵, 칼, 도마

출처: 신순식 외(2010).

선현아(2012)는 요리활동을 통한 다문화교육을 통해 유아의 인종에 대한 태도와 친사회적 행동이 변화되는지 알아보기 위해 총 14회기의 교육 프로그램을 구성하였으며, 우리나라의 음식뿐만 아니라 여러 나라의 다양한 음식들을 활동주제로 선정하였다.

표 7-45 요리활동을 통한 다문화교육 프로그램의 내용

회기	요리의 다문화 요소	요리 활동명
1	다양한 쿠키와 꾸미기 재료	달콤한 카나페
2	절기에 따른 식물	골담초화전와 진달래화전
3	여러 종류의 쌀	유부초밥 이나리스시
4	여러 나라 국수	까르보나라 스파게티와 볼로네즈 스파게티
5	가정의 생일문화	소고기 미역국과 조개 미역국
6	우리나라의 김치	매콤한 김치전
7	밥을 이용한 다양한 요리	필리핀 볶음밥 시난개그
8	시원하게 먹을 수 있는 빵	상큼한 샌드위치
9	다양한 모양의 만두	고기만두와 김치만두

10	오븐에 구운 요리	바게트피자와 토스트피자
11	다양한 소스와 야채	월남쌈 고이꾸온
12	향신료	카레라이스
13	기후조건에 따른 과일	열대과일 샐러드
14	다양한 소세지	비엔나 핫도그

출처: 선현아(2012).

③ 광고를 활용한 다문화교육 프로그램

김현지(2013)는 광고를 활용한 다문화교육 프로그램을 개발하여 유아의 다문화 인식에 미치는 영향을 알아보고자 하였으며, 경기도에 위치한 유치원에 재원 중인 만 5세 유아 77명을 대상으로 12회기의 프로그램을 구성하였다. 방송광고나 인쇄광고, 인터넷광고 등을 통하여 유아에게 다문화교육을 하고자 하였으며, 다음에 제시되는 〈표 7-46〉에 프로그램의 일부를 제시하였다.

표 7-46 광고를 활용한 다문화교육 프로그램의 회기구성 내용

차수	활동영역	내용요소	활동구성			
			주요활동	활동유형	광고내용	광고유형
1	광고이해	광고 이해	광고란 무엇일까?	이야기 나누기	아기 둘이서 옹알이하며 웃는다.	방송
					사자가 카메라를 들고 있다.	인쇄
2	민족의 차이점과 공통	인종	꼬불꼬불 삐죽삐죽	언어	세계 여러 나라 사람의 머리카락이 나타나는 잡지 광고	인쇄
3		인종	누구의 심장일까?	언어	심장 세 개에 백인, 흑인, 황인이라고 표기되어 있다.	인터넷
					외모가 다른 여러 명의 친구가 다양한 활동을 한다.	공익
4		민족	멍멍멍 하모니	이야기 나누기	개들이 각각 다른 소리로 짖지만 하나의 하모니를 이룬다.	방송
5	능력	장애	나와 다른 사람이 있어요	신체 표현	닉 부이치치의 자서전을 소개한다.	옥외
					"나는 행복합니다."라고 하면서 닉 부이치치가 수영하고 공을 차며 아내와 함께하는 장면이 나온다.	방송
6		장애	공익 광고를 만들어요	조형	'장애'를 주제로 한 여러 영화의 포스터	옥외광고
					정신장애인 인식개선 캠페인	공익

7	문화적 유사점과 차이점	문화	인도카레	요리	한국 주부가 카레를 조리하고 먹는다.	방송
					인도인들이 카레를 전통방식으로 먹는다.	인터넷
					고등학생들이 식판에 담긴 카레를 손으로 먹는다.	인터넷
8	고정관념과 차별적 행동	나이	어른이 되고 싶어요	언어	노인학생과 젊은 교수가 등장한다.	방송
					오바마 대통령의 어릴 적부터 현재의 모습이 담겨 있다.	인쇄
					노인에 대한 편견에 저항한다.	공익
9		성별	남자와 여자	이야기 나누기	두 명의 남자 메이크업 아티스트가 화장을 한다.	방송
10		가족 구성	우리는 모두 가족	이야기 나누기	외모와 나이가 모두 다른 사람들이 모두 한 수녀님에게 "엄마 생일 축하해요!"라고 말한다.	방송

④ 신문을 활용한 다문화교육활동 프로그램

박소연(2011)은 신문을 활용한 프로그램을 개발하여 유아의 다문화에 대한 태도에 미치는 영향을 알아보고자 하였으며, 이를 위해 서울에 소재한 어린이집 유아 34명(실험집단 15명, 비교집단 19명)을 대상으로, 총 16회기의 프로그램을 구성하고 다문화교육활동을 실시하였으며, 프로그램의 일부는 다음과 같이 구성되었다.

표 7-47 신문을 활용한 다문화교육활동 프로그램의 내용 구성

주제	소주제	신문을 활용한 다문화교육활동	
세계 여러 나라 사람들의 생활	1회 여러 나라 사람들의 모습	목표	• 세계에는 다양한 피부색을 가진 사람들이 산다는 것을 안다. • 피부색에 대한 편견이 잘못되었음을 안다.
		내용	• 확장활동: 여러 나라 사람들의 모습 이야기 나누기 • 연계활동: 다문화 친구와 인터뷰하기
		기사	• 살색이란 표현 없앴어요(중앙일보, 2010. 8. 27.) • '다문화가정 자녀' 서울 5,000명 첫 돌파(소년조선, 2010. 8. 18.)
	2회 세계의 의생활	목표	• 여러 나라의 다양한 의복에 관심을 갖는다.
		내용	• 확장활동: 여러 나라의 전통의상에 대해 알아보기 • 연계활동: 여러 나라 전통의상을 색칠하고, 신문의 여러 나라 사람들 얼굴 붙이기
		기사	• 다문화 전통의상 패션쇼(뉴시스, 2010. 9. 5.)

	3회 세계의 식생활	목표	• 음식이 만들어진 나라에 대해 안다. • 여러 나라의 다양한 음식에 관심을 갖고 탐색한다.
		내용	• 확장활동: 여러 나라의 전통음식에 대해 이야기 나누기 • 연계활동: 여러 나라의 음식을 보고 신문에서 나라 이름 찾아 붙이기
		기사	• 다문화가정 송편 빚기 체험(한국일보, 2010. 9. 13.)
	4회 세계의 주거생활	목표	• 기사를 보고 나라마다 집 형태가 다르다는 것을 안다. • 기후에 따라 집 모양과 재료가 다르다는 것을 안다.
		내용	• 확장활동: 여러 나라의 집 동영상을 시청하고, 세계 여러 나라의 전통집 사진 보며 특징 이야기 나누기 • 연계활동: 여러 나라의 전통가옥 재료와 이름 찾아 붙이기
		기사	• 잿더미로 변한 필리핀 수상가옥(연합뉴스, 2010. 8. 28.)
	5회 세계의 풍습	목표	• 여러 나라의 명절 관련 기사를 살펴본다. • 각 나라 명절과 우리나라의 명절의 공통점과 차이점을 안다.
		내용	• 확장활동: 여러 나라의 명절에 대해 알아보기 • 연계활동: 여러 나라의 명절 공통점, 차이점 벤다이어그램 만들기
		기사	• 추석을 맛있게!(조선경제, 2010. 9. 20.) • 중국 난징에서 열린 중추절 축제(뉴시스, 2009. 10. 4.) • 베트남 추석은 어린이날(연합뉴스, 2010. 9. 20.)
여러 나라의 문화 유산	6회 여러 나라의 이야기	목표	• 여러 나라의 이야기에 관심을 갖는다. • 여러 나라 동화 경험하여 우리나라 전래동화의 공통점과 차이점을 알 수 있다.
		내용	• 확장활동: 세계 여러 나라 동화 듣기 • 연계활동: 세계 전래동화의 공통점과 차이점 알아보기
		기사	• 중국 먀오족의 콩쥐팥쥐 이야기(광주드림, 2009. 9. 25.)
	7회 세계의 위인	목표	• 세계 위인들 중 인종평등을 주장했던 사람에 대해 안다. • 인종에 대한 편견이 잘못되었음을 안다. • '인종편견'과 '인종평등' 단어의 뜻을 이해할 수 있다.
		내용	• 확장활동: 인종편견을 주장했던 세계 위인들 알아보기, 다문화 공익광고 동영상 시청하기 • 연계활동: 역할극, 신문글자를 활용하여 말풍선 만들기
		기사	• 백인이었으면 폭행 · 욕설했겠나(한국일보, 2010. 9. 18.) • 미등록 이주 아동들도 꿈꿀 수 있는 나라로(조선일보, 2010. 5. 18.)
	8회 세계의 음악과 춤	목표	• 축제 관련 사진을 보고 기사 내용을 예측할 수 있다. • 여러 나라 축제에 대해 알고 존중하는 마음을 갖는다. • 여러 나라 축제 때 사용하는 악기에 관심을 갖는다.
		내용	• 확장활동: 여러 나라의 축제와 악기에 대해 알아보기 • 연계활동: 신문으로 아프리카 전통 축제 의상 만들기

		기사	• 스페인 토마토 싸움 축제 '토마티나'(슈시스, 2010. 8. 26.) • 화천 토마토축제 6~8일 개최(참뉴스, 2010. 8. 6.) • 인도 홀리 축제(뉴시스, 2010. 2. 25.)

참고문헌

교육부(2015). 3~5세 연령별 누리과정 해설서.

김기숙(2014). 다문화 전통놀이를 활용한 초등 음악프로그램이 문화 인식에 미치는 영향. 경인교육대학교 교육대학원 석사학위논문.

김동한(2015). 아시아 전통놀이를 활용한 다문화교육프로그램이 초등학생들의 다문화태도에 미치는 효과. 경인교육대학교 교육전문대학원 석사학위논문.

김민채(2012). 다문화 유아음악교육 프로그램 개발 및 효과. 신라대학교 대학원 석사학위논문.

김민화, 남명자, 고태순, 정지나(2010). 그림책을 활용한 다문화 가정 지원 프로그램이 아동의 언어, 사회성, 자아개념 발달과 가정환경에 미치는 효과. **어린이 문학교육 연구**, 11(1), 67-84.

김부용(2011). 중심의 다문화 프로그램이 유아의 자아개념과 다문화 이해 및 태도에 미치는 영향. 아주대학교 교육대학원 석사학위논문.

김숙자, 김윤지(2011). 표준보육과정에 기초한 보육프로그램에서의 다문화 관련 교육내용 분석. **유아교육학논집**, 15(3), 441-457.

김영옥(2007). 다문화 사회의 유아교육과정 방향 탐색. **미래유아교육학회지**, 14(3), 44-67.

김현지(2013). 광고를 활용한 다문화교육 프로그램이 유아의 다문화 인식에 미치는 영향. 중앙대학교 대학원 석사학위논문.

김혜숙(2009). 어린이집 생활주제와 통합된 다문화교육 프로그램을 개발 및 효과검증. 계명대학교 대학원 박사학위논문.

김혜숙(2014). **생활주제와 통합된 유아다문화교육의 이론과 실제**. 경기: 양서원.

박소연(2011). 신문을 활용한 다문화교육이 유아의 다문화에 대한 태도에 미치는 영향. 중앙대학교 대학원.

박재옥(2013). 통합적 다문화교육 프로그램 개발과 유아의 다문화 수용성 및 창의적 놀이행동. 인하대학교 대학원 박사학위논문.

박현정(2011). 유아의 창의성과 편견에 미치는 영향. 숭실대학교 교육대학원.

보건복지부(2013). 어린이집 표준보육과정. http://www.mohw.go.kr/front_new/index.jsp

선현아(2012). 요리활동을 통한 다문화교육이 유아의 인종에 대한 태도와 친사회적 행동에 미치는 효과. 광주교육대학교 교육대학원 석사학위논문.

송하정(2011). 전통놀이를 활용한 집단놀이 프로그램이 다문화 가정 유아의 자아개념에 미치는 효과. 대구대학교 재활과학대학원 석사학위논문.

신순식, 김태선, 신은정(2010). 유아교육기관 교사를 위한 다문화교육의 이론과 실제. 공동체

심미영, 조연경, 곽승주(2013). 「5세 누리과정에 기초한 어린이집 프로그램」의 다문화교육내용 분석 및 활용. 유아 교육학회지, 17(1). 389-415

안지혜(2012). 그림 동화책을 활용한 통합적 문학 활동이 다문화가정 유아의 친사회적 행동에 미치는 효과. 한양대학교 교육대학원 석사학위논문.

이기숙, 이경미, 강경아(2001). 요리활동을 통한 다문화교육. 교과교육학연구, 5(2), 21-39.

이명선(2013). 그림동화책을 활용한 유아 다문화 반편견 교육 프로그램 개발 및 효과연구: 피부색과 외모를 중심으로. 경기대학교 교육대학원 석사학위논문.

이선애(2013). 통합적 접근에 의한 유아 다문화 이해교육 프로그램 개발 및 효과. 성균관대학교 대학원 박사학위논문.

이선애(2015). 통합적 접근에 의한 유아 다문화 이해교육 프로그램의 적용 효과. 유아교육 · 보육복지연구. 19(3).

이아람(2016). 프로젝트접근법을 적용한 국악수업이 다문화아동과 비다문화아동의 사회적응력에 미치는 영향. 이화여자대학교 교육대학원 석사학위논문.

이용주, 조숙영(2015). 누리과정에 기초한「3~4세 어린이집 프로그램」의 연간주제에 수록된 다문화 관련 활동 분석. 열린유아교육연구, 20(1),

이은실(2011). 유아의 편견과 자아개념, 친사회적 행동에 미치는 효과. 경북대학교 과학기술대학원 석사학위논문.

이은실(2011). 표준보육과정에 기초한 다문화 프로그램이 유아의 편견과 자아개념, 친사회적 행동에 미치는 효과. 경북대학교 과학기술대학원 석사학위논문.

이재경(2012). 유아의 다문화교육을 위한 미술프로그램 연구. 영남대학교 교육대학원 석사학위논문.

이정선, 최영순, 김정우, 이경학, 임철연, 최만, 유현석(2010). 초등학교 다문화교육의 이해. 서울: 동문사.

이종은(2010). 다문화 미술교육활동이 유아의 반편견인식과 정서지능에 미치는 영향. 성신여대 대학원 석사학위논문.

이현랑(2008). 제7차 초등학교 교육과정에 반영된 다문화교육 내용 분석. 춘천교육대학교 교육대학원 석사학위논문.

임명희(2003). 음악 감상을 통한 다문화교육 활동이 유아의 정서능력에 미치는 영향. 전남대학교 교육대학원 석사학위논문.

조숙영(2012). 5세 누리과정에 기초한 어린이집 프로그램의 다문화 관련 활동 분석. **열린유아교육연구**, 17(6), 447-466

차금안(2012). 동화를 활용한 유아 다문화교육 프로그램 개발 및 효과. 전남대학교 대학원 박사학위논문.

채정란(1999). 다문화교육관점에서 본 '우리나라'와 '다른 나라'생활주제 분석. **한국유아교육연구**, 2, 88-115.

최미숙, 강은영, 윤수인, 송순옥(2012). 다문화적 접근에 의한 전통놀이 활동이 유아의 다문화 인식과 사회적 유능감에 미치는 영향. **유아교육연구**, 32(3).

최미순(2013). 세계 여러 나라 전통놀이를 통한 다문화교육이 유아의 다문화 인식 및 태도에 미치는 영향. 성신여자대학교 교육대학원 석사학위논문.

최정윤(2013). 다문화 그림책을 활용한 교육활동이 유아의 다문화 인식 및 정서능력에 미치는 효과. 성균관대학교 대학원 석사학위논문.

하숙현(2000). 다문화교육에 대한 부모의 인식 및 양육실제 연구조사. 성균관대학교 교육대학원 석사학위논문.

한수연(2010). 표준보육과정에 기초한 다문화 보육프로그램 개발 및 효과검증. 위덕대학교 대학원 석사학위논문.

홍길회, 박재옥(2013). **유아 다문화교육의 실제**. 서울: 창지사.

홍길회, 윤혜자(2014). 국악장단을 적용한 크로스오버 음악활동이 유아의 다문화 인식에 미치는 영향. **한국보육지원학회지**, 10(2), 21-41.

홍현이(2009). 다문화 그림책을 통한 이야기 나누기 활동이 유아의 친사회적 행동과 편견에 미치는 영향. 전남대학교 대학원 석사학위논문.

황선이(2013). 역할놀이 중심의 다문화교육활동이 유아의 다문화 인식 및 인종에 대한 편견에 미치는 영향. 이화여자대학교 교육대학원 석사학위논문.

Katz, L. G., & Chard, S. C.(1989). *Engaging children's minds*. NY : Ablex.

Krogh, S. (1990). *The Intergrated Early Childhood Curriculum*. N. Y. : McGraw-Hill Publishing Co.

초등 다문화교육 프로그램

이제 우리나라도 단일 민족국가에서 다양한 인종과 문화를 접하며 다문화 시대에 살아가고 있다. 이에 학교현장에서도 다문화교육에 대한 지원이 국가 및 지역사회 차원에서 연구학교를 지정하는 등 적극적으로 이루어지고 있고, 교사들에게 교과학습과 관련하여 우리나라 아동뿐만 아니라 다문화가정 아동들에게도 적절한 학습 기회를 제공할 것을 요구하고 있다. 이런 요구를 반영하듯 2007년 개정교육과정에서야 비로소 범교과 항목 중 다문화가정 아동의 교육에 대한 사항이 교과서에 반영되기 시작하였다. 이러한 변화만 보더라도, 다문화 사회로 진입하고 있는 우리나라 현실에서 예상되는 많은 문제들을 예방하고, 다문화교육의 대상을 다문화가정 아동만이 아닌 일반 아동들까지 포함한 것으로 보았을 때, 과거보다 다문화교육의 대상 또한 확대되었음을 알 수 있다.

이 장에서는 이런 시대적 상황을 반영하기 위해 초등학교에 초점을 두고 교사들이 학교교육과정에 사회변화를 이해하여 수업하는 데 도움을 주고자 초등 다문화교육 프로그램을 소개하고자 한다. 또한 지금까지 학교현장의 교과영역에서 대부분의 다문화교육이 주로 도덕교과나 사회교과 등, 특정교과 중심으로 다뤄지고 있기 때문에 다문화 교과수업과 창의적 체험활동 시 적용할 수 있는 다문화교육 프로그램에 대해 살펴보고자 한다. 한편, '2015년 개정 교육과정'이 가장 최근에 개정된 교육과정이지만 대부분의 다문화교육 프로그램의 사례는 이전 교육과정 내용을 바탕으로 실행한 사례가 많기 때문에 이전 교육과정 내용 중심으로 사례를 제시하고자 한다.

1. 초등학교 교과 연계 프로그램

1) 국어교과

국어교과는 학습의 중요한 토대를 이루는 교과로 다양한 국어활동을 통해 문화를 이해하고 새로운 문화 발전해 참여할 수 있게 되며, 학교 안과 밖에서 이루어지는 대다수의 학습은 국어를 통해 이루어지므로 국어 학습능력은 학습의 성패를 결정하는 중요한 요인이 된다(교육부, 2015). 이러한 국어교과 안에서의 다문화교육을 통해 타문화를 이해하고 수용할 수있는 계기가 될 것이다.

그 예로 정윤희(2013)의 연구는 국어교과를 통한 다문화교육의 중요성을 바탕으로, 현행 초등학교 4학년 국어 교과서를 분석하여 국어교과를 통한 다문화교육의 가능성을 탐색하고 국어과의 성취 기준 도달과 다문화적 감수성 향상을 동시에 달성하는 것을 목표로 단원을 재구성하여 적용함으로써 국어과를 통한 다문화교육의 긍정적 효과를 거두었다. 또한 이 연구는 단원 재구성을 위하여 현행 초등학교 4학년 국어과 교육과정에 다문화교육 관련 요소를 적용 가능한 차시를 각 단원별로 추출하였다. 다문화 감수정 향상을 위한 국어교과 단원을 재구성한 구체적인 내용은 〈표 8-1〉과 같다.

이어서 국어교과 중 읽기 영역에서 역할 수행 학습 모형을 적용하여 수업한 예는 〈표 8-2〉와 같다. 이 수업은 초등학교 4학년 학생을 대상으로 미국 작가 패트리샤 폴라코의 동화 『선생님, 우리 선생님』이라는 동화책을 바탕으로 읽기 활동을 하고, 다문화와 관련하여 다양성, 편견 등의 요소를 포함하고 있어 독서 감상문을 써 볼 수 있게 구성하였다.

표 8-1 다문화 감수성 향상을 위한 국어과 단원 재구성

단원	교과	차시별 학습 활동	교수 · 학습 활동 계획	다문화교육 관련 학습목표	다문화 관련 내용		
					정체성	다양성	사회 정의
1. 생생한 느낌 그대로	읽기	5–6. 인물의 성격을 사려 이야기를 실감 나게 읽기	동화 『선생님, 우리 선생님』을 등장인물의 성격에 맞게 실감 나게 읽기	다른 사람의 입장에서 생각하고 마음을 헤아릴 수 있다.		○	○
	듣말쓰	4–5. 독서 감상문 쓰는 방법을 알아보고 독서 감상문 써 보기	동화 『선생님, 우리 선생님』을 읽고 독서 감상문을 써서 친구들과 생각을 공유하기	나와 다른 사람에 대해 갖고 있던 잘못된 편견을 반성하고 없앤다.		○	○
2. 정보를 찾아서	읽기	5–6. 사전을 찾아 가며 글을 읽고, 새로 알게 된 내용을 정리해 보기	『세계의 모든 집 이야기』를 읽고 새로 알게 된 내용 정리하기	다양한 주거 문화의 형태를 안다.		○	
3. 이 생각 저 생각	듣말쓰	6. 토의 절차에 따라 토의하기	『서로 다르지만 꼭 필요한 다섯 손가락』 영상을 보고 '차별을 없애기 위해 우리가 할 수 있는 방법'을 주제로 토의하기	나와 다른 사람을 차별했던 내 모습을 반성하고 차별을 없애는 방법을 찾아 실천할 수 있다.		○	○
4. 이 말이 어울려요	듣말쓰	5–6. 웃어른께 마음을 전하는 편지 쓰기	『까만 얼굴의 루비』를 읽고 '루비'에게 마음을 전하는 편지 쓰기	인종 · 국가 · 민족 등에 대한 편견을 해소한다.			○
5. 의견을 나누어요	듣말쓰	3. 제안하는 글을 쓸 때의 알맞은 표현 방법 알기	영상 속 인물이 제안하는 내용을 통해 제안하는 글의 알맞은 표현 방법 알아보기	겉모습, 피부색과 관련한 고정관념을 버리고 다문화 사회의 '한국인'에 대해 열린 생각을 갖는다.	○	○	○
6. 넓은 세상 많은 이야기	듣말쓰	4–5. 그림책 만들기	그림책 『빨간 코 빨간 귀』의 앞부분을 듣고 뒤에 이어질 내용을 그림책으로 만들기	다양함의 가치와 다문화 사회를 이해하고, 모든 구성원이 평화롭게 살기 위한 방법을 안다.	○	○	○
	읽기	5–6. 기행문을 읽고, 글쓴이의 여행 경험에 대한 내 생각이나 느낌을 표현해 보기	호주 여행기 『한여름의 크리스마스』를 읽고 글쓴이의 여행 경험에 대한 내 생각이나 느낌 표현하기	우리와 다른 호주의 문화에 대한 지식을 쌓고 타문화에 관심을 가진다.	○	○	

출처: 정윤희(2013).

표 8-2 역할 수행 학습 모형을 적용한 국어과 교수 · 학습 과정안

단원명	읽기 1. 생생한 느낌 그대로 5~6차시		
학습주제	인물의 성격에 맞게 실감 나게 읽기	교수학습모형	역할 수행 학습 모형
학습목표	인물의 성격을 살려 이야기를 실감 나게 읽을 수 있다.		
다문화교육 학습목표	다른 사람의 입장에서 생각하고 마음을 헤아릴 수 있다.		
다문화교육 내용요소	다양성, 사회정의		
다문화교육 학습용	동화 『선생님, 우리 선생님』을 등장인물의 성격에 맞게 실감 나게 읽기		

학습단계	주요 활동 내용	세부 활동 내용	자료([자]) 및 유의점([유])
상황 설정하기	동기유발	• 선생님이 들려주는 이야기를 듣고 생각해 보기 -유진은 왜 1학년 아이를 못생겼다고 놀렸을까? -1학년 아이는 어떻게 생겼을까?	[자]유진이가 1학년 아이를 놀리는 장면을 들려준다. [자]『선생님, 우리 선생님』 삽화
	상황 분석 및 설정	• 들려준 이야기의 삽화 보여 주기 • 떠오르는 생각이나 느낌 나누기	
준비 및 연습하기	등장인물의 성격을 생각하며 글 읽기	• 어떤 인물이 등장하는지, 인물의 성격은 각각 어떤지 생각하며 『선생님, 우리 선생님』 읽기 • 인물의 성격을 생각하며 글을 읽을 수 있는 방법 떠올려 보기 -인물의 말이나 행동을 찾아 밑줄 긋기 -인물의 마음을 느낄 수 있는 부분에 표시하기	[유]등장인물의 말과 행동을 중심으로 인물의 성격을 파악하도록 안내한다.
	인물의 성격 파악하기	• 글의 내용을 통해 인물의 성격 파악하기 -유진은 1학년 아이에게 어떻게 했나요? -여러 선생님들은 유진이를 어떻게 대했나요? 또 링컨 선생님은 어떻게 대했나요? -링컨 선생님이 유진이에게 화단에 새가 모이도록 도와 달라고 부탁한 이유는 무엇일까요? -유진의 아버지와 할아버지는 어떤 사람인가요? • 모둠별로 장면 선택하기	

<table>
<tr><td rowspan="2">실연하기</td><td>실연 준비하기</td><td>• 인물의 성격에 따라 읽는 방법 생각해 보기
<table>
<tr><th>인물</th><th>성격</th><th>읽는 방법</th></tr>
<tr><td></td><td></td><td></td></tr>
<tr><td></td><td></td><td></td></tr>
</table>
• 모둠별로 배역 정하고 연습하기</td><td rowspan="2"></td></tr>
<tr><td>실연하기</td><td>• 실감 나는 목소리로 역할극하기</td></tr>
<tr><td rowspan="2">평가하기</td><td>문화적 체험 주고 받기, 일반화</td><td>• 다른 사람의 입장에서 역할극을 해 본 느낌 이야기하기
• 상대가 이렇게 말할 때 어떤 기분이었나요?
–내가 한 행동에 상대방은 어떻게 느꼈을까요?</td><td rowspan="2">유 가능한 한 많은 학생들이 느낌을 공유하도록 한다.</td></tr>
<tr><td>정리 및 과제 제시</td><td>• 역할극을 하면서 잘된 점과 아쉬운 점 이야기하기
•『선생님, 우리 선생님』 책 전체 읽어 오기</td></tr>
</table>

출처: 정윤희(2013).

2) 수학교과

수학교과는 세계화 · 정보화 시대에 살아가고 있는 미래 사회의 구성원에게 필수적인 역량을 제공하고 수학활동을 통해 학생들은 수학의 지식과 기능을 활용하여 수학 문제뿐만 아니라 실생활과 다른 교과의 문제를 창의적으로 해결할 수 있으며, 더 나아가 세계 공동체의 시민으로서 갖추어야 할 합리적 의사 결정 능력과 민주적 소통 능력을 함양할 수 있다(교육부, 2015). 다문화적 수학수업은 다양한 민족집단의 민속수학이나 문화적 유산과의 접촉을 통해 다문화학생뿐만 아니라 일반학생, 교사, 학부모 등 모든 학습의 주체들의 자아정체성을 올바르게 정립할 수 있도록 한다. 이와 같은 교육을 실천하기 위한 다문화적 수학수업은 수학 교수 · 학습 과정에서 다양한 문화적 접촉을 통해 지식이 확장되어 가는 과정을 기반으로 한다(송은진, 2011).

이에 실제 학교현장에서의 다문화 수학 수업의 예를 살펴보면, 김주현(2016)의 연구는 6학년 학생들을 대상으로 6학년 2학기 수학교과 2개 단원을 민속수학과 비판적 수학에 기반을 둔 다문화 수학수업 프로그램 내용에 따라 20차시 수업을 진행하였다. 또한 이 연구에서 구성한 다문화 수학수업 프로그램은 민속수학과 비판적 수학의 관점에서 학습내용을 선정하고, 선정된 학습내용을 Ford-Harris(장인실 외, 2012)의 다문화교육을 위한 수업설계 모형에 따라 조직하여 개발하였다. 구성된 수업의 활동지와 교수·학습 과정안을 소개하면 〈표 8-3〉과 〈표 8-4〉와 같다.

표 8-3 수학교과 다문화교육 프로그램 활동지

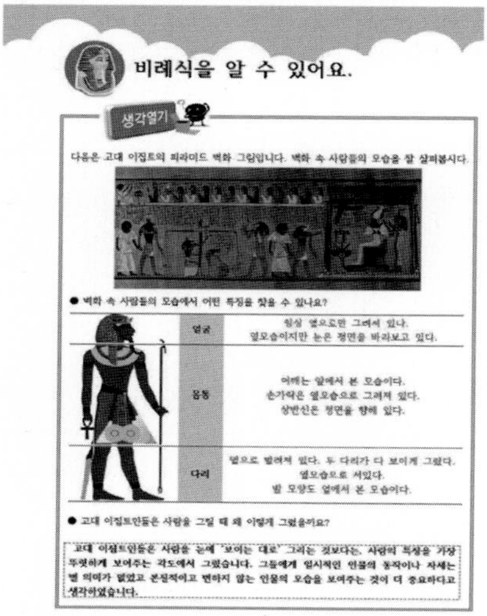

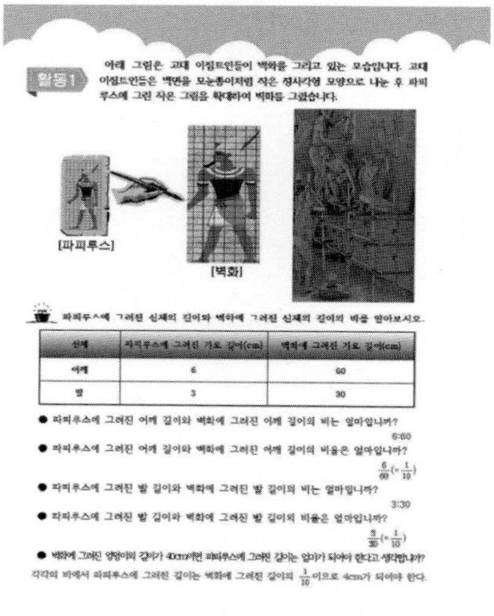

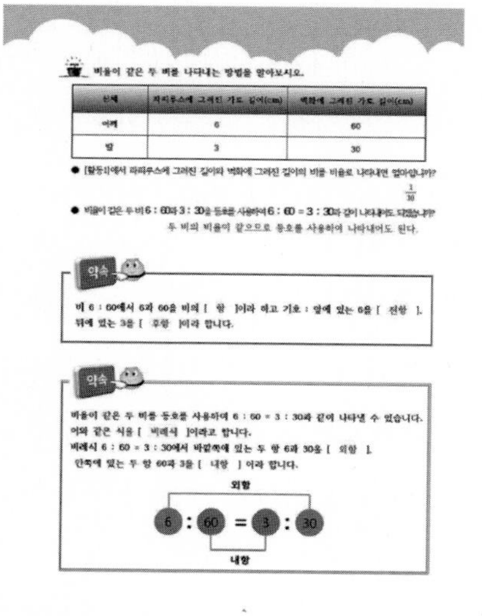

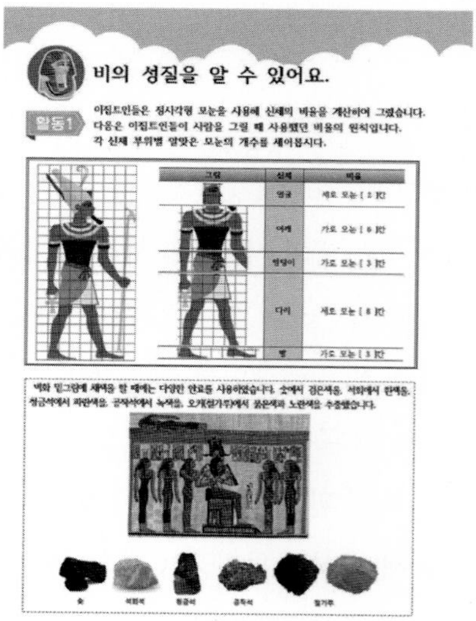

출처: 김주현(2016).

표 8-4 수학교과 다문화교육 프로그램 교수 · 학습 과정안 예시

<table>
<tr><th>단원</th><td>2. 비례식과 비례배분</td><th>Ford-Harris 단계</th><td>지식-
기여적 접근</td></tr>
<tr><th>학습주제</th><td>비례식 알아보기</td><th>차시</th><td>1/11</td></tr>
<tr><th>교과 학습 목표</th><td colspan="3">비의 전항과 후항을 이해하고, 비례식의 외항과 내항을 구별할 수 있다.</td></tr>
<tr><th>다문화 교육목표</th><td colspan="3">파피루스와 벽화에 그려진 신체 길이의 비를 구하여 비례식을 설명할 수 있다.</td></tr>
<tr><th>학습과정</th><th colspan="2">교수 · 학습활동</th><th>자료(자) 및 유의점(유)</th></tr>
<tr><td>동기 유발</td><td colspan="2">• 고대 이집트 피라미드 벽화 그림 감상
−벽화 속 사람들 모습 특징 찾기
· 얼굴: 항상 옆으로만 그려져 있다.
· 몸통: 어깨는 앞에서 본 모습, 상반신은 정면을 향함
· 다리: 옆에서 본 모습
−고대 이집트인들은 사람을 그릴 때 왜 이렇게 그렸을까요?</td><td>자 벽화 그림
자 PPT</td></tr>
<tr><td>공부할 문제 제시

활동 전개

학습 활동 정리</td><td colspan="2">• 공부할 문제 확인
[고대 이집트인들이 비례식을 활용해 벽화를 그렸음을 설명해 봅시다]

• (활동 1) 파피루스와 벽화에 그려진 신체의 길이비 알아보기
−파피루스에 그려진 신체의 길이와 벽화에 그려진 신체의 길이 비 알아보기
· 파피루스와 벽화에 그려진 어깨 길이의 비 = 6 : 60
· 파피루스와 벽화에 그려진 발 길이의 비 = 3 : 30

• (활동 2) 비례씩 알아보기
−비율이 같은 두 비를 나타내는 방법 알아보기
· 6 : 60과 3 : 30은 비율이 같으므로 등호를 사용하여 6 : 60=3 : 30으로 나타낼 수 있음

• (약속하기) 항, 전항, 후항, 비례식의 정의
[−비 6 :60에서 6과 60을 비의 항이라고 하고, 기호 : 앞에 있는 6을 전항, 뒤에 있는 3을 후항이라고 합니다.
−비율이 같은 두 비를 등호를 사용하여 6 : 60=3 : 30과 같이 나타낼 수 있습니다. 이와 같은 식을 비례식이라고 합니다.
−비례식 6 : 60=3 : 30에서 바깥쪽에 있는 두 항 6과 30을 외항, 안쪽에 있는 두 항 60과 3을 내항이라고 합니다.]

−비례식의 정의 / 항 전항, 후항, 내항, 외항 구분하기
−고대 이집트인의 벽화를 그릴 때 비례식을 활용했음을 이해하기
−다음 차시 예고</td><td></td></tr>
<tr><td>평가 내용</td><td colspan="2">비의 전항과 후항을 이해하고, 비례식의 외항과 내항을 구별할 수 있는가?</td><td></td></tr>
</table>

3) 사회교과

사회교과는 교과의 내용 구성 특성상 다문화교육과 가장 밀접하게 연관된 교과라 할 수 있다(오은순, 홍선주, 김민정, 모경환, 김선혜, 안지혜, 2008). 즉, 2009년 개정 사회과 교육과정의 추구하는 인간상과 초등학교 교육목표, 사회과 목표에서 제시된 바와 같이 사회교과는 다문화 시민성 형성을 위한 다문화교육에서 매우 중요한 요소라고 할 수 있다. 이러한 다문화교육의 중요성으로 개정 교육과정에서도 다문화 관련 부분이 사회과의 내용으로 일정 부분 자리 잡게 되었다. 그 예로 정경연과 황수경(2014)의 연구에서는 2009년 개정 초등 사회과 교육과정 내용체계의 일부 내용에 나타난 다문화 시민성의 하위 요소 및 다문화교육 관련 내용을 다음 〈표 8-5〉와 같이 정리하여 제시하였다.

그리고 구정화(2012)의 연구에서는 다문화 시민성을 위한 초등 다문화교육의 학습목표와 다문화교육 관련 개념, 학습자의 경험, 프로그램 구성 체계를 통해 16시간용 프로그램으로 개발된 초등학교 다문화교육을 확정하였다. 4개의 대단원과 대단원별 4개의 학습단원, 전체 16개의 학습단원에 대하여 요약하여 정리한 내용을 살펴보면 〈표 8-6〉과 같다.

표 8-5 사회교과 교육과정 내용체계에서의 다문화 시민성 하위요소 및 다문화교육 관련 내용

학년	교육과정 내용체계	주제별 주요내용	다문화 시민성 하위 요소	다문화교육 관련내용
3~4	우리가 살아가는 곳	우리가 살아가는 지역의 자연 · 인문 환경을 바탕으로 생활모습에 끼치는 영향 알아보기	문화 간 이해, 의사소통능력	다양한 문화에 대한 존중 및 관심
	이동과 소통하기	지역 간의 이동수단과 의사소통 수단의 발달과정 이해하기	문화 간 이해, 의사소통능력	문화에 대한 올바른 이해, 다양성 존중
	달라지는 생활모습	우리 지역의 생활도구 및 의식주 등을 이해하기	문화 간 이해	문화에 대한 올바른 이해, 다양성 존중
	다양한 삶의 모습들	우리의 문화와 다른 문화의 모습 비교하여 보기	문화 간 이해, 인간의 존엄성	다양한 문화 존중, 문화에 관심과 참여
	우리 지역, 다른 지역	우리 지역의 자연적, 인문적 환경의 특성 파악하기	문화 간 이해, 의사소통능력	문화에 대한 적극적 관심과 이해
	도시의 발달과 주민생활	도시와 촌락의 모습 이해하기	문화 간 이해	사회문제 상황에 대한 해결능력, 반성적 이해

	사회 변화와 우리 생활	사회 변화에 대한 이해를 바탕으로 다양한 사회문제에 관심 가지기	의사소통능력	양성평등, 다양성 존중, 상호공존의식
5~6	세계와 활발하게 교류한 고려	고려시대의 생활모습과 문화 등을 알아보기	문화 간 이해	문화 간 차이 이해, 올바른 정체감 형성
	근대 국가 수립을 위한 노력과 민족운동	새로운 문화의 수용과 함께 변화하는 사회모습 파악하기	문화 간 이해, 의사소통능력	문화 간 공통점과 차이점 이해를 통한 특징 이해
	대한민국의 발전과 오늘의 우리	대한민국의 발전과정을 알아보면서 우리의 모습 돌아보기	문화 간 이해, 인간의 존엄성	긍정적 정체감 형성, 상호공존의 필요성 이해
	살기 좋은 우리 국토	우리 국토의 자연적, 인문적 특성 파악하여 보기	문화 간 이해	문화의 공통점과 차이점 이해
	환경과 조화를 이루는 국토	국토의 발전을 위한 올바른 해결방안 찾아보기	문화 간 이해, 의사소통능력	상호공존의식 함양, 문제에 대한 해결능력
	우리나라의 민주정치	민주사회 구성원의 권리와 의무 알아보기	문화 간 이해, 의사소통능력, 인가의 존엄성	문화에 대한 관심, 상호공존의 필요성 이해
	우리 이웃나라의 환경과 생활모습	우리나라와 밀접한 관계를 맺고 있는 나라의 환경과 생활모습 이해하기	문화 간 이해, 의사소통능력	문화 간 차이 및 상호 관련성 이해, 문화적 유사점 및 차이점 이해

표 8-6 사회교과 전체 수업별 단원별 내용

대단원	수업단원명	학습목표	생각열기	살펴보기: 핵심개념	풀어보기: 탐구활동
Ⅰ. 인간 생활과 문화	1. 문화란 무엇일까?	• 삶의 양식으로서 문화의 이해를 이해할 수 있다.	나라마다 다른 인사 방식이 있음을 이야기하는 상황	문화	집마다 다른 식사 방법 및 친구들의 일상 삶의 방식의 차이 찾기
	2. 세계 속의 다양한 문화를 살펴보아요.	• 세계 여러 민족과 나라에 존재하는 문화의 다양성을 이해할 수 있다. • 문화가 환경 등 다양한 조건에 따라 다르게 나타날 수 있음을 이해할 수 있다	종교에 따른 금기 음식이 있음을 이야기 하는 상황	문화 차이 (세계의 여러 문화)	우리 날의 독특한 문화가 생긴 이유/한 나라의 문화와 그 문화가 생긴 까닭 찾기
	3. 우리 사회에도 다양한 문화가 있어요.	• 한 사회 내에 다양한 하위문화가 존재함을 이해할 수 있다.	성별로 다른 놀이 문화를 이야기 하는 상황	하위문화	학교 수업 후 학생들의 다양한 활동 유형에 따른 집단별 문화 차이 찾기

	4. 문화가 만들어진 배경도 함께 생각해 보아요.	• 문화를 이해할 때 그 문화가 만들어진 다양한 배경을 생각해 보는 태도를 가질 수 있다.	미국에서 실내 신발 착용과 그 이유를 살펴보는 상황	문화 상대주의	재미교포 아들 살인 사건에서 '내 탓이다.'의 의미를 파악하면서 어떤 상황이 문화적으로 다르게 이해됨을 연계하여 파악하기
Ⅱ. 한국에서의 문화 다양성	1. 다문화 사회란 무엇일까요?	• 다문화 사회의 의미를 이해할 수 있다.	외국인 수의 증가가 바로 다문화 사회는 아님을 이야기하는 상황	다문화 사회	한국 인구에서 외국인이 증가하는 수치를 보고 경향 이해/다양한 문화 증가에 따라 요구되는 가치와 태도 이야기하기
	2. 무엇이 문화를 다양하게 할까요?	• 우리나라에서 문화다양성은 어떤 모습으로 나타나는지 조사할 수 있다. • 우리나라에서 문화다양성의 배경을 이해할 수 있다.	외국과 한국에서의 다양한 문화 체험을 이야기하는 상황	세계화, 이주 (국제결혼, 이주노동)	『세계가 만일 100명의 마을이라면』의 책 내용에서 세계화를 통해 확산 시키고 싶은 것 이야기하기
	3. 일상생활 속에 다양한 문화가 있어요.	• 우리나라에서 문화다양성은 어떤 모습으로 나타나는지 조사할 수 있다. • 우리나라의 문화다양성의 배경을 이해할 수 있다.	지역별 언어, 성별 놀이문화 등을 통한 다양한 문화 양상을 살피는 상황	문화 다양성	부모세대와 자녀세대의 놀이 문화의 차이 탐구/종교적인 이유로 인한 특정 음식 안 먹는 친구에게 전할 말 적기
	4. 문화 다양성을 위해 함께 노력해요.	• 우리나라에서의 문화 다양성을 위한 다양한 노력을 이해할 수 있다. • 문화다양성을 위한 자세를 알고 참여하려는 마음가짐을 가질 수 있다.	다문화 축제에 참가하고 온 친구들의 의견을 나누는 상황	문화 간 소통 (문화 다양성을 위한 노력)	다문화 축제 활동 계획서 만들기 및 소개하기
Ⅲ. 한국에서의 문화적 불평등	1. 차이와 차별은 달라요.	• 차이의 의미를 이해하고, 그 사례를 알 수 있다.	오른손 위주의 도구로 인해 왼손잡이친구가 불편한 상황	차이와 차별	남녀의 일상에서의 다양한 차이와 차별 구별하기/차이와 차별에 대한 주위의 다양한 사례 찾기
	2. 편견을 버려요.	• 일상생활에서 편견과 불평등의 사례를 찾을 수 있다. • 편견과 불평등이 사회문제가 됨을 이해할 수 있다.	반대표축구선수 선발에서 키 작은 친구를 차별하는 상황	편견과 불평등	학급의 반장 선거에서 상위 성적만으로 제한하는 상황의 불평등/몸이 뚱뚱한 이모의 취업 어려움으로 인한 사회문제 토의하기
	3. 문화적 편견은 더 싫어요.	• 우리나라에서의 문화적 편견과 차별의 예를 들어 설명할 수 있다. • 문화적 차별과 불평등을 당할 때의 마음을 이해할 수 있다.	일상생활에서 동남아시아인과 백인을 만났을 때 다른 대우를 하는 상황	문화적 차별과 불평등	교실에서 다문화가정 조사로 인해 상처받은 친구 이야기와 그 입장 살펴보기/피부색에 따른 친구 정하기와 피부색에 따른 친절 정도에 따른 차별의 문제점 토의하기

	4. 다른 문화와 더불어 살아요.	• 한국에서의 다른 문화, 민족에 대한 편견과 차별의 모습을 찾을 수 있다. • 다른 문화, 민족에 대한 편견과 차별의 모습을 찾을 수 있다. • 다른 문화, 민족에 대한 편견과 차별이 어떠한 문제를 일으키는지 알 수 있다.	다문화가정아이와 친구 되기를 싫어하는 상황		외국인노동자로 인해 일자리가 줄어든다는 아버지의 이야기와 외국인 노동자의 긍정적 역할을 듣고 그들에 대한 생각에 대한 토의하기
Ⅳ. 다문화 사회 속의 우리들	1. 인간은 모두 존엄하다.	• 모든 사람들이 인간으로서 존엄함을 이해할 수 있다. • 어떠한 조건으로도 인간의 존엄성을 해칠 수 없음을 이해할 수 있다.	공부를 못하거나 장애가 있는 친구를 놀리는 상황	인간 존엄성과 평등	버스에서의 자리 양보에서 어리다는 이유로 자리 양보를 강요받는 상황의 문제 발견하기/미국 초등학교에서 얼굴색 그림으로 울었던 이야기를 통한 존엄성 살펴보기
	2. 다문화 감수성을 가져요.	• 일상생활에서 발생하는 편견과 차별의 문제점을 이해할 수 있다. • 편견과 차별의 문제점을 이해하는 감수성을 갖는다.	한 친구와 같은 모둠 구성원이 되기 싫어하는 것에 대하여 문제라고 이야기하는 상황	다문화 감수성	식사하는 모습에 대하여 미개하다고 하는 것의 문제 이야기하기/몽골친구와 삼별초 항쟁에 대한 다툼에 대한 문제점 토의하기
	3. 다르지만 이해할 수 있어요.	• 다양한 문화의 가치를 인정하는 것이 중요함을 이해할 수 있다. • 다른 문화에 대하여 공존과 관용의 태도를 실천할 수 있다.	돼지고기를 못 먹는 친구에게 쇠고기 요리를 따로 챙겨 주는 상황	공존과 관용	장애인통합수업에 대한 토의하기/다문화보조교사, 학업보조교사가 있는 교실에서 보조교사의 필요성 토의하기
	4. 함께 세상을 바꾸어요.	• 서로 다른 문화를 가진 사람들이 공존하는 세상을 위해 노력하는 사람들을 조사할 수 있다. • 문화 다양성을 위해 서로 도우면서 사는 노력에 참여할 수 있다.	차별철폐법 제정을 위해 서명운동하는 곳에서 서명하려고 하는 상황	사회연대	시각장애인 아버지와 아들의 대화에서 배려보다는 불편을 개선하려는 노력이 필요하다고 말하는 상황에서 느낀 점 나누기/여러 배경을 가진 친구들이 단편영화 만드는 과정에서 친구들을 격려하기

이렇게 구성된 사회교과 다문화 수업 프로그램은 기존의 교육과정 및 교과서 개발 과정을 면밀히 수행함으로써, 기존에 개발된 다양한 다문화교육 프로그램과 문화 간 차이로 인한 불평등에 대한 비판적 인식까지 가능하도록 하고 다문화교육과 연관된 주요개념을 토대로 프로그램을 구성하였다는 점에서 차별성이 있다고 할 수 있다.

4) 실과교과

실과교과는 실천 교과의 성격을 가진 보통 교과로서, 초등학교 5~6학년 군에 편제되어 운영된다. 특히, 초등학교 실과교과에서는 실천적이고 창의적인 노작활동을 통하여 일상생활에 필요한 지식, 기초생활능력, 가치 판단력 등을 함양하여 스스로 생활을 개선할 수 있도록 한다(교육부, 2015). 개정 7차 교육과정에서 실과 교육과정의 개정이 국가, 사회의 시대적 요구에 따른 교육 목표와 교육 내용을 강조하여 이루어졌음을 밝히며, 특히 다문화가정의 증가 추세에 맞추어 실과교과에서도 다문화교육 내용을 포함시켰다. 이에 허은영과 최지연(2011)은 일과 진로, 인터넷과 정보 영역을 통해 학생들이 반 편견, 정체성 능력을 기르며 다문화교육의 교수 · 학습 소재에 특정 영역에 제한을 두지 않고, 삶의 다양한 영역에서 학생들의 삶과 직접적인 연계시키는데 도움을 주도록 수업 프로그램을 구성하였다. 이 프로그램은 초등학교 실과 '가정생활' 영역을 교육할 교사들을 위한 다문화 실과교육을 운영하는 지도 교사를 위한 자료로 교사용 참고 자료를 제시하였다. 이는 다문화교육의 특성상 교수 · 학습 활동 전개에 따르기보다 시기 및 학교의 여건에 따라 교육 내용이 변화될 수밖에 없으므로 5개의 영역을 바탕으로 17차시의 학습내용의 개요를 제시하여 프로그램의 개관, 활동 내용, 전개 계획, 평가 계획, 차시별 수업과정안(개요)등을 제시하였다. 교사용자료는 지도 교사가 다문화 수업 프로그램의 전반적인 내용을 파악할 수 있도록 구성하였다. 이상의 프로그램 내용을 토대로 프로그램 전개 계획 및 수업지도안의 일부 예시는 〈표 8-7〉과 〈표 8-8〉과 같이 제시하였다.

표 8-7 실과교과 프로그램 전개 계획

영역	학습내용
의생활	1-1 재봉틀로 인도 생활용품을 창의적으로 구상하고, 만들어 보기
	1-2 기후나 환경에 따라 옷차림이 달라짐을 알아보기
	1-3 나라마다 서로 다른 전통의복이 있음을 알고 그 특징을 말해 보기
	1-4 세계 여러 나라의 민속의상을 알아보고 패션쇼 해 보기
식생활	2-1 조리 방법 및 원리와 순서에 맞게 초밥을 만들어 보기
	2-2 각 나라별 주식 재료 알아보기
	2-3 세계 여러 나라의 기본적인 식사예절을 조사해 발표해 보기
	2-4 세계 여러 나라의 음식을 조사하여 발표하고 음식 만들어 보기

주생활	3-1 세계의 다양한 가옥의 형태와 자연환경과의 관계에 대해 알아보기
	3-2 세계 여러 나라의 주거 생활모습을 알아보고 특징이 드러나게 표현해 보기
	3-3 세계 여러 나라의 집 모양을 조사해 집 모양이 다양한 이유를 알아보고 내가 살고 싶은 집을 꾸며 보기
환 경	4-1 우리가 살고 있는 지구촌의 모습과 자연환경에 대해 알고 이야기해 보기
	4-2 세계적인 환경 보호 활동 조사하고, 우리 생활과 관련짓기
가족 문화	5-1 다양한 가정의 모습을 알고 우리 가족을 소개해 보기
	5-2 가족 구성원의 역할을 알고 역할놀이를 해 보기
	5-3 자신의 미래 가족모습 소개하기
	5-4 세계의 인구는 다양한 인종으로 이루어졌음을 알고 인종에 따른 특징을 이야기해 보기

출처: 허은영, 최지연(2011), pp. 165-194.

표 8-8 실과교과 활동개요 예시

<table>
<tr><th>관련단원</th><td>간단한 생활용품 만들기</td><th>차시</th><td colspan="6">7~9/10 선택활동 ④</td></tr>
<tr><th>활동목표</th><td>재봉틀의 이용을 알고 인도 생활용품 만들기</td><th>수업 자료</th><td colspan="6">• 신문기사
• 백과사전
• 인터넷 가능한 컴퓨터
• 다문화교육 관련 도서</td></tr>
<tr><th rowspan="2">활동개요</th><td rowspan="2">재봉틀로 인도 생활용품을 창의적으로 구상하고 만들 수 있다.</td><th rowspan="2">다문화 내용요소</th><td>문화</td><td>협력</td><td>반편견</td><td>정체성</td><td>평등성</td><td>다양성</td></tr>
<tr><td></td><td></td><td>■</td><td></td><td></td><td></td></tr>
</table>

진행방법	내용	시간
도입	전시학습을 상기하고, 재봉틀의 종류와 장점에 관해 이야기한다.	10
전개	1. 인도 생활용품과 그 특징을 알아본다. 2. 구상계획서를 작성하며, 준비물을 확인하여 생활용품을 구상한다. 3. 마름질 → 재봉틀 → 끈달기 → 장식 달기 등을 통하여 생활용품을 만든다.	30
정리	모둠별로 작품을 감상하고, 특징을 살펴보며, 내용을 정리한다.	10
참고자료	백과사전, 다문화 관련 도서 등	

표 8-9 **실과교과 수업지도안 예시**

학습 주제	재봉틀의 이용을 알고 인도 생활용품 만들기	차시 시기	7~9/10	대상	초등학생
다문화 영역	문화	학습 자료	학습지, PPT	지도 교사	허○○
학습목표	재봉틀로 인도 생활용품을 창의적으로 구상하고, 만들 수 있다.				

단계	교수 · 학습 활동	시간	자료(자) 및 유의점(유)
동기 유발	• 전시학습 상기 –전 시간에 배운 재봉틀을 이야기한다. –재봉틀의 종류: 가정용과 공업용 –재봉틀의 장점 · 수비고 빠르게 바느질할 수 있다. · 반듯하게 바느질할 수 있다.	10’	
학습 목표 확인	• 학습 목표 확인하기 –이번 시간에는 무엇에 대해 공부를 해 볼까요? [재봉틀로 인도 생활용품을 창의적으로 구상하고, 만들 수 있다.]	5’	
학습 안내	• 학습순서 안내 〈활동1〉 인도 생활용품과 그 특징 알아보기 〈활동2〉 생활용품 구상하기 〈활동3〉 생활용품 만들기	5’	
탐색 및 문제 해결	〈활동1〉 인도 생활용품과 그 특징 알아보기 • 몽비쥬 사이트에서 인도 옷, 인도 액세서리, 가방 등을 보고 그 특징 알아보기 –비즈와 스팽글이 많이 사용되었다. –화려하다. –동양적인 무늬가 사용되었다.	5’	
	〈활동2〉 생활용품 구상하기 • 가방의 모양 구상하기 –구상 계획서 작성하기(준비물, 크기 확인)	5’	자 PPT(가방 만드는 순서)

출처: 허은영, 최지연(2011), pp. 165-194.

2. 창의적 체험활동 연계 프로그램

창의적 체험활동은 기존의 재량활동과 특별활동을 통합한 교육과정 활동 영역으로서 개정 교육과정'에서 새롭게 도입된 개념으로 교과와 상호 보완적 관계 속에서 앎을 적극적으로 실천하고 심신을 조화롭게 발달시키기 위해 실시하는 교과 이외의 활동이다(교육부, 2015). 또한 창의적 체험활동은 기존의 재량활동과 특별활동이 형식적으로 운영되거나 교사들의 수업시수 조정용으로 운영되어 본래의 취지를 살리지 못한다는 문제점들이 발생하여 이러한 문제점들을 개선하기 위해 도입되었다고 볼 수 있다.

2015 개정 교육과정에 따르면, 창의적 체험활동은 자율활동, 동아리활동, 봉사활동, 진로활동의 4개 영역으로 구성되어 있고 내용체계도 학교급에 따른 구분 없이 하나로 제시되어 있어 단위 학교에서는 해당 학교급의 특성이나 학교실정 등을 고려하여 융통성 있게 내용을 선정하여 운영하도록 하고 있다. 또한 창의적 체험활동 교육과정에서는 이러한 창의적 체험활동의 영역별 내용이 예시라는 점과, 단위 학교에서는 국가 수준 교육과정에 제시되어 있지 않은 내용도 단위 학교에서 편성 및 운영할 수 있다고 점을 강조하고 있다. 이 장에서는 초등학교 창의적 체험활동 중 적용할 수 있는 프로그램의 사례를 몇 개 제시하고자 한다.

1) 다문화 이해교육 프로그램

송영라와 방기혁(2015)은 초등학교 6학년 학생을 대상으로 다문화 이해교육을 위한 창의적 체험활동 프로그램을 개발하고 그 효과를 분석하였다. 즉, 창의적 체험활동 시간을 이용하여 다문화 이해교육을 효율적으로 관리하기 위해 창의적 체험활동과 교과와의 연계를 통해 차시를 통합하여 프로그램을 구성하였다. 다문화 이해교육의 영역과 6학년 교과에서 추출한 영역별 학습 주제를 바탕으로 초등학교 일반학생들에게 적합한 다문화 이해교육의 영역과 내용을 구체적으로 정리한 표는 〈표 8-10〉과 같다.

표 8-10 **다문화 이해교육의 영역과 내용**

영역	내용
배려와 협력	• 상대방의 입장 생각하기 • 다른 사람과 더불어 살아가는 능력 기르기 • '손해 보는 것'과 '양보하는 것'의 의미 알아보기
편견 해소	• 차이와 차별 및 편견의 의미 알아보기 • 나와 상대방의 '다름' 이해하기 • 외모, 인종 등 유전적으로 결정된 신체적 특징에 대한 고정관념과 차별적 행동 없애기
다문화 감수성	• 문화 간의 유사점과 차이점 알고 이해하기 • 다양한 가족구조 이해하기 • 다양한 개인과 집단의 존재 인정하기
양성 평등	• 생활 속 성차별 알아보기 • 양성 평등의 의미와 필요성 생각하기
장애 이해	• 장애인에 대한 긍정적 태도 가지기

그리고 창의적 체험활동 프로그램의 영역별 요소를 추출하기 위해서 다문화 이해교육의 영역과 내용을 바탕으로 〈표 8-11〉과 같은 구체적인 학습 요소를 추출하고 영역별 2차시씩 총 10차시를 개발하였다.

표 8-11 **다문화 이해교육 영역별 학습 요소**

영역	학습 요소
배려와 협력 (1~2/10)	만다라로 마음 표현하고 발표하기 친구의 만다라 보고 느낌 발표하기 나-전달법을 활용하여 상대방을 배려하는 말하기 고운 말을 사용하여 언어폭력을 예방할 수 있는 태도 기르기
편견 해소 (3~4/10)	차이와 차별 및 편견의 의미 알아보기 외모, 종교, 가난에 대한 편견에 대해 토의하기 편견을 없애기 위해 선서문 만들고 낭독하기
다문화 감수성 (5~6/10)	세계의 얼굴 동영상 보고 다문화 감수성 느끼기 세계의 음식문화 알아보기 다른 문화에 대한 역할극 하기 다양한 가족 형태 알아보기

양성 평등 (7~8/10)	생활 속 성 차별 알아보기 양성평등의 의미와 필요성 생각하기 양성 평등을 위한 전략 세우기
장애 이해 (9~10/10)	장애에 대해 내가 가진 편견 마주하기 장애 체험을 통해 장애 이해하기 장애 체험 후 느낌 발표하기

영역별 학습 요소를 중심으로 차시별로 학습 주제와 학습 목표를 설정하고 개발한 총 10차시의 다문화 이해교육 프로그램을 종합하면 〈표 8-12〉와 같다.

표 8-12 다문화 이해교육 영역별 학습 주제 및 학습 목표

영역	학습 주제(차시)	학습 목표
배려와 협력	만다라를 이용하여 마음 표현하기(1/10)	• 생김새와 생각이 달라도 우리는 하나임을 알기 • 만다라를 이용하여 자신의 생각을 자유스럽게 표현하기 • 다른 사람을 이해하고 타인을 존중하는 태도 기르기
	나-전달법을 활용하여 상대방을 배려하는 말하기 (2/10)	• 나-전달법을 활용하여 상대방을 배려하는 말하기 • 대화를 할 때 말투, 몸짓, 표정 등을 창의적으로 표현하기 • 고운 말을 사용하여 상대방을 배려하는 태도 기르기
편견 해소	차이와 차별 구별하기 (3/10)	• 차이와 차별에 대해서 구별하고 편견의 의미 알기 • 편견을 없애기 위해 노력할 점을 선서문으로 표현하기 • 다른 사람을 이해하고 타인을 존중하는 태도 기르기
	종교 · 외모 · 가난에 대한 편견(4/10)	• 종교, 외모, 가난에 대한 편견에 대해 토의하기 • 다른 사람을 이해하고 타인을 존중하는 태도 기르기
다문화 감수성	서로 다른 문화 이해하기(5/10)	• 다른 문화를 이해하고 화목하게 지내는 방법 알기 • 다른 문화에 대한 갈등 상황을 역할극으로 표현하기 • 다른 나라의 문화에 관심을 가지고 존중하는 태도 기르기
	겉모습은 달라도 우리는 하나(6/10)	• 문화적 편견에 대한 인식을 바꾸기 위해 노력할 점 알기 • 다양한 가족 형태에 대한 생각 표현하기 • 다양한 가족 형태를 존중하는 태도 기르기
양성 평등	양성 평등의 뜻(7/10)	• 양성 평등의 개념을 알고 차별 없이 행동하기 • 양성 평등에 대한 생각을 두 줄 생각으로 표현하기 • 양성 평등을 실천하기 위해 노력하는 태도 기르기

	양성 평등의 필요성 이해하기(8/10)	• 양성 평등의 의미와 필요성 알기 • 양성 평등을 위한 전략 세우기 • 생활 속에서 양성 평등을 실천하려는 태도 기르기
장애 이해	장애인에 대한 편견과 차별(9/10)	• 장애인에 대한 편견을 깨닫고 그로 인한 차별과 피해 알기 • 장애의 종류 알기 • 장애인의 어려움을 느끼며 차별받지 않아야 함을 알기
	장애 체험하기(10/10)	• 장애 체험을 통해 느낀 점을 자유스럽게 표현하기 • 다른 사람을 이해하고 타인을 존중하는 태도 기르기

또한 영역별 학습 주제 및 학습 목표를 바탕으로 다문화 이해교육을 위한 창의적 체험활동 프로그램을 개발하는 데 있어 꼭 필요한 학습 단계는 상황파악–창의적 탐색–감성적 해결–내면화하기의 4단계로 정하고 평가계획까지 포함하여 〈표 8–13〉과 같은 수업지도안 예시를 개발하였다.

표 8–13 다문화 이해 교육 수업지도안 예시

영역	배려와 협력	대상	6학년
학습 주제	만다라를 이용하여 마음 표현하기(1/10)		
학습 목표	• 생김새와 생각이 달라도 우리는 하나임을 알 수 있다. • 만다라를 이용하여 자신의 생각을 자유스럽게 표현할 수 있다. • 다른 사람을 이해하고 타인을 존중하는 태도를 갖는다.		
준비물	만다라 참고작품, 크레파스, 도화지	관련 교과	국어, 도덕, 창 · 체(자율 활동)

학습 단계	학습 과정	교수 · 학습 활동	자료(자) 및 유의점(유)
상황 파악 (5')	동기유발	• 인도요가 음악 듣기 –음악을 들으며 간단한 몸풀기 하기 · 온몸을 이완시키고 마음을 편안히 한다. –'만다라' 그림을 보여 주고 만다라에 대해 간단히 설명한다. 	[자] 요가 음악 [자] 만다라 그림 • 만다라에 대한 자세한 설명보다는 '마음을 비치는 거울' 정도로 간단히 말한다.

	학습문제 제시	• 학습문제 제시 만다라를 이용하여 마음을 표현하고 발표해 봅시다.	
	학습활동 안내	• 학습활동 안내하기 【활동 1】만다라를 이용하여 마음 표현하기 【활동 2】자신의 만다라 발표하기	• 만다라에 대한 어떤 의견이라도 수용한다. [자] 만다라 견본 작품
창의적 탐색(20')	활동1	•【활동 1】 만다라를 이용하여 마음 표현하기 –학생 견본 작품 보여 주기 · 어떤 생각이 드는가?   –만다라 간단하게 설명하기 · 자신의 마음을 원 속에 표현한 그림이다. · 아무런 부담 없이 그냥 생각나는 대로, 손 가는 대로 그리는 그림이다. –만다라 그림 그릴 때 유의할 점 지도 1. 만다라 그림은 잘 그리기 위한 그림이 아니다. 2. 자신의 마음을 부담 없이 표현한 것이다. 3. 옆 사람의 그림을 보지 않고 그린다. 4. 동그라미를 동그랗게 그리는 데 크게 신경 쓰지 않는다. 5. 만다라를 그릴 때는 말을 하지 않는다.	• 만다라에 대한 자세한 설명보다는 견본 작품이 자신의 마음을 표현했다는 것에 중점을 두어 지도한다. [자] PPT(만다라 그릴 때 유의점) [자] 크레파스, 8절 도화지 • 만다라 표현할 때 음악을 틀어 주는 것은 자신의 마음을 표현하는 데 방해가 되기 때문에 되도록 틀지 않는다.
감성적 해결(10')		–만다라를 이용하여 마음 표현하기 · 학생들은 만다라를 완성한 후 날짜, 서명, 느낌을 쓴다. · 느낌은 붙임쪽지에 써서 자신의 만다라에 붙인다.	
내면화 하기(5')	활동2	•【활동 2】 자신의 만다라 발표하기 –자신이 도화지에 쓴 느낌을 바탕으로 발표하기 · 붙임쪽지를 뜯어서 자신이 만다라를 그릴 때의 마음 상태에 대해 발표한다.	• 만다라를 완성하고 느낌을 쓴 사람은 조용히 책을 보도록 한다.
	학습 정리	• 학습 정리하기 –만다라를 한 후의 느낌 발표하기 · 자신의 만다라를 그린 후의 느낌 발표하기 · 친구의 만다라를 본 후의 느낌 발표하기	• 자신의 만다라에 대해 쑥스러움을 갖지 않도록 격려한다. 그림 내용에 대한 지도는 하지 않고 '마음 표현을 잘했다.'는 식으로 지도한다.

평가 계획	
평가 내용	평가 방법
나와 다른 타인에 대해 수용하고 배려하는 마음을 기르는 방법을 알 수 있는가?	관찰
만다라를 이용하여 자신의 생각을 자유스럽게 표현할 수 있는가?	작품
다른 사람을 이해하고 타인을 존중하는 태도를 길렀는가?	면담

2) 다문화 미술교육 프로그램

이은정(2016)은 초등학교 3학년을 대상으로 창의적 체험활동을 통한 다문화 미술교육 프로그램을 개발하여 적용하였다. 그 결과, 다양한 문화와 미술을 만나고 평상시 학생들이 지녔던 편견이나 생각의 틀에서 벗어날 수 있었고, 창의적 체험활동 의의에 맞게 공동체의식 함양, 배려와 나눔을 실천할 수 있었다고 하였다. 다문화 미술교육을 위한 창의적 체험활동 15차시를 편성한 연간지도 계획 및 지도안의 예시를 살펴보면 〈표 8-14〉와 〈표 8-15〉와 같다.

표 8-14 다문화 미술교육 프로그램 연간지도 계획

월	순	관련 영역	주제	차시
4	1	·	오감으로 느끼기	1
	2	·	인디이름 예술화하기	1
	3	식	여러 나라의 음식 문화 이해하기	1
5	4	식	여러 나라의 음식 만들기	2
	5	주	우리나라의 자연환경과 전통 가옥의 관련성 알기	1
	6	주	재활용 재료로 집 만들기	2
6	7	·	나와 친구의 얼굴 특징 찾기	1
	8	·	새로운 가면 창의적으로 그리기	1
	9	의	여러 나라의 의복 그리기	1
7	10	의	여러 나라의 인형 만들기	2
9	발표회 자료 준비 2차시			2
총 15차시				

출처: 이은정(2016).

표 8-15 **다문화 미술교육 프로그램 교수 · 학습지도안 예시**

<table>
<tr><td rowspan="2">단원</td><td>대단원</td><td>나와 세상</td><td rowspan="2">차시</td><td rowspan="2">2/15</td><td rowspan="2">수업 모형</td><td rowspan="2">반응 중심 학습법</td></tr>
<tr><td>소단원</td><td>1-2. 함께 나누는 세계</td></tr>
<tr><td>학습 주제</td><td colspan="4">인디언 이름에 의미 부여하기</td><td>다문화 영역</td><td>정체성, 다양성</td></tr>
<tr><td>학습 목표</td><td colspan="6">나를 알아보고 나의 감각을 활용하여 생활 속에서 접할 수 있는 다양한 미술 문화를 이해할 수 있다.</td></tr>
<tr><td>학습 흐름</td><td>학습단계</td><td colspan="3">교수 · 학습 활동</td><td>시간</td><td>자료(자) 및 유의점(유)</td></tr>
<tr><td>도입</td><td>반응형성</td><td colspan="3">• 동기유발
–이름표를 목에 걸고 친구들과 노래를 부르며 인사 나누기를 하도록 한다.
· 여러분이 아는 여러 나라의 인사말을 말해 보세요.
· 다 같이 전 시간에 불렀던 ‘우리는 모두 친구’를 불러 보도록 해요.
· 친구들의 이름을 기억나는 대로 말해 보세요.
· 숙제로 내준 다른 나라 친구 이름 조사한 학생 있나요? 친구들에게 소개시켜 주세요.

• 학습 문제 확인
[인디언 이름에 의미 부여하기]

• 학습 활동 안내
〈활동1〉 강익중 작품 감상하기
〈활동2〉 인디언 이름 꾸미기
〈활동3〉 작품 결과물 공유하기</td><td>5’</td><td>자 전 시간에 만든 이름표 목걸이
자 우리는 모두 친구 (https://vimeo.com/56193976)

자 판서

자 PPT</td></tr>
<tr><td>전개</td><td>반응 명료화</td><td colspan="3">• 〈활동1〉 강익중 작품 감상하기

–강익중 작가를 소개하고 강익중의 글자 작품을 감상하며 글자의 아름다움을 탐색하도록 한다.
· 강익중 화가에 대해 들어 본 적 있나요?
· 간단히 소개할게요.
· 글자가 미적으로 어떻게 보이나요?
· 하나의 음절이 모여서 여러 글자가 되니 달라 보이지 않나요?
· 여러분이라면 어떻게 글자를 아름답게 만들 수 있나요?</td><td>7’</td><td>• 강익중 글자 작품과 방법 설명</td></tr>
</table>

		• 〈활동2〉 인디언 이름 꾸미기 −자신의 인디언 이름을 강익중 작품과 같이 꾸미기를 하도록 한다. · 자신이 좋아하는 색은 무엇인가요? · 왜 그 색을 좋아하나요? · 여러분의 이름과 색이 잘 어울리나요? · 모두 완성했나요?	15'	자 인디언식 이름 틀 인쇄용지 자 색채도구
		• 〈활동3〉 작품 결과물 공유하기 −학생들의 작품을 칠판에 붙이고 강익중 작품과 관련지어 미적인 요소를 찾아보도록 한다. · 여러분의 이름이 모여 하나의 작품을 이루었는데 어떤 느낌이 드나요? · 가장 눈에 들어오는 글자가 있나요? · 다시 수정한다면 어느 부분을 고치고 싶나요? · 여러분의 이름에 애착이 가나요?	8'	자 자석
정리	정리 및 발전	• 정리 및 차시 예고 −자신이 꾸민 이름을 보고 자신의 이름을 사랑하고 다른 사람의 이름을 존중하는 태도를 기를 수 있도록 한다. · 다음 시간에는 선, 형, 색의 조화를 생각하며 음식을 만들어 보도록 하겠습니다. · '월드 참동이'를 외치며 수업을 마친다.	5'	

출처: 이은정(2016).

3) 의생활 주제 다문화교육 프로그램

김영심과 이성숙(2014)의 연구에 의하면 창의적 체험활동을 활용한 의생활주제 다문화교육 프로그램을 초등학교 6학년 학생들을 대상으로 창의적 체험활동 중 자율 활동 시간에 40분 수업을 기준으로 총 20차시 실시하였다. 제시한 창의적 체험활동을 활용한 다문화 수업 프로그램 목표는 나라마다 독특한 문화가 반영된 의생활을 다양한 조작적 활동을 통해 살펴봄으로써 다른나라 사람과 문화에 편견을 해소하고 다른나라 문화의 특징을 이해하고, 존중하는 태도를 기르며, 다문화적인 문제 상황에 처했을 때 적절하게 행동하는 능력을 기르는 것에 목표를 두었다. 또한 학습 내용과 관련된 간단한 생활용품을 자신의 힘으로 직접 만들어 실생활에서 활용할 수 있도록 함으로써 자신이 만든 작품에 대한 애착이 다른 문화에 대한 긍정적인 태도 형성에 도움이 되도록 하였다. 구체적인 프로그램 주제 및 내용은 〈표 8-16〉과 같다.

표 8-16 **창의적 체험활동을 활용한 의생활주제 다문화수업 프로그램 주제 및 내용**

학습주제	차시	활동내용	다문화내용 요소
연구에 대한 설명 및 사전검사	1~2	• 프로그램에 대한 설명 • 검사지를 통한 편견 및 다문화 태도 사전 검사	
알아봐요! 세계 민속의상	3~4	• 우리 조상들의 의생활 알아보기 –저고리, 마고자 등 • 세계 여러 나라 전통의상 알아보기 –중국(치파오), 일본(기모노), 인도(사리, 또띠) 등 –종이인형 색칠하기 –전통의상 지도 만들기	
우리 것은 좋은 것이여!	5~6	• 손바느질 기초 용법 익히기 –홈질, 박음질 • 우리 조상들의 멋과 미가 담긴 생활용품 알아보기 • 펠트지로 간단한 생활용품 만들기 –버선 핸드폰 줄 만들기	정체성, 다양성
셔츠 올림픽	7~8	• 세계 여러 나라 이름과 국기 알아보기 • 선호 국가와 비선호 국가 알아보기 –가난한 나라, 미개 문화의 나라에 대한 편견 버리기 • 올림픽 대표팀 셔츠 디자인하기 –종이 접기로 셔츠 모양 만들기 –각 나라의 국기를 활용하여 셔츠 꾸미기 및 전시회	반편견, 평등성
세계 민속의상 패션쇼	9~10	• 세계 민속의상 패션쇼 동영상 보기 –주한 외교사절 의상 페스티벌 동영상 보기 • 옷의 유래와 입는 방법 알아보기 –문화와 기후에 따른 옷의 특징 이해하기 • 세계 여러 나라 민속의상의 공통점과 차이점 알아보기 • 공통점과 차이점을 다양한 방법으로 표현하기 –글, 표어, 노래가사, 그림, 공익광고 등으로 표현하기 • 모둠별 민속의상 패션쇼 하기	문화, 협력

나는야 신발 디자이너!	11~12	• 『누구 발일까?』 동화책 보기 –여러 나라의 전통 신발 조사하기 • 다른 나라의 신발 특징 알아보기 –일본(게다), 몽골(고탈), 중국(화편시에)의 모양 관찰하기 –신발의 모양과 자연환경과 관련성 알아보기 • 일본의 신발 '게다' 신어 보기 • '게다' 핸드폰 줄 만들기	다양성, 평등성
아시아가 하나의 화폐를 사용해요	13~14	• 우리나라 화폐 도안 알아보기 • 다른 나라 화폐 도안 알아보기 • 화폐 도안으로 쓰이는 소재 알아보기 –인물, 민속의상, 전통음식, 문화재나 예술 작품, 자연물 등 • 아시아의 통합 화폐 도안 및 감상하기 –아시아 여러 나라의 민속의상과 관련하여 도안하기	평등성, 협력
세계 문화 유산 박람회	15~16	• 여행하고 싶은 나라, 가 보고 싶은 나라 정하기 • 그 나라의 특색 알아보기 –나라별 문화의 상징물과 색감 • 문화유산 박람회 입체 홍보물 디자인하기 • 입체 홍보물 제작하기 • 문화유산 박람회 열고 나라별 홍보물 감상하기	문화, 반편견
제 친구를 사랑해 주세요.	17~18	• 우리 주변의 다문화가정 및 자녀 알아보기 –연예인, 운동선수 중 친근한 인물 중에서 소개하기 • 다문화가정이나 자녀들에 대한 편견의 예 알아보기 • 모둠별로 편견 예방 포스터 완성하기 • 광고 발표하고 느낌 발표하기	반편견, 정체성
사후검사	19~20	• 검사지를 통한 편견 및 다문화 태도 사후 검사	

출처: 김영심, 이성숙(2014), pp. 173-195.

그리고 창의적 체험활동을 활용한 의생활주제 다문화수업 프로그램의 내용에 따라 작성한 교수 · 학습지도안의 실제 예시는 〈표 8-17〉과 같다.

표 8-17 창의적 체험활동을 활용한 의생활 주제 다문화수업 프로그램 교수 · 학습지도안 예시

학습주제	세계 민속의상 패션쇼	차시	9~10/20
학습목표	세계 여러 나라의 민속의상의 공통점과 차이점을 알 수 있다. 모둠별로 민속의상 패션쇼를 할 수 있다. 다른 나라의 민속의상의 우수함을 이해하고 존중하려는 마음을 갖는다.		
수업자 의도	자연환경에 적응하기 위해 나타난 각 나라의 다양한 의생활 양식의 특징을 이해하고 이를 존중하려는 마음을 가지게 한다.		
준비물	여러 나라 민속의상	다문화 요소	문화, 협력

단계	학습 과정	교수 · 학습 활동	시간	자료(자) 및 유의점(유)
문제 확인	동기 유발	• 동기 유발하기 – '아시아 美 페스티벌' 동영상 보기	5'	자 동영상
	학습 문제 확인	• 공부할 문제 확인하기 –세계 민속의상의 특징을 알고 민속의상 패션쇼를 해 봅시다.	3'	
문제 탐구	활동 안내	• 학습활동 안내하기 〈활동 1〉 옷의 유래와 입는 방법 알아보기 〈활동 2〉 세계 여러 나라 민속의상의 특징 알아보기 〈활동 3〉 패션쇼 해 보기	2'	
문제 해결	관련 내용 파악 하기	• 〈활동 1〉 옷의 유래와 입는 방법 알아보기 –옷의 유래와 입는 방법 알아보기 · 옷을 입는 방법에 따라 의복을 분류한다. –의복과 기후와 관련성 알아보기 · 추운지역, 더운 지역, 기후 변화가 심한 지역의 의복을 특징을 알아본다.	15'	자 PPT(의복의 유래와 입는 방법) • 자세한 설명으로 지루해하지 않도록 유의한다.
		• 〈활동 2〉 여러 나라의 민속의상의 특징 알아보기 –세계의 민속의상 알아보기 · 세계의 민속의상의 이름을 알아본다. · 의상의 색상이나 무늬 등의 독특한 특징을 파악한다. –세계 여러 나라 민속의상의 공통점과 차이점을 알아보기 · 민속의상의 공통점과 차이점을 알아본다. · 공통점과 차이점을 다양하게 표현한다(마인드맵, 글, 표어, 그림, 공익광고 등).	15'	자 PPT(추운 지역, 더운 지역, 기후 변화가 심한 지역의 의복) 자 학습지

		• 〈활동 3〉 모둠별 민속의상 패션쇼 하기 –민속의상 패션쇼 계획 세우기 · 입고 싶은 나라 정하기 · 의상과 소품을 준비하기 · 그 나라의 인사말 연습하기 –모둠별 패션쇼 하기 · 사회자 정하기 · 입장할 순서 정하기 · 입장한 후 그 나라 인사말을 하기	30'	[자] 여러 나라 민속 의상 • 자신 있게 걸을 수 있도록 연습할 시간을 준다.
일반화	정리 차시 예고	• 자연환경과 의생활의 관계 이해하기 –자연환경에 따라 다양한 의복의 형태가 있음을 알기 • 차시 예고 및 정리하기	10'	

출처: 김영심, 이성숙(2014), pp. 173-195.

3. 센터 사례: 경기대다문화교육센터

경기대다문화교육센터는 2007년에 설립되어 다문화가정 학생에 대한 교육지원, 일반학생 및 시민들을 위한 다문화교육을 통해 다문화사회를 대비하기 위해 다양한 노력을 기울이고 있는 센터이다. 특히, 경기도는 우리나라 지역 중 다문화 인구수가 가장 많은 지역으로 손꼽히기 때문에 이런 실정에 맞추어 경기대다문화교육센터는 우리나라 최고의 다문화교육 전문기관으로 발돋움하고, 다문화교육 발전에 기여하고자 많은 사업을 운영하고 있다. 대표적인 사업의 예로 '다문화감수성교육 프로그램'을 들 수가 있는데 이 프로그램은 다음과 같이 운영되고 있다. 첫째, 다문화가정학생과 일반학생, 학부모를 위한 다문화감수성교육 프로그램이 운영되고 있다. 둘째, 교육프로그램은 강의와 체험활동 위주, 희망 학교 중심으로 운영되고 있다. 셋째, 본 프로그램을 희망하는 학교의 신청을 받아, 센터에서 전문강사를 파견하여 교육이 실시되고 있다. 넷째, 교육프로그램은 강의와 체험활동 위주, 희망 학교 중심으로 운영되고 있다.

한편, '다문화감수성교육 프로그램' 자료집에는 다문화감수성교육 강의안 목록을 바탕으로 교사들이 직접 가르칠 수 있는 참여형과 학부모, 교사를 대상으로 한 특강형으로 구분하여 교수·학습지도안까지 자세히 제시되어 있다.

이처럼 '다문화감수성교육 프로그램'은 다문화가정학생과 일반학생 간의 편견 없는 학교생활 적응력을 제고하고 다문화가정학생과 일반학생과의 상호 긍정적인 관계를 형성하는 데 돕고자 마련된 프로그램이라고 할 수 있다. '다문화감수성교육 프로그램' 자료집 및 다문화교육에 대한 더 많은 내용은 경기대다문화교육센터 홈페이지(http://www.cme.or.kr)를 찾아보면 알 수 있다.

참고문헌

교육부(2015). **초등학교 교육과정**. 서울: 교육부.

구정화(2012). 다문화 시민성을 위한 초등 다문화교육 프로그램 개발 연구. **사회과교육**, 51(1), 1-18.

김영심, 이성숙(2014). 초등학교 창의적 체험활동을 활용한 의생활주제 다문화교육 프로그램의 효과 분석. **한국실과교육학회지**, 27(2), 173-195.

김주현(2016). 민속수학과 비판적 수학에 기반한 다문화교육 프로그램이 다문화 수용성에 미치는 영향. 경인교육대학교 교육전문대학원 석사학위논문.

송영라, 방기혁(2015). 초등학교 다문화 이해교육을 위한 창의적 체험활동 프로그램의 개발 및 효과분석. **실과교육연구**, 21(3), 95-114.

송은진(2011). **다문화적 수학수업 개발 연구**. 이화여자대학교 대학원 박사학위논문.

오은순, 홍선주, 김민정, 모경환, 김선혜, 안지혜(2008). **다문화교육을 위한 교수 · 학습지원방안 연구(II)-사회과 교수 · 학습 프로그램 개발을 중심으로-**. 서울: 한국교육과정평가원.

이은정(2016). 창의적 체험활동을 통한 다문화 미술교육 프로그램 개발 연구-초등학교 3~4학년을 중심으로 -. 한국교원대학교 교육대학원 석사학위논문.

장인실, 김경근, 모경환, 민병곤, 박성혁, 박철희, 성상환, 오은순, 이윤정, 정문성, 차경희, 차윤경, 최일선, 함승환, 허창수, 황매향(2012). **다문화교육의 이해와 실천**. 서울: 학지사.

정경연, 황수경(2014). 다문화 시민성 형성을 위한 초등 사회과 수업안 개발 및 적용: 국정교과서 6학년 2학기 '세계 여러 지역의 자연과 문화' 단원을 중심으로. **인격교육**, 8(1), 83-107.

정윤희(2013). 다문화 감수성 향상을 위한 국어과 교수-학습 방안 연구-초등학교 4학년을 대상으로-. 서울교육대학교 교육대학원 석사학위논문.

허은영, 최지연(2011). 초등학교 실과 '가정생활' 영역 교육 내용에 터한 다문화 실과교육 프로그램 개발. **한국실과교육학회지**, 24(2), 165-194.

경기대다문화교육센터 홈페이지(http://www.cme.or.kr).

국외 다문화교육 프로그램

이 장에서는 미국, 캐나다, 호주, 영국, 독일, 일본, 중국에서 실시하고 있는 다문화교육 프로그램과 그 구체적 내용에 대해 살펴보고자 한다. 프로그램들은 다양성과 사회 통합 간의 균형을 추구하며, 다문화 학생이 가진 다양성을 장점으로 부각하면서도 다문화 학생이 학교나 사회 속에서 적응하고 구성원이 될 수 있는 역량 육성을 목표로 설정하고 있다. 여기 소개되는 프로그램들은 소수 민족이나 소수 인종계 학생의 낮은 학력 문제를 해소하고 이들이 비다문화 학생들과 동일한 선상에 출발할 수 있도록 돕는 조기 중재 프로그램, 의사소통능력과 정체성 향상을 위한 이중 언어교육, 자존감 향상을 위한 사회 · 정서적 능력 향상 프로그램 등을 내용으로 하고 있다.

1. 미국

초기의 미국 다문화교육은 백인, 앵글로색슨, 청교도(White, Anglo-Saxon, Protestant: WASP) 문화가 중심이 되고 그 외 문화를 주류문화에 흡수하려는 동화적 관점에서 출발하였다. 하지만 1960년대 흑인인권운동 이후 다양한 소수 집단의 가치와 정체성 그리고 이들이 미국사회에 기여한 점을 강조하게 되면서 교육에서 백인 기득권의 관점에서 벗어나 아프리카계 미국인 및 다른 인종에 대한 존중과 형평의 관점으로 다문화교육을 접근하고 있다(Banks, 2008; Bennett, 2007). 현재 미국의 다문화교육과정은 특정 소수계 학생뿐 아니라 모든 학생을 대상으로 인종, 민족, 계층, 성별, 종교 등 모든 다양한 문화 집단을 존중하면서 민주 시민으로서의 사회 의식과 책임을 강조하는 방향으로 다문화교육을 전환하여 실시하고 있다(최나영, 최진영, 한현지, 2014). 이에 따라 다문화교육 프로그램도 학생 개인의 잠재능력 최대 발휘 및 개인 간 또는 집단 간의 관계 증진과 주류사회에 조화롭게 어울릴 수 있는 교육과정에서 사회 재건이나 불평등에 대한 학생의 관심과 참여를 강조하는 비판적, 변혁적 교육과정으로 전환되고 있다(Ramsey, Vold, & Williams, 2003). 하지만 2013년 FBI 보고에 의하면 증오범죄는 5,928인데, 인종 등 차이로 인한 증오대상자에게 행하여지는 왕따, 탈취, 신체적 손상 등 보고되지 않은 범죄는 이보다 더 많을 것으로 유추된다(Howe & Lisi, 2017). 또한 2016년 미국 대통령 선거에서 공화당 후보인 트럼프가 반이민 정책과 미국국익을 강조하는 신고립주의 공약으로 대통령에 당선되어 다양한 종교, 인종에 대한 사회적 배척과 위협이 높아지고 있다. 선거를 통해 표출된 노동 시장 및 복지 정책에서 소외시되었다고 여기는 백인 노동자 계층의 불만과 반이민정서는 앞으로 미국의 다문화교육정책에 영향을 미칠 것으로 보인다.

이 절에서는 언어능력 향상과 사회적응을 목표로 하는 다문화교육 프로그램에서부터 다양한 가치를 존중하고 불평등에 대한 관심과 참여를 강조하는 비판적 다문화교육 프로그램까지의 다양한 특성을 가진 미국 다문화교육 프로그램을 살펴보고자 한다.

1) 헤드 스타트

헤드 스타트는 1965년에 경제적으로, 문화적으로 소외된 아동을 지원하기 위해 미국 연방정부의 보건 복지부에서 만든 유아 프로그램이다. 주 목적은 저소득층의 자녀가 초등학교에 입학하기 전에 결핍된 가정 환경과 발달에서 부족한 부분을 보상하여, 중·상류층의 아동과 동등한 학교생활을 시작하는 것이다. 헤드 스타트는 연령과 대상에 따라 저소득층, 난민 학생, 이중 언어 교육, 이민자 가정 아동 중 3~5세를 대상으로 하는 프로그램과 0~3세 대상의 조기 헤드 스타트 프로그램이 있으며, 북미 원주민을 위한 헤드 스타트가 개발되어 운영되고 있다. 헤드 스타트 프로그램의 내용은 아동에 대한 교육 프로그램이외에도 부모의 참여를 중심으로한 의료혜택, 사회복지, 영양혜택을 제공하는 프로그램을 포함하여 교육복지 통합프로그램이다.

헤드 스타트 프로그램에 참여하는 아동의 인종분포를 보면 초창기에는 아프리카계 미국인 아동이 주류를 이루었지만 현재는 백인(35%), 아프리카계 미국인(31.1%), 혼혈 인종(7.4%), 북미 원주민이나 알래스카 원주민(5.2%), 아시아계(1.9%), 하와이 원주민이나 태평양 제도 출신(0.8%)과 기타 인종(18.6%)등 다양한 인종이 교육을 받고 있다. 다양한 인종, 민족, 문화를 가진 학생을 교육함으로써 헤드 스타트는 미국 사회의 인종적, 민족적 통합에 기여하고 있다는 평가를 받는다(Garces, Thomas, & Currie, 2000).

헤드 스타트 교육 프로그램은 인지와 언어 발달에 중점을 두고 있으며 다양한 교수전략을 사용하며, 창의적 자기표현, 타인과의 상호작용, 맞춤형 교육 활동 및 내용을 기준으로 제시하고 있다(GAO, 2003). 헤드 스타트에서 많이 사용하는 커리큘럼은 'High Scope'와 'Creative Curriculum'이다. 학교에 따라서 이 두 개의 커리큘럼을 융합하여 사용하기도 한다. 헤드 스타트를 통해 교육을 조기에 받은 저소득층 및 다문화

표 9-1 'High Scope'와 'Creative Curriculum'의 특징 비교

특징	High Scope	Creative Curriculum
교수학습 이론	• 학생 개인의 흥미와 목표를 추구함 • 교수전략은 아동과 교사의 주도 균형	• 아동의 학습 양식과 흥미에 맞춘 교사중심과 아동 주도 학습의 균형
내용구조	• 10개의 주제하에 58개의 경험 제공: 창의적 표현, 언어와 읽기 · 쓰기, 주도성과 대인관계, 몸동작, 음악, 분류, 계열화, 숫자, 공간, 시간	• 다섯 가지 주요 영역: 아동의 발달과 학습, 학습 환경, 학습내용, 교사 역할, 가정의 역할 • 여섯 가지 내용: 읽기와 쓰기, 수학, 과학, 사회, 미술, 기술, 상위인지 • 교실의 11개 영역: 블록, 연극, 장난감과 게임, 미술, 책, 발명, 모래놀이, 음악, 동작, 요리, 컴퓨터, 운동장
부모개입	• 부모의 수업 참여 강조 • 가정과 학교의 의사 교환창구 형성	• 아동의 가정과 관계 형성을 위한 교사 안내
평가	• 학생관찰 기록지 사용: 주도성, 대인관계, 창의적 표현, 음악과 몸동작, 언어와 읽기 · 쓰기, 논리와 수학 평가	• 3~5세 발달 연속선상에서 평가: 사회 정서적, 신체적, 인지적, 언어 발달 기준에 따른 아동 발달 측정

출처: GAO(2003).

가정 아동의 경우 어휘, 쓰기, 수학에서 점수가 향상되었으며, 사회성에서도 향상되어 학교에서 협동심이 증가하고, 아동 및 가정의 신체적 · 정신적 건강이 향상되는 것으로 조사되었다(김명순, 김길숙, 이명신, 2008).

2) 제2외국어로서의 영어(English as a Second Language: ESL)와 이중 언어 교육

초기의 동화정책에서 사용했던 제2외국어로서의 영어(ESL)는 제한적으로 영어를 사용하는 학생들이 능숙하게 영어를 사용하는 것이 목표였기 때문에 모국어 사용을 금지하였다. 다른 언어 사용을 금지하는 배타적인 ESL 수업은 영어 이외의 다른 언어 사용을 학생이 가진 장점으로 간주하지 않으며, 영어 대신으로 대체할 수 있는 언어로 인식되지 않았다. 오히려 이들 학생은 영어를 할 수 없어 부족한 능력을 가진 것으로 인식되어졌다. 잘 기획된 ESL 수업을 조기에 마치고 일반 영어 반으로 옮겨가는 학생을 성공한 것으로 간주하였는데 결과적으로 학생은 모국어의 단일 언어를 가진 상태에서 영어의 단일언어로 가진 상태로 언어만 대체된 결과를 가져왔다(Rego & Nieto, 2000). 이로 인해 부모와 자녀 간의 의사소통 단절, 학교에서의 부적응 등이 문제가 되면서 1990년대부터 영어와 모국어를 함께 사용하는 이중 언어 프로그램 성격으로 ESL 수업이 전환되기 시작하였다. 주정부는 영어를 제한적으로 사용하는 학생들을 대상으로 3년 이내에 영어를 숙달할 수 있도록 ESL 수업을 제공하고 있다(성삼환, 2010).

멕시코나 남미의 이민자가 증가함에 따라 스페인어를 모국어로 사용하면서 영어를 숙달하게 사용하는 이중 언어 강사들이 채용되어 모국어를 바탕으로 영어를 배우는 ESL 수업이 진행되기 시작하였다. 이중 언어 강사의 다문화에 대한 편견 없는 열린 태도가 소수 인종 아동이 영어를 배우고 영어 능력을 향상하는 데 도움이 되기 때문에(Boykin & Slavin, 2000; Callaghan, Tomlinson, Moon, Tomchin, & Plucker, 1995) ESL 수업을 담당하는 이중 언어 강사 수는 더욱 증가하고 있다. 양방향 이중 언어 교육은 영어 교육을 위한 보조로서의 모국어 교육이 아닌 두 개의 언어를 모두 동일하게 완벽한 수준으로 습득하는 것을 목표로 한다. 또한 영어를 제한적으로 사용하는 학생뿐 아니라 영어를 모국어로 사용하는 학생도 함께 영어와 다른 언어를 배울 수 있다. 수업은 두 개의 언어를 사용하는 이중 언어 교사가 지도하거나 영어 교사와 이중 언어 교사가 팀

문화적 동화 (영어만 사용) ↔ 문화 다원주의 (영어는 덤으로)

제2외국어로서의 영어(ESL)
- 목표: 영어의 능통성, 학습 내용을 가능한 한 빨리 영어로 배움
- 대상: 영어 학습자, 초 1~3학년

이중 언어 교육유지
- 목표: 영어가 완벽해질 때까지 모국어 유지
  모국어로 교과내용 학습, 가정문화와 주류문화 모두인정
- 대상: 영어 학습자. 초 3학년 이상

양방향 이중 언어 교육
- 목표: 영어와 모국어 완벽구사
  가정문화와 주류문화 모두 이해하고 누림
  높은 학업 성취, 공평과 존중의 학교 환경
- 대상: 영어모국어 상용자와 영어 학습자, 유치원~고등학교 3학년

[그림 9-1] 이중 언어 교육에 대한 접근 방식
출처: Bennett(2007), p. 417.

티칭을 한다. 즉, 초기의 ESL교육은 단일 언어 학습 및 주류 문화 적응에 초점을 두었다면, 현재의 이중 언어 ESL교육은 두 개 이상의 언어 습득 및 문화 다원주의를 바탕으로 교육을 제공한다.

3) 북미 원주민과 알래스카 원주민 아동 학교 프로그램(Native American and Alaska Native Children in School Program: NAM)

북미 원주민과 알래스카 원주민 아동 학교 프로그램은 북미 원주민, 알래스카 원주민, 하와이 및 태평양섬 원주민 학생의 영어능력 향상과 함께 전통적인 원주민 언어를 배우도록 지원하며 이를 통해 원주민 학생이 표준 학업성취수준에 도달하는 것을 목표로 한다(NCELA, 2016). 이 프로그램은 학생의 영어 및 자신의 부족어 능력 향상과 함께 부모와 지역사회를 대상으로 하는 언어 교육도 함께 포함하고 있으며 교육 후 학생

의 언어 향상과 부모와 지역사회의 참여 정도를 평가하고 있다. 영어능력 향상을 위한 국가정보센터(NCLEA)가 신청한 학교 중에서 대상 기관을 선정하여 재원을 지원하는 프로젝트형 프로그램으로 유치원부터 고등학교까지 신청할 수 있다(OELA,2012). 프로그램 안에는 원주민 학생을 대상으로 하는 교육과정이 어떤 내용이면 좋은지, 교사는 어떻게 이들 학생을 지도해야 하는지, 원주민 학생 가정과 지역 사회는 어떻게 교사나 학교가 어떤 지원과 관계를 맺어야 하는지에 대한 방법과 평가를 포함하고 있다(U.S. Department of Education, 2016).

4) 일반 학생을 위한 다문화교육

다양한 가치, 문화, 관점을 수용하고 적응할 수 있는 다문화교육은 모든 과목에서 실시할 수 있으며, 특히 사회와 문학 수업을 중심으로 소수계 인종뿐 아니라 모든 학생을 대상으로 실시되고 있다. 모든 학생을 위한 다문화 수업 사례로 Bennett는 많은 문화에 공통으로 있는 이야기를 바탕으로 각 문화에 따른 이야기의 차이점을 학생들이 분석하고 환경이나 문화의 영향, 개인이 가지고 있는 고정관념과 편견 등을 발견하고 문화 간 다양성을 이해하고 상호작용할 수 있는 능력을 개발하는 다문화 수업안을 개발하였다(Bennett, 2007).

Bennett의 신데렐라 수업 사례는 많은 문화에 공통으로 등장하는 신데렐라 이야기가 다른 역사적 배경 하에서 어떻게 다른지를 비교하여 문화의 다양성을 학생들이 총체적, 맥락적으로 인식할 수 있도록 한다(오은순, 김민정, 홍선주, 2008). 이 수업의 학습 목표는 학생들이 동일 내용의 이야기가 문화에 따라 어떻게 다른지 비교·분석할 수 있는 능력을 가지며, 이를 통해 문화가 사람의 사고와 사회에 미치는 영향을 이해하는 것이다. 수업은 세 모듈로 구성되어 있다. 제1모듈에서 학생들은 신데렐라 이야기를 읽고 요약하여 수업 시간에 발표하고 다양한 문화 배경의 신데렐라를 비교하고 분석한다. 제2모듈에서 학생들은 미국판 신데렐라와 다른 문화판 신데렐라 이야기를 비교하여 요약한 후 문화가 각각의 이야기에 어떤 영향을 주었는지 분석한다. 제3모듈에서는 현대 문화를 반영한 현대판 신데렐라 이야기를 만들어 발표하고 어떻게 문화가 동화 이야기, 등장인물, 언어 표현법에 영향을 미치는 지 학생들이 발견하고 이해하도록 한다(Bennett, 2007).

[그림 9-2] 신데렐라의 다양한 신발 수업 예시 그림

출처: Bennett(2007), p. 488.

5) 다문화 상담교육

외국으로부터 이민 온 학생은 언어와 문화의 차이로 인해 학교에 적응하는 데 어려움을 겪는다. 그래서 이민자 학생이 많은 학교에서는 해당 이민자의 언어를 사용할 수 있는 다문화 상담교사를 배치하여 중도 입국한 외국인 학생을 돕도록 한다. 캘리포니아 어바인시에 있는 한 고등학교의 경우 한국 출신의 이민 학생이 많이 있기 때문에 한국어를 구사할 수 있는 상담교사가 근무하고 있다(장인실 외, 2012). 이주 학생의 상담 내용은 문화 차이에 의한 특수성을 가지고 있기 때문에 문화적 특수성을 이해하는 다문화 상담교사가 이주 학생을 잘 지원할 수 있다. 상담교사는 이주 학생의 이중 언어에 대한 지속적인 사용을 격려하며, 학생의 학교 적응을 돕고, 학교 탈락이나 문제행동을 사전에 예방하고 중재하는 역할을 한다. 이들은 미국 학교로 이주한 학생의 문화 이해를 바탕으로 이 학생들이 필요를 지원하며, 학생들의 가정과 학교를 연결하는 역할을 한다. 다문화 상담교사는 학생들이 학교에서 적응하는 데 필요한 생존기술을 알려 주며, 이민자 가정과 학생 개인의 문제를 교육적, 사회적 차원에서 해결할 수 있는 방법을 제시하며, 다양한 문화가 학교 내에서 존중되어질 수 있도록 지원하는 역할을 한다(성삼환, 2010).

6) 공공기관의 다문화교육 프로그램

학교교육 기관이외에 공공도서관과 같은 공공기관에서도 다문화 학생을 교육적으로 지원하는 프로그램을 운영하고 있다. 공공 도서관에서는 영어나 스페인어 지도, 컴퓨터 소프트웨어 교육, 미술 및 공예 프로그램, 독서 프로그램 등을 제공하고 있다. 특히, 이중 언어 교육, 학교 숙제 도우미, 다양한 언어로 책 읽어 주기 등을 통해 참여 아동의 학교생활 적응을 지원하고 있다. 영유아를 둔 부모를 대상으로 정서, 인지, 언어, 사회성 발달에 대해 교육하고 정보를 제공한다. '부모자녀 홈 프로그램'은 1998년 포트 워싱턴 도서관에서 시작한 프로그램으로 다문화가정을 방문하여 이민자 가정의 문해 교육을 지원하는 가족 아웃리치 프로그램이다. 가정에서 사용하는 언어를 활용한 이중 언어 프로그램을 제공하는 곳도 있다. 콜로라도주의 보울더 도서관은 4주의 영어회화, 스페인어회화 프로그램반을 운영하며, 미네소타주의 경우 2세 이상의 어린이를 대상으로 소말리어와 스페인어로 하는 스토리 타임반을 운영하고 있다.

박물관에서 제공하는 다문화 프로그램도 있다. 미주리주의 세인트 루이스 박물관은 박물관의 물적, 인적 자원을 활용하여 흑인 시민운동의 유적지를 탐방하며 차별, 갈등, 관용 등에 대해 학생들이 토론하거나 글을 쓰는 프로그램을 운영하고 있다. 프로그램을 통해 학생들은 편견에 대해 생각해 보고 과거 역사를 통해 현재를 해석하고 미래를 준비하는 시간을 가진다. 이처럼 학교 기관이 아닌 공공 기관이나 민간 기관에서 실시하는 다문화교육 프로그램은 참여하는 다문화 학생뿐 아니라 지역 공동체가 가지는 다문화에 대한 인식 전환에도 긍정적인 영향을 미치는 것으로 평가되고 있다(Johnson, 2010).

2. 캐나다

캐나다는 현재 '퍼스트 네이션' 또는 '퍼스트 피플'로 불리는 캐나다 원주민이 살던 땅이다. 16세기부터 영국과 프랑스에서 유럽인들이 캐나다로 건너왔고 새로운 땅을 차지하기 위해 양 민족 간의 충돌이 있어 왔다. 하지만 다른 나라로부터 많은 이민자의 유입과 1969년 영어와 프랑스어를 공용어로 인정하는 공용어 법안이 제정되면서 영국계와 프랑스계의 대립은 감소하였다. 캐나다는 민족, 인종, 출신 지역과는 상관없이 일정한 자격만 갖추면 이민이 가능한 투자 이민과 고학력자 이민을 유치하는 정책을 유지하고 있기 때문에 매년 20만 명이 다양한 나라에서 이주해 오는 대표적인 다문화 이민 국가이다.

캐나다의 초기 다문화 정책은 백인의 원주민 탄압과 동화주의 정책을 취하였다. 19세기에는 원주민 동화정책의 일환으로 '아동기 인디언 소멸 정책'을 실시하여 원주민 자녀의 의사와 상관없이 강제로 그들을 부모로부터 분리하여 기숙사에서 교육을 시켰다. 이는 캐나다 원주민 자녀로 하여금 고유 문화와 언어를 배울 수 없게 하고 유럽 문화에 동화시키기 위하여 자행되었다(Elias, Mignose, Hall, Hong, Hart, & Sareen, 2012; Kirmayer, Simpson, & Cargo, 2003). 15만 명의 퍼스트 네이션 자녀가 자신의 집에서 멀리 떨어진 기숙학교에서 생활하게 되었고 그 결과 정체성이나 언어에서 심각한 문제를 가지며, 치료하기 힘든 사회적 트라우마를 가지게 되었다(Truth and reconciliation commission of Canada, 2016). 이에 대해 2008년 스티브 하퍼 수상이 공식적으로 국회에서 처음 사과를 하였는데, 늦었지만 캐나다 원주민의 집단 상처를 치유할 수 있는 첫걸음이 되었다.

캐나다는 1971년 세계 최초로 다문화주의 정책을 공식화하였다. 하나의 지배문화 중심이 아닌 각각의 문화의 고유성과 개별성을 존중하는 '모자이크 다문화주의'를 제창하면서 한 언어나 한 문화가 캐나다를 대표하기보다는 다양한 민족의 언어와 문화를 인정하면서 다양한 민족 집단이 동등하게 대우받는다는 다문화주의 방향을 채택하였다(조원탁 외, 2014). 1988년에 만들어진 「캐나다 다문화주의법」은 이런 다문화 성격을 잘 보여 주고 있다. 「다문화주의법」의 서문은 '정치, 경제, 사회, 문화에서 이런 다양성이 차별되지 않고 모든 캐나다인이 평등하도록 노력하며 동시에 캐나다의 다문화 유산을 보호, 강화하기 위해 만들어진 다문화주의 정책을 책임진다.'라고 명시하고 있다(Canadian Justice Laws, 2015).

현재 캐나다 정부는 2003년부터 5년마다 문화유산부의 주도하에 공식어 교육정책을 계획하여 시행하고 있다. 그 내용으로는 모든 학교에서 이중 언어 교육을 실시하며 이주민 자녀가 선택적으로 모국어로 교육을 받을 수 있다는 내용을 포함하고 있다(전우홍, 2009). 또한 다문화 이해교육, 반인종주의 교육, 원주민과 비원주민 간의 교육격차 해소를 목표로 하며 사회 정의, 시민 참여, 정체성 확립을 내용으로 하는 다문화교육을 지원하고 있다. 하지만 최근 캐나다에서는 다양성을 장점이 아닌 문제점으로 인식하며 다양성을 존중하는 것이 사회 통합을 저해한다는 우려가 부상되면서(서종남, 2010), 다양성과 사회 통합 간의 균형을 강조하고 있다.

1) 마니토바 주의 원주민 대상 다문화교육

마니토바 주는 캐나다 중부에 위치하고 있으며 주 구성원의 약 10%가 원주민으로 구성되어 있다. 2004년 원주민 교육을 위한 실행계획(Aboriginal Education Action Plan: AEAP)을 수립하였고 2008년에는 그 계획을 새롭게 수정하였다. 이 계획의 목표는 원주민 학생의 고등교육 접근성 및 졸업률 증진, 노동시장으로의 성공적인 진입과 참여로 직장을 가지게 되는 원주민이 증가하는 것을 목표로 한다. 또한 고유의 문화적 전통을 계승하고 유지하면서, 캐나다에서 사회 구성원으로 적응하고 적극적으로 사회에 참여하여 자신의 목소리를 낼 수 있는 구성원으로 자리매김하는 것을 목표로 한다(박성혁, 성상환, 곽한영, 서유정, 2008). 이를 위해서 이중 언어, 세계 원주민에 대한 이해, 원주민 언어와 문화에 대한 이해교육 등을 프로그램 내용으로 하고 있다(Manitoba, 2016). 원주민의 역량 강화는 캐나다 사회 속에서 원주민 고유의 문화가 존중받을 때 가능하기 때문에 캐나다 원주민의 박해와 차별의 역사를 바르게 직시하도록 역사를 가르치며, 또한 과거의 역사와 차별에 대해 원주민과 사회가 화해할 수 있는 방법을 모색한다.

2) 이중 언어 교육

캐나다에서는 영어와 프랑스어가 공용어이기 때문에 다문화 학생 또는 이주민 자녀 학생이 이 두 개 언어를 사용할 수 있는 능력을 가지도록 교육청에서 지원하고 있다. 영어와 관련하여서는 ESL(English as a second language), ELD(English Literacy Development), LEAP(Literacy Enrichment Acdademic Program) 세 종류의 프로그램이 있다. ESL은 이민자 자녀나 북미 원주민을 대상으로 영어를 모국어로 사용하지 않는 학생을 대상으로 하는 영어교육 프로그램이다. ELD는 영어회화는 할 수 있지만 읽기와 쓰기가 불가능한 아동을 위한 프로그램이며 LEAP는 초등학교 4학년에서 고등학교 2학년까지 원주민이나 이주민 학생을 대상으로 하는 교과학습 언어 능력을 강화하는 프로그램이다. 또한 프랑스어를 공용어로 인정하여 전국 학교에서 프랑스어를 교육하고 있다.

캐나다는 이민자 부모의 모국어 교육을 보장하는 권리를 「다문화주의법」에 의해 법적으로 보장하고 있다. 이는 언어가 국익으로 직결된다는 국가적 신념을 기반으로 하며(나카지마 가즈코, 2013) 이에 따라 주교육청에서는 부모의 모국어를 계승할 수 있도록 수업을 개설하고 있다. 민간 주도형으로 주말과 방과후 계승어 교육 프로그램이 운영되고 있는데, 온타리오주의 경우 600개 정도의 주말 계승어 프로그램이 운영되고 있다(나카지마 가즈코, 2013). 계승어로 학습을 하면 학생의 학습 효과가 더 높으며 학업 능력 면에서도 현지 아동을 앞지르는 것으로 나타나고 있다. 앨버타 주의 경우 일부 학교는 반나절은 계승어로 반나절은 영어로 교과목을 배우는 부분 몰입식 교육을 실시하고 있다. ESL이나 계승어 교육은 영어가 아닌 다른 언어를 단일 언어로 사용하는 학생이 사회 경쟁 속에서 성공하기 위해서는 충분한 조건을 갖추기 못하고 무엇인가 부족하며 영어를 빨리 배워 그 부족한 것을 보상하려는 것으로 보던 전통적인 결핍 관점에서 벗어나 2개 이상의 언어를 말할 수 있는 능력은 다양한 언어로 의사소통할 수 있는 인재이며, 다문화에 적응할 수 있는 문화적 자원으로 받아들이는 사회적 인식 변화를 바탕으로 하고 있다(Ghosh, 1996).

3) 헤리티지 언어 프로그램(Heritage Language Program: HLP)

1975년 이탈리아 정부의 지원으로 온타리오에 있는 학생들에게 정규과정이 아닌 방과후나 주말에 이탈리어와 문화를 가르치기 시작한 것이 헤리티지 언어 프로그램의 시초이다(Berryman, 1986). 헤리티지 언어 프로그램은 다문화 학생이 많은 학교에서 다중언어 인구와 이들의 언어 및 정체성에 대해 관심을 가지면서 시작되었다. 이 프로그램은 외국 정부의 자금으로 운영되었기 때문에 캐나다 정부나 온타리오 주 정부의 지배를 받지 않았다. 따라서 온타리오주 교육부는 프로그램 운영 시에 발생하는 문제를 해결하고 프로그램이 학교 내에서 실시되도록 하기 위해 학교에서는 공식어 이외의 다른 언어를 교육할 수 있도록 교육법을 개정해야만 했다. 현재 헤리티지 언어 프로그램의 유형은 주말 수업, 방과후 수업, 학교 수업시간에 30분씩 자신의 모국어를 배우는 세 가지가 있다(Cummins & Danesi, 1990). 헤리티지 언어 프로그램은 이민자나 난민자의 소수 인종의 언어를 가르침으로써 소수계 아동의 자존감 향상과 문화적 배경을 존중하고 총합적으로 이들 학생이 이해되어지는 것을 목적으로 한다(Feuerverger, 1997), 하지만 헤리티지 언어 프로그램은 정규교육과정에 포함되지 않기 때문에 교육부가 아닌 평생 교육부서에서 관리하며, 일반 교원자격증을 가지지 않은 교원이 가르칠 수도 있는데 이들에 대한 처우는 일반 교사에 비해 낮다.

4) 감정이입교육(Roots of Empathy: ROE)

감정이입교육(ROE)은 '아기로부터 배우는' 교육 프로그램으로 다인종, 다문화교육의 기본인 인간에 대한 이해, 배려, 공감을 내용으로 하며, 초등학교 및 중학교 2학년을 대상으로 실시되고 있다. 아기와 엄마 그리고 ROE 자격 교사가 한 달에 한 번씩 일년 동안 교실을 함께 방문하여 아기의 밝은 모습, 아기의 성장 과정을 학생들과 함께 관찰하며, 아기를 안아 보는 등 직접 아기를 만져 봄으로써, 아기를 통해 인간애, 공감, 동정심 등을 학생들이 배우도록 한다(Dolby, 2012). 학생들은 아기가 스스로 앉기 시작하거나, 기거나 일어서기, 걷기 등 발달하면서 보이는 새로운 행동 변화에 함께 기뻐하며 축하하고 아기의 웃는 표정을 보면서 감정을 상호 교류한다. ROE 수업은 학생들의 사회성을 발달시키며 문화, 얼굴 외모, 언어, 종교 등의 차이로 인해 학생들이 가졌던 편견과 공격성을 현저히 감소시킨다(이향아, 2008). 이 프로그램의 효과성이 알려지면서 뉴질랜드, 미국, 스코틀랜드, 웨일스 등에서도 이 프로그램을 도입하여 실시하고 있다.

3. 호주

호주는 전체 인구인 2,250만 명 중 약 4분의 1이 해외에서 출생하였으며, 부모 중 한 명이 해외에서 출생하여, 인구의 약 44%가 이민 배경을 가진 이민 국가이다. 호주는 2011년 현재 270개 이상의 민족이 260개 언어를 사용하고 있는 다문화 국가이다(Gonzalez, 2012). 20세기 중엽까지 호주는 백인의 우수성을 강조하는 백호주의 정책을 실시하여 이민 온 대상자들에게 자신의 문화, 언어를 포기하고 백인중심, 영어중심의 주류 문화에 순응하도록 강요하였으며. 유색인종 멸시 및 백인중심의 정책을 취하였다. 1901년부터 약 70년 동안 호주 정부는 원주민 자녀를 부모로부터 강제로 떼어내어 기숙 교육을 받도록 하여 이를 통해 백인 동화 교육을 받게 하였다. 기숙 교육에서 원주민 자녀는 원주민 언어로 말하거나 원주민 문제에 대해 이야기하는 것 등이 엄격하게 금지되었다. 부모 세대와 괴리되고, 언어적으로 그리고 문화적으로 정체성의 혼란을 경험한 '잃어버린 세대(Stolen Generation)'로 불리도록 만든 강제 동화정책은 원주민 공동체의 분열과 정체성을 말살하는 결과를 가져왔다. 2008년 케빈 러드총리가 호주 정부와 국회를 대표하여 처음으로 공식적인 사과문 발표를 통해 호주 원주민 학대와 차별대우에 대한 과거의 잘못을 사죄하여 오랫동안 지속되어 온 원주민과 백인간의 갈등 해결을 위한 단초를 마련하였다.

제2차 세계대전 이후 아시아 등 비유럽계 국가에서 호주로 오는 이민자들의 수가 증가하면서 호주는 1975년 「인종차별금지법」을 제정하였고, 1978년에는 모든 사회 구성원이 동등한 기회와 문화 정체성을 유지할 권리 등이 명시된 갈버리 보고서를 발표하였다. 1999년에 발표된 다문화 호주를 위한 국가 어젠다(A New Agenda for Multicultural Australia)는 언어, 종교, 문화유산 등에 대한 문화 정체성을 인정하고 모든 사회 구성원이 재능과 기술을 최대한 발휘할 수 있도록 보장하는 내용을 명시하고 있다(차윤경, 2014). 형평성과 다양성의 보장은 2006년의 「특수교육법」과 2010년의 「동등한 기회법」에 근간을 두고 있다(Kennedy & Stonehouse, 2012). 2011년에 발표된 정부 보고서에서는 다문화주의를 국가 정체성 형성의 핵심 요소로 규정하고 모든 학습자를 대상으로 하는 다문화교육, 인종주의 반대, 문화적 · 언어적 · 종교적 차이를 존중하며 다양한 문화적 배경을 가진 학습자에 맞는 맞춤형 프로그램 제공을 강조하고 있다.

호주는 학교에서 수강하는 과목 안에 다문화, 반인종주의, 인권존중을 반영하도록 규정하고 있으며 주별로 특성화된 다문화교육을 실시하고 있다. 인종의 다양성 비율이 높은 뉴사우스웨일스 주는 반인종주의 다문화정책, 원주민 교육훈련정책을 시행하고 있으며 다른 주의 경우는 영어 이외의 1개 이상의 외국어 구사 능력, 문화 간 이해 및 의사소통 능력 개발을 포함하고 있다.

하지만 최근의 장기적 경제 불황속에서 호주가 지속적으로 이민자를 받아들여야만 하는가에 대한 사회적 논쟁이 대두되면서 문화적 다양성보다는 호주 사회의 가치와 문화가 더 존중되고 사회통합, 시민권리를 중시하는 교육이 강조되고 있다(이혜진, 2009; 전우홍, 2009).

1) 제2외국어로서의 영어(English as a Second Language: ESL)

호주의 언어교육은 공용어로서의 영어 교육과 이주민 모국어 교육 및 지원정책으로 나누어져 있다. 주 교육부가 관할하는 ESL 프로그램은 이민자, 유학생, 1.5세의 자녀, 원주민 자녀가 학교에 적응하고 영어로 원활한 의사소통을 할 수 있도록 지원한다. 호주는 이민자나 유학생이 정규과정에 입학하기 전에 어학원에서 3~12개월의 어학 연수과정을 반드시 마친 후 정규과정에 편입하도록 하고 있다(권순희, 2011). ESL 교육 기간은 학생의 영어 수준에 따라 정해지는데 평균 ESL 교육 기간은 6개월이다. ESL 프로그램은 대상자가 있는 학교에 전문 ESL 교사를 파견하여 ESL 대상 학생의 필요를 최우선으로 충족하도록 하고 있다. 이민 온 학생이나 외국인이 많은 뉴사우스웨일스 주나 빅토리아 주의 경우 ESL 교육을 국가 교육과정으로 간주하고 해당 학교의 전체 교육과정 속에서 ESL 과정이 유기적으로 흡수되어 운영하도록 하고 있다. 이에 ESL 교사는 담임교사 및 교과목 교사와 협업하여 학생을 지도한다. 이민 온 학생들의 영어 수준에 따라 ESL 과정, 기본과정, 표준 과정과 같은 세 가지 수준으로 프로그램이 운영된다. 그리고 ESL 프로그램은 직접 교육, 협동 교육, 자원교육 세 가지 형태로 이루어진다. 직접 교육은 ESL 교사가 중심이 되는 교육이며 협동 교육은 담임교사와 ESL 교사가 협업으로 수업을 진행하는 형태이다. 자원 교육은 ESL 교사가 수업 자료를 ESL 학습자에 맞추어 개발하여 제공하며, 담임교사가 이를 사용하여 ESL 학생을 지도하는 방식이다. 직접 교육은 개별수업 모형, 병행수업 모형, 선택수업 모형으로 구별된다. 개별수업 모형은 ESL 학습자만을 위한 분리하여 모든 수업이 이들을 위해 진행되는 수업 형태로서 주로 초등학교에서 많이 사용한다. 병행수업 모형은 언어 중심과 내용 중심의 ESL 수업을 병행하는 방식으로 운영되는 형태이다. 선택수업 모형은 중 · 고등학교에서 사용하는데, ESL을 선택적으로 운영하는 형태이다.

퀸즈랜드주 경우 ESL 방문교사 지원을 제공한다. 이주민 학생 수가 적은 학교의 경우 ESL 보조교사가 학교를 방문하여 교육을 실시한다. 3년간 초등학생은 주당 30분~1시간, 중학생은 주당 1시간~1시간 20분의 수업을 제공받을 수 있다.

2) 영어 이외의 언어(Language Other Than English: LOTE) 교육

1978년 호주 정부는 연방 학교 위원회 안에 다문화교육 위원회를 설립하고 다문화교육정책의 일환으로 영어 이외의 다른 언어 교육을 지원하고 있다. 이는 학령기의 학생들을 모국어로 교육하는 것이 학생 개인의 발달에도 긍정적 영향을 미칠 뿐 아니라, 사회적 통합과 경제적 발전에도 실질적 도움이 되기 때문에 정책으로 도입되어 실시하고 있다. LOTE는 고등학교 1학년까지 모든 학생이 여러 나라의 언어 중 하나를 선택하여 배우는 이중 언어 교육프로그램이다. 뉴사우스웨일스 주의 경우 정규 학교교육과정 안에 지역사회에서 사용되는 언어를 교육받을 수 있도록 다양한 언어 수업을 개설하고 있다. 최대 10개 언어 수업까지 개설할 수 있으며 해당 언어는 아랍어, 아시리아어, 오슬란어, 벵골어, 중국어, 다리어, 불어, 독일어, 그리스어, 히브루어, 힌디어, 이탈리어, 일본어, 베트남어, 러시아어 등 다양하다. LOTE에 개설된 언어는 세 가지로 크게 분류될 수 있다(Dept. of Education and Early Childhood Development, 2009).

첫째는 학생들이 많이 선택하여 개설되는 언어수업이다. 이탈리어와 중국어 수업이 여기에 해당된다. 둘째는 학교에서 가장 많이 개설된 수업이다. 일본어, 프랑스어, 인도네시아어, 한국어, 스페인어, 독일어가 여기에 해당되는데, 특히 스페인어는 장래에 필요한 것으로 생각되는 언어여서 학교에서 많이 개설하고 있다. 셋째는 국제관계에서 중요하기 때문이거나 집에서 많이 사용하는 언어이다. 아랍어, 현대 그리스어, 베트남어가 여기에 해당된다. 해당 언어 수업은 정규 수업과는 별개로 1주일에 최소 2시간 이상 수업시간이 정해져서 운영되며 모든 학생은 자신이 정한 언어를 선택하여 수업을 듣는다. 이 프로그램의 대상은 이민 1, 2, 3세로 선조의 언어를 거의 쓰지 않는 학생, 영어 외에 다른 언어를 배우려는 학생, 단일 언어로 영어만을 사용하는 학생 등으로 구분될 수 있다. LOTE는 이민 세대 학생에게는 조상 세대의 언어를 배울 수 있는 기회를 제공하며, 그 외 학생들에게는 영어 이외에 다양한 언어를 배울 수 있는 기회를 제공한다. LOTE 수업은 모든 학생이 다양한 언어를 배움으로써 의사 소통력을 가지며 편견과 고정관념을 없애고 상호 이해 증진을 목표로 한다.

3) 뉴사우스웨일스 주 공립학교의 다문화교육

뉴사우스웨일스 주는 4년 단위로 다문화교육 정책을 계획하고 있다. 주에 있는 공립학교는 이 계획에 따라 다문화교육을 실시한다. 뉴사우스웨일스 주 공립학교의 다문화교육은 문화적으로 다양한 호주에서 모든 학생이 가져야 할 다문화에 대한 필요한 지식, 가치, 기술을 갖추도록 지원하며, 영어가 아닌 다른 언어 배경을 가진 학생이 영어를 추가적으로 배울 수 있는 것을 목표로 한다. 다문화교육은 반인종주의, 추가 언어로서의 영어, 해석과 번역 서비스, 난민 교육을 포함하고 있다. 반인종주의 교육은 모든 학습 내용이나 교육환경에서는 인종적 차별과 편견, 선입견을 학생들이 직시하고 제거할 수 있는 방법을 내용으로 한다.

뉴사우스웨일스 주 학생의 6.3%는 원주민 자녀이다. 원주민 학생을 위한 프로그램으로 놀타 놀타(Norta Norta) 프로그램, 지역사회 연계 프로그램, 원주민 학생 대상 개인학습 지원 프로그램이 있다. 놀타 놀타 프로그램은 초등학교 4학년과 6학년, 중학교 2학년, 고등학교 1학년인 원주민 학생을 대상으로 하는 학습 지원 프로그램으로 고등학교 3학년 학생인 경우 대학 입학을 위한 개인 지도를 지원한다. 지역사회 연계 프로그램은 뉴사우스웨일스 주에 있는 15개 원주민 공동체에서 실시하는 프로그램으로 학교에서 교육, 건강, 복지, 조기 교육과 돌봄, 직업교육 훈련을 제공하여 학교를 15개 원주민 공동체와 연결하는 구심점으로 사용한다. 이 프로그램은 원주민 공동체와 결연을 맺고 원주민 언어와 문화를 가르치는 데 우선순위를 두고 있으며, 원주민 학생을 위한 조기 중재 및 리더십 개발을 지원한다. 가족과 공동체를 중요시하는 원주민의 문화를 바탕으로 이들이 속한 지역 공동체를 함께 연결하여 학교가 교육의 장을 제공하여 프로그램을 운영하고 있다.

4. 영국

영국은 19세기부터 영국의 식민지였던 국가나 영연방국가에서 온 유색인 노동자, 난민, 그리고 동유럽의 이주민 등의 증가로 다문화 국가가 되었다. 따라서 영국에서는 일자리나 자녀의 교육으로 이주한 노동자, 난민 등을 대상으로 한 다문화 정책과 교육을 오래전부터 실시할 필요가 있었다. 특히, 1960년대부터 식민국가로 있었던 인도, 파키스탄, 방글라데시 등으로부터의 이민이 지속적으로 증가하면서, 다문화교육과 반인종주의 교육이 영국에서 강화되어 왔다(Modood & May, 2001). 1981년도 학교 교육과정 안내서에서는 다양한 소수 민족 집단이 함께 생활하면서 요구되어지는 관용과 상호이해 교육을 강조하기 시작하였다(김선미, 2011). 하지만 학교 내에서 발생하는 인종 문제로 인한 왕따와 폭력이 증가함에 따라 지금까지 실시해 온 다문화교육에 대해 다시금 평가하게 되었다(장석인 외, 2013). 2000년 10월에 발간된 파레 보고서에서는 영국을 하나의 문화가 아닌 다양한 문화를 가진 사람들이 형성해 나가는 문화적 특성을 가진 나라로 정의하고 학교 교육에서는 다문화교육보다는 영국 국민에 속하여 살아가는 시민 교육에 중점을 두고 있다. 인종적 측면만을 강조하지 않고 성별, 계층별, 종교 차이 등에 대한 편견 해소, 관용, 다양성과 존중을 강조하는 시민 교육을 학교현장에서 실시하고 있다. 이러한 다문화교육은 인종적 불평등을 없애고 사회공동의 정체성을 형성하며 변화하는 영국 사회에 맞추어 유동적이고 다차원적인 정체성 형성을 목표로 한다(Studzinski, 2008). 현재, 영국의 시민 교육은 다양성의 존중과 특히 종교적 관용을 중심으로 진행되고 있다. 이런 종교적 관용은 학교 수업에서 다양한 종교에 대해 이해하고 열린 태도를 강조하는 교육으로 나타나고 있다(김선미, 2011). 영국에서는 다문화교육이란 용어보다는 상호문화교육을 더 일반적으로 사용하고 있으며 다양한 문화 간의 상호 교류를 통해 화합과 사회결속을 강조하고 있다.

1) 이민자 자녀를 위한 영어를 추가 언어로 학습하는 프로그램 (English as an Additional Language: EAL)

다양한 나라에서 이주한 다양한 언어를 사용하는 학생의 학교 적응 및 교육적 지원을 위해 영어교육이 제공되고 있다. 이주해 온 학생 대부분이 경제적 빈곤층 속하며 무상 급식 대상자로 이들과 영국 주류 학생 간에는 학력격차가 크게 발생하고 있다(김진희, 2011). 소수 인종 학생의 성취 수준을 높이기 위한 '목표 상향(Aiming High)' 정책의 일환으로 영어를 추가언어로 학습하는 프로그램(EAL)을 실시하고 있다. EAL은 만 14세 학생까지만 지원하는 영어 특별 수업으로 미국의 ESL과 유사하다. 중도 입국한 학생은 일반 학교에서 정규 수업시간 전후 또는 일반 학생들의 영어 수업시간에 EAL 수업반인 교실로 이동하여 수업을 제공받는다(성삼환, 2010). 언어 능력 평가 시험을 통해 학생들의 영어 실력에 따라 EAL 학습 지원을 받는다. 이들은 정규 교육과정에서 영어, 수학, 과학 등 과목에서 이중 언어로 된 교과서를 배부받고, 이중 언어 보조강사의 지원을 받아 학교에서 배우는 교과영역에 대한 학습지원을 받는다(김진희, 2011). 교육과 연수를 받은 전담 인력인 이중 언어 보조강사는 학생 개인별 필요와 수준에 따라 교육을 제공할 뿐 아니라 학생의 학업 전반을 관리하며, 부모와 학교를 연결하여 학생과 가정이 학교에 잘 적응할 수 있도록 돕는다. 학교에서 제공하는 영어 교육은 이주민 학생이 학업 성취에서 낙오되지 않고 학업적으로 성장하며 고등교육기관 입학 및 취업을 할 수 있는 역량을 가질 수 있도록 한다.

2) 아프리카계 이주민 및 소수 인종 학생 멘토링 프로그램

영국의 리즈 지역에서 실시하고 있는 아프리카계 이주민 및 소수 인종 학생 멘토링 프로그램은 지역 대학과 연계하여 운영되고 있다. 리즈 지역의 대학생이 이주 학생을 위해 멘토로 활동하면서 참여하는 소수 인종계 학생에게 중등교육기관 및 대학에 입학하는 방법을 안내하거나 소수 인종 학생이 고등교육을 받을 수 있도록 학습을 도와주고 있다. 멘토링 프로그램은 이주민 학생의 고질적인 학습 부진 문제 및 낮은 언어 소통문제를 해결하며, 이주 학생의 학업 성적 향상을 가져와서 이들 학생에 대해 교사들이 가지는 낮은 기대와 결핍 인식도 변하게 하고 있다(OECD, 2009). 멘토링 프로그램에 참여한 다문화 학생은 멘토의 지지와 자기 조절학습에 의해 학업 성취감과 자기 존중감이 향상되는 것으로 나타났다. 다른 지역에서도 유사한 멘토링 프로그램을 실시하고 있는데 프로그램에 참여한 이주민이나 난민 학생이 학교에서 가졌던 교육적 소외감을 제거하고 학업 성취를 이루어 자신감을 가지도록 돕는다. 프로그램에 참여했던 다문화 학생이 대학생이 되어 자신과 같은 학생들을 돕고자 멘토로서 프로그램에 다시 참여하기도 한다(양승주, 신형옥, 윤상석, 허은영, 2016).

3) 학교-가정 중개 프로그램(School Home Liaison Project)

경제적 빈곤층에 속하며, 사회에서 소수 인종에 속하는 학생이나 중도 입국 난민 학생에 대한 교육적 지원은 학생 지원뿐 아니라 학생이 속한 가정과 학교가 연계되어야 더욱 효과적이다(Dept. for Education and Skills, 2003). 학교-가정 중개 프로그램은 1996년 런던 디오션 교육청에서 처음으로 시작되었다. 이 프로그램은 이주 가정 특히 난민 가정과 그 자녀, 학교 관리자를 함께 연결하는 프로그램으로 학생의 잠재 능력이 사장되는 것을 막고 교육기회를 높이는 것을 목적으로 한다. 이주민 자녀 학부모에게 학교 교육에 대한 정보를 제공하면서 부모가 학교 행사에 적극적으로 참여하도록 독려한다. 훈련받은 중개 담당자가 학교마다 배치되어 책임을 가지고 학생과 그 가정을 지원하고 있다. 중개 담당자는 학생들의 출결 상황과 장기 결석에 따른 규율에 대해 학부모가 이해하도록 도우며 자녀 교육에 부모가 적극적으로 참여할 수 있도록 한다. 학교에서의 자녀 교육에 대한 정보를 가정 방문, 전화 면담, 집단 부모상담을 통해 학부모에게 제공하며 자녀 교육뿐 아니라 학부모를 대상으로 영어 교육, 직업 교육, 가사 교육을 제공한다. 이 프로그램은 이주민 학생의 학부모가 교육의 중요성을 이해하며, 자녀 교육에 적극적으로 참여할 수 있도록 하고, 학교가 학부모와의 의사소통 채널을 확보하여, 이주 학생에 대한 가정 이해도를 증진하도록 한다. 이 프로그램을 통해 중도 입국 난민 학생이나 다문화 학생의 학업 중도 탈락률이 하락하고, 고등교육 접근 기회가 확대되며 교사들의 다문화 학생에 대한 인식도 긍정적으로 전환되고 있다(김진희, 2011).

5. 독일

독일은 1950년대 중반 노동력이 부족한 산업 현장을 지원하기 위해 많은 해외 근로자를 받아 들였으며 통일 후 동독으로부터의 동독인이 이동하였으며 최근에는 시리아 내전으로 인해 많은 시리아 난민의 유입 등으로 독일은 다양한 문화가 존재하는 다문화 국가가 되었다. 2013년 현재 독일 전체 인구에서 외국인은 약 8.7%를 차지한다. 유럽 연합에서 독일은 경제적 영향력이 크기 때문에 다른 나라로부터 이주해 오는 이주민의 숫자는 다른 나라에 비해 더욱 많다. 하지만 독일은 속인주의 정책을 오랫동안 채택하고 있어, 혈통을 중심으로 「국적법」을 운영하고 있고, 속인주의를 바탕으로 배타적인 동화주의 정책을 고수해 오고 있었다. 그래서 사회 구성원 중 다른 언어와 문화를 가진 사람의 비중이 높음에도 불구하고 독일은 이민을 법적으로 허락하지 않았으며 국가 중심의 다문화 정책을 마련하지 않았다. 1960년대까지 독일의 초창기 다문화 교사교육은 이민자 아동의 가정이 다시 본국으로 돌아갈 것을 전제하여 제2외국어로서의 독일어 교육이나 모국어 교육을 지원하여 왔다(Luchtenberg, 1998).

하지만 최근의 동독 이주민의 사회 부적응 문제와 PISA에서 독일의 낮은 학업 성취 성적이 사회적 이슈가 되었다. OECD 국가 중 독일 학생의 낮은 성적은 이주민 자녀의 저조한 성적이 영향을 미친 것으로 분석되어 독일 정부가 이주민 자녀 교육에 대해 관심을 가지게 되었다(장인실 외, 2012). 이주민 학생의 낮은 학업 성적은 이주민이 자신의 나라로 돌아갈 것을 전제로 제공되는 독일의 소극적인 교육 정책이 주원인으로 이주가정 학생의 학업 성취도를 떨어뜨리는 구조적 모순을 가지고 있다고 분석이 되었다. 이런 분석으로 인해 이주민 자녀에 대한 교육적 지원 정책을 수정해야 할 필요성이 제기되었다. 이에 2005년 독일 정부는 「이민법」을 개정하였으며(금혜성, 임지혜, 2010), 외국인 이주민 자녀를 위한 공존 프로그램, 직업 진로교육을 마련하였다(박성혁 외, 2008). 독일은 오래전부터 이민자로 인한 다문화 국가였지만 공식적으로 이민자를 수용하고 다문화를 수용하는 다문화 국가로서의 형성은 「이민법」이 개정되고 나서부터이다.

1) 이주 가정 아동을 위한 특수 교육

독일에서 다문화교육은 1970년대 초까지 이주 가정 자녀 또는 다른 문화권 출신 아동을 위한 특수교육으로 인식되었다. 다문화교육이란 다른 문화적 배경을 지닌 학생만을 대상으로 독일 학교와 사회에 동화되는 것을 목적으로 하는 교육이었다(홍종열, 2012). 이주 가정 아동은 낮은 독일어 능력으로 인해 학교에서 낙오되거나 대학 진학을 준비하는 일반 중등교육기관인 김나지움에서 일반 독일 학생에 비해 낮은 입학률을 보이고 있다. 이런 차이를 극복하기 위해서 공식 교육기관에 입학하기 전에 이주 가정 아동에게 독일어 능력 평가를 치른 후 독일어 예비과정을 제공하고 있다(양승주 외, 2016). 이 프로그램은 취학 전 1년 반 동안 이주민 가정 자녀집으로 방문하여 독일어를 가르쳐 주어 일반 독일 학생들과 동일한 독일어 능력을 가진 상태에서 학교생활을 시작할 수 있도록 독일어교육을 지원하고, 학교생활에 낙오되지 않고 적응할 수 있도록 돕는다(김영주, 장온정, 2009; 장인실 외, 2012).

독일은 평등주의에 기반을 둔 교육을 실시하기 때문에 이주민 아동을 위한 특별반이나 준비반을 운영하지 않고 있다. 하지만 몇몇 외국인 근로자가 많은 학교에서는 특별 수업을 마련하여 질적으로 우수한 추가 교육을 받도록 지원하고 있다. 학생을 소수 집단으로 구성하여 개별적인 보충 수업을 제공하여 독일어 및 상급학교 진학을 위한 지도를 한다(강수돌, 2005). 이주 가정 아동의 26.7%만이 대학 입학자격을 취득하고 있으며 대학교육을 이수하는 학생은 전체 이주 가정 아동의 10%에 불과한 현실상황 속에서(이신동 외, 2015) 이런 특별수업은 이주 가정 아동의 학력 신장 및 사회에서 안정적으로 적응할 수 있도록 영향을 미친다.

2) 제2외국어로서의 독일어(Deutsch als Zweitsprache: DaZ, Deutsch als Fremdsprache: DaF)

1990년대까지 독일은 이주 가정 아동에게 학교에서 독일어만 사용하도록 하였다. 또한 이주민 자녀에 대한 독일 국적 취득을 제한하고 있었기 때문에 이들이 본국으로 돌아갔을 때 사용할 수 있으며, 문화 정체성을 위해 자국어를 배울 수 있도록 제2외국어로서의 독일어와 모국어 보충 수업을 병행하였다. 하지만 최근의 독일 다문화교육은 이중(다중) 언어를 인적 자원으로 받아들이며 본국으로의 귀환 여부와 상관없이 이주가정 자녀가 모국어를 배울 수 있도록 지원하고 있다.

DaZ와 DaF는 이런 이중 언어 정책의 일환이다. DaZ는 집에서는 모국어를 사용하면서 독일어를 제2외국어로 책정하여 가르치는 독일어 프로그램으로 학교나 일상생활에서 사용하는 독일어를 익히도록 한다. 반면에 DaF는 일상생활 수준의 독일어는 잘하지만 학업에서 사용하는 독일어에서는 제한적인 실력을 가진 학생을 지원한다. DaF는 학업에서 사용하는 독일어 능력 향상을 목적으로 이주민 자녀의 상급학교 진학률을 높이며 독일 학생과 이주민 자녀 간의 학업 격차를 좁히기 위한 독일어 교육 프로그램이다(이신동 외, 2015).

3) 이중 언어교육: 코알라(Koordinierte Zweisprachige Alphabetisierung im Anfangsunterricht: KOALA) 프로젝트

1977년 독일 교육부 학술 대회에서의 모국어 의무교육 논의를 시작하여 독일에서는 1970년대 말과 1980년대 초부터 이민 노동자의 자녀들을 대상으로 이들이 다시 귀국할 것을 대비하여 학교에서 이민자의 모국어를 가르치기 시작하였다. 몇몇 주 행정부는 주도적인 책임을 가지고 모국어 교육을 진행하였다. 모국어 교육을 시작한 초기에는 이민자 자녀만을 대상으로 언어 교육을 하였다. 하지만 저학년 아동의 이중 언어교육(KOALA) 프로젝트는 이민자 자녀 및 일반 학생을 대상으로 하는 이민자의 모국어를 교육한다. 코알라 프로젝트는 1991년과 1995년 프랑크푸르트시의 프랭케 초등학교의 두 교사(Berrin NakipoğluSchimang과 Margit Baumgarten-Engel)가 중심이 되어 시작한 프로젝트이다. 이 프로젝트는 모국어 쓰기와 읽기 향상, 독일어 학습의 정착화, 두 언어 간의 혼동을 제거하여 두 언어를 바르게 사용하기, 사회·문화적 차이가 있는 개념 파악하기, 단일 언어가 아닌 이중 언어 학습 환경 지원하기, 이중 언어 학생의 자존감 향상과 이중 언어·이중문화성에 대한 자율적 학습 지원을 목적으로 한다(Arslangilay & Özdemir, 2016). 독일에 거주하는 소수 민족 중에서 터키인의 비율이 가장 높기 때문에 코알라 프로젝트에서 가장 많이 실행되는 언어는 독일어와 터키어이다. 한 교실에 교원 인증을 받은 이중 언어 교사와 담임교사가 협력교수를 하며(Benz, 2011), 학생들은 수업 시간에 두 개의 언어를 대등하게 사용하면서 자연스럽게 두 개의 언어를 배우게 된다. 이 프로그램으로 인해 많은 이주민 자녀들이 범하는 언어 사용의 혼동과 실수가 줄어들고, 학교에 적응하여, 학업 성취가 높아지며, 졸업률도 증가하고 있다(Backus, 2012). 그리고 단순히 언어 교육에 그치지 않고 언어를 배우는 학생들이 이주 학생의 문화를 존중하는 태도를 가지게 되어, 이주 학생의 자존감도 향상되고 있다(Arslangilay & Özdemir, 2016).

이외에도 일반 학생을 대상으로 하는 이중 언어 프로그램도 있다. 노르트라인-베스트팔렌주의 '만남의 언어 수업'이란 프로그램은 이주민뿐 아니라 일반 독일 학생에게도 제공되는 이중 언어교육 프로그램이다(장인실 외, 2012). 초기의 이주민 자녀의 독일어 교육은 통합철학을 바탕으로 이주민의 문화나 언어를 고려하지 않고 실시되어 이주민과 독일 사회의 괴리를 가져와 사회 문제가 되었다. 하지만 이주 학생과 독일 학생 간의 상호작용을 강조하는 상호문화주의 표방은 이주민 자녀의 문화와 두 문화 사이에 있는 학생의 입장을 바탕으로 두 개의 언어와 문화를 존중하면서 언어를 가르치고 있어 효과를 보고 있다(Tachibana, 2009).

4) 독일 이주민 가정 자녀 지원을 위한 지역사무소 프로그램 (Regionale Arbeitsstellen zur Förderung von Kindern und Jugendlichen aus Zuwandererfamilien: RAA)

RAA프로그램은 독일 이주민 가정 자녀 지원을 위한 지역 사무소 프로그램이다. RAA프로그램은 독일어 교육과 함께 이주민 자녀의 모국어 교육에 큰 비중을 두고 있으며 이주민 가정 자녀를 위한 지역 사무소는 독일 16개 주에 각각 설치되어 운영되고 있다. 1980년 노르트라인-베스트팔렌 주에서 처음으로 RAA프로그램이 시작되었다. RAA는 준비과정(Griffbereit), 호쿠스와 로투스(Hocus und Lotus), 상호문화적 학생클럽(Interkultureller Schülerclub), 코알라(KOALA), 제2외국어로서의 독일어 모듈(Modul Deutsch als Zweitsprache), 잠재력(Potenziale), 배낭(Rucksack), 문화상호적 능력증명과정(Zertifikatkurs Interkurelle Kompetenz), 푀르미그(Förderung von Kindern und Jugendlichen mit Migrationshintergrund) 프로그램을 가지고 있다.

호쿠스와 로투스는 공룡 만화 주인공으로 유치원과 초등학교 저학년을 대상으로 그림책과 애니메이션으로 독일어를 배우는 언어 프로그램이다. 그림책, 인형극, 노래, 애니메이션 등을 활용하여 일상생활에서 일어날 수 있는 상황에서 아이들이 자신의 친숙한 언어로 스스로 말하고 쓸 수 있도록 구성되어 있다. 호쿠스와 로투스는 독일뿐 아니라 유럽의 여러 나라에서 사용되고 있다. 배낭(Rucksack) 프로그램은 1~3세의 아이가 잘 양육될 수 있도록 외국인 이주 어머니를 대상으로 부모에게 독일어 교육뿐 아니라 자녀교육에 대한 정보도 제공한다(이신동 외, 2015).

6. 일본

일본의 다문화 사회 형성 시기는 외국인이 유입하는 시기에 따라 1기와 2기로 구분한다. 1기는 1980년대까지로 식민정책으로 인해 한국, 중국 등에서 강제로 이주한 '오래된 이민자(old comer)' 중심의 시기이다. 2기는 1990년대부터로 노동력 부족으로 인해 남미와 동남아시아에서 이주해 온 외국인 노동자와 농·산촌 남성과 결혼한 이주여성 중심의 '새로운 이민자(new comer)' 중심의 시기이다. 초기에는 한국, 조선 국적의 외국인이 많았지만 현재는 중국인이 전체 외국인의 30%로 가장 많은 비율을 차지하며 그다음이 한국, 브라질, 필리핀 등에서 온 외국인 순이다(김희경, 2012). 2012년 말 기준 외국인 등록자수는 203만 명으로 일본 총 인구의 1.6%를 차지하고 있다(변수정, 외, 2014). 국제 결혼자수는 2012년 전체 일본 결혼의 3.9%를 차지하고 있다.

일본의 다문화교육은 이주민 가정 학생에게 시민권은 허락하지 않으면서도 일본의 주류 문화에 동화를 강조하기 때문에 법적으로 차별하는 배타적 동화교육을 취하고 있다. 일본 「헌법」과 「교육 기본법」에서는 일본 국민에 한정하여 교육받을 권리를 규정하고 있어, 이주민 가정 자녀의 교육받을 권리를 보장하지 않고 있다. 따라서 이들의 교육 권리는 UNESCO의 국제인권조약과 국제아동권리에 근간하며 일본 학교에서는 의무교육이 아닌 권고사항으로 이들에게 교육을 제공하고 있다(서종남, 2010).

일본의 다문화교육은 이주민 학생 대상과 일반 일본인 학생 대상으로 구분이 된다. 이주민 학생을 위한 다문화교육은 초기 적응을 돕기 위해 모어로 의사소통이 가능한 교사를 학교로 파견하여 언어 지도와 학습 지도를 한다. 이를 통해 이주 학생을 위한 다문화교육은 일본어 적응교육을 중심으로 진행되고 있다. 이주 학생을 위해서 일본 학교는 제2외국어로서의 일본어(JSL) 교육과정, 지원 교사 배치, 교원 연수 등을 지원하고 있다. JSL 교육과정은 초등학교에서는 토픽형, 교과 지향형으로 나누어져 초급 수준에서 시작하여 나중에는 학과 공부로 연결되는 단계형으로 구성되어 있다(성상환, 김광수, 임은미, 2009). 2014년에는 일본어 지도를 위한 특별과정으로 제2외국어로서의 일본어 대화능력평가(Dialogic Language Assessement for Japanese as a Second Language: DLA for JSL)가 만들어져서 일반 학교로 편입하는 이주민 학생을 대상으로 사용하고 있다. 그 내용은 교육과정을 통한 교과 교육, 제2외국어로서의 일본어(JSL) 교육, 방과후 지원으로 구분된다. 교육과정 속에서의 지원은 다문화 이주민 학생의 일본 문화, 학교 문화 적응, 모어로 학업지도, 이중 언어 교사를 통한 이중 언어 지원, 심리상담 지원을 내용으로 한다. 제2외국어로서의 일본어 교육은 학생의 학교에서 사용하는 일본어 능력 정도를 측정하고 개인 맞춤식 일본어 능력 지도를 운영한다. 방과후 지원은 방과후 일본어 교실 및 보충 학습을 제공하며 가정방문을 통한 학부모와 연계한 학생 생활지도와 모어의 지속적 사용을 안내한다(박순덕, 船谷由花, 石井裕子, 이영선, 2015).

일반 학생을 대상으로 하는 다문화교육으로는 2002년부터 초, 중, 고등학교에 도입된 '종합적 학습 시간'이 있는데, 이 시간은 국제 이해 및 다문화 공생을 위한 교육활동을 내용으로 한다. 지역사회에 거주하는 외국인과 연계하여 다른 외국의 요리, 전통복장, 무용, 민속 놀이등을 체험하도록 하고 있다(천호성, 2011). 일본인 학생 대상의 다문화교육은 다른 나라 문화의 이해와 함께 국제 사회에서 활동 역량을 갖춘 일본인 육성을 목표로 하는 국제 이해교육을 내용으로 한다. 이러한 교육은 일본 아동의 국제 역량 강화 교육으로서 이주 외국인 자녀를 위한 다문화교육과는 성격을 달리하고 있다(김민호, 오성배, 2011).

일본의 다문화정책의 특징은 지방정부가 주체가 되어 지역의 다양성을 반영하여 다문화정책을 실시하며 다문화 공생정책을 추진할 수 있도록 제도적 틀을 제시한다는 점이다(문정애, 2012). 즉, 일본의 다문화교육은 정부 중심의 명령 하달식 체계라기보다는 지방 자치단체 및 민간 단체 중심의 하의 상달 체계를 가지는 독특한 구조를 가지고 있다(김희경, 2012; 천호성, 이정희, 2014).

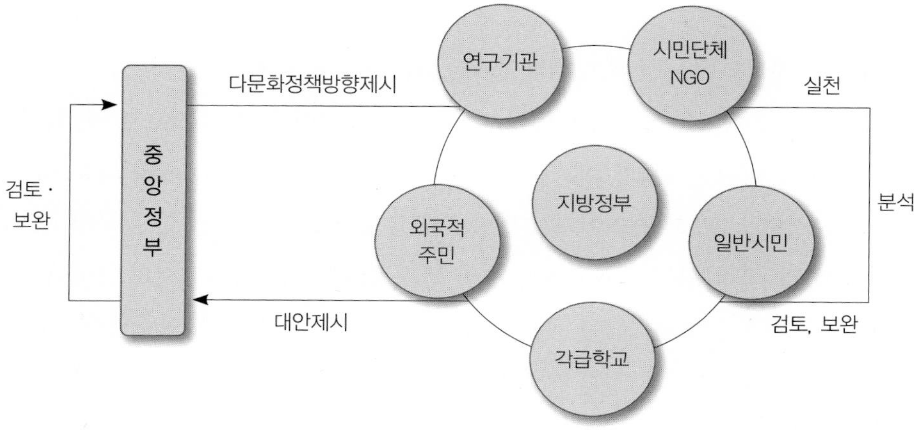

[그림 9-3] 일본의 다문화 공생정책의 기본 구조

출처: 조현미(2009), p. 445.

1) 다문화 공생센터 다문화 프로그램

일본에 거주하는 외국인의 정주화가 지속되고 결혼 이민자가 증가함에도 불구하고, 일본에서는 외국인의 사회 통합 정책에 대한 기본법이나 다문화 자녀에 대한 일본 정부중심의 지원책은 적극적으로 마련되지 않고 있다. 하지만 지방 자치단체나 시민단체가 중심이 되어 지역사회 차원에서 이들 외국인이나 다문화가정의 자녀를 위한 교육지원 정책, 복지와 인권 보장, 외국인 아동의 취학 촉진 등에 대한 정책을 마련하고 있다(변수정 외, 2014).

1995년 카와사키시에서는 한신 대지진으로 피해를 입은 외국인에 대한 지원활동을 계기로 외국인을 남이 아닌 자국 내에 다른 문화를 가진 지역 구성원으로 인식하면서 다문화 공생센터가 발족되었다. 다문화 공생센터는 국적, 언어, 문화의 차이를 인정하고 존중하는 사회를 목표로 세워진 지방 자치 단체이다. 고베에 본부를 두고 오사카, 교토, 히로시마, 도쿄에 지부가 있다. 일본 다문화 공생 정책은 중앙 정부 중심과 지방 중심으로 구분된다. 중앙 정부 중심의 다문화 정책은 커뮤니케이션 지원, 생활 지원, 다문화 공생 지역 만들기로 구성되어 있다. 커뮤니케이션 지원은 외국인의 일본어 및 일본 사회 학습을 지원하며 다중 언어로 된 행정 정보 제공을 포함한다. 생활 지원교육은 거주, 교육, 노동 환경, 의료, 복지 등 일상생활 전반의 문제를 지원하는데, 특히 교육에서는 일본어 학습 지원, 진로 및 취업지원, 국제 이해 교육 등을 실시하고 있다.

다문화 공생지역 만들기는 다양한 문화를 배경으로 하는 지역 주민 간의 문화와 역사의 차이를 이해할 수 있도록 교류를 촉진하고 있다. 즉, 이주 외국인 스스로가 지역사회의 주인 의식을 가지고 지역사회에 공헌하는 목표를 통해 역량을 강화하는 선순환 구조를 가지고 있다(Ichinose, 2016).

지방 자치단체는 중앙 정부에 비해 다문화 공생정책을 더욱 적극적으로 추진하고 있다. 지방 자치단체나 교회, 국제 교류 협회, 노동 협회, NPO 같은 민간단체는 풀뿌리 운동으로서의 다문화교육을 지원하고 있다. 여기서는 일본어 교실, 출산과 육아, 가정 내에서의 커뮤니케이션, 어린이 교육 등을 지원한다. 외국인이 일본어를 잘 습득하고 또한 자신이 속한 사회에 공헌함으로써 단순히 동화나 적응이 아닌 적극적으로 참여하고 기여함으로써 자주적인 사회 구성원으로서 역량을 가지게 되는 것을 강조한다.

표 9-2 가나가와 현 미나미 시 다문화 공생 라운지

가나가와 현 미나미 시의 다문화 공생 라운지는 시민활동의 일환으로, 평생 학습을 지원하며 외국인을 돕는 활동을 한다. 교육, 상담, 정보 제공을 하고 있으며, 일본인 대상 훈련 프로그램과 외국인 대상 육아, 건강, 교육, 일본어 교육을 돕는 프로그램으로 구성되어 있다. 일본 사람이나 외국인 모두가 참여 가능하다. 아동의 일본어 학습과 학교 학습을 돕는 프로그램으로 '웃으면서 배우는 일본어교실(초등~중학생 대상)' '타부카 무료 학교(고등학생 대상)' '외국인 중학생 학습지원교실' '와타부시(초~고등학생 대상 일본어 및 학교 수업 지도)'를 개설하고 외국에서 입국하였거나 이주민이나 다문화가정의 자녀를 무료로 교육하고 있다.

프로그램명	대상	내용	횟수
웃으면서 배우는 일본어 교실	초등학생~중학생	일본어 학습, 교과지원 등	주1회 1시간
타부카 무료 학교	중졸 또는 야간 학교학생으로 고등학교 진학을 준비하는 일본인	고교진학 대비학습 (일본어, 수학, 영어)	주3회 6시간 30분
외국인 중학생 학습지원 교실	미나미구 중학교에 있는 외국 학생으로 학교 교과학습이 필요한 학생	자원 봉사자가 개인 지도 학교 교사와 연락하여 교육을 지도함	주1회 1시간 30분
와타부시	초등학생~고등학생 중 일본어를 배우는 학생	일본어 학습과 학교 교과지도	격주토요일 2시간

출처: 가나가와 현 미나미 시 홈페이지.

2) 무지개 다리 교실

외국인이 많이 거주하는 도시에 설치되어 있으며, 외국인 자녀의 일본어 지도를 돕는다(천호성, 2010). 외국인이나 다문화가정 자녀가 공립학교에 원활하게 다닐 수 있도록 일본어 지도 및 학습을 지원한다. 학생이 속한 지역사회와 일본 지역사회 간의 교류를 촉진하여 문화와 문화를 연결하거나 학생의 입학 전과 입학을 연결하는 가교의 역할을 목적으로 하는 프로그램이다(성상환 외, 2009).

3) 학교에서의 다문화교육

학교에서 외국인 학생을 대상으로 실시하는 다문화교육은 분리수업, 통합수업, 지원수업 형태로 분류된다. 분리수업은 일본어 수업이나 사회 수업의 경우 일본어 능력이 부족한 외국인 학생을 따로 분리하여 일본어, 일본 문화, 일본의 규칙이나 제도에 대해 수업을 실시하며 방과후에도 따로 외국인 학생을 모아 일본어를 배우게 하는 형태의 특별수업을 말한다. 통합수업은 수학, 체육, 미술 등 언어 수준의 차이가 있더라도 통합하여 수업하는 유형을 말한다. 지원수업은 외국인 학생을 위해 교실에 이중 언어 교원이 직접 들어가 일반 교원과 함께 수업을 하거나 통역 지원을 하는 수업을 말한다(천호성, 2011).

아이치 현, 군마 현, 치바 현의 일부 학교에서는 각 외국인 학생에 대한 여러 가지 상황이나 정보를 데이터베이스화하여 체계적으로 정리 · 관리하고 있다. 이는 학생의 일본어 정기적인 능력 진단 결과, 학습 상황, 생활환경 변화 등을 기록하여 학생의 능력과 필요에 맞게 학생을 지도를 할 수 있는 자료를 제공한다(천호성, 2011). 하지만 개인기록카드 활용은 체계적이고 지속적인 관리를 통한 지도가 가능하다는 면에서 장점이 되지만 동화의 목적이 또한 숨겨져 있으며 인권측면에서 개인 정보를 관리하기 때문에 문제점을 가지는 것으로 지적되고 있다(堀家由妃代, 2010).

7. 중국

중국의 전체 인구는 12억 명에 이르며 이 중 91.59%는 한족이다. 한족 이외에 56개 민족이 자치구를 이루거나 중국 곳곳에 흩어져서 살고 있다. 역사적으로 여러 소수 민족이 부족이나 국가를 이루었다가 중국에 소속되었기 때문에 다른 나라처럼 이민 온 외국인이 다문화교육의 대상은 아니다. 중국은 소수 민족의 고유성을 유지하면서도 중국 국민으로서의 통일성을 가지는 이중적 성격의 다문화교육정책을 수행하고 있다. 소수 민족과의 분열과 갈등을 완화시키면서도 서로 다른 민족의 문화가 공존하는 하나의 새로운 중국 민족 문화를 형성하는 다원일체교육론을 지향하고 있어(김정호, 2008), 이런 중국의 다문화교육은 통합교육과 동일한 성격을 가진다고 하겠다.

1) 이중 언어교육

이중 언어교육은 소수 민족을 대상으로 하는 중국 다문화교육의 핵심 내용이다. 이중 언어교육을 통해 자민족의 문화와 주체성에 대해 이해하고 자존감, 공동체의식을 키울 수 있도록 하고 있다. 학교급에 따라 민족 언어로 교수하는 수업, 한어로 교수하는 수업, 민족언어와 한어를 병행하여 교수하는 수업을 진행하고 있다. 저학년 때는 자민족어를 기반으로 학습을 시작하도록 하며, 한어도 함께 익혀 중국 사회의 구성원으로서 일체감을 가질 수 있도록 하고 있다(방월정, 2015). 즉, 취학 전 혹은 초등학교 저학년인 경우에는 자민족어를 주되게 사용하여 교육받지만, 초등학교 3학년부터는 한어인 중국어 교육을 배우기 시작한다. 소수 민족 학생은 반드시 자민족어와 함께 중국어를 배우도록 하는 것이 이중 언어 교육의 핵심이다. 이는 소수 민족 학생이 주류 집단의 언어와 문화를 이해하고 주류 사회에 편입할 수 있도록 하며 다원성을 인정하지만 하나의 통일된 중국이 먼저인 다원일체교육론를 강조하고 있음을 보여 준다(채춘매, 2010).

2) 일체화 교육

일체화 교육은 민족 단결 교육과 애국주의 교육을 내용으로 한다. 소수 민족의 언어와 문화를 중국이란 커다란 국가 체계 속에서 흡수하면서도 인정하는 입장을 그대로 보여 준다. 통일성을 유지하기 위해서 소수 민족이 분리가 아닌 국가 속에서 통일되고 조화를 강조하는 흡수적 성격의 다문화교육을 지향하고 있다.

민족 단결 교육은 한족은 소수 민족으로부터 분리될 수 없으며, 소수 민족도 한족에게서 분리될 수 없으며, 소수 민족 간에도 상호 분리가 될 수 없는 '삼개난불개(三個離不開)'를 내용으로 한다(방월정, 2015). 각 민족에 대한 지식을 인정하고 학습하지만 동시에 중국 속에서 모든 민족은 하나의 민족으로 통일되고 통합되어야만 하는 것을 강조하는 교육이다. 교육과정안에 포함된 민족 단결 교육의 학교급별 내용은 〈표 9-3〉과 같다.

표 9-3 **중국 학교교육과정속의 민족 단결교육**

학교급	교과내용
소학교	• 저학년: '중화대가정'과 민족단결과 관련한 지식을 전달하는 계몽교육 • 고학년: '민족상식' '종합실천활동'과 민족 관련된 상식의 체계적 학습을 통해 중국 각 민족의 기본상황에 대한 이해
중등교육	• 학기당 8~10시간 '민족정책상식' 학습 • 중국 정부의 민족과 종교에 대한 이론 및 민족상식을 학습
고등교육(대학교)	• '마르크스주의 민족이론'과 '민족정책'을 학습하여 민족단결과 국가통일을 위한 사고를 강화

출처: 방월정(2015), p. 66를 재구성.

애국주의 교육은 민족의 구별 없이 중국에 사는 모든 사람은 국가의 발전, 안전과 존엄성을 지키려는 사고를 배양하는 사상교육이다. 그 내용은 하나인 중국의 역사와 우수성, 공산주의, 민족단결 교육을 포함하고 있다.

표 9-4 **중국 애국주의 교육의 주요 내용**

1	중화민족의 역사에 대한 교육
2	중화민족의 우수한 전통문화에 대한 교육
3	중국공산당의 기본 노선과 사회주의 현대화 건설의 성과에 대한 교육
4	중국의 국정에 대한 교육
5	사회주의 민주와 법제에 대한 교육
6	국방교육과 국가안전교육
7	국방교육과 민족단결교육
8	평화통일 및 일국양제 방침에 대한 교육

출처: 张耀灿, 陈万柏(2001), p. 118.

지금까지 미국, 캐나다, 호주, 영국, 독일, 일본, 중국에서 실시되는 다문화교육을 살펴보았다. 이들 나라에서 실시하는 다문화교육은 통합중심 교육에서 학생의 문화, 언어적 특징을 고려하고 학생의 정체성을 중심으로 한 맞춤식 개별화 교육과정으로 전환되고 있는 특징을 보이고 있다. 다문화교육은 학생이 학교에 잘 적응하며 자존감이 형성될 수 있도록 지원하며 이를 위해 모국어 중심의 이중 또는 다중 언어교육을 강화하고 있으며 이중 언어 강사나 대학생 멘토링을 통한 지원을 하고 있다. 또한 다문화교육은 일반 주류 학생들과의 분리가 아닌 상호 교류와 접촉을 통해 상이한 문화, 가치, 언어, 종교 등을 상호 존중하고 조화를 추구하는 상호문화주의의 교육과정을 강조하고 있으며 다문화가정 학생, 이주 학생에 대한 지원과 함께 부모 교육과 지원을 병행할 때 더욱 효과적이다.

참고문헌

강수돌(2005). 독일내 국제이주노동자 현황과 과제. FES-Information-Series 2005-01. Fridrich Ebert Stiftung.

권순희(2011). 호주 다문화 사회에서의 영어 교육정책. **국어교육학연구**, 40, 327-357.

금혜성, 임지혜(2010). 독일 · 영국 · 한국의 다문화 사회로의 이행과정 국제 비교. **다문화 사회연구**, 3(2), 33-70.

김명순, 김길숙, 이명신(2008). 저소득 가정의 영유아를 위한 교육, 복지, 보건의 통합적 조기 개입프로그램 개발과 적용을 위한 비교 고찰. 아동과 권리, 12(2), 161-187.

김민호, 오성배(2011). 지역사회기반 다문화교육 프로그램개발 방향. 탐라문화, 39, 7-41.

김선미(2011). 영국의 다문화교육 정책 전개의 특성. 교육문화연구, 17(1), 59-78.

김영주, 장온정(2009). 충남 다문화가정 자녀의 교육적 · 사회적 적응을 위한 요구도 조사 및 프로그램 개발: 다문화가정 학부모 역량강화 교육 프로그램. 충남: 충청남도여성정책개발원.

김정호(2008). 중국의 소수민족교육과 다문화교육. 사회과교육, 47(1), 103-131.

김진희(2011). 영국의 중도입국 다문화가정 학생을 위한 교육지원체계. 다문화교육연구, 4(2), 43-72.

김희경(2012). 한국과 일본의 다문화교육정책연구: 부산과 후쿠오카를 중심으로. 다문화사회연구, 5(1), 75-110.

나카지마 가즈코(2013). 다중 언어 육성 이론의 동향과 캐나다, 미국, 일본의 다언어 · 다문화교육정책. 새국어생활, 23(4), 3-16

문정애(2012). 일본의 다문화공생 정책과 지역사회 다문화교육 고찰. 한국일본교육학연구, 16(2), 21-42.

박성혁, 성상환, 곽한영, 서유정(2008). 다문화교육 정책 국제 비교 연구. 서울: 교육과학기술부.

박순덕, 船谷由花, 石井裕子, 이영선(2015). 한국과 일본의 다문화가정 학생을 위한 학교교육 지원 비교. 일본학보 102. 228-246.

방월정(2015). 한국과 중국의 다문화교육과 정책에 관한 비교 연구. 서울교육대학교 교육전문대학원 석사학위논문.

변수정, 조성호, 이상림, 서희정, 정준호, 이윤석(2014). 동아시아 국가의 다문화가족 현황 및 정책 비교연구. 세종: 한국보건사회연구원.

서종남(2010). 다문화교육-이론과 실제. 서울: 학지사.

성삼환(2010). 다문화가정 동반 · 중도입국 자녀 교육 수용 및 지원 방안 연구. 서울: 교육과학기술부.

성삼환, 김광수, 임은미(2009). 다문화가정 학생 지도교사를 위한 상담 매뉴얼 개발 연구. 서울: 교육과학기술부.

양승주, 신형옥, 윤상석, 허은영(2016). 다문화 가정 자녀의 공교육 진입 방안. 서울: 교육부

오은순, 김민정, 홍선주(2008). 다문화교육을 위한 범교과 교수 · 학습 프로그램 개발 연구.

서울: 한국여성정책연구원.

이신동, 김진호, 이상희, 이경숙, 이연우, 성영화, 차재경(2015). **다문화아동교육론**. 경기: 양서원.

이향아(2008). 문화적 모자이크를 꽃피우는 캐나다 교육, 세계교육. http://125.60.48.13/home4/dl_files/Seouledu/009/265956.pdf

이혜진(2009). 2009년 다문화교육 정책 방향. 제9회 포럼 자료집. 교육과학기술부 교육복지정책과.

장석인, 김광수, 레 꽝 까잉, 레 도안 화이(2013). 서유럽 국가의 다문화 사회와 사회통합정책에 관한 연구: 영국 · 프랑스 · 독일 · 스웨덴을 중심으로. **경영컨설팅 리뷰**, 4(2), 69-88.

장인실, 김경근, 모경환, 민병곤, 박성혁, 박철희, 성상환, 오은순, 이윤정, 정문성, 차경희, 최일선, 함승환, 허창수, 황매향(2012). **다문화교육의 이해와 실천**. 서울: 학지사.

전우홍(2009). 한국의 다문화교육정책. **다문화 사회연구**, 2(2), 125-156.

정종진(2011). 호주 학교에서의 다문화교육 전개 과정과 현황. **한국교육논단**, 10(1), 47-73.

조원탁, 박순희, 서선희, 안효자, 송기범, 이형하, 한신해(2014). **다문화사회의 이해와 실천**. 경기: 양서원.

조현미(2009). 일본의 '다문화 공생' 정책을 사례로 본 사회통합정책의 과제. **한국지역지리학회지**, 15(4), 449-463.

차윤경(2014). 세계의 교육: 선진국의 다문화교육. **교육개발웹진**, 41(4). http://edzine.kedi.re.kr/winter/2014/article/world_02.jsp

채춘매(2010). 한국과 중국의 다문화교육 정책 비교 연구. 한국학중앙연구원 한국학대학원 석사학위논문.

천호성(2010). 일본의 다문화교육 지원체제에 관한 연구. **한국 일본교육학 연구**, 15(11), 23-42.

천호성(2011). 한국과 일본의 다문화교육 비교 연구: 학교에서의 실천사례를 중심으로. **사회과교육**, 50(4), 191-204.

천호성, 이정희(2014). 일본 다문화정책의 정책기조와 특징-다문화교육과 거버넌스 체제를 중심으로. **사회과교육**, 53(3), 15-29.

최나영, 최진영, 한현지 (2014). Bennett의 다문화교육과정의 목표를 중심으로 한 미국 워싱턴주와 한국의 초등 교육과정 비교 · 분석. **교육과학연구**, 45(3), 193-220.

홍종열(2012). 유럽의 다문화정책에 나타난 상호문화주의 고찰. **철학과 문학**, 25, 273-288.

文部科学省(2015). 学校における外国人児童生徒等に対する教育支援の充実方策について. 学校における外国人児童生徒等に対する教育支援に関する有識者会議 資料集.

张耀灿, 陈万柏(2001). 思想政治教育学原理. 北京: 高等教育出版社.

堀家由妃代(2010). わがにおける多文化教育の現と課題-現代日本{の教育マ}イノリティ-. 教大教育部紀要. 9. 47-60.

Arslangilay, A. S., & Özdemir, M. Ç. (2016). Third generation Turkish children and bilingual bicultural education models: Hessen State KOALA Project. *Journal of Education and Future, 10*, 105-135

Backus, A. (2012). Turkish as an immigrant language in Europe. In T. K. Bhatia & W. C. Ritchie (Eds.), *The handbook of bilingualism* (pp. 689-724). Chichester, UK: John Wiley & Sons.

Banks, J. A. (2008). *An introduction to multicultural education*(4th ed). Seattle, WA: University of Washington.

Bennett, C. I. (2007). *Comprehensive multicultural education: Theory and practice*. 김옥순, 김진호, 신인순 공역(2009). **다문화교육 이론과 실제**. 서울: 학지사

Benz, V. (2011). Turkish alphabetisation for german intergration. Durchführung und Evaluation eines. *Unterrichtskonzeptes Deutsch als Zweitsprache, 2*, 29-40.

Berryman, J.(1986). Implementation of Ontario's heritage language program: A case study of the extended day model. Toronto: Unpublished doctoral thesis, University of Toronto.

Boykin, A. W., & Slavin, R.(Eds.).(2000). CRESPAR Findings(1994-1999): In memory of John H. Hollifield, Jr. *Journal of Education for Students Placed at Risk, 5*(Special issues, 1 & 2), 3-208.

Callahan, C. M., Tomlinson, C. A., Moon, T. R., Tomchin, E. M., & Plucker, J. A.(1995). Project START: Using a multiple intelligences model in identifying and promoting talent in high-risk students. (Research monograph95136). Storrs, CT: The National Research Center on the Gifted and Talented, University of Connecticut. Retreived Mar 3, 2015 from http://files.eric.ed.gov/fulltext/ED427447.pdf

Canadian Justice Laws(2015). Canadian Multicultural Act. Retrieved Oct. 30. 2015 from http://laws-lois. justice.gc.ca/eng/acts/c-18.7/page-1.html

Cummis, J., & Danesi, M. (1990). *Heritage languages: The development and deniel of Canada's linguistic resources*. Montréal, Québec: La maîtresse d'école.

Dept. of education and early childhood development(2009). LOTE in Victorian government schools 2008. Retrieved Aug. 22, 2015 from https://www.eduweb.vic.gov.au/edulibrary/public/teachlearn/student/08lotereport.pdf

Dept. of education and skills(2003). Aiming high: Raising the achievement of minority ethnic pupils. Retrieved Sept. 20, 2016 from https://www.education.g ov.uk/consultations/downloadableDocs/213_1.pdf

Dolby, N.(2012). *Rethinking multicultural education for the next generation: The new empathy and social justice*. Florence, KY: Routledge.

Elias, B., Mignone, J., Hall, M., Hong, S. P., Hart, L., & Sareen, J. (2012). Trauma and suicide behavior histories among a Canadian indigeneous population: An empirical exploration of the potential role of Canadian's residential school system. *Social Science & Medicine, 74*, 1560-1569.

Feuerverger, G. (1997). On the edges of the map: A study of heritage language teachers in Toronto. *Language and Education, 8*(3), 123-146.

GAO(2003). Head start: Curriculum use and individual child assessment in cognitive and language development.

Garces, E., Thomas, D., & Currie, J. (2000). Longer term effects of Head Start. Retrieved Aug. 27. 2015 from http://escholarship.org/uc/item/0952c2t7#page-1

Ghosh, R. (1996). Multicultural teacher edcuation in Canada. IZn M. Craft(Ed), *Teacher education in plural societies*. Bristol, PA: Falmer Press.

Gonzalez, M.(2012). Multiculturalism, globalization, and Australian society. A keynote speech at 2012 Australian-Korean multiculturalism symposium implication for education.

Howe, W. A., & Lisi, P. L. (2017). *Becoming a multicultural educator: Developing awareness, gaining skills, and taking action*. Thousand Oaks, CA: SAGE.

Ichinose, T. (2016). How to empower economically disadvantaged children of multicultural families: Case study of Japan disaster area. *Journal of Special & Gifted Education, 3*(1),

55-68.

Johnson, L. (2010). Multicultural policy as social activism: Redefining who counts in multicultural education. *Race Ethnicity and Education, 6*(2), 107-121.

Kennedy, A., & Stonehouse, A. (2012). Victorian early years learning and development framework: Practice principle guide. State of Victorida, Department of Education and Early childhood development. Retrieved Aug. 12, 2016 from http://www.education.vic.gov.au/Documents/childhood/providers/edcare/practiceguide4.PDF

Kirmayer, L, Simpson, C., & Cargo, M. (2003). Healing traditions: Culture, community and mental health promotion with Canadian aboriginal peoples. *Australasian Psychiatry, 11*(1), 15-23.

Luchtenberg, S. (1998). Values in german intercultural education. *European Journal of Intercultural Studies, 9*(1), 53-61.

Manitoba(2016). Education and training. Retrieved July, 21, 2016 from http://www.edu.gov.mb.ca/k12/cur/languages/bilingual_qa.html

Modood, T., & May, S. (2001). Multiculturalism and education in Britain: An internally contested debate. *International Journal of Educational Research, 35,* 305-317.

NCELA(2016). Native American and Alaska Native Children in School program. Retrieved July, 7, 2016 from http://ncela.ed.gov/native-american-and-alaska-native-children-school-program

OECD(2009). Policy Area 3: Parental and community involvement. Retrieved Sept. 20, 2016 from http://www.naldic.org.uk/ITTSEAL2/teaching/index.cfm

OELA(2012). Native American and Alaska Native Children in School(NAM). Retrieved July 7, 2016 from http://ncela.ed.gov/files/FundingNAM_FactSheet.pdf

Ramsey, P. G., Vold, E. B., & Williams, L. R. (2003). *Multicultural education: A source book(2nd ed)*. New York: Routledge.

Rego, M. A. S. & Nieto, S. (2000). Multicultural/intercultural teacher education in two contexts: lessons from the United States and Spain. *Teaching and Teacher Education, 16,* 413-427.

Studzinski, J. V.(2008). *In global era: British multicultural policy intransition*. University Marc Bloch, University of Uppsala.

Tachibana, Y. (2009). Bilingual education for immigrant children in Hesse, Germany. *Comparative Studies, 38*, 47-66.

Truth and reconciliation commission of Canada(2016). Reconciliation towards a new relationship. Retrieved July 20, 2016 from http://www.trc.ca/websites/reconciliation/index.php?p=312

U.S. Department of Education(2016). Native American and Alaska Native Children in School Program. Retrieved July 7, 2016 from http://www2.ed.gov/programs/naancs/index.html

가나가와현 미나미시 홈페이지(http://tabunka.minamilounge.com/child/english.php).

찾아보기

인 명

내 용

저자 소개

이신동(Lee Shindong)
고려대학교 교육학 박사(교육심리학)
미국 Stanford 대학교 post-doc, Purdue 대학교 GERI 연구교수, 한국영재교육학회장
현 순천향대학교 특수교육과 교수 및 교육대학원장, SCH특수아동교육연구소장

김진호(Kim Jinho)
미국 Vanderbilt 대학교 박사(특수교육학)
한국특수교육학회 · 한국지적장애교육학회 이사 및 편집위원
현 순천향대학교 특수교육과 교수

이상희(Lee Sanghee)
일본 츠쿠바대학교 박사(청각 · 언어장애)
순천향대학교 입학처 입학사정관 실장, 일본 츠쿠바대학교 장애교육 상담실 상담원
현 순천향대학교 특수교육과 교수

이경숙(Lee Kyungsook)
미국 Texas A&M 대학교 박사(영재교육)
한국교육개발원 영재교육연구센터 부연구위원
현 순천향대학교 특수아동교육연구소 연구교수

차재경(Cha Jaekyoung)
순천향대학교 교육학 박사(특수교육)
순천향대학교 교육대학원 외래교수
현 순천향대학교 특수아동교육연구소 연구교수

이 영(Lee Young)
숙명여자대학교 아동복지학 박사(아동심리치료)
인하대학교 교육대학원 외래교수
현 순천향대학교 특수아동교육연구소 연구교수

다문화와 교사교육

Multiculture and Multicultural Teacher Education

2017년 3월 20일 1판 1쇄 인쇄
2017년 3월 30일 1판 1쇄 발행

지은이 • 이신동 · 김진호 · 이상희 · 이경숙 · 차재경 · 이 영
펴낸이 • 김진환
펴낸곳 • (주)학지사
04031 서울특별시 마포구 양화로 15길 20 마인드월드빌딩
대표전화 • 02-330-5114 팩스 • 02-324-2345
등록번호 • 제313-2006-000265호

홈페이지 • http://www.hakjisa.co.kr
페이스북 • https://www.facebook.com/hakjisabook

ISBN 978-89-997-1200-5 93370

정가 19,000원

이 도서의 국립중앙도서관 출판시도서목록(CIP)은 서지정보유통지원시스템 홈페이지(http://seoji.nl.go.kr)와 국가자료공동목록시스템(http://www.nl.go.kr/kolisnet)에서 이용하실 수 있습니다.
(CIP 제어번호: CIP2017005783)